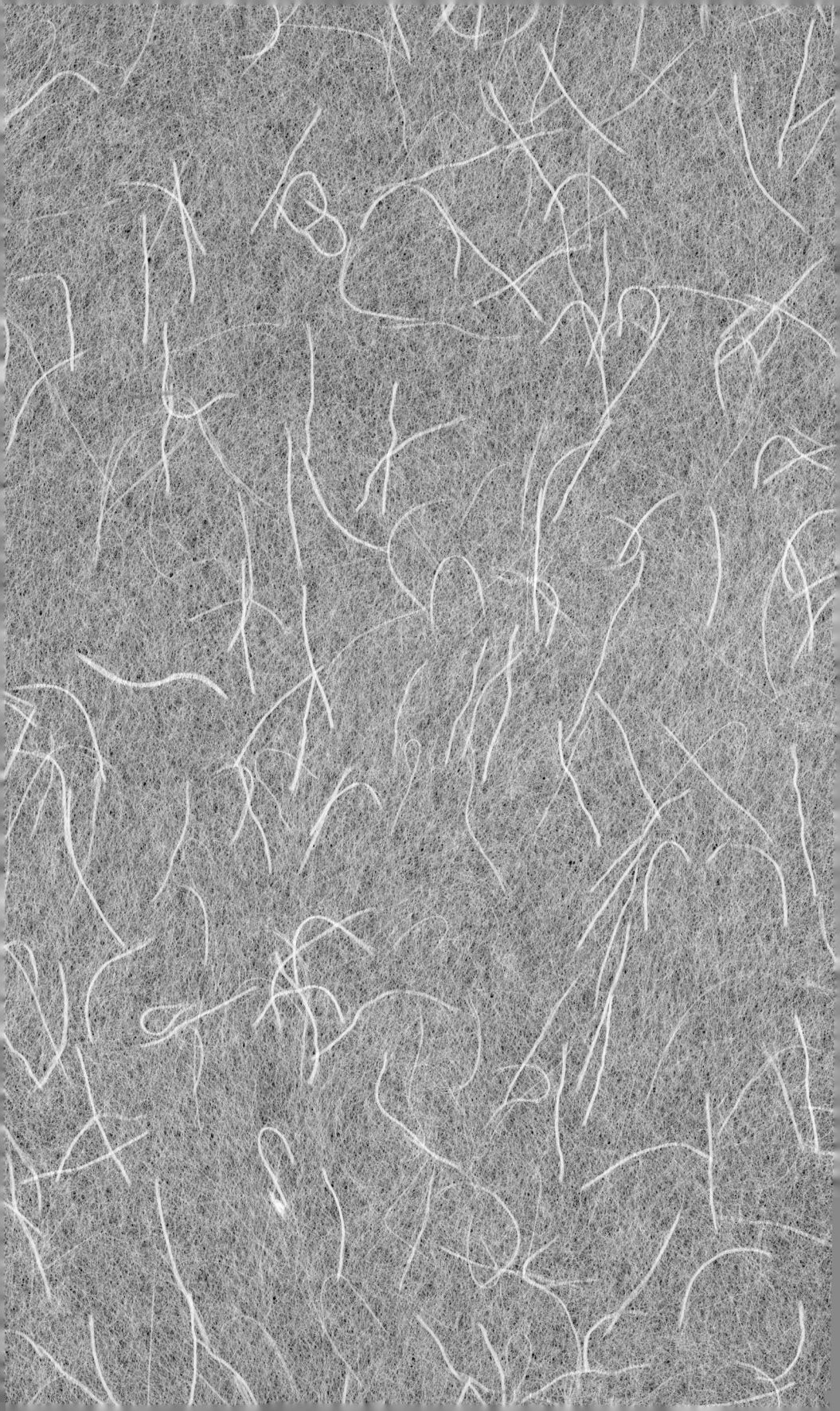

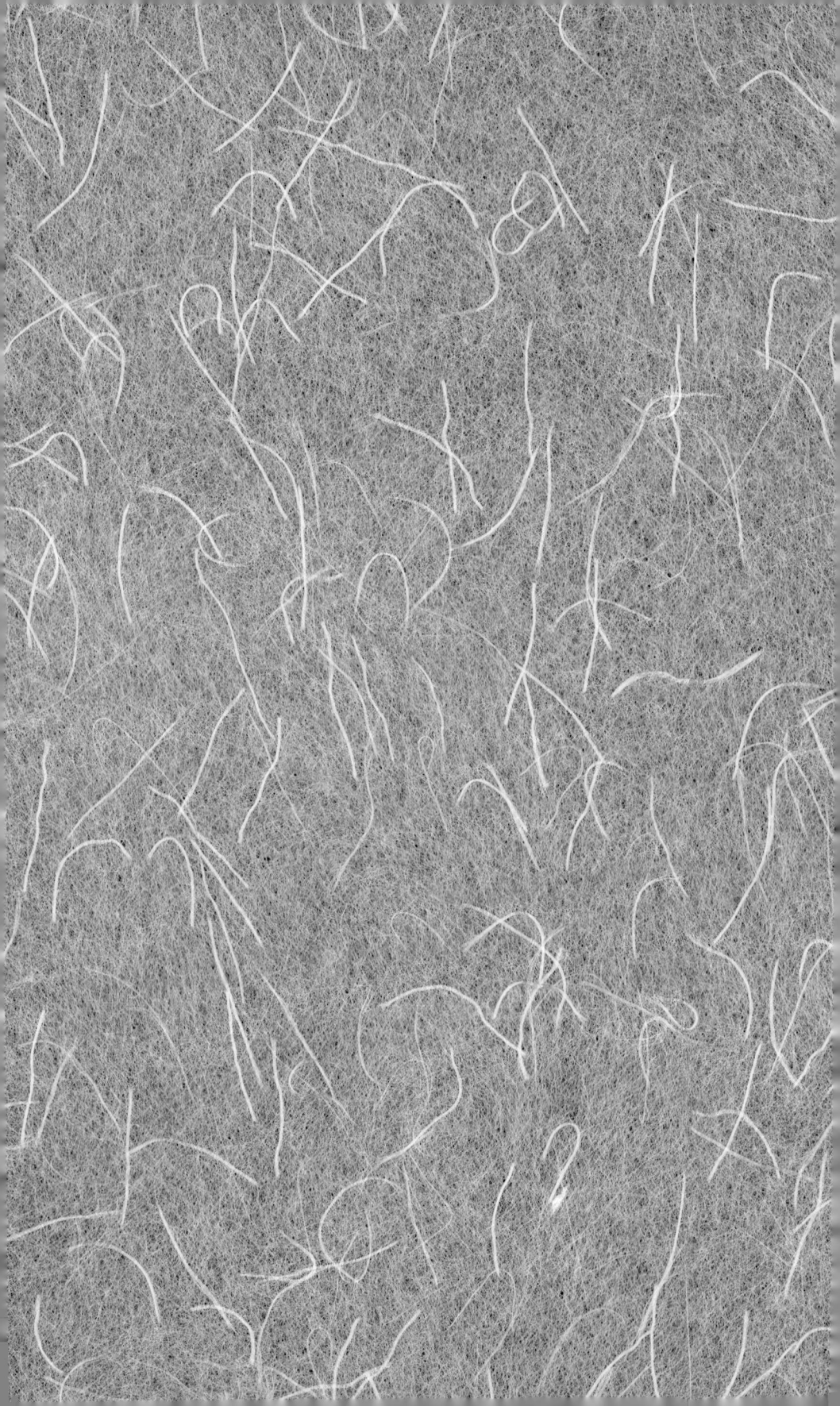

第一卷　绪　论　　　　　　　　　　王余光　陆滢竹◎著

第二卷　先秦秦汉魏晋南北朝图书馆学史　　何官峰◎著

第三卷　隋唐五代图书馆学史　　赵　晓◎著

第四卷　宋辽夏金元图书馆学史　　钱　昆◎著

第五卷　明代图书馆学史　　熊　静◎著

第六卷　清代图书馆学史　　熊　静◎著

第六卷　民国图书馆学理论　　王莞菁◎著

第七卷　民国图书馆学教育　　郑丽芬◎著

第八卷　民国图书馆学学术团体　　王　玮◎著

第九卷　民国图书馆学学者　　李诗苗◎著

第十卷　民国文献学学者　　李诗苗◎编著

国家社科基金重大项目『中国图书馆学史』（13&ZD153）结项成果

中国图书馆学史

第八卷

主　编　王余光
副主编　熊　静　吴永贵

王　玮　著

时代出版传媒股份有限公司
安徽教育出版社

图书在版编目（CIP）数据

中国图书馆学史. 第八卷 / 王余光主编；熊静，吴永贵副主编；王玮著. -- 合肥：安徽教育出版社，2024.5
ISBN 978-7-5748-0248-3

Ⅰ.①中… Ⅱ.①王… ②熊… ③吴… ④王… Ⅲ.①图书馆学史－研究－中国　Ⅳ.①G250.92

中国国家版本馆 CIP 数据核字（2024）第 100773 号

中国图书馆学史·第八卷
ZHONGGUO TUSHUGUANXUE SHI·DI-BA JUAN

出 版 人：费世平
策划编辑：江　舟
统筹编辑：江　舟　陶忠娣
责任编辑：陆　彦　张秀娟　付　静
装帧设计：张鑫坤
技术编辑：陈善军

出版发行：安徽教育出版社
地　　址：合肥市经开区繁华大道西路 398 号　邮编：230601
网　　址：http://www.ahep.com.cn
营销电话：(0551)63683012,63683013
排　　版：安徽时代华印出版服务有限责任公司
印　　刷：安徽新华印刷股份有限公司

开　本：710 mm×1010 mm　1/16
印　张：34
字　数：413 千字
版　次：2024 年 5 月第 1 版
印　次：2024 年 5 月第 1 次印刷
定　价：196.00 元

（如发现印装质量问题,影响阅读,请与本社营销部联系调换）

中华图书馆协会成立式全体摄影

中华图书馆协会第一次年会开幕典礼

中华图书馆协会第一次年会合影

北京图书馆协会同人摄影

上海图书馆协会欢迎各省出席中华图书馆协会年会代表摄影

文华图书馆学专科学校参加中华图书馆协会第三次年会各同学与沈祖荣校长及其家属合影

天津图书馆协会及各教育机关欢迎鲍士伟博士之小册子

美国建国 150 周年纪念博览会赠予中华图书馆协会之奖凭

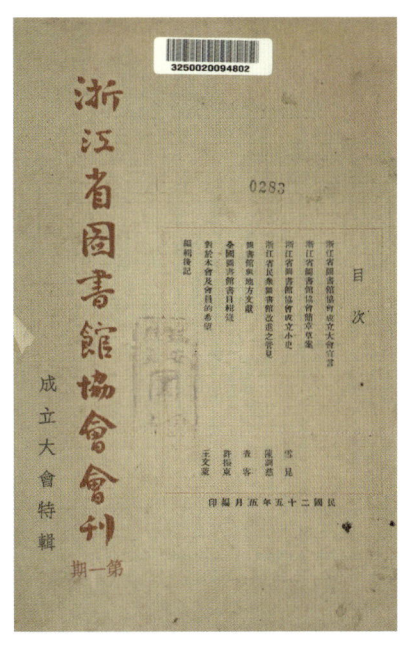

上海图书馆协会会刊《图书馆》创刊号　　　　《浙江省图书馆协会会刊》第一期

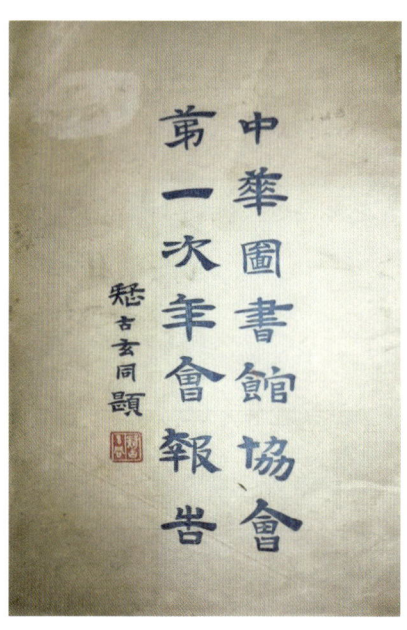

《中华图书馆协会第一次年会报告》

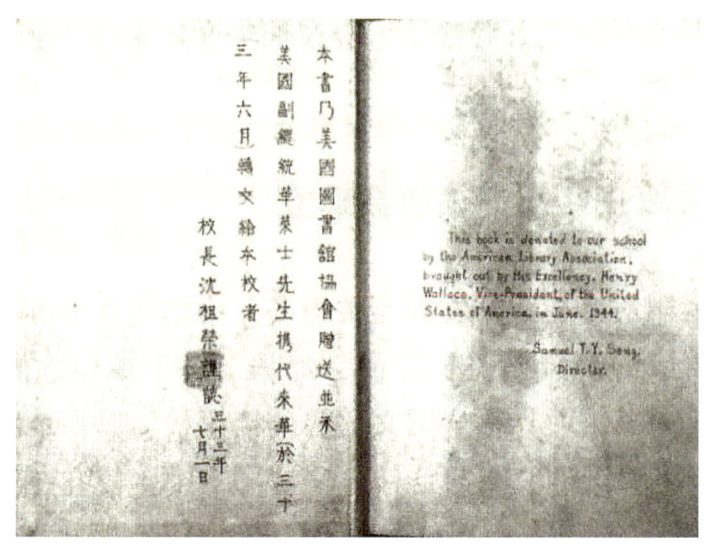

美国图书馆协会赠书之扉页

总　序

1925年，梁启超先生在中华图书馆协会成立会上呼吁，建设"中国的图书馆学"，明确指出"对于中国的目录学（广义的）和现代的图书馆学都有充分智识"之人，才能将中国的图书馆学建设成一门独立的学科，成为"中国的图书馆学"（《中华图书馆协会成立会演说辞》）。自此之后，经过几代图书馆学学人的共同努力，中国现代图书馆学走完了从孕育到成熟的发展历程。

中国古代藏书文化源远流长，自刘向、刘歆父子校理群书起，积累了丰富的藏书经验与整理理论；以清末西学东渐、西方图书馆学思想传入为起点，现代意义上的图书馆在中国生根发芽，一代图书馆学家完成了中国图书馆学学科体系构建的历史使命。数千年来，一代代爱书人聚书万卷、丹黄不辍，谱写了世界文化史上关于书的学问最为绚丽的篇章。

近百年来，数代图书馆学家筚路蓝缕，将中国传统藏书管理、整理的方法和理念，与西方图书馆学思想相结合，完成了中国图书馆学的本土化进程。在这个过程中形成的思想、理论、著作、学术流派，为学科发展作出贡献的人物，以及学科教育、学术组织、刊物等，都属于中国图书馆学学科史的重要内容。今天，我们重视学科史、学术史，既为表彰前辈学人开山辟路之功，同时也是在回顾成就的基础上，为中国图书馆学的发展厘清思路。

按照学界惯例，学术史是体现学科成熟度的重要标志。然而，中国图书馆学虽历史悠久，但学科史的研究一直比较薄弱，成果较少且叙述都较为简略，未能建立起纵贯古今的图书馆学史研究框架。2017年，四卷本《中国图书馆史》出版，填补了我国图书馆史系统性研究的空白，我担纲其中《古代藏书卷》的主编。图书馆事业与图书馆学，为一体之两面，也是我长期以来重点关注的研究领域。在爬梳史料的过程中，我深感古代藏书与近现代图书馆事业之间的紧密联系，以及建立中国图书馆学史研究体系的必要性。

随着学界同道对"中国图书馆学史"研究意义认识的不断深入，我们愈发感到推进"中国图书馆学史"研究的紧迫。因此，2013年初，笔者向国家社科基金委提交了"中国图书馆学史"重大项目选题。选题通过后，我们组建了一支由国内知名高校图情领域中青年研究者组成的团队，共同完成课题申报，并于2013年11月获得立项，项目名称就是"中国图书馆学史"，项目号为"13&ZD153"，该项目的预定目标就是推出一套多卷本的《中国图书馆学史》。

2014年，我们于北京大学信息管理系召开开题报告会，徐雁教授、王子舟教授、姚伯岳教授、吴永贵教授等参会，就研究计划与实施方案提出了大量切实可行的建议。课题组根据专家意见，重新修改完善了研究大纲并确定分工，正式展开中国图书馆学史的资料收集与研究工作。

经过一年多的准备，2015年11月28日至29日，课题组在北大信息管理系召开第二次全体工作会议。经过两天的讨论，会议确定了各卷的主要内容、写作大纲，讨论开列了各时期重要图书馆学学人名录，进一步明确了研究思路，课题研究转入攻坚阶段。2016

年初至2019年底,是各分卷按照分工独立展开研究的阶段。其间,我们多次召开小型研讨会,就各卷研究遇到的问题展开讨论,同时协调进度,统一写作思路。为保证书稿质量,2020年元月2日至3日,课题组在北京召开第三次全体工作会议,从体例统一的角度,对各分卷初稿逐一审读并提出修改意见。2020年4月底,各分卷按计划完成了初稿。经过近半年的修改,2020年10月14日至18日,课题组在苏州召开结题审稿会,邀请苏州图书馆邱冠华、金德政、费巍和苏州大学李雅等专家学者与会,就审稿过程中发现的问题进行研讨。充分吸纳专家意见并对书稿进行修改后,2020年11月底,"中国图书馆学史"重大课题结项报告最终定稿,并于2021年3月通过鉴定,获批结项。

我与安徽教育出版社渊源颇深,2017年底,由我主编的十卷本《中国阅读通史》由安教社出版。在十余年"漫长"的合作中,安教社始终支持我们的工作,对作者的"拖延"保持了足够的宽容,并为出版做了大量认真细致的工作。因此,在与作者团队商议后,我们决定"再续前缘",延续我们因《中国阅读通史》而结下的良好合作关系,共同做好《中国图书馆学史》的出版工作。2021年,安徽教育出版社将该项目的结项成果按照出版规范加以调整后,申报了国家出版基金,并于2022年3月正式获批。此后,按照国家出版基金时间要求,根据专家审读意见再次修改书稿,完善内容,打磨细节。

2023年10月14日至15日,在安徽教育出版社、河南大学新闻传播学院的支持下,我们在河南开封召开"《中国图书馆学史》出版推进会",讨论了出版规范、书稿体例等问题。2024年3月14日至17日,为了解决出版过程中遇到的问题,安徽教育出版社在合肥召开了一次由作者和全体责编参加的终审会,对书稿进行最后的修改。至此,基本完成全书定稿工作,最终的成果就是这套即将与读者见面的十卷本《中国图书馆学史》,目次为:

第一卷　绪论　先秦秦汉魏晋南北朝图书馆学史
第二卷　隋唐五代图书馆学史
第三卷　宋辽夏金元图书馆学史
第四卷　明代图书馆学史
第五卷　清代图书馆学史
第六卷　民国图书馆学理论
第七卷　民国图书馆学教育
第八卷　民国图书馆学学术团体
第九卷　民国图书馆学学者
第十卷　民国文献学学者

第一卷分为《绪论》和《先秦秦汉魏晋南北朝图书馆学史》两部分。《绪论》重点解决中国图书馆学史研究中的重要理论问题,阐释我们对中国图书馆学、图书馆学史等基本概念的理解,梳理前人研究成果,确立研究的疆域与边界,构建全书总体框架,为后续研究奠定基础。按照我们的理解,中国图书馆学既应包括西学东渐、近代学术转型以来,西方图书馆学思想本土化后的成果,更应继承古代藏书整理的经验、方法、理论。近代学科体系的突出特征,就是分科越来越细,交叉越来越多。在近代学科体系建立的过程中,许多原本有密切联系的知识门类独立为专门的学科,图书馆学与文献学就是其中的代表,但从学术史的角度看,相关学科之间的客观联系是无论如何不应被忽视的。因此,在对前人研究成果进行梳理时,我们将之分为图书馆学与文献整理学两部分,以求更为全面地展现本领域的既有进展,帮助我们厘清思路,提炼重点研究问题。

从《先秦秦汉魏晋南北朝图书馆学史》至《清代图书馆学史》,属于中国图书馆学史的古代部分。我们认为,中国古代关于藏书的文化传统,是滋养中国图书馆学发生、发展的土壤,而系统的西方学科理论,奠定了中国图书馆学学科化、体系化的基石。中国古代藏书文化中关于藏书建设、整理、管理的思想与方法,是中国图书馆学的重要内容,也是"中国的图书馆学"的文化土壤与特色所在。因此,我们按照时间顺序将古代图书馆学划分为五个时段,分论每个时段图书馆学的历史发展、主要成就、代表人物,重点梳理各时段藏书管理与藏书整理思想、理论。具体内容有:古代藏书管理的思想与方法,即古代藏书收集、保存、利用等相关经验的总结;古代藏书整理的思想与方法,重点放在分类、编目、版本等藏书整理实践中总结的方法和理论。

民国是中国图书馆学学科体系建立的关键时期,有对传统藏书经验和理论的总结与继承,更有随近代学科体系建构而形成的新领域、新思想;也是中国图书馆学发展的关键阶段,在形塑学科体系结构、引领学科发展方向等方面产生了深远影响。此外,这一时期学人、著作不断涌现,学术团体、学科教育等学术建制的萌芽与成熟对于学科发展意义重大,同样应当进入学术史的范畴。而学人、著作是学术史的"主角",以人为纲,学案体的写法更利于展现学派、学术发展之内在关联。故中国图书馆学发展至民国以后,有必要对其进行进一步的细分,以契合民国图书馆学在中国图书馆学史上的重要地位。在写作思路上，采用总分式结构。以一卷的篇幅总论民国图书馆学的发展背景、理论进展、学科建制；再以四卷的规模，择取民国图书馆学教育、学术团体、图书馆学与文献学学者等不同侧面，多维度展现民国图书馆学的发展面貌与主要成就，力求揭示近代中国图书馆学学科建构与转型的路径及其发展的内在机理。

"中国图书馆学史"的研究过程中，我的研究生、博士后也参与了课题讨论，从中选取相关论题撰写论文，为课题积累了丰富的前期成果和研究资料。由于工作变动，其中部分成员没有参与书稿的撰写，在此对他们的付出表示感谢。他们是北京大学范凡、许欢、张慧丽、李世娟、衡明明、张婵娟，清华大学王嫒，中国人民大学王丽丽，河北大学赵元斌，青岛大学刘悦。

需要说明的是，在中国图书馆学史研究领域，许多基本概念尚存争议，学科史的研究框架与内容亦无成例可循，本书的观点仅代表一家之言。限于学力、时间，疏漏之处在所难免，诚盼学界同人不吝批评，就书中涉及的问题与我们展开讨论。

对学科史研究的重视，是学科发展到一定程度之后的学术自觉。对几千年来中国图书馆学成就的系统梳理，能够帮助我们找寻图书馆学史闪耀的思想光芒，确认值得今天借鉴的精神成果。当前图书馆学的发展也需要我们时常回望来路，通过反思历史，审视今天的问题，厘清前进的方向。当前，随着国民经济的快速发展，中国图书馆事业突飞猛进，取得了令世界瞩目的成就，图书馆是重要文化设施的理念深入人心。然而，与事业发展相伴的是图书馆学学科及其教育发展面临的困境。一方面，信息技术的革新赋予了以图书馆学为代表的信息学科无限的想象空间；另一方面，与现实脱节，对事业发展重大现实问题回应力不足，以及由此而生的关于学科必要性、独立性的悲观情绪，正在学科内部蔓延。历史总是相似的，如今，中国的图书馆学又走到了一个需要选择何去何从的关口。我们梳理图书馆学学术史时，不仅要铭记前辈先贤为构建学科作出的努力与贡献，更重要的是从历史经验中汲取养分，对今天的图书馆事业、图书馆学发展进行深入思考，厘清思路、拓展视野，透过纷繁的现象，为中国图书馆学未来的发展作出正确的道路选择。这也是时代赋予当代图书馆学学人的重大使命与责任！

十卷本《中国图书馆学史》的出版，仅是我们为上述目标所作的初步努力，而学术史的完善，仍需更多关心图书馆学的发展、深入理解"中国的图书馆学"内涵的学者共襄其事。我相信，图书馆是人类文明生活的"第二起居室"；中国的图书馆学，将有一个光明的未来！

是为总序。

王余光

2024年4月于北京

目录

引 言 / 1

第一章 / 7
民国图书馆学学术团体成立的背景

第一节　近代图书馆事业的管理 / 10
　　一、清朝末年图书馆事业的管理 / 11
　　二、民国初年图书馆事业的管理 / 15

第二节　近代图书馆事业的发展 / 18
　　一、公共图书馆 / 19
　　二、大学图书馆 / 29
　　三、其他类型图书馆 / 47

第三节　图书馆学理论的引介 / 48
　　一、图书馆行政管理者的引介 / 49
　　二、图书馆经营管理者的引介 / 53
　　三、热心图书馆事业者的引介 / 56

第四节　图书馆运动的兴起 / 58
　　一、图书馆运动的三大主力 / 59
　　二、巴拿马—太平洋国际博览会 / 65
　　三、图书馆运动的开展 / 68

第五节　社会团体的影响 / 76

| 第二章 / 80
民国图书馆学学术团体
成立的过程

第一节　首个地方图书馆协会的成立 / 81
　　一、北京地区图书馆事业状况 / 81
　　二、北京图书馆协会成立经过 / 87
　　三、北京图书馆协会早期核心人物 / 89
　　四、北京图书馆协会组织与活动 / 91

第二节　全国图书馆协会计划的提出 / 97
　　一、暑期图书馆讲习会的筹备 / 98
　　二、暑期图书馆讲习会的举办 / 103
　　三、组织全国图书馆协会的提议 / 109

第三节　地方图书馆协会的集中成立 / 117
　　一、中华教育改进社与图书馆教育 / 118
　　二、组织各地方图书馆协会的提案 / 121
　　三、各地方图书馆协会的成立 / 127

第四节　中华图书馆协会的成立 / 138
　　一、运动美国退还庚子赔款 / 138
　　二、邀请美国图书馆专家来华 / 148
　　三、接待美国图书馆专家鲍士伟 / 153
　　四、成立中华图书馆协会 / 158

第五节　地方图书馆协会的陆续成立 / 180
　　一、中华图书馆协会第一届年会召开前成立五个图书馆协会 / 180

二、中华图书馆协会第一、二届年会间成立九个图书馆协会 / 184

三、中华图书馆协会第二、三届年会间成立两个图书馆协会 / 194

四、中华图书馆协会第三届年会后成立五个图书馆协会 / 198

第三章 / 209
民国图书馆学学术团体的组织与经营

第一节　图书馆协会的宗旨 / 210
　　一、谋求各图书馆间协助互益 / 211
　　二、研究图书馆学问 / 212
　　三、改进图书馆事业 / 212
　　四、图书馆学术、事业与互助并举 / 213

第二节　图书馆协会的组织管理制度 / 216
　　一、组织制度 / 217
　　二、选举制度 / 225
　　三、议事制度 / 228

第三节　图书馆协会的机构设置 / 231
　　一、专门委员会 / 231
　　二、事务所 / 243
　　三、图书馆 / 247

第四节　图书馆协会的会员 / 249
　　一、会员种类 / 250

二、会员数量 / 255
　　三、职员 / 262
　　四、名誉会员 / 288

第五节　图书馆协会的经费 / 290
　　一、经费收入 / 290
　　二、经费支出 / 313

第六节　图书馆协会间的关系 / 316
　　一、中华图书馆协会与地方图书馆协会的关系 / 316
　　二、地方图书馆协会之间的关系 / 321

第四章 / 325
民国图书馆学学术团体的主要活动

第一节　召开年会 / 326
　　一、地方图书馆协会的年会 / 327
　　二、中华图书馆协会的年会 / 335

第二节　编辑出版 / 348
　　一、期刊 / 349
　　二、图书 / 361

第三节　开展调查 / 368
　　一、图书馆调查 / 369
　　二、书店调查 / 385
　　三、资源调查 / 388

　　　　四、其他调查 / 398

第四节　国际交流 / 399
　　　　一、美国图书馆协会 / 400
　　　　二、国际图书馆协会联合会 / 408
　　　　三、其他国际交流 / 410

第五节　专业教育 / 411
　　　　一、提供图书馆学专业教育指导思想 / 415
　　　　二、推动图书馆学专业教育之议案 / 418
　　　　三、中华图书馆协会暑期学校 / 425
　　　　四、中华图书馆协会联合招考图书馆学免费生 / 428
　　　　五、上海图书馆协会图书馆学函授学社 / 440

第五章 / 447　民国图书馆学学术团体的贡献

第一节　图书馆协会对图书馆学的影响 / 447
　　　　一、汇聚和培养了图书馆学研究队伍 / 447
　　　　二、确立了图书馆学的性质与内容 / 452
　　　　三、完善了图书馆学的学科制度 / 457

第二节　图书馆协会对图书馆事业的影响 / 462
　　　　一、谋图书馆事业之经费 / 463

二、推动图书馆的普遍设立 / 476

三、改善图书馆业务水平 / 477

四、推进图书馆事业标准化 / 481

五、促进图书馆互助合作 / 486

第六章 / 493
民国图书馆学学术团体的发展历程、特点与使命

第一节　图书馆学学术团体的发展历程 / 494

第二节　图书馆学学术团体的发展特点 / 496

第三节　图书馆学学术团体的使命 / 498

主要参考文献 / 507

索　引 / 514

后　记 / 526

引 言

图书馆学学术团体是近现代图书馆事业发展的必然产物,同时又对图书馆事业和图书馆学术的发展产生重要的推动作用,因而是中外图书馆事业发展和图书馆学研究的重要课题。早在 20 世纪 20 年代,中国图书馆学学者杨昭悊的《图书馆学》和杜定友的《图书馆学概论》就都将"图书馆协会"作为一个章节专门讨论。20 世纪六七十年代的英美图书馆学基础教材中也都涉及图书馆学学术团体。例如英国图书馆学学者哈里森(Kenneth Cecil Harrison)的《图书馆学基础》(*First Steps in Librarianship: A Student's Guide*)中有一个章节就是"图书馆协会"(Library Associations),[①] 美国图书馆学学者谢拉(Jesse Hauk Shera,1903—1982)的《图书馆学引论》(*Introduction to Library Science: Basic Elements of Library Service*)第六章中也专门用一小节论述"职业协会"(Professional Associations)。[②]

[①] Kenneth Cecil Harrison, *First Steps in Librarianship: A Student's Guide*, Second Edition. Liverpool, London and Prescot: Grafton Publishing Co., 1960, pp. 78—89.

[②] Jesse Hauk Shera, *Introduction to Library Science: Basic Elements of Library Service*, Littleton, Colo.: Libraries Unlimited Inc., 1976, pp. 120—128.

进入 21 世纪后，不少中国图书馆学基础理论教材和图书馆（学）史专著都从不同角度给予图书馆学学术团体高度评价。第一种是从图书馆学发展的角度。王子舟在《图书馆学基础教程》中指出 1920—1936 年是中国图书馆学发展的第一次高潮，理由是这一时期图书馆学教育飞速发展、图书馆研究组织与专业期刊成立，以及图书馆学研究论著的数量迅猛增长。① 他在文中谈到图书馆研究组织时，即从中华图书馆协会和地方图书馆协会的成立展开论述。范并思在《20 世纪西方与中国的图书馆学——基于德尔斐法测评的理论史纲》中也指出，现代图书馆学的研究机制的形成与图书馆学教育、图书馆学专业协会及图书馆学专业刊物的建立密不可分。② 第二种是从图书馆事业发展的角度。吴稌年在《图书馆活动高潮与学术转型》中提出，中华图书馆协会正式成立，标志着中国近代图书馆事业第一次高潮进入活动的中心期。③ 第三种是从图书馆职业化的角度。于良芝在《图书馆学导论》中将图书馆协会的成立作为图书馆工作职业化的首要标志。④

中外学术界公认学术团体的建立是一个学科在制度上得以确立的重要标志之一。1993 年，费孝通在回顾自 1979 年起重建中国社会学的历程时就说道："一门学科机构上大体要包括五个部门：一个学会，这是个群众性的组织，不仅包括专业人员，还要包括支持这门学科的人。二是专业研究机构，它应当在这门学科中起带头、

---

① 王子舟：《图书馆学基础教程》，武汉大学出版社，2003 年，第 43—44 页。
② 范并思等编著：《20 世纪西方与中国的图书馆学：基于德尔斐法测评的理论史纲》，北京图书馆出版社，2004 年，第 203 页。
③ 吴稌年：《图书馆活动高潮与学术转型：古近代》，兵器工业出版社，2005 年，"前言"第 2—3 页。
④ 于良芝：《图书馆学导论》，科学出版社，2003 年，第 17—18 页。

协调、交流的作用。三是各大学的学系,这是培养这门学科人才的场所,为了实行教学和研究相结合,不仅在大学里要建立专业和学系,而且要设立与之相联系的研究机构。四是图书资料中心,为教学研究工作服务,搜集、储藏、流通学科的研究成果,有关的书籍、报刊及其他资料。五是学科的专门出版机构,包括出版专业刊物、丛书、教材和通俗读物。"[1] 20 世纪 90 年代,华勒斯坦等在《开放社会科学:重建社会科学报告书》中也提出了类似观点,他将 1850—1945 年一系列学科共同构成"社会科学"的步骤总结为:"首先在主要大学里设立一些首席讲座职位,然后再建立一些系来开设有关课程,学生在完成课业后可以取得该学科的学位。训练的制度化伴随着研究的制度化——创办各学科的专业期刊,按学科建立各种学会(先是全国性的,然后是国际性的),建立按学科分类的图书收藏制度。"[2]

21 世纪以后,中国图书馆学学者们基本达成了图书馆学学术团体是图书馆学学科制度的重要组成部分的共识。2005 年,范并思在其博客撰文指出,科学的形成不仅有科学理论,还有科学组织。科学理论可以一直往前追溯,但科学组织是现代科学的重要标志。他还认为,图书馆协会作为科学组织是现代图书馆学的三大构成要素之一。2009 年,吴永贵、林肖海在《文华图专与中国近代图书馆学学科建制》中也指出,"高等教育的展开、协会组织的布

---

[1] 费孝通:《略谈中国的社会学》,《高等教育研究》1993 年第 4 期。
[2] 华勒斯坦等著,刘锋译:《开放社会科学:重建社会科学报告书》,生活・读书・新知三联书店,1997 年,第 31—32 页。

局、学术研究的进行,正是一门学科能否成立、能否被学术界承认的三大主要标尺"①。2011年,王子舟在《建国六十年来中国的图书馆学研究》一文中说道:"在现代社会里,科学本身就是一种社会建制,即科学研究活动是由一套制度体系(包含专业教育、学会组织、学术刊物、激励机制等)为支撑条件的。"②

19世纪,西方图书馆学被确立为一门学科,其发展过程与华勒斯坦等所言的社会科学学科制度化的步骤非常吻合。1874年,时任弗莱堡大学图书馆馆长的罗尔曼(F. Rullman,1816—1909)提出图书馆学应成为大学的专门学问,并草拟了一个包括教学内容、考核方式、学习期限等的图书馆学教育方案。③ 1876年,美国《图书馆杂志》(*Library Journal*)创刊,美国图书馆协会(American Library Association,简称ALA)也于同年成立。1879年,杜威在《图书馆员的学徒制》(*Apprenticeship of Librarians*)④ 一文中提出设立专门培训图书馆馆员的学校教育体系的设想。1883年,杜威就任美国哥伦比亚大学⑤图书馆馆长,并向学校董事会提议设立图书馆学院。同年,杜威在美国图书馆协会年会上汇报了建立图

---

① 吴永贵,林肖海:《文华图专与中国近代图书馆学学科建制》,《图书情报知识》2009年第3期。
② 王子舟:《建国六十年来中国的图书馆学研究》,《图书情报知识》2011年第1期。
③ 周亚:《美国图书馆学教育思想研究(1887—1955)》,学林出版社,2018年,第75—76页。
④ Melvil Dewey, "Apprenticeship of Librarians," *Library Journal*, Vol. 4, No. 5 (May, 1879): 147—148.
⑤ 当时的名称为Columbia College,1896年改为Columbia University。本书统称为哥伦比亚大学。

书馆学院的计划。^① 1886年，齐亚茨科（K. Dziatzko, 1842—1913）被任命为德国哥廷根大学图书馆馆长。同年哥廷根大学开设图书馆学讲座，齐亚茨科任教授并主讲。^② 1887年，美国第一所图书馆学院——哥伦比亚大学图书馆经营学院（School of Library Economy at Columbia College）正式开学，宣告了世界上最早的图书馆学正规大学教育的开始。由此可见，图书馆学学术团体与学术刊物、大学教育共同奠定了图书馆学作为一门现代学科的基础。2018年，程焕文在为李彭元《中华图书馆协会史稿》所作的序言中指出，1876年美国图书馆协会的创立和《图书馆杂志》的创刊，特别是1887年哥伦比亚大学图书馆经营学院的成立，标志着美国图书馆学学科的建立。他还指出，"1920年文华图书科的建立，1925年中华图书馆协会的成立和1926年《图书馆学季刊》的创办，标志着图书馆学学科在中国的正式诞生。"^③ 因此，中国图书馆学学术团体研究可以为中国图书馆学学科制度史研究提供支撑。

需要指出的是，现代社团研究往往把社团分为行业协会和学术团体，而且认为名为"协会"的属于行业协会（或行业组织）性质，而名为"学会"的属于学术团体（或学术组织）性质。然而，基于对中华图书馆协会和地方图书馆协会的研究可知，它们虽名为"协会"，但始终坚持"研究图书馆学术，发展图书馆事业，并谋图书馆之协助"的宗旨，这实际上同时履行了行业协会和学术团体两

---

① 周亚：《美国图书馆学教育思想研究（1887—1955）》，学林出版社，2018年，第76页。
② 中国科学技术协会主编：《中国图书馆学学科史》，中国科学技术出版社，2014年，第94页。
③ 程焕文：《序》，载李彭元《中华图书馆协会史稿》，国家图书馆出版社，2018年，序第2页。

种职能，这也是民国时期教育类社团的普遍特点。因此，这些图书馆协会既可被称为行业协会，也可被称为学术团体。而本书作为《中国图书馆学史》的第八卷，是"中国图书馆学史"的一部分，因此将以上图书馆协会纳入"民国图书馆学学术团体"统称之。不可否认的是，其角色和贡献也是双重的。就行业协会职能而言，基于对图书馆事业的调查和研究，民国图书馆学学术团体指引中国图书馆事业的发展，整合图书馆界和全社会的资源，谋求图书馆事业的进步，在民国时期图书馆数量的增加、图书馆管理和业务水平的提高、图书馆标准化建设以及馆际合作的推进上均发挥了极为重要的作用；就学术团体职能而言，基于对图书馆学发展方向的思考和认识，民国图书馆学学术团体为中国图书馆学学术的发展指明了方向，形成了既重视考察国外图书馆学和学习国外图书馆事业先进经验，又尊重中国图书馆事业特点的优良传统，确立了建成"中国的图书馆学"的目标，推动了中国图书馆学专业教育和学科发展。

中华图书馆协会作为中国的全国性图书馆协会，自民国以来一直是中国图书馆事业（学）史的重要研究课题。不过，除中华图书馆协会之外，民国时期还有不少地方图书馆协会存在，却少有学者关注，研究成果十分有限。因此，进一步搜集民国时期各地方图书馆协会的历史资料，并在此基础上系统梳理民国时期所有图书馆学学术团体的发展历程，既可以充实中国图书馆学史研究，又能探索民国图书馆学学术团体的发展规律和特点，加深对图书馆学学科发展的理解，为图书馆学学术团体今后更好发展提供借鉴。

第一章

民国图书馆学学术团体成立的背景

美国图书馆协会是世界上最早成立的图书馆学学术团体,其历史可以追溯至1853年在纽约召开的第一次全美图书馆馆员大会,在这次大会上,布朗大学图书馆馆长吉尔德(Reuben A. Guild, 1822—1899)提出成立一个永久的图书馆馆员协会的提案,得到参会人员一致同意。经表决,大会任命吉尔德等5人组成委员会为该协会起草章程和细则,并于下一次图书馆馆员大会召开时提交。[①]第二次全美图书馆馆员大会召开已经是23年后的1876年了,在这次大会上美国图书馆协会正式成立。

《美国图书馆协会史:1876—1972》(*A History of the American Library Association:1876—1972*)的作者托米森(Dennis Thomison)在书中分析美国图书馆协会成立于1876年而不是1853

---

① *Proceedings of the Librarians' Convention held in New York City September 15, 16, and 17, 1853*, reprinted for W. H. Murray, Cedar Rapids: The Torch Press, 1915, pp. 62—63.

年的原因时提到了多种因素，其中之一是"图书馆的数量越来越多，也越来越重要，1853 年时美国大约有 500 个图书馆，而 1876 年时为 3700 个"①。这句话点明了图书馆事业发达的两大标志：一个是图书馆数量的增长，另一个是图书馆重要程度的加强。美国图书馆数量的快速增长既与 19 世纪中期开始兴起的公共图书馆运动有密切关系，又与美国当时的政治环境、经济发展、交通状况、文化发展等多种因素相关。《美国公共图书馆：历史、现状与管理（特别报告）》(Public Libraries in the United States of America: Their History, Condition, and Management. Special Report) 显示，1850—1875 年是美国图书馆数量增长最快的时期，这一时期内美国新增了 2240 所图书馆；至 1876 年时，美国共有 3682 所图书馆，藏书超过 1200 万册（含 150 万本小册子）。② 图书馆重要程度加强的直接表现是图书馆促进教育的功能引发了政府教育部门的特别关注。自 1870 年起，美国教育部即开始定期收集和发布该国公共图书馆的统计数据。③ 同时，为了在 1876 年美国独立百年纪念博览会上展示美国教育的成就，美国教育部于 1874 年安排人员组织撰写《美国公共图书馆：历史、现状与管理（特别报告）》，并邀请一些图书馆作为博览会的参展单位。正因为不少图书馆都将参加此次展览，第二次全美图书馆馆员大会才选择于 1876 年博览会

---

① Dennis Thomison, *A History of the American Library Association: 1876—1972*, Chicago: American Library Association, 1978, p.12.
② Bureau of Education, *Public Libraries in the United States of America: Their History, Condition, and Management. Special Report Part I*, Washington: Government Printing Office, 1876, p.16.
③ Bureau of Education, *Public Libraries in the United States of America: Their History, Condition, and Management. Special Report Part I*, Washington: Government Printing Office, 1876, p.6.

期间在费城召开,而美国图书馆协会最终在这次大会上正式成立。戴志骞在1918年发表的《论美国图书馆》中谈到1853年第一次全美图书馆馆员大会时曾说:"在闭会时,Jewett虽云愿该会作永久图书馆管理员会之母。然无教育界中人相助而受一顿挫。"① 戴志骞发表该文时仍在美国留学,其观念无疑受到了美国图书馆学教育的影响,可见当时美国图书馆学界充分认识到教育界力量的加入对美国图书馆协会成立所起到的关键作用。

托米森提到的另一项重要原因是其他职业团体如美国医学协会(American Medical Association)、全美教育协会(National Education Association)、美国牙科协会(American Dental Association)等的创立与成功所起到的示范作用。② 美国著名图书馆学学者谢拉在《图书馆学引论》中介绍美国图书馆协会时曾这样说道:"据说如果有两个美国人发现自己搁浅在荒岛上,他们第一步就是要建立一个全国船只遇难者协会,起草章程与细则,选举职员并召开大会。显然,自殖民时期起,出于各种目的自愿组成的协会已经成为美国生活的一个重要方面。图书馆馆员们也出于同样的热情建立了职业协会。"③ 可见,谢拉认为图书馆协会的诞生与社会团体在社会生活中的普及度和成熟度有密切关系。

简而言之,美国图书馆协会的成立有内因和外因两大因素:内因是图书馆事业本身发展的需求,外因是其他社会团体引领的一种较为普遍的社会组织运作模式。从逻辑上说,当图书馆事业发展到

---

① 戴志骞:《论美国图书馆》,《留美学生季报》1918年第5卷第4期。
② Dennis Thomison, *History of the American Library Association: 1876—1972*, Chicago: American Library Association, 1978, p.12.
③ Jesse Hauk Shera, *Introduction to Library Science: Basic Elements of Library Service*, Littleton, Colo.: Libraries Unlimited Inc., 1976, p.120.

一定程度，从事图书馆工作的人员规模势必扩大，而当社会中普遍存在各类社会团体（包括职业团体）时，由图书馆馆员组成的学术团体便应运而生。民国图书馆学学术团体成立的背景与美国图书馆协会成立的背景相似，都受到图书馆事业发展需求和当时社会团体发展内外两种因素的影响。其中，图书馆事业的发达程度可以从图书馆事业的管理、图书馆事业的发展、图书馆学理论的引介、图书馆运动的兴起等多个角度表现出来。

第一节　近代图书馆事业的管理

伴随着近代新式图书馆的兴起，为了更好地引导其建设和进一步发展，政府必然需要通过设置管理机构和制定法规的方式加强对图书馆事业的宏观管理。中国近代图书馆事业自兴起之初就归属教育行政机构主管，这既可追溯至中国历史上藏书楼与教育的文化渊源，又与清朝末年新政时期政府参照日本模式进行教育改革直接相关。1910年，清政府颁行《京师及各省图书馆通行章程》。1915年，北洋政府颁布《图书馆规程》和《通俗图书馆规程》。这些法规极大地推动了中国近代图书馆事业的发展。至20世纪20年代，与西方近代图书馆体系类似的中国近代图书馆体系逐渐建立起来，并表现出明显的中国特色。

一、清朝末年图书馆事业的管理

鸦片战争以后，西学流入，西学书籍和报刊日渐增多，西方现代公共图书馆事业和图书馆学思想亦在中国传播，早期资产阶级知识分子意识到古代藏书楼的种种弊端，进而提倡开放利用的思想，建议将新式书刊纳入藏书体系。19世纪末，甲午战争后，维新派知识分子意识到救亡图存的关键在于开启民智、培养人才，因而推动清政府进行一系列教育改革。虽然维新变法以失败告终，但维新派的很多教育改革理念得到了落实和继承。

正如《中华图书馆协会之筹备》所录"缘起"所述，"周官外史，掌三皇五帝之书，达书名于四方，我国之有图书馆，盖已权舆于是。所以弘敷文化、普及教育，固不待西说东来，而后知其功用也"①，中国的统治阶级自古就知晓图书对于教育和文化的功用。因此，当设立图书馆作为推行新式教育的辅助手段之一被维新派纳入教育改革举措时，无论是对于维新派还是对于清政府来说，都是很容易被接受的。

甲午战争后，官方和民间都出现了学习日本的热潮。"图书馆"这一新名词也从日本译介至国内，并被政府官方法规文件所采用，后逐渐成为藏书机构的通称。1901年，罗振玉发表《教育私议》，提出改革教育之方：第一条为设学部，采用日本文部省学制且加以变通；第十条为"立图书馆及博物馆"，"宜于京师设大图书馆、博物馆各一所，各省会、各州县亦然"。② 罗振玉在教育改革中提出设立图书馆，同样是受日本教育的影响，因为图书及图书馆事为文部

---

① 《中华图书馆协会之筹备》，《晨报》1925年4月11日第6版。
② 罗振玉：《教育私议》，《教育世界》1901年第1期。

省之大臣官房掌管事务之一，①大臣官房设秘书课、文书课、会计课、图书课、美术课，图书馆为图书课所掌事项之一。②

1905年12月，清政府学部成立，并正式成为中央教育行政机关，图书馆划归学部管辖。学部初设总务、专门、普通、实业、会计5司。图书馆属专门司庶务科管理，学部直辖各学堂、图书馆建造之营缮归会计司建筑科负责。后学部又设专门、普通、实业、图书4司，图书馆仍由专门司掌管，学部直辖各学堂、图书馆建造之营缮由学部设艺师为奏补官，承尚书侍郎之命负责筹划和考核。各省新设提学使司，提学使总理各省学务，提学使既为督抚之属官，归其节制考核，同时又由学部随时考查，不得力者即行奏请撤换。旧有之学务处经裁撤后改为学务公所，下分总务、专门、普通、实业、图书、会计6课，图书馆归图书课掌管。

1906年，学部奏定颁布《教育会章程》，要求各省按章程设立教育会，其目的是充分利用士绅力量研究教育、辅助教育行政，并借此加强对各省教育研究团体的管理，其中筹设图书馆是章程所列各省教育会应办会务之一。清政府要求各省设立教育会，实际上是借用教育团体的力量分担政府在地方教育行政方面的职能。各省设立图书馆就等于是各省提学使和各省教育会共同办理的事务，这有助于整合当地士绅在资金、书籍、人员方面的资源，助力图书馆的兴建。

在清政府推行教育改革的过程中，古代官府藏书、私人藏书、寺院藏书、书院藏书四大藏书体系逐步瓦解，并向西方国家图书馆、公共图书馆、学校图书馆、机关与学会图书馆、企业图书馆等

---

① 《文部省官制》，《教育世界》1901年第1期。
② 《文部省分课规程》，《教育世界》1901年第1期。

构成的近代图书馆体系转型。早在学部成立之前,1898年京师大学堂藏书楼建成后,地方省份就开始出现古越藏书楼、杭州藏书楼、皖省藏书楼等由开明士绅独资或集资设立、面向公众开放的公共藏书楼。1904年起,湖北、湖南、江苏已有官办公共图书馆之设。学部的成立加速推动了图书馆建设的进程。1906年,学部参事罗振玉发表《京师创设图书馆私议》。1908年,端方为学部购浙绅姚氏、皖绅徐氏藏书运至京师储藏。1909年4月18日,学部为预备立宪上《奏分年筹备事宜折（并单）》,其中关于图书馆的事项包括以下几项：宣统元年（1909年）,"颁布图书馆章程","京师开办图书馆（附古物保存会）"；宣统二年（1910年）,"各省一律开办图书馆"。① 1909年9月9日,学部奏《筹建京师图书馆折》获准,京师图书馆成立。各省督抚也纷纷上奏筹设图书馆。

随着各省图书馆依次建成,为统一管理,学部于1910年奏准颁行《京师及各省图书馆通行章程》,其中明确要求"京师及各直省省治,应先设图书馆一所。各府、厅、州、县治应各依筹备年限以次设立"②,对于私人筹款设立图书馆者,"听其设立,惟书籍目录、办理章程,应详细开载,呈由地方官报明学部立案。善本较多者,由学部查核,酌量奏请颁给御书匾额,或颁赏书籍,以示奖励"③,还对图书馆的名称、地址、人员编制、藏书内容、经费筹措等做出详细规定。这对于中国当时刚刚兴起的公共图书馆事业来说,有着十分重要的指导意义。据吴晞统计,辛亥革命前各地建立

---

① 《奏分年筹备事宜折（并单）》,《学部官报》1909年第85期。
② 《学部奏拟定京师及各省图书馆通行章程折》,载李希泌、张椒华编《中国古代藏书与近代图书馆史料（春秋至五四前后）》,中华书局,1982年,第129页。
③ 《学部奏拟定京师及各省图书馆通行章程折》,载李希泌、张椒华编《中国古代藏书与近代图书馆史料（春秋至五四前后）》,中华书局,1982年,第131页。

的官办大型公共图书馆不下 20 所。①

　　这种自上而下推行的公共图书馆建设，实际上是以新的图书馆体系来挽救濒危的传统藏书体系，是一种资源重组的做法。首先，由于时局动荡、战争频仍，大量官府藏书和私人藏书或毁于战火，或被劫掠至他国，保存文化的任务迫在眉睫，因此亟需新建公共图书馆来搜集和保存旧有文献。其次，由于教育改革，书院被学堂替代，原有的书院藏书需要有机构来继承。最后，新学文献的增多，要求有图书馆来保存和提供利用。因此，无论是京师图书馆，还是各省级公共图书馆，它们的馆藏很多是从官府藏书、书院藏书、私人藏书中或拨至或征集或购买而来的。还有不少学校图书馆或公共图书馆的馆舍就建在书院的旧址上。1906 年，"福建提学使司学务公所在鳌峰校士馆内附设图书馆，集中收藏正谊、致用、鳌峰、凤池四个书院典籍，增购杂志、报纸及时务新书，供群众阅览"②。1908 年，河南图书馆筹建时，搜罗大梁、明道二书院图书共 43000 余卷。③ 中国近代图书馆体系便在"边破边立，边立边破"，以及充分利用、转化旧有藏书体系的过程中建立起来。从这个意义上说，清朝末年的公共图书馆起的是"承上启下"的作用，虽已体现西方现代图书馆公开阅览的功能，也将新学文献纳入保存范围，但更多的还是对传统藏书体系的继承，而不是变革。

　　《京师及各省图书馆通行章程》虽言图书馆"供人浏览"，但仍以"保存国粹，造就通才"为宗旨，其服务对象主要是"硕学专

---

① 参见吴晞《从藏书楼到图书馆》，书目文献出版社，1996 年，第 80 页。
② 参见刘德城、刘煦赞撰，福建省文史研究馆编《福建图书馆事业志》，方志出版社，2006 年，第 162—163 页。
③ 参见李和邦主编《河南省图书馆志略》，中国致公出版社，2001 年，第 8 页。

家"和"学生士人",而不是普通的社会大众,这些读者利用图书馆也多是为了"研究学艺"或"检阅考证"。因此,其馆址"以远市避嚣为合宜",其藏书虽在"保存之类"外别设"观览之类",但明显更加侧重于"内府秘籍海内孤本、宋元旧椠精钞之本"这类保存书。这一办馆理念虽比封建藏书楼先进,但与西方现代图书馆向所有公众免费开放相比仍有不小的差距。当然,这是由其历史环境的局限造成的。要在幅员辽阔的中国遍设图书馆在当时是不现实的,清政府所采取的是自上而下逐步推行的策略,由京师而各直省、再府厅州县逐级设立图书馆。作为一省唯一的图书馆,需要具备一定的藏书规模,当时新书数量有限,而旧籍因历年之积累数量可观,利用现有藏书是最便捷的方式。而且,新式教育推行不久,知识分子的学术文化背景也决定了他们更倾向于收藏传统典籍。

二、民国初年图书馆事业的管理

中华民国初立,设教育部以取代清朝之学部。教育部的首要任务就是彻底改造封建主义旧教育、建立符合资产阶级共和政体的新教育体制。"为提倡成人教育、补习教育起见"[①],蔡元培主张在教育部增设社会教育司,与普通教育司、专门教育司并立。1912年12月,教育部公布《分科规程》,图书馆归社会教育司第一科掌管。1913年,教育部在京师首先设立通俗图书馆,并倡导各地推行。1914年,教育部修订官制,社会教育司执掌事务中不仅包括图书馆,还包括通俗图书馆。1918年12月,教育部公布《分科规

---

① 蔡元培:《我在教育界的经验:自传之一章(下)》,《宇宙风》1938年第56期。

程》，图书馆归第一科掌管，通俗图书馆、巡回文库归第二科掌管。

中华民国成立以后，改各省提学使司为教育司，其总理全省教育事务。1913年，实行军民分治以后，各省教育行政机关或设司或设科，并不统一，但对于社会教育的推行均颇为积极。直到1917年教育部颁布《教育厅暂行条例》，地方教育行政管理机构才有了统一建制。《教育厅暂行条例》规定各省设立教育厅直隶于教育部，管理全省教育行政事宜。省教育厅署下设三科，社会教育由第二科管辖，图书馆因属社会教育范畴，故归其管理。

图书馆划归社会教育行政部门主管，加速了中国近代图书馆事业向西方现代图书馆的转型。清朝末年建立起来的近代图书馆事业背负着"开启民智"和"救亡图存"的使命，因此其目标人群是能够担负救国使命的知识精英，实际上仍是"中体西用"思想的产物。民国教育部倡导社会教育，是要提高整个社会的教育水平，改良民众的思想观念。社会教育从通俗教育入手是因为社会中文盲和文化水平较低的人群所占比例较高，讲演或通俗读物是他们能够接受的形式。蔡元培于1916年12月27日在北京通俗教育研究会上演说时提出，通俗教育就是要"济教育之不平，而期于普及"①。在这一教育思想的影响下，图书馆就不是仅为少数人的高深研究服务，而是为整个社会大众的教育服务，这种意识形态的转变使得中国近代图书馆终于慢慢接近了西方现代图书馆的本质。社会教育行政体系不仅直接促成了大量通俗图书馆的设立，而且其推行的各类通俗教育活动也提高了民众的文化水平，客观上为图书馆培养了更多潜在读者，使更多的人能够利用图书馆。相应地，随着越来越多

---

① 蔡元培：《蔡子民在北京通俗教育研究会演说词》，《东方杂志》1917年第14卷第4期。

的人开始利用图书馆,图书馆在学校教育和社会教育上的重要性也逐渐得到教育界乃至整个社会的认同。

1915年10月23日,教育部颁布的《图书馆规程》和《通俗图书馆规程》,涵盖了各类型图书馆。相较于清朝末年学部的《京师及各省图书馆通行章程》,这两部图书馆规程在图书馆理念上有了很大的进步。《图书馆规程》规定设立图书馆的目的就是"供公众之阅览",对使用图书馆的目的和收藏图书的类别都没有任何特别限定。《通俗图书馆规程》规定了"储集通俗图书",这是因为读者本身的文化水平存在差异,而且规定通俗图书馆不征收阅览费,使那些受经济水平限制的普通民众能够利用图书馆,这些都真正体现了现代公共图书馆的精神。这两部图书馆规程颁布之后,各省立图书馆纷纷修正原有章程规制,这不仅对全国图书馆的发展起到了规范、指引的作用,同时也促进了各地图书馆的建设。金敏甫曾说:"自此二项规程颁布后,各地之设立图书馆者,莫不以此为准则,未设图书馆者,遂亦先后设立,其于图书馆事业之前途,有莫大之影响也。"①

教育部作为图书馆事业行政主管机构,还肩负着图书馆事业调查与指导之责。教育部所编的《教育部行政纪要(民国元年四月至四年十二月)》和《教育部行政纪要第二辑(民国五年至七年)》中都对全国图书馆和通俗图书馆都进行了调查,揭示了全国图书馆的发展状况,这有助于对全国各类图书馆进行管理。1914年10月16日,教育部通知各省区调查图书馆并所藏部帙种类,要求各地"查明该省府曾否设有此项图书馆,所藏部帙种类名目多寡,有无

---

① 金敏甫:《中国现代图书馆事业概况(续)》,《国立中山大学图书馆周刊》1928年第1卷第2期。

异书秘本，现在是否随时购辑，以图完备，并各详细开列报部，以资考核"①。这次调查发现了济南山东图书馆馆藏书目中有"山东艺文"一门，网罗颇富，而他处图书馆留意及此者尚少，故教育部于1916年11月20日咨各省区请通饬各省县图书馆注意搜集保存乡土艺文，此举"既多使来馆阅览者直接以生其爱乡土之心，即间接以动其爱国家之观念，于社会教育裨益实非浅鲜"②。河南图书馆自1917年起，"开始注重对地方文献的搜集，仿济南图书馆办法，广与各机关单位联系，征集各种地方文献资料，即是未出版者，也设法征集、购买或借抄收藏"③。浙江公立图书馆则编《文澜阁浙江书目》以彰显地方文化。

第二节 近代图书馆事业的发展

在清朝末年至民国初年教育行政主管部门对图书馆事业的管理下，图书馆的类型、数量和专业化程度都有了长足发展。20世纪20年代初，中国近代图书馆事业出现了两大主要图书馆类型：一个是公共图书馆，另一个是大学图书馆。除此之外，政府机关、社

---

① 《大事记》，《教育杂志》1914年第6卷第9期。
② 《咨各省区请通饬各省县图书馆注意搜集保存乡土艺文文》，《教育公报》1917年第4卷第1期。
③ 李和邦主编：《河南省图书馆志略》，中国致公出版社，2001年，第18页。

会团体、中小学、企业及私人创办的其他类型图书馆的数量亦日渐增多。近代图书馆事业体系渐趋成熟，对图书馆学理论和专业人才的需求也日渐增多。

一、公共图书馆

清朝末年，京师图书馆和各省公共图书馆的创建为中国近代公共图书馆体系奠定了基础。民国初年，在省立图书馆基本覆盖全国主要省份后，县立图书馆成为新的增长点。同时，在教育部大力推广社会教育、通俗教育的背景下，通俗图书馆得到了迅速普及。

（一）图书馆数量

从图书馆的数量来看，据《教育部行政纪要（民国元年四月至四年十二月）》中各省图书馆一览表[①]、各省通俗图书馆调查表[②]里所列数据，以及京师图书馆和京师通俗图书馆统计，至1915年底全国共有公共图书馆（含通俗图书馆）262所；据《教育部行政纪要第二辑（民国五年至七年）》中各省图书馆[③]、各省通俗图书馆[④]中所列数据，以及京师图书馆和京师通俗图书馆统计，至1918年底全国公共图书馆（含通俗图书馆）总数累计达463所。1915年

[①] 教育部编：《教育部行政纪要（民国元年四月至四年十二月）》，1916年，"丁编 社会教育"第4—7页。

[②] 教育部编：《教育部行政纪要（民国元年四月至四年十二月）》，1916年，"丁编 社会教育"第8—10页。

[③] 教育部编：《教育部行政纪要第二辑（民国五年至七年）》，1919年，"丁编 社会教育"第180—182页。

[④] 教育部编：《教育部行政纪要第二辑（民国五年至七年）》，1919年，"丁编 社会教育"第183—185页。

时,大多数省份公共图书馆总数(含通俗图书馆、县立图书馆)为个位数,仅有7省公共图书馆总数是两位数,分别是湖北(45所)、奉天(37所)、山东(24所)、河南(23所)、福建(22所)、浙江(22所)、湖南(15所)。至1918年,公共图书馆数量是两位数的达11省,分别是山东(74所)、奉天(71所)、山西(60所)、湖北(45所)、浙江(34所)、湖南(28所)、江苏(26所)、河南(24所)、福建(22所)、广东(12所)、云南(12所)。图书馆数量较少的省份主要集中在偏远地区,如贵州、陕西、广西、新疆、甘肃,其公共图书馆数量都不足5所。内地省份中安徽、江西和四川等的公共图书馆数量也较少。总的来说,虽然各省图书馆数量差距明显缩小,且呈现多个层级梯度,但两极差距仍然较大,且分布十分不均衡。

(二)图书馆类型

从图书馆的类型来看,全国省立图书馆(含京师图书馆)从1915年的22所增长至1918年的25所。由于省级行政区域相对固定,因此省立图书馆的数量变化不大,增加的3所省立图书馆分别来自山西、江西、甘肃3省。1915年教育部统计省立图书馆信息时,江西省因未回复而未被列入。1918年统计数据显示,江西省立图书馆成立时间为民国元年(1912年),甘肃省立图书馆成立于1916年,山西省立图书馆成立于1918年。因此,实际上1915年以后仅甘肃与山西两省新成立了省立图书馆。全国县立图书馆数量则从1915年奉天新民县和江苏无锡县的2所增长至1918年底的152所,是公共图书馆数量中增长最快的。其中,县立图书馆数量较多的省份是山西(50所)、奉天(35所)、山东(16所)、湖南(13

所)、浙江(12所),以上5省县立图书馆数量之和约占全国县立图书馆总数的83%。1915年,通俗图书馆数量较多的省份是湖北(44所)、奉天(35所)、山东(23所)、河南(22所)、福建(21所)、浙江(21所)、湖南(14所),以上7省通俗图书馆数量之和约占全国通俗图书馆总数的76%,其他各省区通俗图书馆数量均为个位数。至1918年底,全国通俗图书馆数量从1915年底的238所(含京师通俗图书馆)增长至286所。绝大多数省份通俗图书馆数量维持不变,而山东新增34所,江苏新增10所,直隶、河南、察哈尔、京兆各新增1所。

京师图书馆具有国家图书馆的性质,是所有公共图书馆中发展最为完备的。它虽成立于清朝末年,但直至1912年教育部接管后,才于1912年8月27日在广化寺正式开馆售券,接待读者。[①] 由于京师图书馆原馆址所处地理位置比较偏僻,为方便阅览,京师图书馆设分馆一处,于1913年6月开放。1913年10月,教育部令京师图书馆停办,筹备改组。1917年1月,京师图书馆改组就绪,就前国子监南学旧址(即京师图书馆筹备处地址)重新开馆。同年又在中央公园内设图书阅览所一处(亦属分馆之制),于1917年8月21日开放阅览。

京师图书馆的馆藏建设在民国以前已经有了初步的基础,教育部接管后继续派员落实。据1913年1月30日京师图书馆呈教育部造送书籍数目册统计,当时京师图书馆共藏有善本书880部、28412卷、10822册,阅览书4544部、122963卷、41504册,另有

[①] 李致忠:《昌平集》,上海古籍出版社,2012年,第733页。

敦煌石室唐人写经8662卷。① 1916年2月，京师图书馆呈请教育部规定全国出版图书在内务部立案者应以一部交国立图书馆庋藏，② 这一做法建立了中国的呈缴本制度，亦标志其正式开始履行国家图书馆的部分职能。清政府已拨付京师图书馆的文津阁《四库全书》直至1916年9月30日才入藏京师图书馆。③ 京师图书馆还呈请教育部征集全国地方志和金石拓本。至1918年12月，京师图书馆除《四库全书》6144函、唐人写经8000余卷外，共有藏书6645种、106538册，当年平均每月阅览人数为180余。④ 京师图书馆分馆共藏有经史子集1273部、22898册，编译新书1015种、1952册，释藏23部、453册，书画图像62种、334幅，新闻杂志3155册，通俗杂书194部、345册，当年平均每日阅览人数52人次。中央公园图书阅览所共有新旧图书4744种、25097册，当年平均每日阅览人数159人次。⑤ 可见，阅览人数与馆藏数量没有直接关系，反倒与藏书内容有密切关系，古籍越多则阅览人数越少，新书或报刊越多则阅览人数越多。从京师图书馆馆址的变迁、分馆和阅览所的设立，以及藏书数量和内容结构的变化可以看出，京师图书馆依然重视其"保存国粹"的国家图书馆功能，但同时也开始考虑如何更加

---

① 参见北京图书馆业务研究委员会编《北京图书馆馆史资料汇编（1909—1949）》（下册），书目文献出版社，1992年，第1086—1089页。
② 《京师图书馆呈请教育部规定全国出版图书在内务部立案者应以一部交国立图书馆庋藏文》，载李希泌、张椒华编《中国古代藏书与近代图书馆史料（春秋至五四前后）》，中华书局，1982年，第212页。
③ 参见李致忠《昌平集》，上海古籍出版社，2012年，第736—738页。
④ 教育部编：《教育部行政纪要第二辑（民国五年至七年）》，1919年，"丁编　社会教育"第179页。
⑤ 教育部编：《教育部行政纪要第二辑（民国五年至七年）》，1919年，"丁编　社会教育"第180页。

便捷地向社会大众提供其所需要的通俗读物。

各省立图书馆虽多创办于清朝末年,但不少图书馆并未在民国以前建成开放,或即使开放又经辛亥鼎革,业务难以开展,一般至1915年以后方渐入正轨。陕西图书馆称"辛亥改革后,屡停屡办"①。1913年元月,河南图书馆迁东至大街,5月又迁至文庙街,9月改组附设于提学使署,至1914年2月恢复独立,1915年元月,依"图书馆令"改名为"河南省立图书馆",馆址迁移于二曾祠。②浙江图书馆经巡抚增韫奏请拨地创建于西湖圣因寺行宫内文澜阁旁,并将浙江官书局与浙江藏书楼归并扩充,至1912年落成,又将文澜阁并入图书馆。1913年3月开馆,改名浙江省立图书馆,因距城稍远,交通未便,故设阅书部、借书部于城内大方伯藏书楼。③1916年1月,更名为"浙江公立图书馆"。

(三)阅览人数

《教育部行政纪要(民国元年四月至四年十二月)》中各省图书馆一览表④里列有阅览人数一项,但只有13所图书馆填具了阅览人数项。由于该表中图书馆阅览人数有些按每月统计,有些按全年统计,故根据该表数据,分别乘以12或除以12(非整数即进位),得到全年阅览人数和每月阅览人数,以方便进行比较,具体如下表所示。

---

① 《陕西图书馆民国七年概况报告书》,《教育公报》1918年第5卷第13期。
② 参见李和邦主编《河南省图书馆志略》,中国致公出版社,2001年,第8—9页。
③ 《浙江图书馆修正章程》,《教育周报》1913年第2期。
④ 参见教育部编《教育部行政纪要(民国元年四月至四年十二月)》,1916年,"丁编社会教育"第4—7页。

教育部统计 1915 年各省图书馆阅览人数[①]

图书馆名称	全年阅览人数	每月阅览人数
直隶省立图书馆	8560	714
直隶保定图书馆	1100	92
奉天新民县图书馆	1080	90
黑龙江省立图书馆	7200	600（全年最多时期）
山东省立图书馆	240	20
河南省立图书馆	1200	100
福建省立图书馆	12000	1000
湖北省立图书馆	10800	900
陕西省立图书馆	500	42
广东省立图书馆	3600	300
广西省立图书馆	21600	1800
云南省立图书馆	36000	3000
贵州省立图书馆	3600	300

可见，各省立图书馆阅览人数差异较大，多的如云南、广西、福建、湖北等省立图书馆年阅览人数均过万，少的如山东、陕西等省立图书馆年阅览人数才几百。

由于《教育部行政纪要第二辑（民国五年至七年）》中各省图书馆调查表[②]中没有列出阅览人数一项，因此 1918 年各省图书馆阅览情况不明。不过，沈祖荣在 1918 年 3 月的《中国全国图书馆调

---

① 原始数据来自《教育部行政纪要（民国元年四月至四年十二月）》中《各省图书馆一览表》。
② 参见教育部编《教育部行政纪要第二辑（民国五年至七年）》，1919 年，"丁编 社会教育"第 180—182 页。

查表》①中列有阅览人数一项，可作为参考依据。其中有按季填报的，也有按月填报的。云南省立图书馆仍然是阅览人数最多的，春夏秋三季每月阅览人数为3000，冬季每月阅览人数为2000，与教育部1915年统计数据是接近的。湖南省立图书馆次之，每月阅览人数为1500—1600。福建省立图书馆再次之，每季阅览人数为5000余（即每月1600余人），这一数据与1915年教育部的统计数据相比有所上升。此外，部分省立图书馆的数据与1915年教育部统计数据差异较大。例如山东省立图书馆，沈祖荣的调查表显示1918年每季阅览人数为1600，而1915年教育部的统计则称每月阅览人数为20余；陕西省立图书馆在1915年教育部的统计中显示每年阅览人数约为500，而沈祖荣1918年的调查表显示其每月平均阅览人数为480。不过，据《浙江公立图书馆年报》记载，该馆1917年全年阅览人数为8502，平均每月708人，其中本馆194人，分馆514人。②沈祖荣1918年的调查表显示，浙江公立图书馆每季阅览人数为2106，与该馆的统计数据是十分接近的。总的来说，根据沈祖荣1918年调查表，各省立图书馆的阅览人数按每月统计，为30—3000，有些相差竟达百倍，可见各省图书馆发展极不平衡。

通俗图书馆的阅览人数大大超过了省立图书馆。1913年，教育部为提倡通俗教育，委任社会教育司科员在宣武门外大街租房21间筹办京师通俗图书馆，10月下旬开馆，并附设公众体育场、新闻阅览处各一所，后又添设儿童阅览室一处。至1915年底，藏书

---

① 沈祖荣：《中国全国图书馆调查表》，《教育杂志》1918年第10卷第8期。
② 《阅书统计表及报告书：全年阅书人数及阅书本数统计表（中华民国六年）》，《浙江公立图书馆年报》1918年第3期。

共计 1400 余种,平均每日阅览人数为 620 余人。① 至 1918 年底,大阅览室与儿童阅览室共有藏书 8581 种、28304 册,平均每日阅览人数为 789。②"其地既当要冲"③ 是其阅览人数较多的重要原因之一,而通俗图书馆"不取资"的政策无疑更是关键原因。

根据《教育部行政纪要第二辑(民国五年至七年)》中各省通俗图书馆调查表④统计,各省通俗图书馆每所平均藏书 250 册,平均每日阅览人数 28,但省立者规模较大,阅书人数较多,如山东省立一处通俗图书馆每日阅书人数超过 1000,河南与湖北两省均有一处省立通俗图书馆每日阅书人数为 600。⑤

(四)图书馆经费

不过,通俗图书馆的经费相较于省立图书馆却少了很多。《教育部行政纪要(民国元年四月至四年十二月)》中各省图书馆调查表⑥显示,1915 年贵州省立图书馆每月经费约 500 元,河南省立图书馆每月经费 300 元,湖南省立图书馆每月经费 233 元,直隶天津图书馆每月经费定额 85 元,其他各省图书馆未填报。

---

① 参见教育部编《教育部行政纪要(民国元年四月至四年十二月)》,1916 年,"丁编 社会教育"第 8 页。
② 参见教育部编《教育部行政纪要第二辑(民国五年至七年)》,1919 年,"丁编 社会教育"第 183 页。
③ 参见教育部编《教育部行政纪要(民国元年四月至四年十二月)》,1916 年,"丁编 社会教育"第 8 页。
④ 参见教育部编《教育部行政纪要第二辑(民国五年至七年)》,1919 年,"丁编 社会教育"第 183—185 页。
⑤ 参见教育部编《教育部行政纪要第二辑(民国五年至七年)》,1919 年,"丁编 社会教育"第 184 页。
⑥ 参见教育部编《教育部行政纪要(民国元年四月至四年十二月)》,1916 年,"丁编 社会教育"第 4—7 页。

沈祖荣 1918 年《中国全国图书馆调查表》[①] 显示，每年经费在万元以上的有京师图书馆（15000 元）及湖南（14866 元）和浙江（连同印行所的经费共计 10799 元）两省图书馆，每年经费 4000 元左右的有山东（4512 元）、云南（4320 元）、吉林（4200 元）、河南（3600 元）四省图书馆，每年经费 2000 元左右的有福建（2100 元）、天津（连同通俗图书馆的经费共计 1980 元）两省图书馆，每年经费 1000 元左右的有湖北（1464 元）、陕西（1200 元）和广西（800 元）三省图书馆。

《教育部行政纪要第二辑（民国五年至七年）》中各省通俗图书馆调查表[②]列有各省通俗图书馆数量及全年经费两项，现根据这两项数值相除得出各省通俗图书馆平均每所全年经费，以河南和湖北最高，平均每所全年经费约为 357 元和 314 元，四川次之为 300 元，其他诸省大多为 200 元或 250 元，江苏 100 元，湖南约为 43 元，安徽每所全年经费仅 25 元，察哈尔未上报经费。再根据其值求平均值，得到 1918 年全国通俗图书馆平均每所全年经费为 185 元。为节省经费，这些通俗图书馆大多附设于其他教育机关。如河南通俗图书馆创建初期即附设在河南第一学生图书馆处。[③]

可见，通俗图书馆虽然经费远远低于省立图书馆，且藏书数量远比不上省立图书馆，但阅览人数却远超省立图书馆。1917 年，曾任教育部佥事的林传甲在呈教育部《请整顿图书馆以广社会教育》一文中便说道"京师图书馆阅书人数本馆不如分馆，而分馆又

---

① 沈祖荣：《中国全国图书馆调查表》，《教育杂志》1918 年第 10 卷第 8 期。
② 参见教育部编《教育部行政纪要第二辑（民国五年至七年）》，1919 年，"丁编　社会教育"第 183—185 页。
③ 李和邦主编：《河南省图书馆志略》，中国致公出版社，2001 年，第 9 页。

不如通俗图书馆",他在黑龙江兼任通俗教育社社长时创办通俗图书馆,"比之省立图书馆,用款不及什之一,阅书人数则多至数十倍",他由此认为"社会教育不在经费多寡,全在办事精神",① 并向教育部提出若干整顿图书馆之办法。

(五)图书馆服务

事实上,为了提高图书馆的利用率,个别省立图书馆在服务上也开始有所改进。沈祖荣1918年《中国全国图书馆调查表》② 显示,浙江公立图书馆1913年就可以借出图书,其借书规则规定借书须有保证金及其他种种条件。京师通俗图书馆1914年制定《贷出图书规则》,亦规定须有保证金,且贷出区域仅限京师。吉林省立图书馆图书可以借出但仅限本城,陕西公立图书馆规定一次借出图书数量为三部以下。各省图书馆绝大多数仍采取售券方式,只是部分图书馆有优待券赠送学校或机关,此外针对军人、学生、妇女、儿童等也有相应优惠,陕西公立图书馆对于阅书满一月者还赠送三个月有期优待券。

民国初期,公共图书馆分为省立图书馆、县立图书馆和通俗图书馆三类。省立图书馆大多建成于清朝末年,藏书多来自对该地区古代藏书的继承,虽名为图书馆,但很大程度上仍沿袭古代藏书楼的旧制。县立图书馆和通俗图书馆基本上在民国以后才开始建立,他们受经费制约,藏书数量较少,且以通俗读物为主,古代珍贵典籍较少。之所以出现这种情况,是因为图书馆本身兼有多重职能,保存典籍、传承文化、辅助学术研究的职能是一开始就明确的,只

---

① 《批林传甲所呈各节应留备参考》,《教育公报》1917年第4卷第4期。
② 沈祖荣:《中国全国图书馆调查表》,《教育杂志》1918年第10卷第8期。

不过民国以后新增了面向普通大众的普及知识、辅助教育、提升国民素质等职能。同时，这也是由知识分子与普通大众在能力和兴趣上存在较大客观差异导致的。

二、大学图书馆

中国近代高等教育始于清朝末年，民国前已有京师大学堂、北洋大学堂、南洋公学、山西大学堂等大学以及高等师范学堂和实业学堂等。蔡元培在自传体文章《我在教育界的经验》中曾毫不掩饰自己对于高等教育的偏爱，他说他任教育总长时与范源廉常持相对的循环论，他说："没有好大学，中学师资哪里来？没有好中学，小学师资哪里来？所以我们第一步，当先把大学整顿。"[①] 1912年，教育部新的学制系统颁布后，高等教育实际包含大学、高等师范学校和专门学校，本节将他们的图书馆通称为大学图书馆。蔡元培认为国立大学太少，规定于北京外，再在南京、汉口、成都、广州各设大学一所。1917—1923年，蔡元培担任北京大学校长。通过对北京大学的整顿，他的高等教育理念真正被贯彻实行。

民国以后，北京大学、清华学校、南开学校、北京高等师范学校、北京法政专门学校、交通部上海工业专门学校（上海交通大学前身）、南京高等师范学校等一批高等院校蓬勃发展。20世纪初，外国教会已经开始将教育重心转向高等教育，民国以后更是加快了高等教育建设的步伐。辛亥革命前后，上海圣约翰大学、武昌文华大学、南京金陵大学、九江南伟烈大学、广州岭南学校、山东齐鲁

---

① 蔡元培：《我在教育界的经验：自传之一章（下）》，《宇宙风》1938年第56期。

大学等先后经升级、合组建立起来。这一时期高等教育的快速发展直接带动了民国时期大学图书馆（含高等师范学校及专门学校图书馆）的发展。

（一）外国教会大学图书馆

外国教会大学图书馆一般建馆时间较早，藏书以英文为主，管理者多为外籍教师，甚至是受过图书馆教育或有图书馆工作经验的教师，因此外国教会大学图书馆是中国最早应用西方现代图书馆管理方法的图书馆类型，也是培养了中国最早一批图书馆专业人才的摇篮。

1. 武昌文华公书林

1910年5月16日，武昌文华公书林建成开放，其历史可以追溯至19世纪末文华书院校内的八角亭阅览室。1899年，出生于美国纽约州厄尔巴镇（Elba）的韦棣华（Mary Elizabeth Wood，1861—1931）女士来华探视弟弟韦德生（Robert Edward Wood，1872—1952），随后受聘为文华书院的英语教员。在来华以前，她曾任巴达维亚（Batavia）理奇蒙德纪念图书馆（Richmond Memorial Library）正式开放后的第一位图书馆馆员，并在那里工作了10年。自1902年起，韦棣华女士就开始给美国慈善机构和教会的亲朋好友写信募集图书和资金。经过各种渠道的积累，逐渐形成了一个有3000余册藏书规模的英文图书馆。① 鉴于这个图书馆对大学教育起到了十分重要的促进作用，韦棣华希望将图书馆的影响扩大到

---

① Mary Elizabeth Wood, "Library Work in a Chinese City," *Bulletin of the American Library Association* Vol. 1, No. 4（1907）：86.

学校之外，以促进武昌这个文化教育重镇的教育运动。因此，她计划创办一所既有英文书籍也有中文书籍的大型公共图书馆。① 为此，她于1906年回到美国，并在那里停留了18个月。② 除了在普拉特学院图书馆学校（Pratt Institute School of Library Science）进修，她还一边参观图书馆学习管理经验，一边通过发函或演讲来为将要建设的图书馆筹集资金。1907年，她参加了美国图书馆协会第二十九届年会，并在27日的第三次全体大会上宣读了论文《一个中国城市的图书馆工作》(Library Work in a Chinese City)，介绍了她在武昌的图书馆工作，这使得中国的图书馆事业进入了美国图书馆界的视野，并为后来中国图书馆协会的成立及中美图书馆协会的合作打下了良好的基础。文华公书林虽建于文华大学校内供师生使用，但实际上在其诞生之前就已经被定性为公共图书馆。自1911年3月25日起，文华公书林大礼堂司徒厅就经常开展各种主题的讲演，讲演票被免费送给武昌各公立学校，请他们的学生参加，并在每次讲演之先就引导学生参观文华公书林，解说公书林的性质。由于当时武昌公立学校课程以中文为主，文华公书林便开始加大对中文图书的收藏。自1914年起，文华公书林在城中两个公立学校开设阅览室作为分馆，以便人们就近阅览，又开办巡回文库，将各种书籍装箱分送各学校机关陈列。

---

① Mary Elizabeth Wood, "Library Work in a Chinese City," *Bulletin of the American Library Association* Vol. 1, No. 4 (1907): 84—87.
② Alfred Kai Ming Chieo, "Boone University Library Past, Present and Future," *The Boone Review*（《文华温故集》）1920年第15卷第4期。

1910年①，沈祖荣自文华大学毕业后担任文华公书林协理（associate librarian），协助韦棣华女士管理文华公书林。文华公书林最初仅有韦棣华与沈祖荣两位工作人员，而具体馆务更多是沈祖荣一人独自掌理。沈祖荣在任职于文华公书林之前并没有受过专门的图书馆管理训练，用他自己的话来说——"一切均很隔膜"②。韦棣华女士1906年回国期间，曾就读于普拉特学院图书馆学校，该校是美国第二所图书馆学校，其创办者普拉默（Mary Wright Plummer，1856—1916）是杜威创办的哥伦比亚大学图书馆经营学院的首届学生。1911年，纽约公共图书馆学校（New York Public Library School）建立，普拉默担任首任校长。可能正是由于和普拉默的这层师生关系，韦棣华女士于1914年派沈祖荣赴这所学校学习图书馆学，开国人留洋攻读图书馆学之先河。

2. 上海圣约翰大学图书馆

据黄维廉《约翰大学图书馆》一文记载，上海圣约翰大学图书馆肇始于1888年卜舫济（Francis Lister Hawks Pott，1864—1947）接任校长之时，最初的藏书仅主教私人所藏的十部中文书而已。此外，文主教住宅内设有圣公会藏书室一所，所收皆英文书籍，且以宗教者为多。不久，这两处就合并为一，始具图书馆之雏形。1894

---

① 程焕文在《中国图书馆学教育之父：沈祖荣评传》中称沈祖荣毕业于1911年1月，并取得文华大学第一届文学学士学位，而马敏等在《华中师范大学校史（1903—2013）》中列出的1911年1月9名授予文学学士学位的学生中并没有沈祖荣，而有后来成为华中大学校长的韦卓民。1920年文华大学校刊《文华温故集》（The Boone Review）中所载校友消息显示，沈祖荣被列为1910年，韦卓民被列为1911年，胡庆生被列为1915年，据此推测沈祖荣大学毕业应在1910年。

② 沈祖荣：《在文华公书林过去十九年之经验》，《文华图书科季刊》1929年第1卷第2期。

年，中学校舍落成，西北隅二层楼被辟为约翰学校藏书室，所有书籍迁于此处，委该校神学科第一届毕业生吴聿怀掌理。1900年，义和团运动兴起，韦棣华女士因此避居上海，其间曾义务为上海圣约翰书院藏书室整理书籍，该校编目之制由是确立。1903年春，管理者增至2人，中西书籍有3000余本。①

1904年秋，思颜堂新屋落成，藏书室迁入堂之西南隅，命名为罗氏藏书室（Low Library），以纪念纽约罗氏兄弟对建筑此楼的捐助。1905年，吴聿怀辞职，学校委任黄秉修继任。黄秉修曾任上海工部局公众图书馆（Shanghai Public Library）助理，对于图书馆管理颇有研究。这一时期，图书馆改行编目制，采用杜威分类法，同时获各处赠书及购书资费不少。"1907年，黄君辞职，由何林一继任。1908年，何君辞职由程祉祥继任。"②

1909年秋，戴志骞任馆长之职。他曾于1904年3月3日进入圣约翰学校③备馆（预科）就读，1907年2月1日毕业。随后，他应邀前往温州瑞安公立中学堂担任洋文（英文）教习，教授历史与文法课程。④ 1909年他再次进入圣约翰大学学习，同时兼任图书馆馆长。他在任期间延长图书馆开放时间，每日开放7小时。1911年秋，校中新购兆丰花园之一部，图书馆由思颜堂迁至园中校长住宅的下层，占屋三间。除馆长戴志骞外，添聘陈燦勋为助理。其时，英文藏书有5000余本，中文藏书391部，计4432本。⑤ 1912年，

---

① 黄维廉：《约翰大学图书馆》，《新教育》1923年第7卷第1期。
② 黄维廉：《约翰大学图书馆》，《新教育》1923年第7卷第1期。
③ 圣约翰学校1905年在美国首都华盛顿哥伦比亚特区注册，正式称圣约翰大学。
④ 参见郑锦怀《中国现代图书馆先驱戴志骞研究》，中国海洋大学出版社，2017年，第30—38页。
⑤ 黄维廉：《约翰大学图书馆》，《新教育》1923年第7卷第1期。

戴志骞大学毕业，获文科学士学位。1913年，圣约翰大学开设大学院（即研究生院），戴志骞为当时两名大学院之学生之一，然而因为健康问题他不得不放弃研究生学业，并于1914年夏辞去图书馆职务。① 1914年8月，戴志骞受聘为北京清华学校图书室主任。

徐燮元继戴志骞后任馆长，周曰庠为副馆长。1915年初夏，纪念堂落成，罗氏藏书室之书籍移置该馆，至此，图书馆始有独立之建筑。楼分上下两层，下层暂作教室，上层分三间：南为藏书室，实行开架制；北为阅览室，置报章杂志及参考书；中间为馆长及馆员办公室。1916年秋，徐燮元赴美国入纽约公共图书馆学校学习图书馆学，馆事由周曰庠代理，而蔡振华副之。时有英文书籍6800余本，中文书籍5300余本。1917年夏，徐燮元辍学回国，②复任馆长之职，在管理和组织上大加整顿，同时添置书籍甚多，并重编目录，西文书籍依杜威十进分类法编号分类。然而，不久他便因病休息，于是年冬天辞职。周曰庠升任馆长，吴汉章为副馆长。③吴汉章后来进入清华学校图书馆工作。

3. 金陵大学图书馆

金陵大学图书馆的历史可追溯至金陵大学合并前的汇文书院和基督书院，④ 1910年金陵大学成立后，图书馆设在校内干河沿青年会二楼，初期占用两间房，后占据整个二层。最初并无专业图书馆人才，时为金陵大学学生的刘靖夫在1910—1911年担任金陵大学

---

① 参见郑锦怀《中国现代图书馆先驱戴志骞研究》，中国海洋大学出版社，2017年，第49—50页。
② Library School of the New York Public Library, *Student register：1911—1923*, New York：Library School of the New York Public Library, 1924, p.22.
③ 黄维廉：《约翰大学图书馆》，《新教育》1923年第7卷第1期。
④ 李小缘：《金陵大学图书馆概况》，金陵大学图书馆，1929年，第1页。

图书馆首任馆长，1911年春其于金陵大学毕业后任金陵大学外文系教员，同时在金陵中学教授宗教和英语。他还是金陵大学校刊《金陵光》创刊的组织者之一，曾任该刊总经理、总编辑。①

第二任馆长韩凯（Frederick Goodrich Henke，1876—1963）在获得芝加哥大学哲学博士学位后受邀来到金陵大学任哲学及心理学教授、系主任，其自1911年1月起兼任金陵大学图书馆馆长。在担任馆长期间，他接受了大量美国朋友捐赠的图书，积极组织新购图书的分类，训练学生处理图书馆的工作。在韩凯及其夫人的管理下，图书馆越来越成为学校最有用的教学辅助机构。1912年底，馆藏图书达3063册。1913年，他因病回国，②由恒谟（William Frederick Hummel，1861—1884）接替他代理图书馆管理工作。③恒谟1908年毕业于芝加哥大学，后来到中国，并于1910年春开始在新成立的金陵大学和金陵中学教授宗教学。

自1914年秋季学期开始，由克乃文（William Harry Clemons，1879—1968）担任金陵大学图书馆馆长，同时副馆长之职由该校1913年毕业生刘靖邦（Liu Ching Pan）担任，他曾经在金陵中学任中国语言与文学教员。克乃文1879年出生在美国宾夕法尼亚州伊利县科利镇（Correy），1902年以优异成绩毕业于卫斯理大学（Wesleyan University），1905年取得普林斯顿大学（Princeton University）硕士文凭，并于1904—1908年在该校教授英语。1906

---

① 朱茗：《1910—1915年金陵大学图书馆历任馆长考略》，《河南科技学院学报》2018年第38卷第5期。
② 朱茗：《1910—1915年金陵大学图书馆历任馆长考略》，《河南科技学院学报》2018年第38卷第5期。
③ 朱茗：《1910—1915年金陵大学图书馆历任馆长考略》，《河南科技学院学报》2018年第38卷第5期。

年，克乃文曾以普林斯顿大学毕业生的最高荣誉"Jacobus Fellowship"获得者的身份赴牛津大学学习，之后回到普林斯顿大学担任参考图书馆馆员直至 1913 年。1913 年，克乃文来到南京金陵大学担任外国文学系主任。自恒谟离职后，克乃文担任金陵大学图书馆馆长至 1927 年回国。在他的管理下，金陵大学图书馆进入了飞速发展期。

1914—1915 学年，金陵大学图书馆已占据青年会二楼的四间房，共藏有 2495 册中文图书和 5192 册外文图书，以及 1166 本外国小册子，其中有 3022 册外文书已完成编目，每周开放 63 小时 20 分。而且在该层占用第五间房屋作为会员期刊阅览室（Nanking Subscription Periodical Room），会员不仅有金陵大学的教师和传教士，还有南京本地的中外商人，这可算作金陵大学图书馆的扩展服务。①

1915—1916 学年，金陵大学图书馆占据了整个青年会的二楼及楼层间的储物室，除学期中的开放时间之外，还在假期中每周开放 28 小时。有中文图书 3190 册，外文图书 5484 册，还有外国小册子 3162 本，以及杂志和报纸几千册。不过编目的进展比较缓慢，仅有 3092 册外文书已编目，中文书都没有编目。克乃文在报告中提到，副馆长刘靖邦正在为中文图书编制分类表，并已取得进展。会员期刊阅览室至 1916 年已订阅杂志 40 余种，过去一年中有 1000 多名会员从这里借阅杂志。②

---

① University of Nanking，*Report of the President for the Year 1914 to the Board of Trustees*，Shanghai：American Presbyterian Mission Press，1915，pp. 23—25.
② University of Nanking，*Report of the President for the Year 1915—1916 to the Board of Trustees*，Shanghai：Methodist Publishing House，1916，pp. 22—26.

1916—1917学年，金陵大学图书馆共有图书11473册（小册子除外），杂志2906册。图书馆的借阅量在这一学年有了飞跃式发展，从上个年度的3115册，增加到18886册。① 自1916年9月起，洪有丰自金陵大学毕业后即担任图书馆副馆长。早在1913—1916年读书期间，他就已经担任金陵大学图书馆的学生助理。克乃文对他评价极高，认为他聪慧有礼，并且希望他将来可以在图书馆学领域有进一步深造的机会，因为图书馆工作对中英文图书编目技术人员的需求一年比一年急迫。②

（二）中国本土大学图书馆

中国本土公私立大学图书馆虽在西方现代图书馆技术的应用上略晚于教会大学图书馆，但其中不乏藏书基础十分雄厚者，如北京大学、北洋大学等国立大学图书馆。清华学校图书馆虽属于后起之秀，但自戴志骞担任馆长后迅速崛起。北京高等师范学校图书馆、南京高等师范学校图书馆等都在学校向综合性大学转型的过程中迅速发展起来。

1. 北京大学图书馆

北京大学图书馆的前身是京师大学堂藏书楼。在清政府设立学部之前，京师大学堂既是近代第一所官办综合性大学，又承担了中央教育行政管理机构的职责。在京师图书馆未成立以前，京师大学堂藏书楼还兼有国立图书馆的性质。这种多重身份使得京师大学堂

---

① "Report of the President for the Year and the Treasurer for the Year 1920—1921," *Bulletin of the University of Nanking* 6, No. 4 (1921): 37.

② University of Nanking, *Report of the President for the Year 1916—1917 to the Board of Trustees*, Shanghai: American Presbyterian Mission Press, 1917, pp. 28—30.

藏书楼在藏书建设上具备极大的优势，藏书楼筹备时期就请朝廷授权，准许其调取各省官书局刻印图书，以及各地译书局已译、未译外国书进行收藏或翻译。在1902年京师大学堂正式开学前，从各地征调的图书已运至北京。1902年，京师大学堂藏书楼开办时有中文书72900本、东文1480本、西文4120本。[①] 京师大学堂藏书楼还接受了许多官方和个人的馈赠，其中不乏珍品。如1904年，清代著名藏书家方功惠的后人将碧琳琅馆所余藏书尽数捐给京师大学堂藏书楼。除此之外，京师大学堂还拨大量经费用于采购书籍。1905—1911年，购置图书共用银25000余两。[②]

1916年12月26日，大总统黎元洪任命蔡元培为北京大学校长。1917年1月4日，蔡元培到校视事，履行校长职务至1923年1月，任校长期间他十分支持图书馆事业的发展。1917年1月9日，蔡元培发表就职演说，并提出两点计划：其一是改良讲义，其二是添购书籍。他说："本校图书馆书籍虽多，新出者甚少，苟不广为购办，必不足供学生之参考。刻拟筹集款项，多购新书，将来典籍满架，自可旁稽博采无虞缺乏矣。"[③] 1917年，北京大学图书馆添购图书费用为3389.352元，[④] 比上一年增长72%。至1918年4月，图书馆累计有中文书137260本、东文1580本、西文8350

---

① 国立北京大学编：《国立北京大学廿周年纪念册》，国立北京大学，1918年，图书馆中外文书总数比较图。
② 国立北京大学编：《国立北京大学廿周年纪念册》，国立北京大学，1918年，图书馆中外文书总数比较图。
③ 蔡元培：《北京大学校长蔡孑民就职之演说词》，《环球》1917年第2卷第1期。
④ 国立北京大学编：《国立北京大学廿周年纪念册》，国立北京大学，1918年，图书馆中外文书总数比较图。

本，共计 147190 本，另有中西文杂志 120 种，① 远远领先于国内其他各大高校图书馆。1918 年 8 月，北京大学第一院（沙滩）落成，原设在第二院（马神庙）后院的图书馆迁至第一院，几占第一层全部，条件已大为改善，但该楼原是做学生宿舍设计，结构上不合图书馆之用，故蔡元培 1920 年赴欧美考察时便将募集资金建筑新馆作为重大任务之一。

2. 清华学校图书馆

清华学校图书馆的历史可追溯至 1909 年游美肄业馆时期。至 1911 年 4 月 29 日清华学堂（1911 年 1 月 5 日学部批准将游美肄业馆改为学堂，作为留美预备学校）开学时已有 2000 多册图书，师生员工可以借书，但没有正规的借书手续。② 1912 年 8 月 20 日，图书室伴随着学校新学期开学而正式开放。1912 年 10 月 17 日，清华学堂改称清华学校，图书室亦相应改称为清华学校图书室。1913 年 8 月至 1914 年 8 月，清华"继续班"学生黄光任清华学校图书室第一任主任。③ 由于辛亥革命时清政府挪用那一年的庚子赔款以弥补镇压革命军费的不足，清华学校 1912 年暑假毕业的学生未能如期赴美而与下一级学生一起上课，被称为"继续班"。黄光本应于 1913 年 8 月赴美留学，也因此成为"继续班"学生，只能等到 1914 年暑假才能赴美留学。④

1913 年 10 月，周诒春继唐国安后任清华学校校长。周诒春

---

① 国立北京大学编：《国立北京大学廿周年纪念册》，国立北京大学，1918 年，图书馆中外文书总数比较图。
② 韦庆媛、邓景康：《清华大学图书馆百年图史》，清华大学出版社，2013 年，第 3—4 页。
③ 韦庆媛、邓景康：《清华大学图书馆百年图史》，清华大学出版社，2013 年，第 4 页。
④ 韦庆媛、邓景康：《清华大学图书馆百年图史》，清华大学出版社，2013 年，第 21 页。

1903年毕业于上海圣约翰学校，毕业后留校任教。1907年获本校文科学士，同年自费赴美留学，1909年获美国耶鲁大学文科学士，1910年获威斯康星大学文科硕士。① 周诒春上任伊始便有了将清华学校由留美预备学校改制为完全大学的计划。他聘请美国著名建筑师为清华未来校园的发展和建设制定规划方案，并请其设计了清华校园早期四大建筑：图书馆、大礼堂、体育馆和科学馆。清华学校图书馆在全国领先，周诒春功不可没。

1914年8月，戴志骞被聘为清华学校图书室主任。他在1909—1914年任上海圣约翰大学图书馆馆长，是此前该图书馆历史上在任时间最长的一任馆长。戴志骞受聘清华学校与他和周诒春同为圣约翰大学校友不无关系。清华学校图书室聘请戴志骞为图书室主任后，图书室规模迅速扩大，且管理水平也得到迅速提升。截至1914年夏，清华学校图书室有中文藏书约11000册，英文藏书500册，杂志24种。② 1914年夏，因"学额加增，课程提高，于是图书室始离庶务处而自成学校行政之一部。其时，每日阅览时间比前增加二倍，书籍亦许借出，惟购书经费只有5000元，何种书籍应否购置，须得校长之许可"③。至1915年下学期，有中文藏书24500册，英文藏书4000册。④ 原图书室不敷庋藏之用，校长周诒春遂决定新建馆舍，于1916年春开工建筑新馆。1916年暑假，图书室就因地小难容而加以扩充，"将走廊及旧照相室全行辟入，容

---

① 朱有瓛、高时良主编：《中国近代学制史料》（第四辑），华东师范大学出版社，1993年，第448页。
② Tse-chien Tai, "Present Library Conditions in China," *Public Libraries* 24, No. 2 (1919): 38.
③ 戴志骞：《清华学校图书馆概况》，《图书馆学季刊》1926年第1卷第1期。
④ 凤：《本校图书馆纪要》，《清华周刊》1919年第S5期。

量约增旧室三分之一"①。

　　1916年秋，袁同礼自北京大学预科毕业后以英文兼图书助理的身份受聘清华学校。②清华学校图书室管理人员的专业服务也得到了学生的高度认可，清华学生冯肇传在1916年11月8日刊行之《清华周刊》上发表《清华同学之要务》一文，指出"图书室"即为要务之一，"吾国图书馆寥若晨星，管理专才绝少，近留学界研究斯学者，渐有其人……即就现馆而论，此一学期大加扩充，且管理者教人不倦，吾辈时或考查科目，或涉猎史事，或浏览杂志丛报，若有请问，无不指示，使吾辈省日力。足见管理得宜，则阅者受益，其关系颇大"③。

　　1917年8月18日，戴志骞以清华学校特派员的名义，与清华庚款公费留学生一同赴美国纽约州立图书馆学校学习图书馆学。④戴志骞留美期间，所有图书馆事务暂由袁同礼代理，并聘北京高等师范国文专修科毕业生章寅及清华学校毕业生查良钊为襄理。⑤根据戴志骞的入学申请书所列其在1915—1917年读过的书和期刊可以看出，他赴美以前对美国图书馆学著作和专业期刊就已经有了一定的了解，其中包括鲍士伟（Arthur E. Bostwick，1860—1942）的《美国公共图书馆》（*The American Public Library*）、格林（Samuel Swett Green）的《美国的公共图书馆运动（1853—1893）》（*The Public Library Movement in the United States*

---

① 《图书增加》，《清华周刊》1916年第80期。
② 《新聘人物》，《清华周刊》1916年第80期。
③ 冯肇传：《清华同学之要务（续）》，《清华周刊》1916年第86期。
④ 《赴美游学放洋志盛》，《环球》1917年第2卷第3期。
⑤ 《图书馆纪事》，《清华周刊》1917年第112期。

1853—1893），以及《图书馆杂志》(Library Journal)、《公共图书馆》(Public Library)、《书单》(Booklist)。① 可见当时清华学校图书馆已注重采购西方图书馆学书刊资源。

郑锦怀《中国现代图书馆先驱戴志骞研究》提供的戴志骞1917年申请就读纽约州立图书馆学校的书信显示，他的推荐人是圣约翰大学校长卜舫济和清华学校校长周诒春。从周诒春的推荐信中可以看出他对于专业图书馆员的重视和发展清华学校图书馆的规划。他说："中国迫切需要接受过专业训练的图书馆员，而清华学校希望在这方面成为一名先行者，拥有一名接受过专业训练的图书馆员。本校拥有中国最好而又最为现代化的建筑之一，更拥有大笔正在不断增加的基金；现在，我们需要让戴先生接受专业训练，以便满足形势需要。"② 周诒春在信中还说他曾想聘请一位美国人来服务一段时间，但在当时选择让尽可能多的中国人来掌握西方的方法较为现实。实际上，在戴志骞赴美学习图书馆学之前，1916年8月，清华大学就曾安排清华毕业生朱继圣入威斯康星大学学习图书管理，③ 只不过朱继圣后来改学经济学。1917年，清华毕业生童锡祥也被安排去卡尔登大学学习图书馆管理法，④ 然而他后来改学其他专业，并于1925年获芝加哥大学社会学博士学位。同时赴美的还有一名自费生黄有书，也是去美国纽约州立图书馆学校学习图书馆学。⑤

---

① 参见郑锦怀《中国现代图书馆先驱戴志骞研究》，中国海洋大学出版社，2017年，第91—92页。
② 郑锦怀：《中国现代图书馆先驱戴志骞研究》，中国海洋大学出版社，2017年，第89页。
③ 《留学详志》，《清华周刊》1916年第81期。
④ 《同学游美》，《清华周刊》1917年第112期校闻16。
⑤ 《赴美游学放洋志盛》，《环球》1917年第2卷第3期。

1919年3月，清华学校图书馆新馆落成，其全部按照欧美新式防火法建造，费银25万元，"全馆地面或用软木，或用花石，墙壁如阅览室等处，系用大理石，轮奂壮丽，可为全国冠"①。

3.北京高等师范学校图书馆

民国以后，优级师范学堂纷纷改建为高等师范学校。1912年，教育部改京师优级师范学堂为北京高等师范学校，任命陈宝泉为校长。1912年8月20日，北京高等师范学校开学。1917年夏，北京高等师范学校史地部主任王桐龄及其助理员张之轩始着手改组图书馆，设立阅览室，收回散置各处之图书，并于1917年12月1日正式开馆。1917年9月，聘刘宝廉为图书馆主任。1918年1月，刘宝廉辞职，学校改聘李贻燕代之。② 1918年，图书馆有张之轩、董长龄、康玉书、周煜瀛4名事务员。③ 从职员人数看，这和同时期北京大学图书馆是一样的。校长陈宝泉思想开明，经常派教职员出国考察，1918年还曾"派图书馆事务员张之轩赴日本考察图书馆组织及管理各事"④，可见其对图书馆之重视。

4.南京高等师范学校图书馆

1914年8月，江苏巡按使委任江谦为校长，在前两江优级师范学堂校址筹建南京高等师范学校。1915年9月10日，南京高等师

---

① 洪有丰：《二十年来之清华图书馆》，载《国立清华大学廿周年纪念刊》，国立清华大学，1931年，第1页。
② 冯陈祖怡：《北京高师图书馆沿革纪略及新图书馆》，《教育丛刊》1923年第3卷第6期。
③ 《现任职员录》，载《北京高等师范学校十周纪念录》，北京高等师范学校，1918年，第165页。
④ 《本校提出于全国高师会议之报告》，载《北京高等师范学校十周纪念录》，北京高等师范学校，1918年，第34页。

范学校开学。南京高等师范学校开办之初,设有图书仪器部,部长由教务主任郭秉文管理,李文粲、吴家高、王瀣等为部员,管理一职则由周盘与笪耀先分任。图书馆在校东口字形房中占屋五间,合藏书、阅书、管理于一室。1918年夏,图书馆扩充至十间,遂各室分立。后来南京高等师范学校与河海工程合校,河海工校阅书室因此并入,请孙心磐分任管理。后由于笪耀先升学,便聘金陵大学图书馆洪有丰管理,加请杨嘉堃助理。后又因孙心磐以病辞任,即调林志浧接任。1919年,洪有丰自费留学美国纽约州立图书馆学校,图书馆事务由朱家治继任,当时图书已单独为一部,部长最初为张准,继以张谔。①

5. 南洋公学图书馆

南洋公学在民国时改属交通部直辖,更名为交通部上海工业专门学校。唐文治自1907年秋至1920年冬执掌校务达14年之久,是这一时期学校发展的核心人物。1916年冬,学校二十周年校庆纪念前夕,有同学向学校提议采用募捐集资的办法建造一座图书馆大楼,以作为校庆二十周年纪念。唐文治当即采纳此议,并组织教职员成立了图书馆筹备会,着手开展募捐活动。1917年3月,学校向师生校友及社会各界印发《南洋公学二十周年纪念图书馆募捐启》。② 1917年4月26—28日,南洋公学举行二十周年盛大庆典活动。该活动声势浩大,多家媒体持续报道,吸引社会各界人士关注学校发展与筹建图书馆事宜。该校图书馆新馆于1917年动工,

---

① 洪有丰讲演,施廷镛笔记:《东南大学图书馆述要》,《新教育》1923年第6卷第1期。
② 陈进主编:《思源籍府 书香致远——上海交通大学图书馆馆史(1896—2012)》,上海交通大学出版社,2013年,第22页。

1919年10月建成。考虑到新图书馆的管理问题，1918年夏，校长唐文治派遣从该校中学毕业的杜定友赴菲律宾大学攻读图书馆学专业。

1918年，沈祖荣在《教育杂志》发表《中国全国图书馆调查表》[①]，所列33所图书馆中大学图书馆就有14所，占比42%，其中有8所都是教会大学图书馆，分别是武昌文华公书林、上海圣约翰学校图书馆、金陵大学校图书馆、济南齐鲁大学校图书馆、九江南伟烈大学图书馆、长沙雅礼大学校藏书室、岭南学校藏书楼、武昌博文书院阅览室。此次调查中，各图书馆藏书基本上都是按语种分别进行统计的，这些数据中有一部分没有标注计量单位，南通学校图书馆汉文以卷、日文和英文以册为计量单位，其他图书馆则都是以本为计量单位。经计算，各学校图书馆平均收藏汉文书籍6720本（南通学校图书馆汉文书籍130000卷，不在计算之内）。收藏中文图书最多的是北洋大学图书馆，有20000本。武昌高等师范学校图书馆次之，有19680本。教会大学图书馆中收藏汉文图书最多的是文华公书林，有11771本。齐鲁大学次之，有8000本。其他学校图书馆收藏的汉文书籍在两三千本，最少的是雅礼大学，只有500本。日文书籍仅有5馆收藏，收藏最多的是武昌高等师范学校图书馆，有4355本。其次是北京高等师范学校图书馆，有3094本，其他仅有数百本。各馆平均收藏西文书籍4320本。上海圣约翰学校图书馆西文藏书最富，有10183本，文华公书林和岭南学校藏书楼均为6000余本，齐鲁大学图书馆有5000本。公立学校图书馆中北京高等师范学校图书馆有近3000本，南开学校图书馆有

[①] 沈祖荣：《中国全国图书馆调查表》，《教育杂志》1918年第10卷第8期。

2500本，南京高等师范学校图书馆有1300本。

从每月阅览人数来看，金陵大学图书馆最多，有近6000；文华公书林、上海圣约翰学校图书馆都在2000以上；南京高等师范学校图书馆、九江南伟烈大学图书馆和齐鲁大学图书馆在1000上下；武昌高等师范学校图书馆、南开学校图书馆、岭南学校藏书楼、博文书院阅览室则在四五百；北洋大学图书馆约为133；雅礼大学校藏书室为67；南通学校图书馆最少，仅有33。

沈祖荣1918年的调查表中未包含很多大学图书馆，如北京大学图书馆、清华学校图书馆等。戴志骞《清华学校图书馆概况》"民国四年至十四年历年图书增加表"显示，清华学校图书馆1918年初有中文藏书33000本左右，英文藏书近8000本。[①] 中文藏书量已超过北洋大学图书馆，而英文藏书量仅次于上海圣约翰学校图书馆。据1918年4月30日编就的《国立北京大学廿周年纪念册》记载，北京大学图书馆当时藏有中文图书137260本、日文图书1580本、英文图书8350本，总计147190本。藏书总量远超各高等院校图书馆，日文藏书量也仅次于北洋大学图书馆和北京高等师范学校图书馆，英文藏书量仅次于上海圣约翰学校图书馆。

民国初期，大学图书馆的现代化程度和发展速度领先于其他类型图书馆的原因包括以下几个方面。首先，大学规模较大，师生群体人数较多，教学研究对图书资料的需求较大，促进了大学图书馆的发展。其次，大学校长大多接受西方教育理念，或有出国留学与考察的经历，因而对图书馆在高等教育中的重要地位有足够认识，能够在图书馆经费和人员上给予较大支持。最后，大学图书馆的工

---

① 戴志骞：《清华学校图书馆概况》，《图书馆学季刊》1926年第1卷第1期。

作人员最初多是本校师生，其接受的大多是新式教育，更容易接受西方现代图书馆学理论与方法，能够较快地应用西方先进的图书馆管理方法。

三、其他类型图书馆

晚清时期就已经有教堂图书馆（如上海徐家汇天主堂藏书楼），团体附设图书馆（如亚洲文会北中国支会图书馆），企业图书馆（如商务印书馆"涵芬楼"），私人图书馆（如古越藏书楼、莫里逊文库）等多种类型的图书馆。民国以后，政府机关、企业或社会团体附设图书馆的情况日渐普遍，如教育部、农林部、外交部等均设有图书馆（室）。1915年，中华书局图书馆成立。中国宗教界人士也开始设立图书馆，如1912年北京法源寺住持创设了佛学图书馆。[1] 1914年3月，江苏省教育会附设图书馆开办，设于上海西门外江苏省教育会楼上。[2] 1915年，中国科学社在美国成立，其创立之初为只发行杂志的机关，后于1915年10月经社友公决改为一切科学事业的机关，并设有图书部，以建设图书馆为职务。1916年，中国科学社制定《中国科学社图书馆总章》《中国科学社图书馆暂行流通书籍章程》《中国科学社图书馆办事细则》。[3] 1915年12月，在美国驻华公使瑞恩施（Paul S. Reinsch, 1869—1923）的建议下，中国社会及政治学会（The Chinese Social and Political Science Association）于北京成立。1916年4月，该会英文季刊《中国社会及

---

[1] 《创设佛学图书馆》，《直隶教育界》1912年第1期。
[2] 《省教育会开办图书馆》，《时报》1914年3月9日第8版。
[3] 《中国科学社图书馆章程》，《科学》1916年第2卷第8期。

政治学报》（Chinese Social and Political Science Review）创刊号中"编者的话"里就提出了设立图书馆的想法。1917年，该会任命了一个由3人组成的分委员会专门负责图书馆筹备事宜。①

第三节　图书馆学理论的引介

1922年，蔡元培在为杨昭悊《图书馆学》一书所撰序言的开篇中这样写道："一种事业发达到一定的程度，便有产生一种有系统的理论。有了有系统的理论，那种事业的发达，才有迅速的进步。这是各种事业的通例，图书馆也就不在例外。"② 这句话阐明了理论与事业之间的相互关系：事业在先，理论在后，理论出现以后又能促进事业的快速进步。不过，蔡元培紧接着又指出，中国的藏书事业虽绵延几千年不绝，但是还没有到产生系统的理论的程度，所以还没有图书馆学，因而，全国图书馆发达的程度也是有限的。西方国家，尤其是美国，已经产生了系统的图书馆学理论，并建立了许多图书馆学校，我们可以通过国际间交流的便利来发展中国的图书馆事业，并建设中国的图书馆学校。这说明除了从事业到理论这种自发演进的过程，还存在一种"捷径"，就是直接学习已经产

---

① C. D. Henry Chen, "The Chinese Social and Political Science Library," The Chinese Social and Political Science Review 7, No. 3 (1923)：117—124.
② 《蔡孑民先生序》，载杨昭悊《图书馆学》，商务印书馆，1923年，"序"第1页。

生的理论，并将之用于促进自身事业的发展。

　　由于中国近代图书馆事业和图书馆学理论都受到外来因素的影响，其先后关系并不十分明晰，两者几乎是同时发生、相互影响的。中国近代图书馆事业起步于近代图书馆思想，近代图书馆思想在实践过程中发生着一点一滴的转型，同时又充分吸收国外的图书馆学理论以指导实践，最后才慢慢形成了本土化的中国图书馆学理论。这一过程发生在20世纪初期的20年间。清朝末年的教育制度仿照日本建立，中国早期图书馆学理论也多由日本翻译引介到国内，而日本的图书馆事业在明治维新期间开始向近代图书馆转型，日本政府曾多次派人去欧美考察图书馆事业，因此中国最初是经由日本间接学习西方图书馆学理论的。随着图书馆学知识的深入，以及中美两国关系的密切，国人逐渐意识到美国图书馆事业和图书馆学教育的先进性，转而直接向美国学习。

　　图书馆学理论的引进是伴随着图书馆事业发展的需求进行的，最早学习和引进国外图书馆学理论的是图书馆事业行政管理人员、图书馆经营管理人员和工作人员，此后一些关心教育的知识分子群体，尤其是有留学经历者，因直观地接触和使用过国外图书馆，感受过其先进性，故热心介绍国外图书馆学理论。

一、图书馆行政管理者的引介

（一）罗振玉

　　由于图书馆事业划归学部主管，学部官员出于图书馆事业管理之职责需要而开始引进图书馆学理论。1907年，王国维经罗振玉引荐任学部总务司行走、图书编译局编译。1909年,《学部官报》第91期(宣统元年五月十一日,即1909年6月28日)刊登了王国维翻译的《世界图书馆小史》,此后在第92期、第110期、第114—第135期连载。经学者考证,该内容译自《大英百科全书》(第9版)"图书馆"项。这是中国最早的系统介绍外国图书馆历史的译作,此译作介绍了图书馆的具体实务工作,仅"图书馆管理法"一节就涉及图书馆建筑,图书馆行政,图书的采购、分类、目录、排架,以及选书、取书、读书指导,乃至图书馆的通风与温度、图书的版权条例等方面的知识。同时,这是清末民初极为少见的并非译自日本文献的图书馆学译作,当然这与王国维自身精通英语有关。他在留学日本之前曾于1898年进入罗振玉创办的农学社附设东文学社学习日文和英文。

(二)谢荫昌

1910年,《四川教育官报》第7期、第8期、第9期连载了《图书馆教育》的前两章,仅标注著者为日本户野周二郎,未标注译者,其中第9期有多处提及"图书馆学"。① 《四川教育官报》1910年共发行12期,应是每月1期,那么第9期的出版时间应在农历九月,也即公历1910年10月。因此,"图书馆学"一词最早见于中国公开出版物约在1910年10月。1911年1月15日②,奉天图书发行所印行《图书馆教育》单行本,标明为日本户野周二郎著、谢荫昌翻译,这是中国最早的图书馆学完整译著。经核对,

---

① 《图书馆教育(续)》,《四川教育官报》1910年第9期。
② 不少文献提到《图书馆教育》的出版时间是在1910年,而据其版权页所载"宣统二年十二月十五日",转换为公历时间应为1911年1月15日。

《四川教育官报》连载部分与该书前两章内容完全相同，两者实为同一译者的同一部译著，只是《四川教育官报》未完整刊登。而谢荫昌翻译该书时正在奉天提学司图书科副科长任上，因此这与其工作职责不无关系。谢荫昌在该书序言中介绍，原著名为《学校及教师与图书馆》，因其认为该书名过于烦琐而改为《图书馆教育》。他还着重提出，翻译该书有两个原因：一是上司奉天提学使卢木斋注重图书馆教育，且他自己曾三次赴日考察而有所心得；二是他认为学部颁布的《京师及各省图书馆通行章程》只适用于京师和各省高等图书馆，属于参考图书馆范围，还需要为各城镇乡设立之中初等图书馆专门出台另一部图书馆章程。他在序言中提出图书馆是"全国社会教育之最要机关"，可见他在民国教育部设立社会教育司并主管图书馆之前就已经认识到图书馆对于社会教育的重要价值。他还指出，针对图书馆馆员，要使其"破除旧日曹仓邺架之谬见，而使之了解图书馆之性质，不在培养一二学者，而在教育万千国民"；针对平民，要对其灌输"图书馆非求高深学问之地方，乃求寻常日用知识之地"的观念。[①] 沈祖荣在1918年发表之《中国全国图书馆调查表》中也使用了极为类似的表达，可见谢荫昌对现代图书馆本质的理解是十分超前的。

（三）通俗教育研究会

1912年，通俗教育研究会在蔡元培的支持下，由社会教育司伍达以私人名义发起成立。6月15日，通俗教育研究会创办《通俗教育研究录》，伍达任编辑。该刊第1期刊登上海通俗宣讲社发起

[①] 谢荫昌：《图书馆教育绪言》，载王余光主编、范凡等选辑《清末民国图书馆史料汇编》（第2册），国家图书馆出版社，2014年，第99—122页。

人顾晟的《对于通俗教育研究会之意见》，其中提到办理通俗教育应行之方法时指出"属于通俗教育之图书馆，其规模不必求雄壮、书籍不必求完备，只须得房屋一二间，备关于通俗教育之书籍数百册而各地方遍设之"①。这对各地设立通俗图书馆不无启发。该刊第4期发表会员谢荫昌的《图书馆改组系统办法议》和《巡回书库普及方法议》两文，内容多取自其译著《图书馆教育》，并结合时情做了适当修改，其中"各省师范学校当仿美国制一律讲授图书馆学"②，为在师范学校开设图书馆学课程的最早提法。

1915年9月6日，教育部又发起成立通俗教育研究会。1916年11月，通俗教育研究会出版编译员唐碧译述的《调查日本社会教育纪要》，该书并不是单纯翻译的著作，只是参考资料多采自日文，从性质上看与孙毓修的《图书馆》颇为相近。前三章依次为"图书馆""通俗图书馆""巡回文库"，足见作者认为这三者在社会教育中之重要地位，开篇即有"图书馆足以发皇国家文明，增长社会智识，为社会教育最要机关"③之论。1917年11月，通俗教育研究会又翻译出版了日本图书馆协会1915年所编《图书馆小识》，共分22章，既有对图书馆之必要与效果的论述，又涉及图书馆之创立与经费、职员与职务、建筑与器具等管理问题，以及图书的选择、购买、目录、分类、排列、阅览与出借、消毒与清理等具体技术问题，还介绍了普通图书馆、儿童图书馆（阅览室）、学校图书馆、巡回文库、家庭文库等图书馆类型。该书是民国早期颇受欢迎且具有较大影响的图书馆学译著。

---

① 顾晟：《对于通俗教育研究会之意见》，《通俗教育研究录》1912年第1期。
② 谢荫昌：《图书馆改组系统办法议》，《通俗教育研究录》1912第4期。
③ 唐碧译述：《调查日本社会教育纪要》，通俗教育研究会，1916年，第3页。

二、图书馆经营管理者的引介

（一）孙毓修

1907年，孙毓修进入上海商务印书馆编译所任高级编辑。他旧学根底深，又懂英文，对东西学都有造诣，故被张元济选为筹建图书馆的主要助手。1909年，商务印书馆在图书室的基础上建立了图书馆，并将其命名为"涵芬楼"。孙毓修算是涵芬楼的第一任"馆长"，他把从欧美图书馆学到的管理知识，与中文图书不同版本的特点相结合，从选购、收藏、甄伪、分类、编目、流转到借阅、修补，钻研出一套独到的图书馆管理制度，并先后编印了《涵芬楼藏书目录》《涵芬楼借阅图书规则》《涵芬楼鉴藏内篇》等一系列章程。1909年，商务印书馆出版的《教育杂志》第1卷第11期（宣统元年十月二十五日，即1909年12月7日）在《名家著述》栏目刊载了孙毓修《图书馆》一书，并连载至1910年。孙毓修自称"仿密士藏书之约，庆增纪要之篇，参以日本文部之成书，美国联邦图书之报告，而成此书"①，该书原计划包含建置、购书、收藏、分类、编目、管理、借阅7个章节，但不知何故到第4章分类以后未见继续连载。他在该书中明确提出对中国古书采用四库提要分类法；对中文新书和日文书，根据欧美通行的类别目次加以变通，设哲学、宗教、教育、文学、历史地志、国家学、法律、经济财政、社会、统计、数学、理科、医学、工学、兵事、美术及诸艺、产业、商业、工艺、家政、丛书、杂书共22大类；针对西文书则采

---

① 孙毓修：《图书馆》，《教育杂志》1909年第1卷第11期。

用杜威十进分类法。他是中国介绍杜威分类法的第一人。他这种因书分别分类的方法在民国早期颇具代表性。与其他翻译著作不同,《图书馆》并不单纯是一部译著,而是孙毓修参考古今中外相关图书馆学知识和自己的实际图书馆工作经验编写的一部图书馆学著作,尽管它并不完整。

(二)王懋镕

1913年5月10日出版的《教育杂志》第5卷第2号刊载了王懋镕翻译的日本文部省编《图书馆管理法》,此后该刊分多期连载,至1914年3月第5卷第12号刊毕。商务印书馆1917年出版的单行本《图书馆管理法》,署名朱元善,而内容与王懋镕的译文完全一致,只是署名被换作了朱元善。

王懋镕生平不详。据杨家骆所编《图书年鉴》记载,江南图书馆1910年11月开放阅览之前,"由编纂丁国钧、王懋镕等编成《江南图书馆善本书目》一册,亦名《初校善本书目》"①。由此推定王懋镕曾任江南图书馆编纂。来新夏主编的《清代目录提要》中亦收《江南图书馆善本书目》,注明该书目由王懋镕校订,而王懋镕条目下仅"生平不详"四字。② 1912年1月31日,蔡元培曾访江南图书馆,当时王懋镕即出馆中最精之本相示。③ 可见他当时仍旧在江南图书馆任职。1912年4月23日,蔡元培通过上海《民立报》致电伍仲文、伍博纯、王懋镕,称"本部亟须组织,请即日北

---

① 参见杨家骆《图书年鉴1933》(上),中国图书大辞典编辑馆,1933年,第3—17页。
② 来新夏主编:《清代目录提要》,齐鲁社,1997年,第297页。
③ 高平叔、王世儒编注:《蔡元培书信集》(上),浙江教育出版社,2000年,第119页。

来为盼"①。可见王懋镕乃受蔡元培之邀入职京师图书馆。1913年10月29日，教育部要求社会教育司暂停北京图书馆借阅事务以谋改组，并在训令中说道："兹派本部佥事周树人、沈彭年、齐宗政，主事胡朝梁、戴克让前往，会同该馆馆员王懋镕、乔曾劭……迅将所有收藏图书按照目录检查，装箱封锁。"②可见，彼时王懋镕已是京师图书馆的馆员了。他翻译日本文部省《图书馆管理法》与他身为京师图书馆馆员有必然联系。

日本文部省《图书馆管理法》最初编于1900年，1912年5月又修订再版。王懋镕所依据的版本是1912年的版本。该书前面部分介绍近代图书馆的种类、特征，以及设立图书馆的必要性，后面部分以介绍图书馆管理实务为主，包括图书馆建筑、馆务、书籍的选择与订购、书架的构造、图书登记与出纳、图书分类与编目、杂志与参考书、巡回文库、书籍的装订等。其中第二章"近世图书馆之特征"提到了近代图书馆与古代图书馆的本质差异，认为古代图书馆"保守古籍，不事扩张，置闲散老学究充保管员，不过许一二相识者，偶一入览，无裨世用"，而近代图书馆则"广搜有用图籍，陈列整齐，编纂目录，以供社会之研究"，并将古代图书馆比作"贮池之水，不曾流通"，而近代图书馆如"喷水"，辗转流动。在述及近代图书馆的特征时，他将书库的开放和自由阅览列为其一，此外还有儿童阅览室和分馆的设置。③该书是继谢荫昌《图书馆教

---

① 高平叔、王世儒编注：《蔡元培书信集》（上），浙江教育出版社，2000年，第142页。
② 北京图书馆业务研究委员会编：《北京图书馆馆史资料汇编（1909—1949）》（上册），书目文献出版社，1992年，第54—55页。
③ 王懋镕：《图书馆管理法》，《教育杂志》1913年第5卷第2期。

育》之后又一部系统性的图书馆学译著。无论京师图书馆分馆是否受该书影响而设立，该书势必对京师图书馆乃至其他图书馆的经营管理产生影响。该书的出版客观上对图书馆学的传播起到了十分重要的作用。

三、热心图书馆事业者的引介

随着图书馆社会影响力的增加，各类媒体中刊载图书馆的内容也日益增多。除与图书馆事业有直接关系的行政管理人员和图书馆经营管理人员之外，不少受新式教育，尤其是有留学背景的知识分子成为引介国外图书馆学理论的主要力量。

1912年，在商务印书馆《东方杂志》任编辑的章锡琛在该杂志上发表《近代图书馆制度》[①]，其内容基本来自日本文部省《图书馆管理法》，比王懋镕的翻译更早，但是仅翻译了该书第二章，且在翻译之外略加个人意见，比如将第一个图书馆公立之特征总结为"免阅览之费"，又自行增加第三个特征，即"阅书室与借出法之并行"，提出阅览与外借并行。

1913年3月，《中华教育界》发表知非的《美国之图书馆》，该文提出美国图书馆在各方面比欧洲诸国更优，并着重介绍了提要式目录、巡回图书馆及美国纽约、波士顿、芝加哥三处公共图书馆、国会图书馆和史密森博物院。该文在谈及巡回图书馆时指出，虽然图书外借可能会有损失之风险，但"窃以为苟有相当之防法，或限制借出书籍之种类，或另取保证，则既便读书之子，更可借以养成

---

① 章锡琛：《近代图书馆制度》，《东方杂志》1912年第9卷第5期。

公德心"①，有利于促人读书。该文作者很可能是梁启超门下"三少年"之一的蓝公武，其笔名为知非，且其1911年毕业于日本东京帝国大学，该文中有提到日本欲仿行美国巡回图书馆之制。

《教育公报》作为教育部的行政公报，也刊发了不少介绍国外图书馆事业和管理方法的文章。1917年，《教育公报》发表了京师图书馆翻译的《美京华盛顿国会图书馆纪略》②《美国国会图书馆阅书须知》③。1918年，《教育公报》刊登通俗教育研究会编译员、教育部一等额外部员李明澈翻译的日本日比谷图书馆馆长金泽慈海的《学校文库及简易图书馆经营法》④。同年，《教育公报》还发表了日本东京帝国大学图书馆植松安的《美国之图书馆》⑤，但未注明译者姓名。该文对美国图书馆情形的介绍十分详尽。《东方杂志》1918年第15卷第8期和《浙江公立图书馆年报》1919年第4期都转载了这篇译文。

从刊登图书馆学理论的媒体来看，基本上以教育类刊物为主，一种是《教育公报》这类教育行政机构的官办刊物，另一种是《教育杂志》《中华教育界》这类出版商所办的教育刊物，这与图书馆事业隶属教育行政部门直接相关。《浙江公立图书馆年报》作为最早的图书馆专业期刊，虽创刊于1916年1月，但直至1919年6月，才开始转载图书馆学理论成果。从图书馆学理论译作的出版来看，总体数量较少，早期出版者也大多是教育主管部门、官方性质

---

① 知非：《美国之图书馆》，《中华教育界》1913年第3期。
② 京师图书馆译：《美京华盛顿国会图书馆纪略》，《教育公报》1917年第4卷第9期。
③ 京师图书馆译：《美国国会图书馆阅书须知》，《教育公报》1917年第4卷第11期。
④ 李明澈译：《学校文库及简易图书馆经营法》，《教育公报》1918年第5卷第4期。
⑤ 植松安：《美国之图书馆》，《教育公报》1918年第5卷第3期。

的教育团体,而非商业出版社。1917年,商务印书馆出版《图书馆管理法》,这说明图书馆学理论至此才有了较为广泛的社会需求。

第四节　图书馆运动的兴起

伴随着图书馆事业的发展,图书馆界同行们越发意识到组织起来相互交流的必要性,全国性的图书馆协会首先在图书馆事业比较发达的美英等国成立。1876年,美国成立了世界上第一个图书馆协会——美国图书馆协会。1877年,英国图书馆协会在伦敦成立。此后日本（1892年）、奥地利（1896年）、瑞士（1897年）、德国（1900年）、丹麦（1905年）、法国（1906年）、波兰（1917年）等国相继成立了全国性图书馆协会。① 各国图书馆协会成立后,开展了许多工作,包括出版专业学术刊物、制定统一的编目条例、编制各种联合目录、推进馆际互借工作、促进图书馆学校教育、推动图书馆职业化建设等,标志着图书馆事业进入了新的历史阶段。图书馆协会的出现使得公共图书馆运动有了组织者和引领者,从而更加快速有效地扩大其社会影响。在西方图书馆界,图书馆运动就是公共图书馆迅速发展所带来的图书馆整体事业在各个方面取得进步的代名词,而图书馆协会的成立既是图书馆运动的产物,又极大地推

---

① 杨威理:《西方图书馆史》,商务印书馆,1988年,第206页。

动了图书馆运动的进一步开展和步入高潮。美国图书馆协会的成立与19世纪50年代起美国兴起的公共图书馆运动对图书馆事业的发展有重要影响。

1911年前后，随着中美两国关系的密切，以及对图书馆学理论的深入了解，中国图书馆界人士转而直接向美国学习，自1914年起陆续有学者赴美国学习图书馆学。他们回国后广泛宣传西方的图书馆学理论，并掀起了图书馆运动。1917年中国兴起的图书馆运动，是中国图书馆界、教育界受美国图书馆运动及美国图书馆协会影响而主动联合发起的宣传西方现代图书馆理念与方法的运动，对图书馆事业的发展与图书馆学理论的普及有巨大的推动作用，同时也为中国图书馆专业团体的成立奠定了基础。

一、图书馆运动的三大主力

中华基督教青年会和江苏省教育会是国内较早关注社会教育和图书馆的社会团体。20世纪20年代前夕，这两大社团与中国最早的图书馆学教育机构——文华图书科共同掀起了一场宣传美国式现代图书馆的运动。当代一些学者将这场运动称作"新图书馆运动"，这一名称的提法最初来自20世纪五六十年代编写的图书馆事业史教材，当时的一些学者站在批判资产阶级性质的立场来定性这一运动，他们在不明渊源的情况下又将"新图书馆运动"作为与20世纪初公共图书馆运动相区分的名词来使用。事实上，20世纪20年代前夕兴起的这场运动是近代公共图书馆运动的一部分，亦是中国近代公共图书馆运动的高潮。相比而言，这场运动因为有了社会团体的参与而具备了人为性和主动性的特点。

（一）文华图书科

图书馆事业的发展离不开宣传，这是韦棣华女士创办文华公书林之后慢慢领悟到的。沈祖荣曾在文章中提到，文华公书林开放以后，"不料那时来馆阅书的人，寥若晨星，几乎门可罗雀"①，于是他们开设公开讲座，又设立分馆和巡回文库，想方设法引导武昌各校学生到公书林阅书。沈祖荣还说："引领学生利用图书馆的工作既毕之后，我们于是又积极从事这种工作，设法宣传，鼓吹提倡。"② 图书馆的建设完成之后，首要任务便是吸引读者了解和利用图书馆。没有读者，图书馆的大门即使打开，却依然和古代藏书楼一样是"死的"。

后来，韦棣华女士意识到图书馆学教育的重要性，产生了创办图书馆学校的计划，又于1917年派文华大学教员兼文华公书林协理胡庆生（1915年毕业后留校任教）赴美国纽约公共图书馆学校学习图书馆学。韦棣华女士自己也于1917年再次作为特别生到纽约普拉特学院图书馆学校进修，1918—1919年又入波士顿西蒙斯大学学习图书馆学。1920年3月，韦棣华女士在沈祖荣、胡庆生的协助下在文华大学开班招生，创办了中国最早的图书馆学教育机构，即文华图书科。尽管文华图书科创始人了解图书馆运动的重要性，但文华公书林和文华图书科都无法仅凭自己的力量组织一场全国范围的图书馆运动，因为这涉及不同城市讲演场地的联络、听讲

---

① 沈祖荣：《在文华公书林过去十九年之经验》，《文华图书科季刊》1929年第1卷第2期。
② 沈祖荣：《在文华公书林过去十九年之经验》，《文华图书科季刊》1929年第1卷第2期。

人员的召集、媒体宣传等诸多环节。不过，中华基督教青年会和江苏省教育会是规模较大、发展较为成熟的宗教和教育团体，且有多年开展讲演活动的丰富经验，具备在全国范围组织巡回讲演的实力。

（二）中华基督教青年会

基督教青年会（Young Men's Christian Association，简称YMCA）于1844年创立于英国伦敦，很快遍布欧美，成为国际性基督教青年社会服务团体。基督教青年会有两类分会，分别是针对在校学生的学校青年会和针对职业青年的城市青年会。早在1885年，福州英华书院与华北通州潞河书院就分别成立了学校青年会。1895年，基督教青年会北美协会派遣传教士来会理（David Willard Lyon，1870—1949）来华建立中国的基督教青年会组织，这一年被视作中华基督教青年会的起点。1912年，中华基督教青年会向北京政府内务部申请立案，正式成为合法社团。同年12月，第六次全国大会议决将中国基督教青年会总部的名称改为"中华基督教青年会全国协会"。至1913年底，中华基督教青年会已有城市青年会30处，会员11300人；学校青年会105处，会员3876人。① 而且，其本土化程度也相当高，青年会干事有66名外国人，68名中国人。②

中华基督教青年会的科学讲演始于20世纪初。1902年，美国普渡大学教授饶伯森（Clarence Hovey Robertson，1871—1960）受基督教青年会北美协会国际委员会全国干事穆德（John Raleigh

---

① 来会理：《中华基督教青年会二十五年小史》，[出版者不详]，1920年，第14页。
② 来会理：《中华基督教青年会二十五年小史》，[出版者不详]，1920年，第10页。

Mott,1865—1955)派遣来华,协助中华基督教青年会开展科学传教工作。此后,饶伯森赴中国多个城市青年会开展科学讲演,且多使用图表、仪器、幻灯片等辅助工具,很受听众欢迎。1912年初,饶伯森在青年会创立了讲演部,并在广东、香港、汕头、厦门、福州、上海、南京、杭州、苏州、武昌、汉口、北京、天津、太原等地讲演,甚至还到了韩国首尔和日本东京。他和基督教青年会的领导层都企图通过科学演讲"征服"中国。①

1912年,余日章经王正廷推荐,加入中华基督教青年会全国协会讲演部。当时"讲演部分为教育、卫生、农林、实验四科"②,余日章为教育科主任干事。

得益于中华基督教青年会在各地组建的庞大网络,基督教青年会北美协会的穆德与著名布道演说家艾迪(Sherwood Eddy,1871—1963)多次来华布道,足迹遍布全国,影响甚广。

(三)江苏省教育会

江苏省教育会的历史可以追溯至1905年江苏省士绅为谋本省新式教育在上海成立的江苏学务总会。1906年7月,学部颁布《教育会章程》,江苏学务总会按章程改名为江苏教育总会。1908年,江苏教育总会在上海西门外购地建筑会所,1909年落成,"容数百人之会场为吾国人所建筑者,则犹以江苏教育总会会所为最早"③。1911年,江苏教育总会成立各省教育总会联合会,以联络各省教

---

① Clarence Hovey Robertson,"The Lecture Department of the Young Men's Christian Associations," *The Chinese Recorder*,July 1,1912.
② 袁访赉:《余日章传》,青年协会书局,1948年,第24页。
③ 江苏教育总会:《江苏教育总会文牍 四编(丙)》,中国图书公司,1909年,第7页。

育总会。迨民国鼎新，1912年9月6日，教育部公布《教育会规程》，江苏教育总会按规程改称江苏省教育会。各省教育会虽采取社会团体的运作方式，但实质上仍是教育行政体系之一部分，受教育行政部门颁布章程（规程）之约束，其定位是教育行政辅助机构，主要任务是研究教育事项，向教育官厅提供建议而不得干涉教育行政及教育以外事务，并且需处理教育官厅委任事务。

黄炎培清朝末年即为江苏教育总会主要成员，在辛亥革命期间被任命为江苏省民政司总务科科长兼教育科科长，1912年12月任江苏省教育司长。1914年2月，黄炎培因不愿为江苏督军张勋的母亲贺寿而辞去江苏省教育司长职务，后遍访皖、赣、浙、鲁、冀五省考察教育。1914年8月26日，黄炎培在江苏省教育会第十次常年大会上被选举为江苏省教育会副会长，此后十年间多次担任该会副会长。①

1914年7月12日，江苏省教育会召开第一次讲演会，德文学校教员格勒尔讲演德国小学教授法，穆湘玥自美国学习农学归国，讲演美国农业发展及留学感想，黄炎培讲述皖、赣、浙三省教育调查情况。8月27日，江苏省教育会再次举办讲演会，邀请郭秉文、陈容、俞子夷三人讲演欧美教育。1914年8月，江苏省教育会新增会员46人，除教育界人士，还包括商务印书馆和中华书局编辑所人士，以及不少留学生，如郭秉文、俞庆恩、徐善祥、余日章。徐善祥在常年大会上被选为16名干事之一。9月4日，江苏省教育会干事员常会上有人提议随时举行讲演会，并议决推定徐善祥、杨锦森主持讲演会事务。自此，讲演会成为江苏省教育会的常规业务之

---

① 朱有瓛、戚名琇、钱曼倩等编：《中国近代教育史资料汇编：教育行政机构及教育团体》，上海教育出版社，1993年，第286页。

一。该干事员常会上又有联络外国人在本国所设学校共同研究教育方法的提议,议决推定徐善祥、杨锦森、余日章、朱友渔、郭秉文、秦汾负责,拟议联络方法。9月12日,以上6人在上海青年会开会,由徐、杨二君报告省教育会组织交际部之宗旨,全体赞成,交际部遂正式成立,公推余日章为交际部干事。[①] 余日章于9月拟英文一篇,报告江苏省教育会十年之成绩并宣布交际部宗旨及办法,刊登于外国基督教会组织的中国教育会机关报《教育季报》,10月又撰英文公函一件发江苏省内各外国教育家400余封,又寄他省著名外国教育家10余封。江苏省教育会由此打开与在华外国教育团体和个人的联系,而且这些外国教育家还提出了不少改革教育、沟通合作的建议,中外教育家之间也打通了互相参观学校、调查教育的通道。江苏省教育会的干事徐善祥、杨锦森还是寰球中国学生会的会董。因此,江苏省教育会实际上与中华基督教青年会全国协会、寰球中国学生会这另外两大社会团体建立了联系。江苏省教育会交际部设干事10人,每年改选一次。1916年又于省教育会干事中推定2人兼任此事,实际交际部干事就有12人之多。这也反映了江苏省教育会与教育各界联系日益紧密,江苏省教育会的讲演也因此可以邀请到中外教育界知名学者以及归国留学生。

江苏省教育会对图书馆的特别关注源于黄炎培。1913年1月,刚刚上任江苏省教育司长的黄炎培在《江苏今后五年间教育计划书》中谈到社会教育时就提出"设立图书馆、博物馆,组织模范讲演团、购造幻灯影片、搜集通俗教育资料等等"[②]。1914年1月9日,黄炎培在江苏省教育会干事员常会上提议筹办图书馆,于15

---

① 《交际部报告书 第一次》,《教育研究》1914年第19期。
② 《江苏今后五年间教育计划书》,《江苏教育行政月报》1913年第1期。

日评议员常会上获一致赞成。① 江苏省教育会附设图书馆设于教育会三楼，供人阅览而不取资，且有图书寄存之规定。1915 年，江苏省教育会干事员陆规亮被派往日本考察，他根据日本相关资料译述的《通俗图书馆》发表于《教育公报》。1915 年 3 月 11 日，江苏省教育会致函江苏巡按使请拨款扩充苏州江苏省立第二图书馆，称"东西各国，于图书馆极为注重，务令学者及时探讨，所谓校外教育，实寓乎此"②。

二、巴拿马—太平洋国际博览会

1915 年 2 月至 12 月，美国在旧金山举办首届"巴拿马—太平洋国际博览会"（Panama Pacific International Exposition），亦称万国博览会。美国图书馆协会作为参展单位设展位于教育及社会经济馆（Palace of Education and Social Economy）。中国也是这次博览会的参展国，同时农商部还组织游美实业团赴美考察，并参观博览会。游美实业团共有 17 名团员，张振勋为团长、聂云台为副团长，除担任名誉翻译（书记）的余日章和随行记者黄炎培两人为治教育者外，其余都是工商实业界人士。③ 黄炎培和余日章因江苏省教育会的关系早已熟识。

1915 年 4 月 9 日，游美实业团从上海乘船出发。5 月 3 日，抵达旧金山，停留一周，参观巴拿马—太平洋国际博览会。5 月 10 日

---

① 《报告（三年一月份）》，《教育研究》1914 年第 10 期。
② 《致巡按使请拨款扩充第二图书馆书》，《教育研究》1915 年第 23 期。
③ 《游美实业团出发》，《时报》1915 年 4 月 11 日第 6 版。

开始环游美国，历时 50 天，6 月 30 日回到旧金山。① 在华盛顿时，黄炎培与余日章曾同访美国教育部长，并受邀参加万国教育联合会。该会定于 8 月 16 日至 27 日召开，因距离会期较远，"两人定计留观博览会一月即归，不及与。乃丐吾友蒋君梦麟与焉"②。关于此次访美，黄炎培有《调查游美随笔》连载于 1915 年之《教育杂志》，又在商务印书馆出版"黄炎培考察教育日记"的第三集《新大陆之教育》。该书"下编"专门记录其居留旧金山一个月所见巴拿马—太平洋博览会教育馆展览品资料详情，其中对图书馆部分展览资料介绍甚详，且记述了美国图书馆协会展馆负责人斐伦之言论，可见双方有过面对面的直接交流。

1915 年 11 月，美国《图书馆杂志》中有一篇惠勒③（Joseph L. Wheeler）所撰具体描述美国图书馆协会在巴拿马—太平洋博览会上展览情况的文章。惠勒自 1915 年 5 月初起一直在展馆值班，对于展会情况十分熟悉。他在文中提到有不少外国人来展位观看，其中中国和阿根廷的观展者用了好几天时间观展，并将这些资料翻译成汉语和西班牙语，还有不少人提出对展览用照片、幻灯片等形式展示展品的需求。④ 紧接该文之后还有一篇关于展品处理的文章，明确指出中华基督教青年会的代表希望得到一部分展览材料用于在中国多个城市做巡回展览。⑤ 1916 年 1 月出版的《美国图书馆协会

---

① 《游美实业团归国谈》，《全国商会联合会会报》1915 年第 2 卷第 10 期。
② 黄炎培：《万国教育联合会议预记》，《教育杂志》1915 年第 7 卷第 12 期。
③ 笔者根据当今通行译法译为惠勒，黄炎培文中所提"斐伦"应指同一人。
④ Joseph L. Wheeler, "The Library Exhibit at San Francisco," Library Journal 40, No. 11 (1915): 796.
⑤ "Disposal of Library Exhibit at San Francisco Exposition," Library Journal 40, No. 11 (1915): 796.

会报》中提到，美国图书馆协会执行委员会于 12 月 29 日召开的会议收到了巴拿马—太平洋国际博览会特别委员会主席希尔对于展品处理意见的报告。该报告提到除了需要归还的资料和捐赠的图书外，剩余资料则可以作为礼物赠送给中华基督教青年会专员，用于在中国各大城市和教育中心组织教育展览。① 这期刊物还提到，这些展览资料已经送到中国，由中华基督教青年会会员负责在中国各大教育中心举办美国图书馆方法的展览。②

1914 年，韦棣华女士派沈祖荣赴美国纽约公共图书馆学校学习图书馆学。沈祖荣在 1916 年 6 月的《图书馆杂志》上发表《美国图书馆制度能够改造用于中国吗?》(Can the American Library System be Adapted to China?)，提到他获知万国博览会上美国图书馆协会的展出材料已经交给上海的中华基督教青年会的消息，认为这将对中国图书馆起到极大的帮助。他还说："我最近了解到中华基督教青年会讲演部的饶伯森教授将使用这些材料在整个中国发起一场图书馆运动。"③ 沈祖荣是最早使用"图书馆运动"(library movement)这一英文词汇的中国人，这与他是中国最早赴美国学习图书馆学者的身份有关，同时也说明"图书馆运动"在美国图书馆界非常流行。

不过，沈祖荣的这则消息来源并不准确，根据中华基督教青年会全国协会讲演部的分工，这场图书馆运动应该由教育科主任余日

---

① "Executive Board: Panama-Pacific Exhibit Committee," *Bulletin of the American Library Association* 10, No. 1 (1916): 32.

② "Collection of Photographs for Headquarters," *Bulletin of the American Library Association* 10, No. 1 (1916): 28.

③ Samuel T. Y. Seng, "Can the American Library System be Adapted to China?," *Library Journal* 41, No. 6 (1916): 389.

章而不是实验科主任饶伯森发起。在沈祖荣 1914 年出国前,饶伯森的讲演已有较大社会影响,而余日章当时虽已加入中华基督教青年会讲演部,但尚未在全国范围展开教育讲演,故还不为沈祖荣所知。

三、图书馆运动的开展

虽然中华基督教青年会全国协会已有多年在各地开展讲演的经验,现在又从美国图书馆协会处获赠了美国图书馆的相关素材,但是计划当中的图书馆展览或讲演活动并没有马上举办。

1916 年 7 月,沈祖荣自美国纽约公共图书馆学校毕业。同年 8 月初,他与张彭春、何炳松等十多名欧美留学生回到上海。① 沈祖荣回国后应该会向韦棣华提及美国图书馆协会赠送展品给中华基督教青年会的事情,并追问这场图书馆运动进展如何。早在 1901 年,文华大学基督教青年会就因巴乐满的来访而建立起来。② 文华公书林建成以后,图书馆大礼堂经常成为青年会举办讲演活动的场地,韦棣华与基督教青年会之间应该早有联系。对于已经意识到应该向社会宣传现代公共图书馆思想的韦棣华来说,这个机会不容错过。余日章的父亲余文卿为美国圣公会武昌分会会长,余日章早年就读于武昌文华书院,后来还曾担任文华中学校长。因此,韦棣华与余日章有师生和同事之谊。1916 年,王正廷辞去中华基督教青年会全国协会总干事一职,余日章经董事会推荐任代理总干事,并于

---

① 《最近欧美回沪学生表》,《申报》1916 年 8 月 4 日第 11 版。
② 马敏、黄晓玫、汪文汉主编:《华中师范大学校史(1903—2013)》,华中师范大学出版社,2013 年,第 7 页。

1917年起正式担任中华基督教青年会全国协会总干事。从私交层面说，韦棣华也有主动联系余日章寻求合作的基础。如果说，此前中华基督教青年会没有开展活动是因为缺乏图书馆学专家的话，那沈祖荣回国后，便可以马上着手发起这场图书馆运动。然而，沈祖荣的第一场图书馆讲演却发生在他回国半年之后。唯一的原因可能就是他在等待合适的讲演时机。这个时机实际上是由江苏省教育会提供的，与副会长黄炎培有密切关系。

1915年，黄炎培跟随游美实业团访美期间，得巴拿马—太平洋博览会中国监督处转江苏巡按使电，受托调查社会教育。回国后，他致函巡按使并附《调查美国社会教育报告书》，《江苏教育行政月报》《教育研究》《松江教育杂志》均刊有该信函与报告书之内容。图书馆是其考察社会教育之一部分，他强调考察图书馆"规模不求其过大，方法必窥其完密，不敢侈言其盛况之如何，而但欲识其效力所由致"①。通过对巴拿马—太平洋博览会上美国图书馆协会展览的介绍，黄炎培总结了美国办理图书馆事务的几个要点，均很有见地：一是以书就人非令以人就书，图书馆之设置必于多人荟萃之所，而又许其借出为之流通，则来者众；二是藏书务必合于社会状况与其生活所需要，于学校多备师生参考书，于农村多备农业有关之书，于文化低下之地方多备文理浅近之书；三是采用流通方法，多设分馆可以促进流通且更经济；四是图书馆还有活动之作用，如设讲演会、赏花会等；五是先从培养图书馆管理员入手，图书馆管理员须有相当之学识经验，美国各大学特设图书馆专科，又于暑假期间设临时讲习科。黄炎培此文的刊布对于中国教育界来

---

① 黄炎培：《调查美国社会教育报告书》，《教育研究》1916年第28期。

说，无疑强化了图书馆之于社会教育的意义，又提供了理念和方法上的指导。1916年12月，梁启超筹办松坡图书馆以纪念蔡锷将军。江苏省教育会于1917年2月致函各县教育会及公私立中等以上各学校代募松坡图书馆捐款，其文称"吾国设施新教育十有余年，所以收效迟迟者，由于缺少教育辅助之机关者"①。商绅学界纷纷参与筹募，实际上促进了社会对图书馆的认识。

黄炎培在美期间曾得清华留美学务处沈楚纫赠送1914—1915年留美学生英文题名录，其中习图书馆管理法者仅沈祖荣一人。黄炎培认为这种留学生名录不仅可以作留学者求学之方针，而且可为本国各种事业机关物色专家提供机会。②因此，当江苏省教育会意识到"年来各县正陆续筹办图书馆"③时，黄炎培自然就想到了沈祖荣。

1917年4月，江苏省教育会拟函托余日章转邀沈祖荣赴会讲演图书馆功用及办法，时间定于5月1日下午4时半，由该会召集会员暨各县办理图书馆人员前来听讲。④得沈祖荣复书后，江苏省教育会又致函各县教育会各会员及中等以上各学校，请其派员参加。⑤

在此次讲演之前，沈祖荣先行在交通部工业专门学校校庆二十周年纪念会的第二日作了讲演。1916年冬，为筹备学校二十周年校庆纪念会，有同学向学校提议采用募捐集资的办法建造一座图书馆大楼作为纪念。校长唐文治当即采纳此议，组织教职员成立图书

---

① 《致各县教育会各会员及公私立中等以上各学校代募松坡图书馆捐款书》，《江苏省教育会月报》1917年2月。
② 黄炎培：《新大陆之教育》（上编），商务印书馆，1917年，第99页。
③ 《致各县教育会各会员及中等以上各学校书》，《江苏省教育会月报》1917年4月。
④ 《致沈绍期君请讲演图书馆办法书》，《江苏省教育会月报》1917年4月。
⑤ 《沈绍期君复书》，《江苏省教育会月报》1917年4月。

馆筹备会，并着手开展募捐活动。1917年3月，学校向师生校友及社会各界印发《南洋公学二十周年纪念图书馆募捐启》①，募捐发起人包括张元济、蔡元培、范源廉等23人，黄炎培亦在其中。唐文治还上书总统黎元洪和国务院总理段祺瑞，呈请提倡捐款建设图书馆。黎元洪令交通部督饬妥筹兴办。除交通部拨款以外，黎元洪、段祺瑞等也以个人名义捐款。1917年4月26日至28日，南洋公学举行二十周年盛大庆典活动，同时设图书馆捐款受理处。沈祖荣的讲演既对图书馆募捐起到了很好的宣传鼓动作用，又为图书馆业务提供了指导。虽然这次讲演的时间早于江苏省教育会之讲演，但很可能是江苏省教育会从中安排的。1917年4月15日，《新闻报》刊载的《南洋公学纪念会预志》②中纪念会的活动日程里并没有沈祖荣演讲之安排。可见，这应该是江苏省教育会联系好沈祖荣来沪讲演后临时安排的。校长唐文治清朝末年曾担任江苏省教育会会长，与黄炎培早就相熟，而且江苏省教育会会员秦汾、俞庆恩也是交通部上海工业专门学校的教授。

4月27日下午3时举办演讲会，"由校长唐文治君报告，略谓沈祖荣先生于图书馆最有经验，先生曾在美国游学，考察欧美各国图书馆情形，并携有各国图书馆之照片及各国图书馆之比较表，并演讲图书馆各种模型，今特请沈先生演讲云云。旋由沈君登台演讲，叙述图书馆之功用与教育、农、工、商各界之关系，即出各标本，按图说明，并谓中国图书馆之幼稚，以现在所有之图书馆之

---

① 陈进主编：《思源籍府　书香致远——上海交通大学图书馆馆史（1896—2012）》，上海交通大学出版社，2013年，第22页。
② 《南洋公学纪念会预志》，《新闻报》1917年4月15日第1版。

数、之经费、之书籍比之美、德诸国尚不能及其百一，令人感愧云云"①。演讲时间自下午3时至5时。经过此次讲演，不难理解唐文治为何于1918年夏杜定友中学毕业时派他去菲律宾大学攻读图书馆学专业。借助于上海工业专门学校二十周年的重大事件，沈祖荣关于图书馆的讲演一开场就获得了主流媒体的关注。

4月30日，《新闻报》刊载《图书馆功用办法之演讲会》②，对次日的讲演进行预告。此时讲演已经以寰球中国学生会与江苏省教育会两家团体的名义发起，讲演地点则是江苏省教育会会所。5月1日下午4时，沈祖荣在江苏省教育会会所三楼讲演图书馆之功用及办法。演讲会主席由黄炎培担任，演讲至晚上7时结束。黄炎培开场介绍沈祖荣时说，他于前年在美国时与中国留学生交谈，发现他们虽"成绩均极优美，惟对于切要之学术甚少，即图书馆一事，吾国亦未尝有人研究。后在舟次得一留学界名录，乃知有沈君绍期③注意斯学"④。沈祖荣的演讲内容分功用和办法两大部分：前一部分主要介绍图书馆之于工商事业和教育的意义；后一部分则介绍图书馆的组织，如职员、经济、建筑、参考、出版、选择等种种办法。黄炎培在沈祖荣演讲结束时说他"拟于暑假时设一研究所，再请沈祖荣详为演讲，凡各处有志设立者及中等以上之学校均可派人来会旁听，沈君亦为首肯。是日来会听讲者约100余人"⑤。

5月2日晚8时，青年会请沈祖荣演讲。青年会此前已函邀各

---

① 《南洋公学廿周纪念会纪盛》，《环球》1917第2卷第2期。
② 《图书馆功用办法之演讲会》，《新闻报》1917年4月30日第1版。
③ 沈祖荣，字绍期。
④ 《沈绍期先生讲演图书馆纪略》，《江苏省教育会月报》1917年5月。
⑤ 《沈绍期先生讲演图书馆纪略》，《江苏省教育会月报》1917年5月。

大学校职员学生前来听讲。① 演说之后，沈祖荣还用影灯逐张放映国外图书馆情形之影片，"来宾数百人，十时许始散"②。

5月3日下午3时，上海报界俱乐部邀请沈祖荣演说图书馆事业，由朱少屏主持相关事宜。③ 上海报界俱乐部由吴稚晖、朱少屏、成舍我等20人发起，4月21日《民国日报》刊登《上海报界俱乐部简章》。④ 5月1日下午2时，上海报界俱乐部在四马路望平街口96号三层该会所举行开幕式。朱少屏自1916年起担任寰球中国学生会的总干事，而寰球中国学生会无论与中华基督教青年会还是江苏省教育会都有极为密切的联系，沈祖荣作为留美学生与寰球中国学生会也有交集，是以有此次报界俱乐部之演说。宣传图书馆需仰赖报界，搭建起图书馆与报界的桥梁对于图书馆事业的宣传来说意义重大。事实上，沈祖荣此次在上海的4场演讲，《申报》《时报》《新闻报》《民国日报》均有报道，《江苏省教育会月报》《寰球》《东方杂志》等刊物也有对演讲内容的记载。

5月6日，沈祖荣自上海抵南京。次日，假花牌楼南京青年会开演说会。商务印书馆《出版界》分期连载了洪有丰所撰《图书馆问题》，该文详细记载了沈祖荣演讲的内容。洪有丰自1916年9月起担任金陵大学图书馆副馆长，他在学生时期就在该大学图书馆担任学生助理工作，已经具有较丰富的图书馆实际工作经验。此次，沈祖荣的演讲使他颇受震撼，"不但听者忘倦，实足以启发国人之聋聩，使之非亟亟组织图书馆不足以完教育而巩国基"，所以详细

---

① 《演讲图书馆之功用及办法》，《时报》1917年4月29日第11版。
② 《青年会演讲图书馆》，《时报》1917年5月3日第5版。
③ 《报界俱乐部之演说会》，《环球》1917年第2卷第2期。
④ 《上海报界俱乐部简章》，《民国日报》1917年4月21日第11版。

笔记之以供众览，希望"邦人君子急起图之"。①

1918年10月，美国《图书馆杂志》刊登了一篇关于文华公书林进展状况的文章，内容来自韦棣华女士制作的文华公书林宣传册，文中说道："美国图书馆协会将巴拿马博览会上一半的展品给了中华基督教青年会，这些材料连同由中华基督教青年会提供的特别仪器，帮助沈祖荣准备了一场非常生动的宣传公共图书馆在中国的必要性的讲座。他在上海和南京做了讲座，听众超过2500人。"②文章还提到江苏省教育会计划在暑期举办图书馆讲习班，邀请沈祖荣授课，由该组织负担所有开支。可见，这些内容的撰写时间在1917年暑假之前，而且沈祖荣的图书馆讲演的确是从上海和南京开始的，并未在他处进行。

1931年，韦棣华逝世后，《文华图书科季刊》出版特刊——《韦棣华女士纪念号》。沈祖荣发表英文文章《韦棣华女士：中国现代图书馆运动之皇后》(*Miss Mary Elizabeth Wood*：*The Queen of the Modern Library Movement in China*)，文中这样说道："沈祖荣自美学成归来，文华公书林随即与中华基督教青年会全国协会的讲演部联合，目的是通过讲演宣传公共图书馆在中国的必要性。演讲在全国14个城市展开，同时携带了仪器，这一声势浩大的演讲使现代图书馆思想得以广泛传播。"③沈祖荣在《韦棣华女士略传》中亦说自己"学成归国，即联合全国基督教青年会，携带各种仪器，到处宣传，凡湖北、湖南、江西、江苏、浙江、河南、山西、

---

① 洪有丰：《图书馆问题》，《出版界（上海）》1917年第44期。
② "Library Expansion in China Begun," *Library Journal* 43，No. 10 (1918)：764.
③ Samuel T. Y. Seng, "Miss Mary Elizabeth Wood：The Queen of the Modern Library Movement in China,"《文华图书科季刊》1931年第3卷第3期。

直隶,足迹殆遍"①。从以上两篇文章中并不能看出这批仪器到底属于谁,甚至很容易让人误以为这些仪器是沈祖荣准备的。不过,沈祖荣在《在文华公书林过去十九年之经验》一文中则说"并携美国赠送之各种关于图书馆之各种展览品"②,这才明确了沈祖荣在所做的图书馆讲演中的确也用到了美国赠送的展览品。

不过,沈祖荣所述声势浩大、遍及全国 14 个城市的讲演并未指明结束的时间,除 1917 年在上海和南京的几则报道外,还曾见于媒体报道的是 1919 年 4 月 9 日晚,沈祖荣受中华基督教青年会南昌分会特别邀请,在当地青年会会所演讲。青年会组织了一系列讲座,而沈祖荣这场图书馆讲座为开场讲座。听众主要是学生,主席为程时煃。江西省教育官员和公立学校都对沈祖荣的演讲很感兴趣,并表达了愿意尽力发展图书馆的愿望。③ 程时煃于 1915 年自日本毕业回国,初任江西省立师范学校教员兼附属小学主任,1916 年任省立第一中学校长,1917 年冬任江西教育厅第二科科长。④ 后来其因拓展教育经费受阻,辞职入京,任北京高等师范学校教授兼附中主任。1924 年 4 月 27 日出版之《来复报》第 294 号称沈祖荣"近来遍历各省,专为提倡此事。近自保定来太原,连日分赴自省堂国民师范学校、省教育会举行讲演会暨特别研究会,并携有标本、仪器十数巨箱,分日展览。观者无不感动。沈君开会五日,已

---

① 沈祖荣:《韦棣华女士略传》,《文华图书科季刊》1931 年第 3 卷第 3 期。
② 沈祖荣:《在文华公书林过去十九年之经验》,《文华图书科季刊》1929 年第 1 卷第 2 期。
③ "Library Possibility Described in Lecture: Boone University Man Tells of Work Being Done in West China," The China Press, April 16, 1919, p. 4.
④ 周邦道:《近代教育先进传略》(初集),中国文化大学出版部,1981 年,第 174 页。

于前日赴豫矣"①。据此,我们知道,沈祖荣的图书馆全国巡讲一直持续到 1924 年。

在沈祖荣之后,赴海外学习图书馆的学者越来越多。他们自 20 世纪 20 年代起陆续学成归国后,立即加入这场宣传美国现代公共图书馆理念与方法的图书馆运动,推动了图书馆事业的发展和中国图书馆学的建立,他们是民国时期图书馆专业团体的创建者与核心力量。

第五节　社会团体的影响

鸦片战争以后,中国学习西方的路径从早期的军事、经济层面,发展到 19 世纪末 20 世纪初的教育、法律、政治层面。维新运动期间,受国外学会组织的影响,维新派大力提倡"兴学会",强学会、粤学会、闽学会、蜀学会、南学会、保国会等各类社团蜂起。兴办学会的过程为中国近代社会团体的发展奠定了基础。

1904 年,清政府发布普赦党人的上谕,并解除结社禁令。此时,清政府意识到社会团体辅助政府管理的积极作用,开始主动支持各地建立经济类和教育类团体,同时也以法规的方式加强对这些团体的规范和管理,如 1904 年商部奏准颁布《商会简明章程》,

---

① 《提倡图书馆之大讲演及展览》,《来复报》1924 年第 294 号。

1906年学部奏准颁布《教育会章程》，1907年农工商部奏准颁布《农会简明章程》。这些社会团体虽与政府的关系较为密切，受政府监督并享有一定官方权利，但其本身又按照近代社会团体的模式独立运营。

1908年，清政府颁布《结社集会律》，规定民间与政治和公事无关的集会结社无须呈报，可以自由成立、自由解散；与公事有关者，应官署要求呈报；与政治有关者，必须事先呈报。这是中国近代颁行的唯一一部专门的结社集会单行法规。同年，清政府颁布《钦定宪法大纲》，其中规定臣民在法律范围内，所有言论、著作、出版及集会、结社等事，均准其自由。1912年元旦，中华民国临时政府在南京成立，标志着资产阶级民主共和制度的诞生。1912年3月11日，孙中山以临时大总统名义颁布《中华民国临时约法》，这是中国第一部资产阶级共和国性质的宪法文件，使资产阶级民主共和的观念深入人心。其中规定"人民有言论、著作、刊行及集会结社之自由"[①]，建立社团成为人民的合法权利。新文化运动的开展使人们从封建思想的束缚中解放出来，进一步刺激了各种社团的涌现。

清朝末年至民国初年，各类社团从性质上大体可以分为政治类、经济类、军事类、联谊类、公益类、教育类、学术类、宗教类等。这些社团中也有不少使用"协会"之称的，如江苏铁路协会、筹滇协会、警察协会、国民协会、旅沪商帮协会、盐业协会、地学协会、中华慈善协会等。这些社团，尤其是教育、学术类社团对图书馆协会的成立起到了示范作用，也为图书馆协会的运作提供了参

---

① 赖骏楠编著：《宪制道路与中国命运：中国近代宪法文献选编（1840—1949）》（上卷），中央编译出版社，2017年，第355页。

考的样板。

当时社会团体的名称有"会""社""联合会""学会""协会""协进会"等多种,但为什么民国时期图书馆界的社会团体基本上都用"图书馆协会"这一名称呢?1876年,美国图书馆协会成立,以后各国纷纷效仿。1892年,日本图书馆协会的前身日本文库协会(Nippon Bunko Kyokai)成立,并于1908年改名为日本图书馆协会(Japan Library Association)。当时,日本书面语中"图书馆协会"①在字形上与汉字繁体字完全一致,这使得中国学者翻译日文著作时便直接使用了这样的表达。1910年,《四川教育官报》刊载谢荫昌翻译的日本户野周二郎的《图书馆教育》,其中有"左列之表为米国图书馆协会所编制、列入师范学校所授图书馆学之细目"②之语,此乃"图书馆协会"见于中国出版物之始。1917年11月,通俗教育研究会翻译出版日本图书馆协会所编《图书馆小识》,该书封面及序言末尾署名处均有"日本图书馆协会"几个字。

最早认识到图书馆事业发展与图书馆协会的成立有直接关系的是沈祖荣,这与他最早赴美学习图书馆学的经历有关。1917年5月3日,沈祖荣在上海报界俱乐部讲演时提到了"图书馆协会",他说:"英美各国图书馆之发达为时亦未甚久,1877年英国始倡图书馆事业,美国则特行组织图书馆协会至伦敦讨论办法,自此以后文化大进,世界诸文明国闻风仿效。"③

1918年2月出版的《教育公报》发表了日本东京帝国大学图书馆植松安《美国之图书馆》的译文,其中专门介绍了美国图书馆协

---

① 1946年日本公布《当用汉字表》以后,原来的"圖書"改为"図書"。
② 《图书馆教育(续)》,《四川教育官报》1910年第9期。
③ 《报界俱乐部之演说会(二)》,《民国日报》1917年5月5日第10版。

会成立的历史,并称"此图书馆协会在美洲合众国有绝大势力,恰如图书馆在世界为各国之冠也",又说"其在世界图书馆界实具有伟大功绩与势力"。①

1917—1918年,美国图书馆协会对于图书馆事业所产生的重大影响开始引发国人的重视。因此,当中国图书馆事业发展到一定程度,需要成立专业团体以促进该项事业进一步发展时,便选用了"图书馆协会"这一名称。

---

① 植松安:《美国之图书馆》,《教育公报》1916年第5卷第3期。

第二章

民国图书馆学学术团体成立的过程

　　由于中国地域辽阔，经济发展不平衡，各地图书馆事业发展程度有着很大的不同，且民国时期战乱频繁，交通常常受阻，要成立全国性图书馆专业团体实属不易。图书馆专业团体的成立不仅需要图书馆事业发展到一定程度，还需要有一定数量的专业人员。北京作为清政府和北洋政府的首都，既是政治中心又是教育文化中心，其图书馆数量在全国首屈一指，且因高校云集，这里聚集了较多的图书馆专业人才。因此，北京图书馆协会于1918年率先成立，并积极筹备分步建立全国性的图书馆协会。民国时期先后有32个图书馆协会成立。综合分析这些图书馆协会成立的历程可以看出，中国图书馆学学术团体的成立经历了从自发成立地方图书馆协会到自觉组织全国图书馆协会，又继续推动成立更多地方图书馆协会的过程。

第一节　首个地方图书馆协会的成立

民国时期最早成立的图书馆协会是北京图书馆协会,这与北京地区独特的图书馆事业及社会团体发展状况直接相关。

一、北京地区图书馆事业状况

根据《教育部行政纪要第二辑(民国五年至七年)》中各省图书馆[①]、各省通俗图书馆[②]所列数据,至1918年底,全省公共图书馆(含通俗图书馆)在20所以上的只有山东、奉天、山西、湖北、浙江、湖南、江苏、河南、福建9省。拥有20所图书馆的城市很少,拥有足够数量且具备现代图书馆学知识的管理员的城市更是凤毛麟角。北京当时作为北洋政府的首都,既是政治中心又是教育文化中心,图书馆数量十分可观。北京图书馆协会成立时,其会员有20所图书馆,包括规模宏大的国立京师图书馆及其分馆,国立及私立大学图书馆十余所,国务院、教育部等政府机关附设图书馆,

---

[①] 教育部编:《教育部行政纪要第二辑(民国五年至七年)》,1919年,"丁编　社会教育"第180—182页。

[②] 教育部编:《教育部行政纪要第二辑(民国五年至七年)》,1919年,"丁编　社会教育"第183—185页。

以及青年会图书馆和数所中学图书馆。

随着图书馆数量的增加、规模的扩大、开放利用程度的深化，其工作内容也将随之发生变化，新的问题会不断出现，对图书馆管理员的专业素质的要求也会越来越高。虽然当时北京尚没有接受过图书馆学专业教育的图书馆管理员，但北京地区图书馆管理员的基本素质普遍较高，且他们已经开始学习和应用西方图书馆学理论和管理方法。清华学校图书馆主任戴志骞在1914年任职清华之前曾在上海圣约翰大学图书馆服务多年，其本身又是圣约翰大学的毕业生。担任图书馆助理的袁同礼1916年毕业于北京大学，他能在戴志骞1917年赴美留学期间代理图书馆主任一职，说明他在短短一年内已经具备管理清华学校图书馆的经验和能力。李大钊在1918年任北京大学图书馆主任后，不仅带领馆员参观清华学校图书馆，而且通过各种渠道积极了解其他学校图书馆的管理方法。北京高等师范学校、法政专门学校图书馆的管理员多用本校教员或毕业生，如李贻燕、程时煃、杨昭悊，他们都受过高等教育，在工作过程中自学日本与西方图书馆学理论成果，都掌握了一定的图书馆学知识。北京高等师范学校曾于1918年派图书馆事务员张之轩赴日本考察图书馆组织及管理。京师图书馆馆员王懋镕早在1913年就翻译了日本文部省所编《图书馆管理法》。1917年的《教育公报》还发表了京师图书馆馆员翻译的《美京华盛顿国会图书馆纪略》以及《美国国会图书馆阅书须知》。可见，当时京师图书馆的管理人员对西方现代图书馆学理论和图书馆发展状况也有一定程度的研究。

尽管可以学习国外的图书馆学理论，甚至可以派员去国外考察图书馆，但将理论运用于中国图书馆实际工作时，由于国情、馆情不同，国外的图书馆学理论并不能直接拿来使用。正如沈祖荣在美国留学时发表的《美国图书馆制度能够改造用于中国吗?》所指出的,"答案是可以,但需要进行一些改造"①。图书馆经营管理理念的转变,以及工作方法和技术的变革,产生了互相观摩、共同研究的需要。

北京地区高等院校林立,由各类教职员和学生组成的学术团体、联谊团体等数量众多,校际之间的活动也较多。例如,1913年,北京联合运动会有35所学校参加。② 1916年春,北京大学文学会言语科与清华学校、北京高等师范学校、汇文大学和通县协和大学五校联合举办辩论会。③ 此外,各学校学生毕业后又受聘为其他高校的教师,不同高校的学生因同乡关系而互相对彼此学校的情形比较了解,以及基督教青年会这一团体同时集合了不同学校的学生等因素,使得高等院校之间更加容易建立起联系。这也为各高校图书馆之间建立联系创造了条件。

1916年秋,袁同礼自北京大学预科毕业,受聘于清华学校,担任图书馆助理。不少资料提及他受聘清华是因其参加五校联合辩论会而受到王文显之赏识。1917年夏,图书馆主任戴志骞赴美留学,袁同礼代理图书馆主任一职。1918年1月,经章士钊推荐,蔡元培聘请李大钊继章之职,任图书馆主任。1918年3月15日,李大钊带领图书馆全体职员到清华学校参观,受到校长赵国材、图书馆主任袁同礼及教职员的热情招待,又由袁同礼陪同导览。19日、20日的《北京大学日刊》以"通信"的形式刊登了李大钊先生给

---

① Samuel T. Y. Seng," Can the American Library System be Adapted to China,"*Library Journal* 41, No. 6 (1916): 387.
② 《学界大事记》,《教育界》1913年7月1日第4版。
③ 国立北京大学编:《国立北京大学廿周年纪念册》,国立北京大学,1918年,"集会一览"第8页。

记者的来函,① 全面介绍了清华学校各方面的情况,其中对于图书馆的考察最为详尽,包括馆舍、卡片式目录、书籍种类、结束期限、逾期罚款制度、购书、杂志,以及为杂志中的重要论文编制卡片式分类目录等,还指出清华学校图书馆备有电影片以供学生赴附近乡村演讲之用,北京大学图书馆大可仿行。1918年3月21日《清华周刊》第133期也有报道称:"上周北京大学图书馆主任李大钊先生偕同馆中办事员邓秉钧、盛铎、章士镁、商契衡四先生参观本校图书馆。由袁同礼先生招待。"②

3月15日早上,李大钊等抵达清华学校。为何要选择参观远在京郊的清华学校图书馆? 恐怕除了因为袁同礼是北京大学校友,还因为清华学校图书馆在当时的北京是最为先进的图书馆,而且其新馆正在建设当中。戴志骞在1919年2月美国《公共图书馆》(*Public Libraries*)上发表的《中国图书馆的现状》(*Present Library Conditions in China*)一文中列举了19所中国的大学图书馆,他说就其所知,其中只有3所是大致按照美国现代图书馆制度略加调整来管理的,这3所分别是文华公书林、上海圣约翰大学罗氏图书馆和北京清华学校图书馆。③

此次参观后,北京大学图书馆与清华学校图书馆的交流日见频繁。1918年3月20日《北京大学日刊》④记载,北大日刊经理部转交其他学校报刊中有《清华学报》一册及《清华周刊》16册,

---

① 《通信》,《北京大学日刊(第95号)》1918年3月19日第5版。《通信:李大钊先生来函(续)》,《北京大学日刊(第96号)》1918年3月20日第5版。
② 《嘉宾莅校》,《清华周刊》1918年第133期。
③ Tse-chien Tai, "Present Library Conditions in China," *Public Libraries* 24, No. 2 (1919): 38.
④ 《图书馆布告》,《北京大学日刊(第96号)》1918年3月20日第2版。

应为袁同礼所赠。1918年4月4日《清华周刊》记载,李大钊以自著《中国国际法论》一册赠清华学校图书馆。① 4月18日《清华周刊》又记载,清华学校图书馆"近以重复书籍20种与北京大学图书馆交换英文法律书22册"②。《北京档案史料》1987年第1期刊登了《李大钊给袁同礼的四封信》,其中一函就提及赠书即交换书籍之事。

守和先生：

承赐各件及手示均悉。拙译《国际法论》呈上一册,捐赠贵馆,并乞指正。交换书籍已按单检齐,俟法科将书送到,即汇呈尊处。敝馆所欲借阅之书,容后函告。诸蒙垂爱,感何可言！以后请教之处正多,惟进而益之。匆上。即请

公安

弟大钊　顿首③

《李大钊文集》(5)中将该信的日期标注为1918年10月,④这是不准确的,其日期应该在1918年3月20日至4月4日之间。

1918年3月29日《北京大学日刊》记载："春假期内本馆拟改编书目,所藏中西文书籍必须清理一次,以资考订。凡本校教职员学生诸君,曾由本馆借用书籍者,务乞一律赐还,是为至荷!"⑤ 为改编书目事,李大钊于4月16日致函袁同礼借阅编目相关参考书。

---

① 《赠书鸣谢》,《清华周刊》1918年第135期。
② 《交换书籍》,《清华周刊》1918年第137期。
③ 《李大钊给袁同礼的四封信》,《北京档案史料》1987年第1期。
④ 中国李大钊研究会编注：《李大钊文集》(5),人民出版社,1999年,第279页。
⑤ 《图书馆通告》,《北京大学日刊(第104号)》1918年3月29日第1版。

> 守和先生道鉴：敬启者，敝馆编目伊始，拟广加参考以资遵循。兹就先生前次见示之书单中检出数种，如贵馆储有是书而目前可不需用者，乞暂假一阅，即付去手，阅毕奉还。耑此，即请
>
> 公安
>
> 李大钊　敬启
>
> 四月十六日①

李大钊还有致袁同礼一信，为图书馆设备事取法清华学校图书馆，但因未注年月而不知其具体时间。

> 守和先生有道：前蒙赐访，以外出失迓为歉。兹有恳者，敝处欲令工人制一置放杂志之插斗与简片目录箱二具，因恐工人不谙做法，特令往贵校参观，借作模楷，乞即就该什器指示一切。琐事相烦，尚望谅宥。专此，即颂
>
> 公绥
>
> 弟李大钊　顿首②

由此可知，北京大学图书馆和清华学校图书馆在1918年已经建立起参观学习、互赠刊物、交换重复馆藏等形式的交流与合作，他们在图书馆管理制度、图书馆设备与方法上相互学习与借鉴，这说明北京图书馆协会的成立已具备现实基础。

正因为当时北京地区图书馆的管理员当中尚无接受过图书馆专

---

① 书信内容录自国家图书馆雷强向笔者见示袁同礼后人所摄书札照片。
② 书信内容录自国家图书馆雷强向笔者见示袁同礼后人所摄书札照片。

业教育者（清华学校图书馆主任戴志骞当时正在美国留学），所以北京图书馆协会的成立没有直接受美国图书馆协会的影响，完全是北京地区图书馆事业发展到一定程度而自发产生了在图书馆间建立联合的需求所致。

二、北京图书馆协会成立经过

1918年12月3日下午4时，汇文大学发起并约集北京中学以上各学校图书馆主任在汇文大学召开讨论会，各校代表到会十余人，议决在北京组织成立"图书馆协会"[1]，联合各图书馆，俾互相协助。由于当天到会人数不够，并没有当即成立图书馆协会，而是"指定起草委员数人"[2]，公推清华学校代表袁同礼、北京大学代表李大钊、协和医学校代表吉非兰[3]（Emily Gilfillan）、汇文大学代表高厚德[4]（Howard Spilman Galt）、税务学校代表李崇文、崇文中学代表迨维斯[5]为筹备委员，起草章程，并选举袁同礼为委员长。

12月7日下午3时，筹备委员在北京大学召开起草委员会，议定会章及附则若干条。12月21日下午2时，北京图书馆协会在北京大学文科事务室召开正式成立大会，各图书馆代表到会者有20

---

[1] 《清华周刊》提及"组织北京图书馆协会"，而《北京大学日刊》未提及，仅说"议图书馆相互之联络"。
[2] 《北京图书馆联合会之组织》，《北京大学日刊（第277号）》1918年12月21日第3版。
[3] 《清华周刊》译为"葛飞伦"。《北京大学日刊》中吉非兰女士的英文姓氏（Miss Crilfillon）系排印错误。
[4] 《清华周刊》称"高德"，《北京大学日刊》称"高罗题"，但其通行中文名为"高厚德"。
[5] 《清华周刊》用"德韦思"，《北京大学日刊》则用"迨维斯"。

人。大会通过委员会所拟章程，并选举产生如下职员：会长袁同礼（清华学校）、副会长高厚德（汇文大学）、中文书记李大钊（北京大学）、西文书记吉非兰（协和医学校）。李大钊与高厚德得票相同，提出高君请众认可，于是高厚德当选为副会长，李大钊当选为中文书记。[①] 北京图书馆协会成立之初的会员包括 20 所图书馆，[②] 其中学校图书馆共有 13 所，分别为北京大学、清华学校、高等师范学校、农业专门学校、法政专门学校、俄文专修馆（外交部管辖）、北京高等师范学校附属中学 7 所公立学校图书馆，以及汇文大学、协和医学校、女子协和医学校、协和女子大学、协和华语学校、崇文中学 6 所教会学校图书馆；公共图书馆有京师图书馆、京师图书馆分馆、中央公园图书阅览所、京师通俗图书馆（实际上前三者都属于京师图书馆）4 所；有教育部和国务院 2 所政府机关附设图书馆；还有 1 所青年会附设图书馆。

关于汇文大学为何会在此时召集北京地区各图书馆成立图书馆协会，并无史料记载。义和团运动后，北京地区的教会学校普遍面临着重建的问题，并在 20 世纪初开始了不同教派学校之间实现联合的漫长过程。汇文大学自 1911 年发起与华北协和大学联合的动议，至 1916 年进入联合的实质性阶段。由于双方都将场地、校舍、科学仪器和图书留给了各自的中学，因此组建的联合大学图书馆几乎是"白手起家"。担任图书馆馆长的高厚德这样描述当时的情况："图书馆里有一个小书橱，里面放满了原先是谢卫楼博士个人收藏

[①] 《北京图书馆协会成立纪闻》，《北京大学日刊（第 292 号）》1919 年 1 月 21 日第 3 版。

[②] 《北京图书馆协会成立纪闻（续）》，《北京大学日刊（第 293 号）》1919 年 1 月 22 日第 4 版。

的几百本书……这样，在一间大约 4.2 米×6 米的小房间里，燕京大学就以这个小书橱，还有松木桌子上的几份报纸杂志开办了它的图书馆。"① 北京协和医学院是美国洛克菲勒基金会于 1915 年 6 月从教会手里收购了协和医学堂以后重组的，1917 年才开始重新招生，同时在其新购的东单三条胡同原豫王府的地皮上花费巨资兴建校舍。李钟履在《北平协和医学院图书馆馆况实录》中称，该校图书馆自 1918 年 9 月始有之，"该时馆舍系位于预科（亦称学堂）校址中，即今所谓之 Lockhart Hall，事属草创，未免简陋，屋宇无非二楹，书藏不逾千卷，职员亦甚寥寥，至于搜集书籍，亦乏固定之目标，无论医学图书，抑或普通典籍，罔不兼采并收"②。可见，无论是汇文大学还是协和医学院图书馆，在 1918 年都还属于初创阶段，其规模与北京多数图书馆都无法相提并论。唯一可以解释为何图书馆协会是由汇文大学发起的是，高厚德作为美国传教士毕业于芝加哥大学，又在哈特福德神学院学习，无论是对协会这种社会团体组织形式，还是对美国图书馆协会，他都较中国图书馆从业人员更为了解熟悉。同时，正是由于各教会学校图书馆处于发展初期，他们也更希望借助图书馆协会解决各自图书馆存在的藏书数量不足的问题。

三、北京图书馆协会早期核心人物

虽然北京图书馆协会最早的一次集会由汇文大学发起，高厚德

---

① 艾德敷著，刘天路译：《燕京大学》，珠海出版社，2005 年，第 133 页。
② 李钟履编：《北平协和医学院图书馆馆况实录》，中华图书馆协会，1933 年，第 2 页。著作原名为《北平协和医学院圕馆况实录》，其中"圕"是"图书馆"的缩写。为方便读者阅读，本书统一将"圕"改为"图书馆"。

又当选为北京图书馆协会的副会长，但对北京图书馆协会的成立起到关键作用的核心人物是袁同礼，这与清华学校图书馆在当时的先进程度直接相关。首先，第一次集会选出 6 人为筹备委员，负责起草章程，袁同礼为委员长。这 6 人当中 3 人为外籍人士，只有袁同礼、李大钊和李崇文为中国人，而李崇文后来并没有出现在北京图书馆协会会员名单中，推测其对于这一组织并不热心，不可能是会章的主要起草者。其次，北京图书馆协会的名称最早见于清华学校的媒体。在第一次集会之后，1918 年 12 月 12 日《清华周刊》就以《图书馆协会》①为题进行报道，且在正文中明确指出要组织"图书馆协会"。而《北京大学日刊》1918 年 12 月 21 日的报道中用的题名是《北京图书馆联合会之组织》②，且正文中并没有提到"图书馆协会"。这则消息在北京图书馆协会召开正式成立大会当日刊出，届时大会尚未召开，但 12 月 7 日起草委员会召开会议时已经议定了会章及附则，作为起草委员之一的李大钊不可能不知道"图书馆协会"这一会名，为何仍以"北京图书馆联合会"称之，让人有点匪夷所思。但至少可以看出袁同礼对"图书馆协会"这个名称的认同早于李大钊。而且，1918 年 2 月 21 日《清华周刊》上刊载了一则《赠书志谢》③，其中提到清华学校图书馆收到通俗教育研究会所赠《图书馆小识》及通俗教育研究会会员录各一册。这则消息的提供者就是当时的清华学校代理图书馆主任——袁同礼，他极有可能翻阅过这本与自己业务密切相关的图书，而该书封面明确显示原著

---

① 《图书馆协会》，《清华周刊》1918 年第 153 期。
② 《北京图书馆联合会之组织》，《北京大学日刊（第 277 号）》1918 年 12 月 21 日第 3 版。
③ 《赠书志谢》，《清华周刊》1918 年第 129 期。

者是"日本图书馆协会"。因此推测袁同礼更可能是北京图书馆协会章程的制定者,他能够当选为会长很可能也与此有直接关系。

四、北京图书馆协会组织与活动

从北京图书馆协会成立时通过的章程及附则来看,其会员以图书馆为单位,而个人仅作为图书馆的代表参加会议。每馆派代表一人,有投票权;其他职员亦可到会与议,但无投票权。以个人藏书加入者,须经职员会认可,享会员同等权利,但无投票权。因此,这更像是北京各图书馆之间建立的一个议事机构,组织规模因而受到限制。由于外国教会学校图书馆几乎占一半比例,因此,在职员上也大体按照中外籍对等比例设置,会长、副会长、中文书记、英文书记两人为中国人,两人为外国人。北京图书馆协会每年召开常会两次,于春秋两季举行,每年春季常会选举职员,各图书馆报告一年之成绩。北京图书馆协会没有会费要求,仅在需要费用时,经大会议决,由各图书馆均担。除召开常会之外,北京图书馆协会主要建立的是藏书的合作关系。章程附则规定,各馆藏书经会员介绍可互相参考,各馆互借图书由各馆自为交涉,各馆之间应谋互换其出版物。①

关于北京图书馆协会的介绍,比较常见的说法见于宋建成的《中华图书馆协会》,而这段话又引用自1928年金敏甫的《中国现代图书馆事业概况》一文:"民国七年,北京各图书馆,有北京图书馆协会之发起,并已订定章程,因教部立案未准,加以经费困

---

① 《北京图书馆协会成立纪闻(续)》,《北京大学日刊(第293号)》1919年1月22日第4版。

难，不久即行停顿。"①后来图书馆学者也多沿用此语。1923年商务印书馆出版杨昭悊的《图书馆学》，该书中有极为类似的说法："民国七年的时候，北京各图书馆发起北京图书馆协会，当时已经起草章程，修正通过，因为教育部不准立案，加以经费困难就停顿了。"②

因为这样的表述，学界普遍认为北京图书馆协会很快停顿，没有开展什么活动。不过，笔者发现了一则新资料。1919年6月6日《新京报》有《北京图书馆协会开会》的报道，称："北京图书馆协会自去岁12月成立以来，都中各图书馆得以互相联络，除贵重图书不得借出外，所有普通图书均可互相参考。教育界中人深感便利。兹闻该会定于本月7日下午2时假协和医学校举行年会，选举下届职员，并讨论进行方法。又司法部、海军部、中国政治学会、中国地理学会、医学专门学校、军医学校及女子师范学校各图书馆均已加入该会云。"③可见，北京图书馆协会在成立半年内很快发挥了作用，并且组织还在不断扩大。

关于北京图书馆协会在教育部立案未准一事，李大钊在1919年9月28日《新生活》第6期发表的《大笑话》一文中这样说道："听说政府近来很麻烦'联合会'这几个字，所以图书馆联合会在教育部立案，也被批驳了。这真是一个大笑话。"④

由于此前图书馆协会的名称已经确定，向教育部申请立案时并

---

① 金敏甫：《中国现代图书馆事业概况（续）》，《国立中山大学图书馆周刊》1928年第1卷第3期。
② 杨昭悊编著：《图书馆学》，商务印书馆，1923年，第449页。
③ 《北京图书馆协会开会》，《新京报》1919年6月6日第3版。
④ 李大钊著，朱文通等整理编辑：《李大钊全集》（第三卷），河北教育出版社，1999年，第334页。

不是以"图书馆联合会"而是以"北京图书馆协会"的名义申请，因此李大钊这里所述因为名称"联合会"造成立案被批驳是不能成立的。当然，还存在一种可能，当时"联合会"和"协会"经常混用，因此李大钊所写"联合会"，实际上就是指"协会"，而让教育部感到"麻烦"的不仅是"联合会"这个名字，也包括"协会"等类似团体。

李大钊曾在致袁同礼一函中也提及北京图书馆协会立案被驳之事。

守和吾兄：

图书馆协会立案，已被教部批驳。前闻人言这是傅次长亲自批的。日昨经过教部，果然有此批示，惜当时未带纸笔，未能将他抄下。这种腾关中外的批文，应该布之中外。不日把批文抄下寄呈，如何宣布之处，乞兄酌裁。此问

著安

弟大钊　顿首

廿九日[①]

该信仅署"廿九日"，没有署年月，故具体时间难以确定。朱文通、王小梅在《关于李大钊研究的几个问题——读〈李大钊文集〉札记》一文中根据前述李大钊发表《大笑话》的时间，推断这封信的

[①] 《北京档案史料》1987年第1期所刊登《李大钊给袁同礼的四封信》中录有此信，但因有漏页，内容不全。《李大钊文集》亦同。此处根据雷强所示袁同礼后人提供书信照片录入，为完整版本。

写作时间是 1919 年 9 月 29 日。①《李大钊文集》(5) 收录这封信的正文,并将其标注为 1919 年 11 月,而在注释中称由于傅次长(傅岳棻)自 1919 年 6 月就任教育部次长,故此信约写于 1919 年下半年。② 1919 年 5 月 15 日,教育总长傅增湘因学生风潮扩大而辞职,由教育次长袁希涛代理部务。6 月 5 日,袁希涛辞职,傅岳棻任教育次长,并代理部务。故由此信可知,北京图书馆协会立案被教育部批驳的时间应在 1919 年 6 月以后,可惜教育部的批文未录下,不知其批驳的具体理由。

实际上,北京图书馆协会并没有因立案未准而马上陷入停顿。文华图书科首班学生查修在《文华温故集》第 15 卷第 4 期(1920年 11 月出版)发表《北京图书界见闻纪录》,其中有这样一段话:"中国国内办图书馆的人物非常有限,社会上的对于这种人才的需求自然非常孔急。今年上春北京图书馆联合会鉴于社会上这种情形,就有意要在暑假的时候设立一个图书馆讲习会。当时联合会的会正就是清华学校图书馆主任戴志骞先生,书记就是高师附属中学主任程伯庐③先生。他们二位以及其余在联合会里很热心的几位,经过很有几次的磋商,才定意要用北京图书馆联合会的名义来设立这个讲习会。"④ 由于此前《北京大学日刊》和李大钊的《大笑话》都曾以"北京图书馆联合会"相称,加之这一时期并没有其他图书馆团体成立,故上述北京图书馆联合会指的应该就是北京图书馆协

---

① 朱文通、王小梅:《关于李大钊研究的几个问题——读〈李大钊文集〉札记》,《北京党史研究》1997 年第 5 期。
② 中国李大钊研究会编注:《李大钊文集》(5),人民出版社,1999 年,第 453 页。
③ 即程时煃。
④ 查修:《北京图书界见闻纪录》,《文华温故集》1920 年第 15 卷第 4 期。

会。由这段文字可知，至少在 1920 年春季，戴志骞担任了北京图书馆协会会长，而此前的会长是袁同礼。这应该是按照北京图书馆协会章程规定于每年春季召开常会时重新选举的，那么也就证明北京图书馆协会直至 1920 年春季仍然是正常运转的，而且该文表明 1920 年举办北京高等师范学校暑期图书馆讲习会原本是北京图书馆协会计划开展的一项活动。

虽然查修一文并没有说举办暑期讲习会是戴志骞的想法，但从戴志骞赴美留学经历和发表的论文内容来看，他对于美国图书馆协会及图书馆学暑期讲习会的了解是领先于其他人的，加上他又担任了北京图书馆协会会长，所以他能够很好地将在美国学习到的经验用于北京图书馆协会的发展上。

1918 年，戴志骞在《论美国图书馆》中详细介绍了美国图书馆协会，并给予其高度的评价，同年他还参加了美国图书馆协会及纽约州图书馆协会的年会，因此他充分理解图书馆协会对于推动图书馆事业和图书馆学教育所起到的重要作用，相较于其他人，他对协会的组织运营也更为熟悉。图书馆学暑期学校是美国图书馆学教育的一种比较普遍的模式。早在 1895 年，威斯康星免费图书馆委员会就组织成立了威斯康星图书馆学暑期学校（Wisconsin Summer School of Library Science）。① 1906 年，美国图书馆协会的图书馆学院委员会通过了涵盖冬季（包括图书馆学校与培训班）与暑期学校的图书馆学教育标准。② 1912 年，加州大学伯克利分校开设图

---

① 周亚：《美国图书馆学教育思想研究（1887—1955）》，学林出版社，2018 年，第 367 页。
② 周亚：《美国图书馆学教育思想研究（1887—1955）》，学林出版社，2018 年，第 371 页。

书馆学暑期课程。① 戴志骞在美国留学期间对于举办图书馆学暑期学校这种模式是有所了解的,他也清楚图书馆学教育是图书馆协会的重要工作。

1919年秋,戴志骞回国继续担任清华学校图书馆主任。具体回国日期不详,但郑锦怀推断戴志骞回国后在上海应待了相当长一段时间(一个月左右)。② 按理,其时恰逢暑假,他应该到9月下学期开学前才会回到清华学校报到。1919年10月12日《清华周刊》中有报道称:"本校旧图书管理戴志骞先生已由美回国来校视事,所有图书管理现共有八人之多云。"③ 戴志骞回国后具体何时加入北京图书馆协会不得而知,从查修《北京图书界见闻纪录》的记载中也只能推断出他在1920年春被选为北京图书馆协会会长。

1921年2月,日本东京《联太平洋》(Trans-Pacific)杂志(英文)发表了戴志骞《图书馆辅助中国教育》(Libraries Aid in Educating China)一文,1921年2月出版的美国《专业图书馆》(Special Libraries)亦对上文的主要内容做了简要介绍,其中都有这样一段话:"清华学校图书馆在1918年北京图书馆协会的形成过程中起到了领导的作用,首都的图书馆员们现在有机会共同讨论图书馆管理中的重要问题。在该图书馆协会的主持下,引入了馆际互借制度。北京各类型图书馆之间真诚合作的精神的确是这个时代的一个很好的特征。"④ 可见戴志骞对北京图书馆协会所起的作用还是

---

① 周亚:《美国图书馆学教育思想研究(1887—1955)》,学林出版社,2018年,第373页。
② 参见郑锦怀《中国现代图书馆先驱戴志骞研究》,中国海洋大学出版社,2017年,第114页。
③ 《图书管理增添人数》,《清华周刊》1919年第173期。
④ 韦庆媛、邓景康主编:《戴志骞文集》(上),国家图书馆出版社,2016年,第231页。

十分认可的,且在他1921年的文章中仍看不出北京图书馆协会已经停顿、解散、消亡的迹象。

综上所述,虽然北京图书馆协会的成立是自发的,但随着图书馆事业的发展和图书馆管理员对国外图书馆学理论的学习,尤其是戴志骞回国之后,出于对美国图书馆协会以及图书馆学教育的深刻认识,北京图书馆协会计划于1920年暑期举办图书馆讲习会。这次暑期讲习会后来改由北京高等师范学校承办。北京图书馆协会书记程时煃在讲习会上提出《图书馆教育发展计划案》,其中包含组织全国图书馆协会的计划,得到戴志骞、沈祖荣及与会会员的一致赞成,并选出了筹备员。因此,追根溯源,是北京图书馆协会孕育了全国图书馆协会。

第二节 全国图书馆协会计划的提出

组织全国图书馆协会的计划是中国图书馆界人士出于推动全国图书馆学教育发展的自觉而提出的,其背景是20世纪20年代前夕图书馆学教育的社会需求日益高涨。这实际上是新式图书馆的产生与发展对图书馆经营管理方面的专业人才产生迫切的需求导致的,由于图书馆与教育的历史渊源以及行政隶属关系,这种需求也引起了教育界的高度关注。

一、暑期图书馆讲习会的筹备

1919年12月，李大钊在北京高等师范学校图书馆两周年纪念日上发表演讲，他在结尾时说道："图书馆和教育有密切的关系，和社会教育更有关系。贵校是研究教育的，所以我希望贵校添设图书馆专科或是简易的传习所，使管理图书的都有图书馆教育的知识。这是我个人的希望，觉得贵校是最相宜的。从前清华学校拟设图书馆专科，后来因经济不够，所以不办。他想明年暑假办一个图书馆教育传习所，但是他在城外，也有许多的不便利，所以我仍希望贵校举行，这是关系中国图书馆前途的事情，也是关系中国教育前途的事情。请诸位注意。"[①]

李大钊所说的清华学校从前拟设图书馆专科，以及打算在1920年暑假办一个图书馆教育传习所，与查修在《北京图书界见闻纪录》中所述北京图书馆协会打算在1920年暑假设立一个图书馆讲习会所实为同一件事。举办图书馆暑期讲习会实际上主要由戴志骞发起，这是因为他刚从美国学习图书馆学回国，具备开展图书馆教育的基本条件。李大钊在演讲中表达了他本人对于此事的看法，他认为清华学校办此事存在地理位置上的不便，因而建议北京高等师范学校承担起开展图书馆学教育的任务，添设图书馆专科或图书馆教育传习所。1919年11月25日，前教育次长袁希涛组织了一个由12人组成的赴美教育视察团自上海出发，北京高等师范学校校长

[①] 李大钊（讲），予同（笔记）：《李守常先生在北京高等师范图书馆二周年纪念会演说词》，《平民教育》1919年第10期。转引自《在北京高等师范图书馆二周年纪念会的演说辞》，《中国图书馆学报》1979年第2期。

陈宝泉作为团员一同赴美,预定视察时间为半年。① 李大钊发表演说时,陈宝泉已在美国,故并不知晓李大钊的提议。

1920年春,北京图书馆协会决定设立图书馆暑期讲习会。款项方面,预备由北京大学、北京高等师范学校以及清华学校三个大学各捐一百元来兴办这项事业。② 正计划妥当,预备施行的时候,陈宝泉等数人于1920年5月27日晨自美抵沪。③ 到上海时,听说北京有此计划,陈宝泉连忙写信给戴志骞、程时煃二位,知会他们这个计划的施行可用北京高等师范学校的名义,经济问题由他负责。戴、程二位得了这个消息后就大着胆子举办了第一次图书馆讲习会。④

虽然清华学校办理图书馆学专科的计划没能实现,但文华图书科已于1920年3月正式在武昌文华大学开班招生。首班共有8名学生,除学界熟知的裘开明、黄伟楞、陈宗登、桂质柏、许达聪、查修6人外,还有田洪都和胡正支2人。⑤ 在文华图书科正式开办之前,韦棣华收到3份用人的来函:一是中华医学基金会的顾临代表北京中国政治学会图书馆提出的,二是时任商务印书馆编译所英文部主任的邝富灼(Fong F. Sec)代表商务印书馆提出的,三是王克私⑥(Philipe de Vargas,1888—1956)代表上海基督教青年会

---

① 《赴美教育视察团》,《晨报》1919年11月24日第2版。
② 查修:《北京图书界见闻纪录》,《文华温故集》1920年第15卷第4期。
③ 《赴美之教育团回国》,《晨报》1920年5月28日第6版。
④ 查修:《北京图书界见闻纪录》,《文华温故集》1920年第15卷第4期。
⑤ 王玮:《文华图书科首班"流失"学生考》,《图书馆论坛》2020年第11期。
⑥ 瑞士人,1913年获瑞士洛桑大学博士学位,同年来华。先后任济南、武昌、汉口、上海、北京等地青年会干事。1919年燕京大学创设历史学系,王克私为最初负责人,此后长期在燕京大学宗教学院和历史学系任教。

图书馆提出的。这年暑假将近时，韦棣华女士安排裴开明、黄伟楞、胡正支、桂质柏、许达聪5人随胡庆生去上海商务印书馆的图书馆实习，查修、田洪都和陈宗登3人随沈祖荣去北京政治学会图书馆实习，并安排胡正支和田洪都在实习结束后分别暂时担任上海商务印书馆图书馆和北京政治学会图书馆的职务，直至黄伟楞和陈宗登1922年夏毕业后接替他们。正在此时，沈祖荣收到了北京高等师范学校图书馆暑期讲习会的授课邀请，这样一同赴京的学生正好可以借机参加图书馆暑期讲习会。

1920年6月28日和8月2日，《晨报》刊登暑期讲习会招生广告，7月3日，《申报》亦有讲习会消息之通告。北京高等师范学校又函知各省教育厅，再由教育厅下发训令派人参会。目前可查到的资料有《遂安教育公报》和《浙江教育》上刊载的1920年7月14日浙江教育厅发布的第706号训令，令公立图书馆、公众运动场派人到会，并附北京高等师范学校来函及所附讲习会简章。

北京高等师范学校函

敬启者：

查现今图书馆教育于养成学生自动能力颇关重要，故外国已立有专科以培人才。吾国办学者对于图书馆学多未研究，故校中设立图书馆者甚少，即有设立者亦或未尽合法。图书馆教育前途难期发展。本校拟就暑假期间开办一图书馆讲习会，敦请专家讲演图书馆学。自八月二日起至二十三日止，凡从事于图书馆教育及中等以上学校毕业生有志研究图书馆教育者皆可入会听讲。将来于图书馆事业之发展不无裨益。兹检同简章以讲员名单函请贵厅查照转知各校派人到会讲习为荷。

北京高等师范学校图书馆讲习会简章

第一条　本会以利用假期讲习图书馆学、谋图书馆事业之发展为宗旨

第二条　本会讲习事项规定如下

一　图书馆教育

二　图书馆组织法及管理法（学校图书馆、公共图书馆、儿童图书馆）

三　图书馆编目及分类（学校图书馆、公共图书馆、儿童图书馆）

四　课外实习

五　临时讲演（幻灯讲演）

六　参观及调查

第三条　本会讲习期日及时间规定如下

期日　八月二日起二十三日止

时间　每日午前八时至十一时

第四条　本会除由讲演员按时出席讲演外，临时得加请中外名人讲演

第五条　本会听讲人员不拘男女，须具有下列资格之一种

一　从事于图书馆教育者

二　中等学校以上毕业生而有志研究图书馆教育者

第六条　本会听讲名额至多不得过一百人

第七条　本会听讲费每人五角

第八条　本会讲习地点在琉璃厂南新华街本校内

第九条　本会报名期限自七月一日起至三十一日止

附讲演员姓名表

沈祖荣　武昌文华大学图书馆长

戴　超① 清华学校图书馆长
李大钊　北京大学图书馆主任
李贻燕　前北京高等师范学校图书馆主任
程时煃　北京高等师范学校图书馆主任②

京师学务局也于7月15日发出第67号训令，令照印《北京高等师范学校图书馆讲习会简章》发京师公私立中小学校查照并派人赴会。③福建教育厅发出第869号指令，令省立第十三中学校长选派前教员余超前往北京高等师范学校图书馆讲习会听讲。④《江苏省教育会月报》刊发致各中等以上学校函，转知北京高等师范学校举办图书馆讲习会的消息，转请派员到会。⑤可见，这次图书馆讲习会的招生主要是依靠教育行政力量推行的，因为无论是公共图书馆馆员还是学校图书馆馆员，都属于教育系统内人员，这种方式比在社会上普遍撒网的招生效果要好很多，也更有针对性。据1926年戴志骞在《十五年来之中国图书馆事业》中所述，参会人员"其中三分之二，均为各省公立及学校图书馆之职员"⑥。

此次讲习会的讲演员以清华学校图书馆、北京大学图书馆和北京高等师范学校图书馆人员为主，他们实际上也都是北京图书馆协会的会员，这与最初打算由北京图书馆协会主办直接相关。沈祖荣

---

① 即戴志骞。
② 《浙江教育厅训令第七〇六号》，《遂安教育公报》1920年第2卷第8期。
③ 《训令第六七号（七月十五日）》，《京师学务局教育行政月刊》1920年第1卷第10期。
④ 《指令第八百六十九号》，《福建教育月刊》1920年第1卷第5期。
⑤ 《致各中等以上学校转知北京高等师范学校开办图书馆讲习会书》，《江苏省教育会月报》1920年7月期。
⑥ 韦庆媛、邓景康主编：《戴志骞文集》（上），国家图书馆出版社，2016年，第52页。

的加入，主要是由于程时煃的推荐，他曾在江西南昌主持过沈祖荣的图书馆讲演会，故提出聘请沈祖荣为暑期讲习会的讲演员。①

然而，袁世凯去世不久，直系军阀曹锟与皖系军阀段祺瑞为争夺北京政权，于1920年7月交火，直皖战争爆发，交通断绝，导致沈祖荣未能如期参会授课。文华图书科师生原以为京城必定危险异常，讲习会不是闭幕就是延期，然而讲习会依然照常举办。经费方面，陈宝泉原计划从教育部挪300元用于举办这次讲习会，然而当事情已经进行到不能中止的地步时，经费却依然没有着落。最后印讲义的费用是一天一天结算，而且北京教员自1920年5月起就没有发薪水。②不得不说，中国最早的图书馆暑期讲习会的筹备虽遇到种种困难，但终因热心图书馆事业者的坚持和付出得以顺利进行，并取得了圆满的结果。

二、暑期图书馆讲习会的举办

1920年8月2日，讲习会开幕，《晨报》称此次聘请图书馆专家前来讲演，并时有名人演说及实地练习，到会者不下百余人，内有女子十余人，多系各省或各校选派来京或有志于研究此项教育者，此为"吾国图书馆教育发展之一新纪元也"③。戴志骞在1921年2月发表的《图书馆辅助中国教育》一文中称"注册人数共有78人——69名男性和9名女性"④，实际上参会人数每天都有所浮动。杨昭

---

① 查修：《北京图书界见闻纪录》，《文华温故集》1920年第15卷第4期。
② 查修：《北京图书界见闻纪录》，《文华温故集》1920年第15卷第4期。
③ 《北高图书馆讲习会志盛》，《晨报》1920年8月8日第3版。
④ 韦庆媛、邓景康主编：《戴志骞文集》（上），国家图书馆出版社，2016年，第231页。

恝在 1920 年 8 月 9 日给《晨报》的投稿中称"听讲的男女,共有五六十人"①,他后来在《图书馆学》第三章"图书馆讲习会"中则称"听讲的男女共六十余人"②。查修则称他与沈祖荣 8 月 18 日到会时,"计这天到会者,共有八十四人,女生就有七个"③。

8 月 8 日,《晨报》刊发《北高图书馆讲习会志盛》,其中列有此次讲习会的课程时间表(见下表)。

北京高等师范学校图书馆讲习会时间表④

日期	时间	内容	讲演员
8月2日	8:00—9:00	开会式	
	9:00—10:00	讲演	陈宝泉
	10:00—11:00	图书馆教育	程时煃
8月3日	8:00—9:00	图书馆教育	李大钊
	9:00—10:00	图书馆组织法及管理法	戴超
	10:00—11:00	图书馆分类法	戴超
8月4日	8:00—9:00	图书馆组织法及管理法	沈祖荣
	9:00—10:00	图书馆教育	李大钊
	10:00—11:00	图书馆编目法	戴超
8月5日	8:00—9:00	图书馆教育	李贻燕
	9:00—10:00	图书馆编目法	戴超
	10:00—11:00	图书馆分类法	戴超

---

① 杨昭恝:《我对于图书馆讲习会的意见》,《晨报》1920 年 8 月 18 日第 7 版。
② 杨昭恝编著:《图书馆学》,商务印书馆,1923 年,第 446 页。
③ 查修:《北京图书界见闻纪录》,《文华温故集》1920 年第 15 卷第 4 期。
④ 《北高图书馆讲习会志盛》,《晨报》1920 年 8 月 8 日第 3 版。

续表

日期	时间	内容	讲演员
8月6日	8：00—9：00	图书馆教育	邓萃英
	9：00—10：00	图书馆编目法	戴超
	10：00—11：00	图书馆教育	李贻燕
8月7日	8：00—9：00	图书馆组织法及管理法	沈祖荣
	9：00—10：00	图书馆组织法及管理法	沈祖荣
	10：00—11：00	图书馆分类实习	戴超
8月9日	8：00—9：00	图书馆教育	王文培
	9：00—10：00	图书馆编目法	戴超
	10：00—11：00	图书馆分类法	戴超
8月10日	8：00—9：00	图书馆组织法及管理法	沈祖荣
	9：00—10：00	图书馆分类法	沈祖荣
	10：00—11：00	图书馆编目法	戴超
8月11日	8：00—9：00	图书馆分类法实习	戴超
	9：00—10：00	图书馆分类法实习	戴超
	10：00—11：00	图书馆组织法及管理法	沈祖荣
8月12日	8：00—9：00	图书馆编目法	戴超
	9：00—10：00	图书馆编目法	戴超
	10：00—11：00	图书馆组织法及管理法	沈祖荣
8月13日		参观及调查（公共图书馆、通俗图书馆、儿童图书馆）	
8月14日		参观及调查（北大图书馆、高师图书馆、协和医学校图书馆）	

续表

日期	时间	内容	讲演员
8月16日	8:00—9:00	图书馆组织法及管理法	冯陈女士①
	9:00—10:00	图书馆组织法及管理法	冯陈女士
	10:00—11:00	图书馆分类法实习	戴超
8月17日	8:00—9:00	图书馆分类法	戴超
	9:00—10:00	图书馆分类法实习	戴超
	10:00—11:00	图书馆组织法及管理法	沈祖荣
8月18日	8:00—9:00	图书馆分类法	沈祖荣
	9:00—10:00	图书馆编目法	戴超
	10:00—11:00	图书馆编目法实习	戴超
8月19日	8:00—9:00	图书馆组织法及管理法	沈祖荣
	9:00—10:00	图书馆编目法实习	戴超
	10:00—11:00	图书馆编目法实习	戴超
8月20日	8:00—9:00	图书馆组织法及管理法	沈祖荣
	9:00—10:00	图书馆教育	
8月21日		参观及调查（清华学校）、闭会式	
临时讲演演题及讲演员随时通告，幻灯讲演临时规定			

从该表来看，除7月招生时所列5名讲演员之外，还安排了校长陈宝泉的演说，并请北京高等师范学校前教务主任、教育部参事邓萃英，以及北京高等师范学校教育科教员王文培讲授图书馆教育。图书馆组织法及管理法、图书馆分类法与图书馆编目法这样的核心课程由沈祖荣、戴志骞和冯陈祖怡三位留美学习图书馆学的专

---

① 即冯陈祖怡。

家主讲,冯陈祖怡原本不在 7 月招生所列讲师名单内,是后来增加的。1917 年夏,冯陈祖怡参加寰球中国学生会组织的留美俭学会自费留美。7 月 29 日,寰球中国学生会为出洋学生举办欢送会。①冯陈祖怡毕业于美国加利福尼亚大学图书馆学校。适逢 1919 年 9 月南开学校设立大学部,回国后的她即担任首任南开大学图书馆主任,并于 1920 年春"因故辞职"②。据冯陈祖怡《北京高师图书馆沿革纪略及新图书馆》一文介绍,李贻燕于 1918 年 1 月至 1919 年 9 月任北京高等师范学校图书馆主任,辞职后由程时煃继任,1920 年夏程时煃辞职,学校改聘王文培为主任,12 月王文培辞职,改聘冯陈祖怡为主任。③也就是说,北京高等师范学校四任图书馆主任——李贻燕、程时煃、王文培、冯陈祖怡都担任了此次图书馆暑期讲习会的讲演员。不过,曹配言在《北高图书馆讲习会闭会式志盛》中将冯陈祖怡发表的意见归入"会员诸君演说"部分而非"讲习会教员演说"部分,而且介绍时称她为南开大学图书馆主任,这与王文山所记录的她从南开大学辞职的时间不符,因此还需进一步考证。

杨昭悊全程参加了此次图书馆讲习会,并于 8 月 9 日将头一个星期的讲演内容写成《我对于图书馆讲习会的意见》投给《晨报》,8 月 18 日、19 日该文刊出。杨昭悊在这次讲习会前夕已经翻译出版了田中敬的《图书馆学指南》,根据这本书的"译者序"可以知道,他于"己未仲夏,承王维白校长之命,主任法校图书馆。公余

---

① 李克欣主编:《中国留学生在上海》,东方出版中心,2013 年,第 46 页。
② 王文山:《南开学校图书馆》,《南开周刊》1924 年南开学校二十周年纪念号。
③ 冯陈祖怡:《北京高师图书馆沿革纪略及新图书馆》,《教育丛刊》1923 年第 3 卷第 6 期。

之暇于东西洋图书馆学之书籍，潜心搜讨"①，可见杨昭悊自1919年仲夏起任北京法政专门学校图书馆主任。作为已有一定图书馆学理论基础和图书馆实际管理经验的图书馆馆员，他高度认可暑期图书馆讲习会对普及图书馆学的重要意义，他说："这种讲习会在欧美各国早已盛行，确有益于图书馆教育……中国自从开办图书馆以来，大家只知道图书馆，不知道什么图书馆学，到了这会讲演图书馆组织法、管理法、分类编目，以及图书馆教育等科学，一切听讲的人，都知道图书馆学（Library Science）是一种科学，大有研究的价值。"② 据杨昭悊《我对于图书馆讲习会的意见》一文记载，讲习会第一周由于沈祖荣未能到会，原本由他主讲的组织法及管理法由戴志骞兼任，分类法和编目法由戴志骞担任，图书馆教育一门课由四位分担：李贻燕讲图书馆沿革和近状，邓萃英讲图书馆在学校教育上的价值，李大钊讲图书馆可以促进平民教育，程时煃讲《图书馆教育发展计划案》。

直到8月中旬，沈祖荣和查修才忽得京汉路通行之消息。出发前些天，他俩开始准备用于政治学会图书馆工作的杜威十进法和编目规则等资料，直到8月15日上午才做完，下午动身去火车站，17日下午1点抵达北京。沈祖荣到京后，先去青年会，又赶赴各处拜访，如政治学会。③ 18日早7点，沈祖荣与查修赴琉璃厂北京高等师范学校图书馆讲习会，在附属中学见到程时煃和戴志骞二位，交谈了一会后回到北京高等师范学校本部。开始由程时煃致辞，沈祖荣随后登台演讲，题目是《我们何以要提倡图书馆呢？》，接着由

---

① 田中敬著，杨昭悊译：《图书馆学指南》，法政学报社，1920年，"译者序"。
② 杨昭悊：《我对于图书馆讲习会的意见》，《晨报》1920年8月18日第7版。
③ 查修：《北京图书界见闻纪录》，《文华温故集》1920年第15卷第4期。

戴志骞讲目录的编辑法,查修认为由于"以英文原文,在座听者,多感不便所以结果不能十分完满"①。

8月20日,讲习会闭幕,比时间表中的闭幕时间提前了一天。上午开茶话会,到会者除会员外,还有北京高等师范学校校长陈宝泉及各主任十余人。先由主席程时煃报告,次由陈校长演说,后由会员自由发表意见。② 8月22日,《晨报》刊登了沈祖荣在图书馆暑期讲习会上的演讲《我们何以要提倡图书馆呢?》。《晨报》对此次讲习会作了全程的报道,这对于宣传提倡图书馆学和图书馆事业起到了很好的促进作用。

三、组织全国图书馆协会的提议

如果讲演确如时间表的安排进行的话,程时煃所作图书馆教育的讲演应在8月2日10点至11点。即使发生变动,他的讲演也应在8月9日之前进行,因为杨昭悊写于8月9日的《我对于图书馆讲习会的意见》中详细记载了程时煃《图书馆教育发展计划案》的具体内容。这份计划案首次提出了组织全国图书馆协会。

图书馆教育发展计划案

一、关于学校教育

1.高等师范学校、师范学校最终学年,应加设图书馆科,以为发展图书馆事业之基础;女子职业学校,亦应设此科,以资服务于社会。

2.高等小学校国语读本中,应加设图书馆一课,以养成对于图书

---

① 查修:《北京图书界见闻纪录》,《文华温故集》1920年第15卷第4期。
② 曹配言:《北高图书馆讲习会闭会式志盛》,《晨报》1920年8月21日第3版。

馆之常识及兴味。

3.小学参考书中附记参考书名，使儿童利用图书馆练习自修，养成自动之能力。

4.学校均应设立简易图书馆，教授儿童图书馆之利用法。

5.学校与公立图书馆设法联络，以谋教学之便利。

二、关于教育行政

1.国家设立图书馆学校。

2.国家设立各种模范图书馆。

3.督促地方设立公共图书馆、通俗图书馆、儿童图书馆、巡回图书馆，及奖励私人设立。

4.规定图书馆员之待遇。

5.派员留学外国，专习图书馆教育。

三、关于团体组织

1.组织全国图书馆协会及设分会于各地。

2.组织图书馆杂志。

3.组织图书馆展览会、讲演会、讲习会及读书会。①

针对这份计划案，杨昭悊指出："除仿照英美陈例以外，间或有些是程先生自出心裁的。倘若能够渐次实行，中国教育一定能够普及，民治一定能够增进。"② 他还提出图书馆协会有两件应办之事：一是译书译名，二是保存古籍。因此，图书馆协会要设立一个译书会，"先译入门的书籍和辞典，然后再译专门的书，使有志这

---

① 杨昭悊：《我对于图书馆讲习会的意见（续）》，《晨报》1920年8月19日第7版。
② 杨昭悊：《我对于图书馆讲习会的意见（续）》，《晨报》1920年8月19日第7版。

项学问的人，可以参考研究"①。保存古籍则是因为"新的书籍，只要有钱，就可以买，若是古来书籍，一天少一天，就是有钱，也不容易买"②，他建议协会成立后以协会名义呈请教育部，仿照《保存古物条例》，厘订《保存古籍条例》，分惩劝两种方法，责成各地长官切实奉行，使古籍不致流出或损毁，对于已经流落外国的，务必设法赎回或抄写。

8月20日闭会当日，几位教员在演说时都提到了创办图书馆协会之事。沈祖荣对于美国图书馆年会做了详细说明，并对我国应办图书馆协会的必要性做了正确的判断。戴志骞对于欧美图书馆协会成立的历史做了详细说明，"并对我国协会应该急速设立的必要性逐条解释如下：（1）协会可作普及教育的总机关。（2）译书统一会可由协会办理。（3）可与各国协会联络，并可加入国际联盟图书馆会中"③。会员演说环节，何作霖对协会成立的必要性加以说明。杨昭悊对图书馆与普及教育的关系进行说明。冯陈祖怡"对于图书馆前途的希望说明四条：（1）希望协会成立，则各事自易解决。（2）因中国地方很大，盼望多设立图书馆。（3）中国图书馆的组织要以国情为标准。（4）要设法养成一般人看书的兴趣"④。最后，程时煃又做了两点说明：其一，他认为图书馆协会的组织要谨慎。他列举了北京图书馆协会失败的若干原因：（1）组织不好，限以学校图书馆为单位。（2）职员只限于学校图书馆的干事。（3）多系外国人发起。总之，以前失败的原因，全系大家把此事认作少数人的事

---

① 杨昭悊：《我对于图书馆讲习会的意见（续）》，《晨报》1920年8月19日第7版。
② 杨昭悊：《再论图书馆讲习会（续）》，《晨报》1920年8月30日第5版。
③ 曹䣝言：《北高图书馆讲习会闭会式志盛》，《晨报》1920年8月21日第3版。
④ 曹䣝言：《北高图书馆讲习会闭会式志盛》，《晨报》1920年8月21日第3版。

情,不愿往前帮助。其二,他提出图书馆协会组织方法的大纲。(1)全国的各界——教育界、实业界等作为重要会员。(2)全国对于图书馆教育热心的人,登诸报章,请来帮助。(3)设各种研究会,其组织要合平民治的精神,不要有会长等名词。① 程时煃之所以能对北京图书馆协会的状况作出反思,是因为他于1920年春当选为北京图书馆协会的书记,对于协会的发展有切身的体会。闭会式上,参会人员"都以筹划设立图书馆协会以谋本国图书馆教育的发达为重要,经大家通过,举出七人,作为筹备员"②。

北京法政专门学校自1918年12月北京图书馆协会成立时起就是该协会会员,因此杨昭悊担任北京法政专门学校图书馆主任后,自然就作为该校图书馆的代表参与北京图书馆协会的活动。他在《我对于图书馆讲习会的意见》中也提到对北京图书馆协会的看法,他说:"中国自从前年京中立了一个图书馆协会,一般人才知道图书馆事业的重要。但是这种协会是有名无实的,除照例每年改选几个职员以外,简直无事可干,到了开会的时候,除了几个图书馆代表以外,更是没有一个人到会的。"③ 杨昭悊在《再论图书馆讲习会》中再次说道:"我想以前的协会无形消灭的原因,不能尽怪办事的人不好,只以当时事属创举,当局的人见所未见,可怜发起的时候,教育部不但不加以辅助,给点津贴,并且大事摧残,连案都不能立。"④ 杨昭悊原本主张将那个协会加以改良,不必改造。但有人说那个协会不好的地方太多,根本上不能存在。所以他后来一

---

① 曹配言:《北高图书馆讲习会闭会式志盛》,《晨报》1920年8月21日第3版。
② 曹配言:《北高图书馆讲习会闭会式志盛》,《晨报》1920年8月21日第3版。
③ 杨昭悊:《我对于图书馆讲习会的意见》,《晨报》1920年8月18日第7版。
④ 杨昭悊:《再论图书馆讲习会(续)》,《晨报》1920年8月30日第5版。

想,"那个会范围太小,我们另行组织一个,范围推到全国,加上中国两个字样,使中国图书馆界从我们时代开一个新纪元,岂不很好?"①

实际上,在程时烺提出《图书馆教育发展计划案》之前,戴志骞早在1918年尚未回国时就已经在《留美学生季报》上发表了《论美国图书馆》,介绍美国图书馆协会成立的历史、章程、出版物、年会、具体工作等情况,不过当时将其译作"美国图书管理员会"。他说:"盖当时美国图书馆,亦如现今中国之藏书楼,专为保藏书籍,非为人民自修而设也。以图书馆为普通人民自修之所,为普通人民教育之关键,始于1876年,介绍此图书馆之新理想于人民之脑海中者,皆美国图书管理员会之力也。"②又说美国图书馆协会"以互相研究图书管理法,而以普及教育为目的……故现今美国图书馆之发达,而人民得无限之利益者,均此会之力也"③。文中还介绍他本人曾于1918年受邀参加美国图书馆协会和纽约州图书馆协会的年会。戴志骞回国后,于1920年在上海圣约翰大学校刊《约翰声》上发表《图书馆学》④,其中写道:"一八七六年,美国组织图书馆协会,英日德法比等国,全国图书馆协会相继成立,为图书馆开一新纪元。"⑤同年3月9日,《民国日报》副刊《觉悟》发表了戴志骞在北京高等师范学校图书馆的讲演稿——《图书馆与教育》,其中有十分类似的表述,但内容更为具体,他说:"1876年,成立图书馆协会,讨论关于图书馆一切设施的事情。所以1876这

---

① 杨昭悊:《再论图书馆讲习会(续)》,《晨报》1920年8月30日第5版。
② 戴志骞:《论美国图书馆》,《留美学生季报》1918年第5卷第4期。
③ 戴志骞:《论美国图书馆》,《留美学生季报》1918年第5卷第4期。
④ 该文没有署名,据韦庆媛、邓景康主编《戴志骞文集》考证,作者应该是戴志骞。
⑤ 戴志骞:《图书馆学》,《约翰声》1920年第31卷第4期。

一年，不仅开美国图书馆的新纪元，可以说是开世界图书馆的新纪元。从这年以后，才讲求开放的方法，才现出长足的进步。后来英国于 1898 年，德国于 1900 年，日本于 1901 年，都成立了图书馆协会，其余法、意各国，也相继的成立。"① 尽管戴志骞在文中记录的各国图书馆协会的成立日期在今天看来并不准确，但他描述的美国图书馆协会成立后，各国受其影响普遍成立图书馆协会则是准确的。

考虑到程时煃和戴志骞分别是北京图书馆协会的书记和会长，虽然不能肯定程时煃提出的这一计划最初出自戴志骞，但有理由相信其大概率受到了戴志骞的影响。从戴志骞在多篇论文中提到成立全国图书馆协会的计划，以及积极促成各地方图书馆协会成立的举动也可以看出，他对此事的热心和参与程度是超过了其他图书馆学学者的。

戴志骞在 1921 年 2 月发表的《图书馆辅助中国教育》一文中满怀信心地向国际社会介绍这一即将诞生的组织，他说："鉴于中国现代图书馆的需求，在北京的一批图书馆馆员和教育工作者开始着手组建中华图书馆协会。第一步便是要求各省各市在本地建立图书馆协会以促进当地图书馆学的发展。中华教育改进社图书馆教育组每年将与不同省市有志于图书馆发展的协会代表、馆员一起举办年会。去年秋天选举成立了组织委员会，这个委员会将在 1921 年夏天举办第一次年会。"②

1921 年，为响应世界其他国家学习美国图书馆模式之趋势，

---

① 韦庆媛、邓景康主编：《戴志骞文集》（上），国家图书馆出版社，2016 年，第 11 页。
② 韦庆媛、邓景康主编：《戴志骞文集》（上），国家图书馆出版社，2016 年，第 237—238 页。

美国图书馆协会执行部成立"他国图书馆合作委员会"（Library Co-operation With Other Countries），该委员会可以指派或邀请其会员为其提供服务。① 1921年7月出版的美国图书馆协会1920—1921年度报告中，该委员会报告的中国部分即戴志骞所撰写的《中国的图书馆运动》（Library Movement in China），其内容绝大部分与《图书馆辅助中国教育》一文相同，结尾增加了他对在中国开展图书馆运动的看法。他认为指望政府为这场运动提供补助是不切实际的幻想，同时普通民众对于普遍设立图书馆的意愿还不够热切。由于存在这两大困难，他认为推进图书馆运动需要循序渐进且小心谨慎，同时还要充满希望和耐心。他提出下列几点计划，并认为最迫切的需要是组织中国图书馆协会。

1. 组织中国图书馆协会，并出版有关图书馆主题的期刊和小册子。通过这一组织可以成功完成广告和宣传的任务，但首先需要实现图书馆管理的标准化。

2. 鼓励每个城市建立地方图书馆协会。这两项计划自从去年暑假就开始讨论了，但由于经济困难，仅仅只有一小部分工作落实了。

3. 影响少数高等教育机构建立图书馆学科。我曾与北京高等师范学校和南京高等师范学校校长讨论过这个计划，他们完全赞成我的提议。同样还是由于资金缺乏，该计划被临时停顿。

4. 鼓励在每个区域建立小图书馆和阅览室。长江沿岸的很多城市已经开始付诸行动。

5. 试图影响中国学生赴美国学习图书馆学。我们希望由受训练的

---

① American Library Association，*Annual Reports*：1920—1921，Chicago：American Library Association，1921，p. 34.

图书馆员向公众提供有效的图书馆服务。①

在这次暑期图书馆讲习会上,组织全国图书馆协会的提议得到了与会代表的一致认同,不少会员热切盼望这一协会可以尽快成立,但杨昭悊对于组织全国图书馆协会有较为客观的判断,他说:"其实这个会事情很大,不但要联络中国教育界,还要联络中国在外国热心教育的人;不但要联络全国教育界,就是其他各界热心教育的人,也要联络。几天的工夫,那能办到?"②

杨昭悊在参加北京高等师范学校暑期图书馆讲习会后,便应尚志学会林宰平的邀请开始编写《图书馆学》。他在1921年11月出国前完成初稿,并带在路上校对,抵日本东京时返回校稿,该书1923年由商务印书馆出版,蔡元培、戴志骞、林宰平为其作序。该书是由中国人编写的第一部完整系统的图书馆学理论著作,同时又具有极强的实践指导意义。该书共分八篇,最后一篇为"促进图书馆教育的机关",包含图书馆法规、图书馆学校、图书馆讲习会、图书馆协会、图书馆报志、图书馆广告六个部分。他不仅简单介绍了1918年成立的北京图书馆协会,还指出"去年北京高师开图书馆讲习会的时候,有人提议组织中国全国图书馆协会,也因种种障碍,未能成立"。他认为"倘若想图书馆发达,图书馆协会绝对是不可少的机关"。③ 该书附录中还附有1918年《北京图书馆协会章程》及《附则》。

---

① American Library Association, *Annual Reports*:1920—1921, Chicago:American Library Association,1921,p. 62.
② 杨昭悊:《再论图书馆讲习会(续)》,《晨报》1920年8月30日第5版。
③ 杨昭悊编著:《图书馆学》,商务印书馆,1923年,第449页。

1853年召开的全美第一次图书馆馆员大会没有促使美国图书馆协会成立，但其种下的"因"最终在1876年收获了"果"，而催化果实成熟的力量来自教育界。1920年举办的北京高等师范学校图书馆暑期讲习会虽然也没有直接促成中国的全国图书馆协会成立，但同样种下了一颗种子，并依靠教育界的支持最终开花、结果——中国的全国图书馆协会诞生了。

第三节 地方图书馆协会的集中成立

虽然1920年夏在北京高等师范学校图书馆暑期讲习会上，戴志骞等人提出了组织全国图书馆协会的计划，并开始着手筹备，但全国图书馆协会并没有如计划中那样在1921年夏成立。戴志骞在1921年发表的《图书馆辅助中国教育》《中国的图书馆运动》中称，当时中国的图书馆学学者制定的成立全国图书馆协会计划的第一步是先鼓励各省或城市成立地方图书馆协会。他还说，由于经济困难，这些工作中只有一小部分落实了。就在此时，中华教育改进社成立了，并且该社的主要成员中不少都和图书馆界人士有过接触和合作，甚至还有同乡、同学之谊。借助中华教育改进社图书馆教育委员会这个平台，戴志骞继续推进成立全国图书馆协会的计划，并最终促使一批地方图书馆协会集中于1924年成立。

一、中华教育改进社与图书馆教育

1921年12月中旬,实际教育调查社邀集各省教育代表与孟禄博士开会讨论中国教育问题和改进的方法,实际教育调查社与新教育共进社、《新教育》杂志社便借机合并,改组为中华教育改进社。中华教育改进社"以调查教育实况,研究教育学术,力谋教育进行为宗旨"①,于每年暑假开一次全体大会,地点由前一年大会决定。

新教育共进社之所以改组,是因为郭秉文、余日章在国际交流时产生了组织一个能代表中国教育界团体的想法,其最终目标是联合全国教育界的力量成立一个全国性的教育团体。当时已经有江苏省教育会、中华职业教育社、中华基督教青年会全国协会等教育团体,后又有南京高等师范学校、东南大学、北京高等师范学校、北京大学、南开大学等教育实力很强的大学加入。随着郭秉文、陶行知、胡适、陈鹤琴、郑晓沧、朱经农、李建勋、汪懋祖、凌冰、庄泽宣、张彭春、邓萃英等在美国哥伦比亚大学师范学院学习教育的中国学者的增多,借由这一学缘关系以及杜威、孟禄来华,便促成了中国教育界的跨机构联合,并最终形成了中华教育改进社。正因为集合了中美教育界的资源,中华教育改进社迅速成长为受到国际教育界认可的能够代表中国的教育团体。

在中华教育改进社成立之前,其核心成员就已经与图书馆界有了密切接触和合作。1917年,促成沈祖荣讲演图书馆的功用与方法的是黄炎培和余日章;1920年暑期图书馆讲习会的主办方是北

---

① 《中华教育改进社简章》,《晨报》1921年12月26日第4版。

京高等师范学校,校长陈宝泉和该校多名教职员都参与了讲习会;1921年1月27日,南京高等师范学校教育研究会邀请戴志骞演讲,①并在该研究会主办的《教育汇刊》首期刊登其讲演内容——《图书馆与教育》。至20世纪20年代初,各大学基本上都将建设图书馆作为学校发展的重要工作。1921年6月,洪有丰从美国纽约州立图书馆学校毕业后回国,适逢东南大学成立,其被聘为东南大学图书部主任。②东南大学初创时,即有建一所规模巨大、搜罗宏富的图书馆的计划。校长郭秉文谒江苏省督军齐燮元请其赞助新建图书馆时,齐督军禀承太翁孟芳先生慨允独力捐建,分期捐足十五万元。图书馆因而被命名为"孟芳图书馆",齐燮元亦由此成为东南大学名誉校董。1922年1月4日,孟芳图书馆行立础典礼。③

中华教育改进社成立以后,1922年1月《新教育》杂志自第4卷第2期起进行了改组,编辑部改设于东南大学教育科,发行部则设在上海江苏省教育会内,编辑部主干由蒋梦麟改为陶行知,编辑员共分19个组,其中洪有丰任"教育书报目录选编组"编辑员。《新教育》杂志1919年2月创刊,在1922年1月之前从未发表过一篇与图书馆学相关的文章,而改组后的第1期就刊登了朱家治的《欧美各国目录学举要》。④要说这与新任中华教育改进社主任干事及《新教育》杂志主编陶行知没有丝毫关系恐怕说不过去。

陶行知、洪有丰、朱家治、姚文采几人少年时曾一同在歙县崇一学堂求学,陶行知、姚文采、朱家治都是歙县人,洪有丰为绩溪

---

① 杨效春报告:《本会概况与会务》,《教育汇刊》1921年第1期。
② 洪有丰讲演,施廷镛笔记:《东南大学图书馆述要》,《新教育》1923年第6卷第1期。
③ 《孟芳图书馆立础典礼志盛》,《小时报》1922年1月7日。
④ 朱家治:《欧美各国目录学举要》,《新教育》1922年第4卷第2期。

人。1909年，陶行知考入南京汇文书院，1910年金陵大学成立，其转入金陵大学。姚文采、洪有丰、朱家治都随其后入读金陵大学，这与陶行知的影响不无关系。朱家治从事图书馆工作也是受洪有丰的影响。洪有丰在金陵大学读书期间任图书馆学生助理，1916年9月毕业后担任金陵大学图书馆副馆长，1918年夏兼任南京高等师范学校图书馆主任，1919年赴美留学。朱家治在1918年—1920年任金陵大学图书馆助理，并且在洪有丰赴美之后接替他负责南京高等师范学校图书馆事务。洪有丰回国后任东南大学图书部主任，朱家治又担任该校图书馆图书部助理。

中华教育改进社成立后，很快就将图书馆教育纳入其业务活动。1922年2月，中华教育改进社根据董事会所确定的年度工作方针、预算和计划，开始分步推进各项工作。基础社务工作大体分为研究、调查、编译、推广四项。各门教育调查中便包括请洪有丰担任学术教育会社调查工作、沈祖荣担任图书馆教育调查工作。[①] 请沈祖荣作这项调查的原因有以下两点：一是由于沈祖荣自1917年起就在全国多地开展宣传图书馆的讲演，洪有丰曾听其讲演且做笔记，后将文章发表于《出版界》，而且沈祖荣还被聘为1920年北京高等师范学校图书馆暑期讲习会的讲师，又在中国最早的图书馆教育机构——文华图书科任教授；二是因为沈祖荣早在1918年就在《教育杂志》发表了《中国全国图书馆调查表》[②]。沈祖荣的调查结果后来以《中国各省图书馆调查表》[③] 为题发表在1922年10月出

---

① 中华教育改进社编：《中华教育改进社社务报告（1922年2月—6月）》，中华教育改进社，1922年，第7页。
② 沈祖荣：《中国全国图书馆调查表》，《教育杂志》1918年第10卷第8期。
③ 沈祖荣：《调查报告：中国各省图书馆调查表》，《新教育》1922年第5卷第1、2合期。

版的《新教育》上。除此之外,中华教育改进社的编译工作计划中有"拟将民国十年之教育分门敦请素来关心该门教育之人担任著述"一项,沈祖荣《民国十年之图书馆》①即受中华教育改进社邀请而作。1921年,杜定友自菲律宾回国后受广州教育局之聘,任新设立的广州市立师范学校校长。10月,该校开设图书管理科,杜定友又被聘为广东省教育委员会图书仪器事务委员,专门司理广东省图书馆事务,该年冬,其受教育委员长之命改组广东省立图书馆,并兼充馆长。1922年3月,杜定友以广东省教育会的名义开设"图书馆管理员养成所","期限为三星期,专为养成广东全省中等以上学校图书馆之管理人才,报到学习者计四十余人,大都中等以上学校之教员或职员"②。"4月13日,图书馆管理员养成所组织成立'图书馆研究会',杜定友被推举为会长,穆耀枢为编辑部主任,孤志成为文牍部主任,陈德芸为调查部主任,李华龙为庶务部主任。"③这几颗图书馆界冉冉升起的"新星"很快进入中华教育改进社的"视线",1922年5月出版的《新教育》上发表了杜定友的《学校图书馆管理法》,同期还刊登了朱家治的《师范教育与图书馆》、洪有丰的《介绍欧美杂志》。

二、组织各地方图书馆协会的提案

(一)组织图书馆教育研究委员会

1922年7月3日至8日,中华教育改进社第一届年会在济南召

---

① 沈祖荣:《民国十年之图书馆》,《新教育》1922年第5卷第4期。
② 韦庆媛、邓景康主编:《戴志骞文集》(上),国家图书馆出版社,2016年,第52页。
③ 王子舟:《杜定友和中国图书馆学》,北京图书馆出版社,2002年,第213页。

开。图书馆教育组编为分组会议之第 19 组，担任分组会议职员的有主席戴志骞、书记朱家治。① 图书馆教育组的议案有 16 项之多，沈祖荣共提出 7 项议案，为最多者。

7 月 4 日上午 8 时，图书馆教育组分组会议召开。到会者有沈祖荣、戴志骞、戴罗瑜丽（戴志骞夫人）、杜定友、洪有丰、朱家治、孙心磐 7 人。前 5 人为中华教育改进社邀请员，② 朱家治是年会编辑组干事、孙心磐为年会总务组干事。③ 5、6 两日的会议，戴志骞因病缺席，议案由洪有丰代表提出讨论，其中"组织图书馆管理学会案"和"通俗图书馆内应设儿童图书馆案"因无复议，未予讨论。戴志骞出席了 7 月 7 日图书馆教育组第四次会议，临时提议请中华教育改进社组织图书馆教育研究委员会，经众人讨论后，拟有理由及组织大纲，决议通过。

请中华教育改进社组织图书馆教育研究委员会案

理由：

（1）图书馆教育与改进问题，本有密切之关系。例如美国图书馆协会与教育会互相独立，原非妥当办法，以致常生隔阂。

（2）中华教育改进社已设立各处办事机关，并以图书馆教育为新教育问题之一，设立图书馆教育研究委员会于中华教育改进社内，对于经济上既属节俭，而于教育事实上亦大有裨益。

---

① 《分组会议纪录：附各分组会议职员一览》，《新教育》1922 年第 5 卷第 3 期。
② 《各组事务报告：邀请员一览表》，《新教育》1922 年第 5 卷第 3 期。
③ 《年会职员一览表》，《新教育》1922 年第 5 卷第 3 期。

中华教育改进社图书馆教育研究委员会组织大纲

定名　中华教育改进社图书馆教育研究委员会。

宗旨　本会以研究图书馆教育问题为宗旨。

委员　委员名额暂定十五人，由改进社函请国内研究图书馆教育及热心研究教育者充之。

职员　本委员会设干事一人，副干事一人，书记一人，由本委员会互选之，并由中华教育改进社聘任之。

研究计划　本会研究计划分二种：（甲）共同研究，以分组研究之结果，应由全体委员讨论决定之。（乙）分组研究，暂分四组，遇必要随时增减之：（1）图书馆行政与管理，（2）征集中国图书，（3）分类编目研究，（4）图书审查。

出版　研究结果暂由《新教育》发表。①

因为中华教育改进社第一届年会有图书馆教育组之设，并邀请国内知名图书馆学家参会，所以中国图书馆界专家有了再次商讨图书馆事业发展的机会。在1920年北京高等师范学校举办图书馆暑期讲习会时，仅有戴志骞、沈祖荣、冯陈祖怡三位曾在国外学习图书馆学的专家，虽然冯陈祖怡未参加此次年会，但图书馆教育组增加了戴罗瑜丽、洪有丰、杜定友三位有国外图书馆学教育经历的图书馆学专家。虽然中华教育改进社图书馆教育组使得图书馆界有了发声的平台，但这毕竟只是会议组织，只负责一年一次提交和讨论议案，无法建立平时的沟通机制，很难发挥集体的力量并形成合力。不过，中华教育改进社图书馆教育研究委员会的成立，标志着中国图书馆界固定机构的形成，虽然它还不是独立的组织，只是附

---

① 《分组会议纪录：第十八　图书馆教育组》，《新教育》1922年第5卷第3期。

设于中华教育改进社这一教育团体。

第一届年会后,中华教育改进社为便利分类研究学术起见,由董事部议决组织各学术委员会,图书馆教育委员会属于最初成立的24个委员会之一,委员6人。① 根据1922年10月的《中华教育改进社同社录》可知,图书馆教育委员会共有杜定友、沈祖荣、洪有丰、程时煃、戴志骞、戴罗瑜丽6名委员。② 1922年11月底前,图书馆教育委员会由委员推选,正主任为戴志骞,副主任为洪有丰,书记为程时煃。③ 中华教育改进社图书馆教育委员会实际上主要是中华教育改进社的一个学术分委员会,而在第一届年会上议决成立的中华教育改进社教育研究委员会则是图书馆界人士主动成立的专业组织。两者在人员上有所交叉,但性质不同。

(二)组织各地方图书馆协会

中华教育改进社为准备参加1923年6月28日至7月6日在美国旧金山举行的第一次世界教育联合会(又名"万国教育会议"),一方面着手进行全国教育统计,另一方面分请国内外教育专家撰写关于各种教育的英文报告,由代表携至会场分发。④ 戴志骞所撰《中国的图书馆运动》⑤(*Library Movement in China*)即被列为17种报告之一。他在1921年为美国图书馆协会年度报告所写的《中

---

① 章洪熙:《社务报告:组织各种学术委员会》,《新教育》1922年第5卷第5期。
② 中华教育改进社编:《中华教育改进社同社录》,中华教育改进社,1922年,第59—60页。
③ 章洪熙:《社务报告:组织各种学术委员会》,《新教育》1922年第5卷第5期。
④ 陶行知:《年会开幕大会纪事:社务报告》,《新教育》1923年第7卷第2、3合期。
⑤ 该册子为英文版,并无中文版,《新教育》在列编纂计划时曾称之为《中国之图书馆》,并将这一套英文小册子称作《中国教育丛刊》。

国的图书馆运动》的基础上进行适当的增补和修改而撰成该英文报告。1921年，他就在《中国的图书馆运动》中提出组织中国图书馆协会，此次重申："目前，受过专业训练的图书馆员们普遍认为第一步就是要建立全国图书馆协会并请求各城市建立地方图书馆协会。"① 实际上，戴志骞早在1921年2月发表的《图书馆辅助中国教育》中已经提出"第一步便是要求各省各市在本地建立图书馆协会以促进当地图书馆学的发展"②。

为等候赴美参加万国教育会议代表回国汇报会议情况，中华教育改进社将年会时间推迟至8月。1923年8月20日至26日，中华教育改进社第二届年会在北京清华学校举行。③ 戴志骞担任年会委员会委员和执行部会务主任，戴罗瑜丽任招待组干事，朱家治任总务组干事、议案组副主任，胡庆生任交通组干事。④

图书馆教育组分别于8月20日、21日、22日、24日下午召开了分组会议，因书记程时煃缺席，由查修担任临时书记。本次年会图书馆教育组实际到会人员有23人：戴志骞、何日章、朱家治、洪有丰、施廷镛、周良熙、刘廷藩、熊景芳、冯陈祖怡、许卓、陆秀、许达聪、王文山、陈宗登⑤、胡庆生、裘开明、韦棣华、张嘉谋、查修、王警宇、戴罗瑜丽、刘昉、陶怀琳，⑥ 人数远超出上一年，其中文华图书科师生就有10人。在8月22日第三次会议上，

---

① T. C. Tai, *Library Movement in China*, Peking: Chinese National Association for the Advancement of Education, 1923, p.19.
② 韦庆媛、邓景康主编：《戴志骞文集》（上），国家图书馆出版社，2016年，第237页。
③ 章洪熙：《社务报告：举办第二届年会》，《新教育》1923年第7卷第1期。
④ 《本届年会职员一览表》，《新教育》1923年第7卷第2、3合期。
⑤ 原文"陈家登"系排印错误。
⑥ 《分组会议纪录：第三十　图书馆教育组》，《新教育》1923年第7卷第2、3合期。

戴志骞提出的"组织各地方图书馆协会案"经修正后多数通过。其理由及办法如下。

理由

研究适中管理法。现各处图书馆逐渐成立，而同一处之二三图书馆毫无联络。管理办法及手续均不一致，此于阅书者及图书管理，颇有阻碍。

节省图书馆经费。同一地方之二三图书馆可合作购置新书，搜罗旧籍。譬如：甲图书馆专心搜集经、史、教育、历史、社会各类之书籍，则同时乙图书馆即可搜集子、集、自然科学、丛书等类书籍。于是同一地方有二图书馆所出购书费与前相等；而同一地方之书籍，则种类必倍蓰于前。近来各图书馆每缺乏经济，如能通力合作，实节省经费惟一之妙法。

促进图书馆学问。我国图书馆管理事业，正在萌芽，诸待创作。同一地之各图书管理员，凡关于友谊上、学问上，应有一种组织，借以互相研究。

办法

由中华教育改进社将地方图书馆协会组织之紧要，通告各地方图书馆。

各地方各图书馆管理员，可召集首次会议，选举职员。其召集事由，则可云"某处图书馆协会聚会"。开会次数可定为每月一次或二次，会议地点则在各图书馆轮流。章程可由各处图书馆协会自定之。

在某地方图书馆协会未能成立以前，或遇必要时，中华教育改进社图书馆教育研究委员会——由社员报告——应委派本社社员在该地者，充当发起人或交际员。

社员于收到上项委派书后，六个月内，须将该地图书馆协会进行情形（如调查、统计、报告、困难、疑问等）详细呈报图书馆教育研究委员会，以便有所资助。

图书馆教育研究委员会应于前期时间内，尽力回答各委派社员所提出之疑问、困难等项，并须将本年地方图书馆协会经过情形，在第三届年会时，报告本组社员，以便明了得失，借可改良进行。①

三、各地方图书馆协会的成立

（一）北京图书馆协会

"组织各地方图书馆协会案"是中华教育改进社第二届年会通过的议决案，中华教育改进社义不容辞地承担着执行这一提案的职责。《中华教育改进社第三次社务报告（1924年6月）》记载："1924年2月19日本社致函图书馆委员会主任戴志骞，并通知本社社员在各地图书馆办事者，克日发起组织图书馆协会。"② 不过，《北京图书馆协会会刊》的记载与之略有出入，其称中华教育改进社"于2月20日致函清华学校图书馆原提议人戴志骞君请其担任发起人，改进社得其函复后，即邀请北京图书馆管理员于3月16日下午2时，在该社事务所开北京图书馆协会筹备会"③。时间上相差一日，对于致函戴志骞的缘由，中华教育改进社强调戴志骞身居

---

① 《分组会议纪录：第三十 图书馆教育组》，《新教育》1923年第7卷第2、3合期。
② 中华教育改进社编：《中华教育改进社第三次社务报告（1924年6月）》，中华教育改进社，1924年，第38页。
③ 《本会概略：北京图书馆协会原起》，《北京图书馆协会会刊》1924年第1期。

图书馆教育委员会主任一职，而北京图书馆协会则强调戴志骞是该议案原提案人的身份。不可否认的是，组织各地方图书馆协会的主导机构是中华教育改进社，北京图书馆协会召开筹备会是由中华教育改进社出面邀请的，而且筹备会又是在中华教育改进社总事务所召开的。

由于戴志骞是原提案人和中华教育改进社图书馆教育委员会主任，其又与中华教育改进社总事务所同在北京，所以北京图书馆协会是最早因这一议决案而成立的地方图书馆协会。

1924年3月4日，《晨报》刊发《组织各地方图书馆协会》，通报"组织各地方图书馆协会案"的理由和方法，并称"刻北京方面，已由本社召集于3月16日在本社举行北京图书馆协会筹备会，各省图书馆协会，亦拟由本社函请各省图书馆进行"[①]。3月12日《大公报》记载，天津县教育会于3月11日接中华教育改进社通告，[②] 具体内容与上述《晨报》刊文一致。由此推测，其他各地应该也在3月间收到中华教育改进社的通函。

3月16日，北京图书馆协会筹备会召开，到会者有冯陈祖怡、赵廷范、许达聪、皮宗石、戴志骞、查修、高仁山诸君。[③] 3月30日下午2时，北京图书馆协会在中华教育改进社总事务所召开成立大会。"到会者有三十余人之多"[④]，记录在案的有北京大学图书馆、清华学校图书馆、北京师范大学图书馆、北京女子师范大学图书馆、京师图书馆、松坡图书馆、中华教育改进社教育图书馆等14

[①] 《组织各地方图书馆协会》，《晨报》1924年3月4日第6版。
[②] 《教育改进社通告图书馆办法一节》，《大公报》1924年3月12日第6版。
[③] 《各省教育界杂讯：筹备北京图书馆协会开会纪要》，《申报》1924年3月22日第10版。
[④] 《北京图书馆协会成立》，《清华周刊》1924年第309期。

家机构的代表及个人会员共18人。大会推定戴志骞为临时主席、冯陈祖怡为临时书记。大会首先讨论简章，将前次所拟之草章逐条讨论、修改通过后即选举职员。戴志骞当选为会长，冯陈祖怡当选为副会长，查修当选为书记。"议决每月开常会一次于各图书馆轮流开会，下次常会定于四月二十日（星期日）在清华学校图书馆开会并午膳。……并又议决本年会费于下次常会交纳，以便换取佩章。"①

4月12日《申报》刊载《京图书馆协会进行计划》一文，该文指出"该会之目的，一则联络京中各图书馆，互通声气、彼此辅助，使有无相通，即如非各馆必备之书，各馆合购一部即足，如此则经费可省，再则聚集各馆人员，共同研究关于图书馆之种种学问"，"该协会发起人，尚拟扩充范围，敦劝各地皆起而组织图书馆协会，将来联络各地协会，而成一全国图书馆协会，刻下北京方面会员，正磋商办法、计划进行"。②

虽然中华教育改进社发函通知各地从事图书馆工作的社员发起组织图书馆协会，但由于《中华教育改进社同社录》中个人会员的地址，仅有少数留图书馆者，如章箴的地址是浙江杭州公立图书馆，多数从事学校图书馆工作者留的是学校的名称，所以不熟悉情况的话无从分辨他们是否属于兴办图书馆者，这使得中华教育改进社在推行这一议案过程中遇到不少的现实困难。在实际操作过程中，中华教育改进社还致函各地教育行政系统（如教育会），再由其下发通告。不过，地方图书馆协会能否成立既要看一地是否有具备专业图书馆知识或经验的领导者牵头，还要看当地是否有一定数

---

① 《北京图书馆协会成立》，《晨报》1924年4月4日第6版。
② 江篯：《京图书馆协会进行计划》，《申报》1924年4月12日第10版。

量的图书馆作为支撑。

（二）浙江省会图书馆协会

浙江公立图书馆在收到中华教育改进社的通函后，即致函北京图书馆协会表达组织浙江省会图书馆协会之忱，[1] 并建立了与北京图书馆协会的联系，互通消息。1924 年 4 月 10 日，浙江公立图书馆致函浙江省各学校图书馆和通俗图书馆，称："欲谋图书馆教育之发达，同业中必有共同的组织以研究一切直接、间接关于图书馆之事项，此东西各国所以皆有图书馆协会也。吾浙图书馆近年逐渐增设，第就在省会者计之为数似亦不少，虽其间有公用特有之不同，有公立私立之不同，并有普通、参考与通俗之不同，其为图书馆教育则同，而乃情多隔膜，势若散沙，曾无组织之机关将何以谋事业之发达？敝馆远观各国之早成，近睹北京之创立，窃不自揣，拟发起浙江省会图书馆协会，爰定四月十三日（星期日）下午一时在西湖敝馆先开筹备会，商榷进行事宜如荷。"[2]

4 月 17 日，浙江公立图书馆又致函浙江省会各图书馆，汇报 13 日召开浙江省会图书馆协会筹备会之情形：到会者有省教育会、工专、一中、女中、宗文、安定、通俗七馆代表，公请浙江公立图书馆先参照北京图书馆协会简章起草该会简章，下星期再邀各同业开会讨论。同时随函附上草定之协会简章，约定 4 月 20 日（星期日）下午 1 时借公众运动场讲演厅召开第二次筹备会，请各馆派代表参加。[3] 4 月 23 日，浙江公立图书馆再次致函浙江省会各图书

---

[1] 《本会概略：要事简载》，《北京图书馆协会会刊》1924 年第 1 期。
[2] 《本馆办理情形并一切章制文牍》，《浙江公立图书馆年报》1924 年第 9 期。
[3] 《本馆办理情形并一切章制文牍》，《浙江公立图书馆年报》1924 年第 9 期。

馆，称 4 月 20 日第二次筹备会到会者除浙江公立图书馆代表外，有运动场附设通俗、杭县公立通俗及青年会、省教育会、之江、一中、女中、盐中、甲商、宗文各馆代表，会议逐条讨论通过简章，并公决于 4 月 26 日（星期六）下午 2 时借省教育会召开成立会。①

4 月 26 日，浙江省会图书馆协会正式召开成立会，入会者有公众运动场附设通俗图书馆、省教育会、公立工业专门学校、省立甲种商业学校、省立第一中学校、省立女子中学校、私立宗文中学校、私立两浙盐务中学校、私立惠兴女子中学校各图书馆代表。会议通过简章，并选举浙江公立图书馆馆长章箴（仲铭）为会长，两浙盐务中学校图书馆主任陈益谦（允恭）为副会长，公众运动场附设通俗图书馆管理员高克潜为书记兼会计。②浙江省会图书馆协会暂借杭州横大方伯 17 号浙江公立图书馆分馆为事务所。③ 6 月，浙江省会图书馆协会会长章箴上呈浙江教育厅厅长立案申请，6 月 23 日浙江省教育厅准予立案。④

（三）南阳图书馆协会

1924 年 5 月 18 日，北京图书馆协会在景山东街北京大学第二院召开第二次常会。鉴于各地图书馆协会尚未组织者为数众多，全体议决由书记致函各地图书馆管理员，请速组织各地图书馆协会，并就本届南京召开的中华教育改进社年会报告经过一切。⑤ 5 月 23 日，北京图书馆协会书记发出致各地图书馆管理员通启，询问之前

---

① 《本馆办理情形并一切章制文牍》，《浙江公立图书馆年报》1924 年第 9 期。
② 《本馆办理情形并一切章制文牍》，《浙江公立图书馆年报》1924 年第 9 期。
③ 《本会概略：要事简载》，《北京图书馆协会会刊》1924 年第 1 期。
④ 《本馆办理情形并一切章制文牍》，《浙江公立图书馆年报》1924 年第 9 期。
⑤ 《本会概略：会议纪录》，《北京图书馆协会会刊》1924 年第 1 期。

中华教育改进社通知从速组织地方图书馆协会一事进行得如何，尚未成立协会的，请立即组织，已成立的协会在本届中华教育改进社年会上做详细报告。

5月26日，南阳图书馆协会成立，推定杨廷宪为正会长、李寰宇为副会长、王洪策为书记。① 关于南阳图书馆协会的史料鲜有披露，不过查《中华教育改进社同社录（1923年7月）》可知，李寰宇和王洪策均为该社个人社员，通讯地址皆为河南南阳县东关省立第五中学校。王洪策还参加了1923年8月中华教育改进社第二届年会图书馆教育组的会议，因而他直接见证了组织成立地方图书馆协会议案的讨论和通过。

（四）开封图书馆协会

1924年5月29日，中华教育改进社社员何日章（开封河南第一图书馆馆长）、王芸青二君承中华教育改进社之委托，在开封发起组织图书馆协会，假河南第一图书馆召开筹备会。会上推定何日章为临时主席，李燕亭为临时书记。首由主席报告开会宗旨，次即讨论简章。以北京图书馆协会所定简章作为参考，逐条讨论，修改通过后，即选举职员：何日章当选为会长，齐性一当选为副会长，李燕亭当选为书记兼会计。开封图书馆协会正式成立。②

（五）天津图书馆协会

天津南开大学图书馆王文山应中华教育改进社委任，发起组织

---

① 中华教育改进社编：《中华教育改进社第三次社务报告（1924年6月）》，中华教育改进社，1924年，第39页。
② 《本会概略：要事简载》，《北京图书馆协会会刊》1924年第1期。

天津图书馆协会。1924 年 5 月 22 日，南开大学图书馆通知天津各图书馆定期召开天津图书馆协会筹备会。① 5 月 25 日，在秀山堂南开中学图书馆召开筹备会，到会者有省立第一中学校图书馆、南开中学校图书馆、汇文中学校图书室、南开大学图书馆、直隶第一女师范学校图书馆、直隶法政专门学校图书馆、天津甲种商业学校图书馆、天津扶轮中学校图书馆、直隶第一图书馆、教育图书馆等② 各代表十余人。③ "公推王文山先生为临时主席，刘激清先生为临时书记。"④ 先由主席报告开会宗旨，说明图书馆利益，拟仿照北京图书馆协会办法成立天津图书馆协会。当场分发北京图书馆协会油印简章及北京图书馆协会成立会情形以资参考，⑤ 并预拟草章九条，以备成立大会通过。⑥

6 月 1 日下午，天津图书馆协会假南马路曹家胡同天津县教育会召开成立大会。到会者 13 人，公推王文山为临时主席，李晴皋为临时书记。主席首先报告上次召开筹备会之经过情形，其次宣读所拟之简章。杨西侯、严台孙、高质甫等对简章提出修改意见，最后全体通过修改后的简章。又选举王文山为正会长，严台孙为副会长，庄子良为会计，李晴皋为书记。议决先呈请教育厅转呈省长立案，并咨警察厅备案保护。又议决函询北京西四牌楼中华教育改进社该会如何立案及北京总会办事细则。⑦

---

① 《本会概略：要事简载》，《北京图书馆协会会刊》1924 年第 1 期。
② 《图书协会之成立会》，《大公报》1924 年 5 月 30 日第 6 版。
③ 《南大召集图书馆会议》，《大公报》1924 年 5 月 28 日第 6 版。
④ 《本会概略：要事简载》，《北京图书馆协会会刊》1924 年第 1 期。
⑤ 《南大召集图书馆会议》，《大公报》1924 年 5 月 28 日第 6 版。
⑥ 《图书协会之成立会》，《大公报》1924 年 5 月 30 日第 6 版。
⑦ 《图书馆协会开成立会》，《大公报》1924 年 6 月 3 日第 6 版。

(六)南京图书馆协会

1924年5月31日下午,南京图书馆协会开会讨论筹备事宜。6月14日,南京图书馆协会正式成立,职员有总干事钟复庆、副干事洪有丰、文牍朱家治、交际冯绍苏女士、会计施廷镛。①

(七)上海图书馆协会

自接北京图书馆协会敦促成立地方图书馆协会函后,复旦大学图书馆杜定友于1924年5月29日复函,称中华教育改进社来信并未收到,拟于日内发起组织上海图书馆协会。②由于杜定友在1924年7月《中华教育改进社同社录》中所留通信地址是广东全省教育会,而他1923年5月已经离开了广东,6月得任复旦大学教授兼图书馆主任,且未参加1923年中华教育改进社的年会,所以通信地址并未及时更新,很可能是这一原因导致他并未收到中华教育改进社来函。6月18日《新闻报》称:"中华教育改进社委托杜定友、孙心磐二君组织上海图书馆协会,以便共同研究改良图书馆事业,悉杜孙二君已分函邀请本邑各教育机关推派代表,于本月二十二日(星期日)下午二时,假上海总商会图书馆开会,集商办法云。"③6月21日《申报》及《新闻报》又登《建议组织图书馆协会》和《组织上海图书馆协会之建议》,重申22日上海图书馆协会召开筹备会之消息。

6月22日,上海图书馆协会假上海总商会图书馆开会,到会者

---

① 《本会概略:要事简载》,《北京图书馆协会会刊》1924年第1期。
② 《本会概略:要事简载》,《北京图书馆协会会刊》1924年第1期。
③ 《组织上海图书馆协会之先声》,《新闻报》1924年6月18日第3版。

有总商会图书馆孙心磐、上海大学余寄文、复旦大学杜定友、广肇公学邓演存、上海通信图书馆沈滨掌、同济大学魏以新、清心中学宋景祁、省教育会潘仰尧、约翰大学黄维廉、东亚同文书院植野武雄、商务印书馆黄警顽、大同大学周景之。会议情形如下：（1）推举临时主席杜定友、临时书记孙心磐。（2）通过草章。（3）推举潘仰尧、邓演存、黄警顽为第一次大会筹备委员。（4）定下星期五（27日）下午3时假总商会图书馆召开成立会。

6月27日下午，上海图书馆协会在总商会图书馆召开成立大会，到会者有复旦大学杜定友、南洋大学暨民立图书馆陈天鸿、商务印书馆潘圣一、广肇公学邓演存、上海商科大学暨总商会孙心磐、清心中学宋景祁、省教育会潘仰尧、寰球中国学生会朱少屏、辛西学社商业专校马崇淦、中华职业学校杨声初、东亚同文书院植野武雄、省立商校邵召南、中国公学商大赵麟华、上海流通图书馆黄警顽、上海大学余寄文、同济大学魏以新16位代表。[①] 会议内容如下：（1）孙心磐报告上次开会之经过暨介绍今日新到会代表。（2）杜定友报告发起之宗旨，并说明图书馆之内容，略谓图书馆协会之内容有：①提高图书馆地位；②借以参考困难问题；③互相交换应用；④协助新立之图书馆；⑤介绍图书馆人才；⑥提倡与鼓吹、翻译东西洋新书以供阅览；⑦发刊；⑧办学及演讲；⑨解释一切疑问。（3）朱少屏提议，汇编各图书馆目录，以便检查。（4）陈天鸿提议，请教育部饬各出版家赠送新书。（5）修改草章。（6）先选定职员11人，续由职员互选，支配职务如下：编辑潘圣一、陈伯逵[②]（陈天鸿），调查马崇淦、潘仰尧，交际朱少屏、黄警顽，庶

---

① 《上海图书馆协会成立会记》，《新闻报》1924年6月28日第3版。
② 《申报》与《新闻报》记载"陈仁逵"，系排印错误。

务邓演存、黄维廉，会计孙心磐，书记梁朝树，委员长杜定友。①

(八) 江苏图书馆协会

1924年，江苏教育厅委托南京东南大学暑期学校添设图书馆学程，通饬各省立学校及县教育行政机关派员听讲。各学员为谋互相协助起见，特组织江苏图书馆协会。该会1924年8月3日在东南大学图书馆召开成立会，通过会章，并选举洪有丰为会长、施廷镛为副会长，芮逸夫、郑为钧、朱香晚、朱慰堂、陈家凤、姜镇淮等为干事。②

8月5日，江苏图书馆协会假江苏省立第一中学召开职员会议，到会者有唐敷、郑为钧、朱慰堂、施廷镛、陈家凤、朱香晚、姜镇淮、洪有丰、朱家治（洪有丰代表）、芮慕城（即芮逸夫）、蒋楚白（施廷镛代表）等，洪有丰任会议主席。会议议决如下：(1) 备文呈请省署教厅备案。(2) 各部办事细则，由各部干事拟定，交职员会讨论施行。(3) 职员会办事通则要点如下：①职员会每年开会两次，第一次在一月后举行（如无重要事故可斟酌停止召集），第二次在开年会前三日举行，各职员在开会时如因特别事故不能出席，须请人代表。②各处通函，对内由各部分别办理，各部干事须用个人印章；对外由总务部办理，用本会印章。③会计于每届开会时，须将收支款项列表报告。④议决改年会地点为扬州，先由职员会在特刊特别启事，征求各会员意见，再行决定通告。

---

① 《上海图书馆协会成立会记》，《新闻报》1924年6月28日第3版。
② 《江苏图书馆协会之组织》，《教育与人生》1924年第43期。

（九）济南图书馆协会

1924年12月16日下午，济南图书馆协会在齐鲁大学召开成立大会，到会者有济大、一师、一中、正谊、工专、女师、医专、农专、矿专、育英、新育等校附设图书馆代表及通俗图书馆、山东图书馆代表20余人。公推桂质柏为主席，报告开会宗旨。报告毕，首先讨论简章，随后选举职员。桂质柏当选为会长，张信庵当选为副会长，尹世铎、纪文岩当选为书记，许韶九、吴国栋、汪奎昌、牛得楚、邢鼎铭、王北辰、孙怀远、王岑生等人当选为干事。又议定12月20日召开第一次大会，讨论一切进行事宜。①

在这些地方图书馆协会中，天津图书馆协会、济南图书馆协会的发起者王文山和桂质柏都是文华图书科的毕业生，北京图书馆协会、江苏图书馆协会、上海图书馆协会的发起者戴志骞、洪有丰、杜定友都是在国外学习图书馆学的留学生，由此可以推论对图书馆协会的成立起重大推动作用的是图书馆学教育的发展。此外，从各地方图书馆协会成立时加入的图书馆来看，除南阳和开封未注明（估计数量较少）外，其他都在10至16所。一般包括当地的一至两所公立图书馆或通俗图书馆，更多的还是学校图书馆，而且与1918年北京图书馆协会成立时不同，这一时期中学图书馆的数量开始增加。这与1922年中华教育改进社第一届年会时图书馆教育组提交之"呈请教育部推广学校图书馆"议决案不无关系。从地域分布来看，这些地方图书馆协会位于北京以及浙江、河南、直隶、江苏、山东，其中尤以江浙一带为多，这与该地区明清以来文人荟

---

① 铁崖：《图书馆协会成立》，《申报》1924年12月20日第10版。

萃、藏书事业发达有密不可分的关系。这些地方图书馆协会的成立，尤其是其聚集起来的职员和会员为中华图书馆协会的成立奠定了组织基础。

第四节　中华图书馆协会的成立

虽说1917年沈祖荣开始在各地讲演现代图书馆功用与方法可以被视作由专业人士主动发起的以向社会公众宣传现代图书馆事业为目的的图书馆运动，但这毕竟还没有引发大范围、高密度的媒体报道，影响力主要局限于现场听讲者。直至韦棣华女士在余日章的建议下开始积极奔走、力促美国退还庚子赔款之一部分用于发展中国图书馆事业，图书馆运动才逐步开始具有全国性的影响，并因1925年美国图书馆协会代表鲍士伟博士来华而达到高潮。中国全国性的图书馆协会——中华图书馆协会也借此机会诞生，从此中国图书馆界有了最高领导机关。

一、运动美国退还庚子赔款

韦棣华女士在1925年1月10下午上海图书馆协会为她举行的欢迎会上应邀介绍她赴美运动退还庚子赔款之经过，她说："二年前余为提倡图书馆起见，曾来上海，与余日章博士晤面，余君以为以庚款发展图书馆,实为最善之法。"① 可以说余日章是此事的直接策划人,他有此论断,与他的身份和所能获取的信息直接相关。他自1916年起接替王正廷,出任中华基督教青年会全国协会代总干事。1921年3月11日,美国参议员洛志(Henry Cabot Lodge, 1850—1924)提出退还庚子赔款余额的议案。8月11日,参议院未加辩论,通过了该议案,但后因种种原因未曾实现。1921年11月12日至1922年2月6日,太平洋国际会议在美国华盛顿举行,余日章和蒋梦麟两人以国民代表身份参加,奔走于美国朝野人士之间。1922年2月8日,中华教育改进社成立"中华教育改进社附设筹划全国教育费委员会"。该委员会设立关税部、赔款部、公债部和计划部,余日章为赔款部部员之一。

为了更有力地推动这一计划的落实,余日章起草了一份给美国总统的请愿书,其中提到每年用20万美金在中国一些中心城市建设和维持5所大型图书馆和9所中等规模图书馆,这些图书馆将起到示范作用,带动其他城市的图书馆事业。② 在余日章的建议下,韦棣华女士于1923年2月③赴北京拜访美国驻华公使舒尔曼(Jacob Gould Schurman, 1854—1942),以及黎元洪总统、颜惠庆、顾维钧、王正廷等人,并得到他们的支持。④ 1923年2月22日《京报》刊登一则来自美使馆的消息:"美国政府现正筹划拟将庚子

---

① 韦棣华女士演讲,程葆成笔记:《运动庚子赔款退回中国拨充推扩中国图书馆之经过》,《图书馆》1925年第1卷第1期。
② 王余光主编,范凡等选辑:《清末民国图书馆史料汇编》(第3册),国家图书馆出版社,2014年,第4—5页。
③ 韦棣华女士在 Recent Library Development in China 一文中称1923年冬天拜访舒尔曼,但韦棣华女士1923年冬天在华盛顿,因此实际时间应该是1923年2月。
④ 王余光主编,范凡等选辑:《清末民国图书馆史料汇编》(第3册),国家图书馆出版社,2014年,第3页。

赔款拨出一部分作为在华设立公共图书馆之用。如北京、上海、汉口、广州等大城均各设立一所……武德女士对于此项计划主持最为热心。因武女士在蓬恩大学办理图书馆事宜已历三十年之久。女士曾在蓬恩设立一图书馆传习所，成绩颇佳。该所毕业生现在清华学校、北京政治学会、燕京大学服务者甚多。上述之计划已由美国政府提交国会征其同意，一俟通过后，即可派员来华调查相当地点，从事筹备一切云云。"① 实际上，"武德"即韦棣华女士，"蓬恩大学"即"文华大学"，"图书馆传习所"即"文华图书科"。1923 年 5 月 1 日《教务杂志》(The Chinese Recorder)的《编辑展望》一栏中又透露了更多关于这一计划的细节，② 这些都体现在后来提交给中华教育改进社的提案中。

为请愿书签名一事，1923 年 7 月下旬，韦棣华在北京逗留了一个月，③ 其间参加了中华教育改进社第二届年会，并以文华大学图书科全体的身份提交了"呈请中华教育改进社转请政府及美国政府以将要退还之庚子赔款三分之一作为扩充中国图书馆事"的议案。

1923 年 8 月 20 日下午 2 时，中华教育改进社第二届年会图书馆教育组举行第一次分组会议，主席戴志骞报告若干事项，其中就提到文华大学图书馆馆长韦棣华代表该大学图书科全体呈请中华教育改进社转请美国政府，以其将要退还之庚子赔款三分之一作为扩充中国图书馆的议案，并提及沈祖荣、胡庆生、洪有丰与戴志骞四人曾为此事致函美国图书馆协会年会，请其在美国方面给予相当之赞助，复函亦已收到。戴志骞又指出由于会议时间短暂，应选择提

---

① 《美国庚子赔款之又一用途》，《国际公报》1923 年第 14 期。
② "The Editor's Outlook," *The Chinese Recorder*, May 1, 1923.
③ "News From Central China," *The China Weekly Review*, July 28, 1923.

议案件之重要、关系图书馆事业全体者,如文华图书科所提庚子赔款用于扩充中国图书馆案先付讨论,其他关于图书馆内部的问题可从缓计议。该议案经修正后通过。

呈请中华教育改进社转请政府及美国政府以美国将要退还之庚子赔款三分之一作为扩充中国图书馆案(文华大学图书科全体提议)

理由

(一)图书馆为普及教育之利器。

(1)图书馆不限程度之高下——较之贵族式之学校,或其他为最少数人谋利益之组织,不可同日而语。(如谓图书馆为平民大学校也可,谓为专门学者之智识宝库也亦无不可。)

(2)图书馆不限职业之贵贱——无论士、农、工、商,均得同享图书馆之利益。

(3)图书馆不限年龄之大小。

(4)图书馆不限男女之差别——能调剂男女教育不平等之现象。

(5)图书馆能使①未受教育者,受相当之常识(如通俗演讲等);②已受教育者,继续求学,得与时并进(就智识方面言)。

(二)希望我国政府推广图书馆事业,现在已如泡影,绝无成为事实之可能。故吾人如欲发展中国图书馆事业,舍仰给于"美国退还赔款"外,并无第二捷径。

(三)各省公立图书馆之经费,异常拮据。整顿无从着手。故不得不假"美国退还赔款",用为改良中国原有之图书馆(此项图书馆须收藏较富,成绩较优,地点适宜,并能履行特别条件者)。

(四)今日中国人士之"捐助"观念日渐发达,惟对于图书馆事业,较之西人,甚形冷淡。推原其故,实因中国图书馆收效未著,不易引起多数人之同情。为今之计,应借"美国退还赔款"建设若干设备完善之图书馆。速尽图书馆所应尽之服务,早著图书馆所应著之功效,以博国内多数人士之赞助。如是,则图书馆事业庶可普及于中华民国矣。

(五)中国尚无模范图书馆堪足取法者。一旦得此巨款,则可经营若干模范图书馆,划一各种制度标准、管理手续,以为全国公、私、省、县、市、村图书馆之赞助。

(六)中国各界领袖对于图书馆事业甚表赞同。

(七)美国为图书馆事业发达最盛之国家。故该国人士对于"退还赔款"用为扩充中国图书馆事业,势必尽力襄助。

(八)图书馆在欧美教育界所占位置之重要,识者尽知,不待赘述。今中华教育改进社既以改进中华教育为宗旨,理应以改进图书馆事业为前提。

(九)中华教育改进社为中国教育界惟一之代表,故该社所提出之议案,极易得中外人士之信仰。

办法

(一)于此后二十年内,就尚未退还之庚子赔款项下,每年提出美金二十万元。其第一年提出之全数,另行存储,作为久远基金,以年利六厘计,每年可得息金美金一万二千元,专供中华图书馆委员会之用。第二年提出之二十万金元,应存妥实之银行生息,俟第三年之款提出(连第二年之母子金共计金元四十一万二千元),可拨金元二十一万二千元,以充大图书馆一所建筑及设备之用。余剩之金元二十万,以六厘生息,年得金元一万二千元,可供维持之费。此后每间一年,可增设类于第一次所建之图书馆一所。迨至各最大城市已有大图书馆五所后,其后九年,可于较小城市中,年增小图书馆一所。每所拟用金元十万元作建筑及设备之用。而以余剩之金元十万元作为基金,以六厘生息,年得金元六千元,借供维持。

（二）凡接收此项公共图书馆之城市，须履行以下条件：

（1）拨给为建筑该图书馆基地一块。

（2）每年拨该馆津贴费若干元。其数目之多少由图书馆委员会详定之。但其用途，须半作购置新书费，半作扩充等费。

（三）组织

（1）选举部

由美国驻京公使、中国外交部、教育部及全国高等教育联合机关（如中华教育改进社、中华职业教育社、中国科学社）、总商会等组织之。

选举部之职权概略如下：选举图书部、董事部（人数多少，由选举部另定之）。

（2）董事部

由选举部推选之（但能代表中美两国者方为合格）。

董事部之职权概略如下：

①对于图书馆计划，担负完全责任。

②监督各种款项及其用途。

③议决图书馆一切进行事宜。

④交付议决案件于委员会，并监督其实行。

⑤受理图书馆委员会各种建议。

（3）图书馆委员会

由董事部派选之。

图书馆委员会之职权概略如下：

①委员会执行董事部议决案。

②委员会得建议于董事部。

③委员会应编制每年预算表及各种进行计划，送呈董事部审定。

④委员会得扶助中国图书馆协会组织及其发展。

⑤委员会得随时审查各地图书馆进行情形。

⑥委员会如得同意时得资助各地公私图书馆进行事业。

⑦委员会有辞聘各地"赔款"所建设之图书馆馆员之全权等。①

该议案经表决无异议通过。经由此次年会，韦棣华女士的计划正式获得了当时在中国教育界颇有声势的中华教育改进社的支持，以及中国图书馆界同人的拥护。韦棣华女士的积极奔走联络，最终获得中国政界、教育界和商业界的 150 位知名人士在请愿书上签名。她随后又准备了一份请愿书请 65 位居住在中国的知名美籍人士签名。②除签名的这些人之外，还有一些因为职位关系不便签名的官员，专门致函韦棣华女士表示支持，如湖北督军兼省长萧耀南、山西督军兼省长阎锡山、陆军检阅使冯玉祥、外交总长顾维钧。③

1923 年秋，韦棣华女士听从参议员佩伯（George Wharton Pepper，1867—1961）的建议，亲自赴美以促成此事。④ 1923 年 9 月 16 日，《申报》以《韦女士建筑图书馆之运动》为题对韦棣华女士赴美运动庚子赔款作为在中国建筑图书馆之经费进行报道。该文称韦棣华女士"刻已由皖来申，定于本月 22 号乘船前往"美国，她在 15 日与《申报》记者谈话中称打算用这笔退款赔款"在全中

---

① 《分组会议纪录：第三十　图书馆教育组》，《新教育》1923 年第 7 卷第 2、3 合期。

② 王余光主编，范凡等选辑：《清末民国图书馆史料汇编》（第 3 册），国家图书馆出版社，2014 年，第 3 页。

③ 王余光主编，范凡等选辑：《清末民国图书馆史料汇编》（第 3 册），国家图书馆出版社，2014 年，第 3 页。

④ 王余光主编，范凡等选辑：《清末民国图书馆史料汇编》（第 3 册），国家图书馆出版社，2014 年，第 3 页。

国先设立图书馆14所，内中5所系巨大规模者，设在上海、汉口、北京、天津、广东处，9所系小规模，设在次要各城"，并"拟要求美政府由中国庚子赔款拨出，分20年拨给，每年20万金元"，而且计划于9月18日将含有详细计划的两份呈文送至上海美总领事转呈美国政府，而韦棣华本人亦即"亲自赴美，设法玉成此文化事业云"。① 该文被教会中文杂志《国际公报》② 转载。

1923年10月6日《密勒氏评论报》（*The China Weekly Review*）也有报道称："韦棣华几天前携含有数百名中美人士签名的请愿书前往美国华盛顿。"③ 1923年11月7日，韦棣华女士回到她曾经就读的普拉特学院图书馆学校进行了一次讲演，介绍文华公书林和中国图书馆现状，以及她当前的重要使命——确保美国退还庚子赔款的一部分用于中国的公共图书馆。④

《密勒氏评论报》主编兼发行人鲍威尔（John Benjamin Powell，1888—1947）在其1945年出版的《鲍威尔对华回忆录》（*My Twenty-five Years in China*）中记载了他在华盛顿与韦棣华女士的一次见面。他说当时他正住在华盛顿一家旅馆，为谋求中国贸易法案议案的通过四处奔走。一天，旅馆服务员给他送来一张韦棣华女士的名片，他下楼见了韦棣华女士。韦棣华女士问他怎么做才能从庚子赔款中分得一部分款项用以发展中国现代图书馆事业。他正好看见桌上放着一份《国会公报》，便翻开指着里面的参众两院议员录，对她说："如果你带上这本书，去拜访名录上有的议员，

---

① 《韦女士建筑图书馆之运动》，《申报》1923年9月16日第15版。
② 《各国善行类：韦女士建筑图书馆之运动》，《国际公报》1923年第45期。
③ "Would Use Part of Boxer Surplus for Libraries," *The China Weekly Review*, October 6, 1923.
④ "Pratt Institute," *Public Libraries* 28, 1923: 590.

向他们解释你的看法,或许会获得成功。"①韦棣华女士马上付诸行动,鲍威尔称整个秋天和冬天,他常常在大厅里看见韦棣华女士的身影,她按图索骥地打电话给各种各样的人。韦棣华女士后来在给中华教育改进社总干事陶行知的信中说,她自 1923 年 12 月 1 日美国议院开始集会之日至 1924 年 6 月上旬闭会之日于参众两院内亲往叩谒,获见参议员 82 人(该院共 86 人)、众议员 420 人(该院共 435 人)。② 1924 年 5 月 7 日《时报》刊发了韦棣华女士在美时给沈祖荣先生来信的译文,披露其过程之艰辛:"每日晨间约九时许到参众两院办公室拜谒议员们,有时待至下午六钟方才回寓。要知道见一议员,真不容易,有时必须找他十几次,才能见着,甚或被他挡驾……而且予足跛不良于行……我已经拜见二十五个参议员、三十五个众议员……"③ 这封信里韦棣华女士还提到她曾劝说普特南(George Herbert Putnam,1861—1955)④博士到中国来,并已经为之筹款准备,她说:"我曾和巴提曼⑤博士说,请他到中国来组织中国图书馆联合会,以便与美国图书馆联合会结为联锁的关系……我以为巴提曼如果不能来华,我们只可找别的著名的图书馆专家吧。总之,我们应将这两个图书馆联合会联锁起来。如果我们希望我们在华的幼稚的机关渐加强固,这种联锁的方法是必须的。"

---

① 鲍威尔著,邢建榕、薛明扬、徐跃等译:《鲍威尔对华回忆录》,知识出版社,1994 年,第 71 页。
② 王余光主编,范凡等选辑:《清末民国图书馆史料汇编》(第 3 册),国家图书馆出版社,2014 年,第 46 页。
③ 《美还庚赔举办图书馆之运动》,《时报》1924 年 5 月 7 日第 2 版。
④ 1898 年和"1903—1904"年两度当选美国图书馆协会主席,1899 年起担任美国国会图书馆第八任馆长至 1939 年退休,任馆长 40 多年。退休后仍每天按时上下班,继续为国会图书馆工作了 15 年。
⑤ 即普特南。

不过，当时普特南博士就笑答："中国文学极为丰富，有几千年[①]的历史，我以一美人能有什么关于图书馆的话向中国人说呢？自己不免不自量吗？"[②]

1923年12月6日，参议员洛志重提他于1921年3月11日就提出的退还庚子赔款余额之议案。1924年1月11日，该议案又被众议员麦奇（James M. Magee，1877—1949）提出，2月28日，众议员博德（Stephen G. Portor，1869—1930）也提出该议案。[③]后来，议案转至众议院外交委员会。1924年3月31日至4月2日，外交委员会就此议案召开听证会，邀请了一些曾在中国生活过的美国人作为证人出席，包括哥伦比亚大学汉文部博晨光教授、世界教会评议会干事温雪斯博士、长沙雅礼大学校长胡美博士、纽约长老会协会总干事傅克思博士、武昌文华大学图书馆主任韦棣华女士等，此外哥伦比亚大学孟禄教授还出具了意见书。[④] 韦棣华女士在听证会上将中国递美国大总统之呈请书与中华教育改进社之议案及重要文件抄录多份呈给该委员会，每人一份，以备参考。"1924年5月7日和12日，美国众议院和参议院分别通过了第二次退还庚款余额与中国的议案，于21日由柯立芝（Calvin Coolidge，1872—1933）总统批准生效。"[⑤] 得此消息，5月24日，熊希龄和袁希涛代表中华教育改进社和全国教育会联合会联名致电驻美公使施肇基

---

① 原文为"几世纪"，应为翻译失误。
② 《美还庚赔举办图书馆之运动》，《时报》1924年5月7日第2版。
③ HUANG George W., "Miss Mary Elizabeth Wood: Pioneer of the library movement in China," *Journal of Library & Information Science* 1, No. 1 (1975): 73.
④ 徐仲迪等译，赵叔愚校阅：《美国退还庚子赔款余额经过情形》，商务印书馆，1925年。
⑤ 谢长法：《借鉴与融合：留美学生抗战前教育活动研究》，河北教育出版社，2001年，第194页。

转美国国务卿表示感谢。①

1924年6月14日,美国国务卿照会驻美公使施肇基:"兹谨检奉一九二四年五月二十一日国会通过之议案一份。此案授权大总统退还一九一七年十月一日起应付之庚子赔款于中国,由大总统认为适当之时期与情形中,依国会在该案弁言内所表示之意旨,发展中国之教育及文化事业。"②

1924年7月,中华教育改进社第三届年会第二次学术会议上,陶行知提到美国退还赔款时说:"此事应归功于文华大学图书馆长伍德女士、湘雅医学胡梅先生、协和大学波特先生,以伍德之功最大。"③ 9月26日,中华教育改进社董事长熊希龄代表中华教育改进社致函韦棣华表示感谢,称"凡二十省三特别区及蒙古等处到会会员一千零四十人对于女士于敦睦友谊、赞助文化上表现此种纯洁之精神、远大之见识与坚忍之毅力,莫不深致敬仰"④。

二、邀请美国图书馆专家来华

美国退还庚子赔款余额虽尘埃落定,但中国图书馆事业切实获得其中一部分资金才是韦棣华女士真正关心的。1924年6月,韦棣华亲往谒见柯立芝总统,向他递交呈请书及议案,以证明中国人民

---

① 《感谢美退赔款之中美要电》,《申报》1924年8月6日第13版。
② 袁希涛:《庚子赔款退还之实际与希望》,《浙江省教育会月刊》1924年第5期。
③ 《学术会议纪录》,《新教育》1924年第9卷第3期。
④ 王余光主编,范凡等选辑:《清末民国图书馆史料汇编》(第3册),国家图书馆出版社,2014年,第47页。

对于美国庚款退还用途之一种建议。①总统明确指出美国对于庚款虽指为教育之用,但如何分配尚待研究。后有中美数要人向韦棣华女士提议,须以中华教育改进社之名义聘请美国图书馆界中声望昭著之专家来华考察中国情形及图书馆之急需状况,并提出具体之建议,以便中华教育改进社转达中美庚款委员会来申请这笔经费用于图书馆事业。韦棣华女士认为普特南是首选,这早在1924年5月《时报》所刊韦棣华女士给沈祖荣先生的信中已经提及。因此,她向中华教育改进社提议,由她自愿捐款以该社名义邀请普特南来华。然而,在1924年7月6日中华教育改进社第三届年会期间召开的董事会上,议决暂行缓定。②

1924年6月30日至7月5日,美国图书馆协会第46届年会在萨拉托加温泉城(Saratoga Spring)举行。韦棣华女士在7月1日第二次全体会议上宣读论文《中国图书馆发展近况》(*Recent Library Development in China*),在全面介绍了中国图书馆事业的发展状况之后,韦棣华女士介绍了她为使美国退还庚子赔款一部分用于中国公共图书馆事业所做的努力,并且强调为了实现这个目标,"我们需要有一位美国图书馆专家来调查中国的图书馆事业。他必须在美国有代表性的图书馆工作,他必须是被视作这一领域的权威,他的话要有很重的分量,他将建议我们组成一个既让中国外交部尊重又得到美国认可的组织,他将使中国最重要的教育家被吸纳进这个组织。中华教育改进社将邀请这一代表来到中国,尽可能发起一场真正的图书馆运动,推动中国图书馆协会的形成,并将之与

---

① 韦棣华女士演讲,程葆成笔记:《运动庚子赔款退回中国拨充推扩中国图书馆之经过》,《图书馆》1925年第1卷第1期。
② 《董事会纪录》,《新教育》1924年第9卷第3期。

美国图书馆协会相连"[①]。

1924年7月5日,美国图书馆协会在年会最后一天召开第二次执行委员会会议,会议主席由刚上任的新一届美国图书馆协会主席梅耶(Herman H. B Meyer,1864—1937)担任,美国图书馆协会秘书米兰姆(Carl H. Milam,1884—1963)为会议秘书。该次会议第12项议程就是"韦棣华女士和中国"。梅耶主席介绍说,两三周以前,韦棣华女士在国会与普特南博士有过一次会谈,当面请求普特南博士接受这一赴华代表的使命,但被普特南博士拒绝。普特南请梅耶到他办公室,给他看了韦棣华女士提交给他的计划,问梅耶是否愿意接受。在韦棣华女士的计划当中,这一美国图书馆界代表要么是普特南,要么是美国图书馆协会主席。梅耶当时回答此事可能会影响他自己作为图书馆协会主席的本职工作,所以并不愿意接受。秘书米兰姆介绍说,他从哥伦比亚大学罗素博士那里得知孟禄博士很快会回到纽约,待一两周后就要去中国处理美国庚子赔款事宜。米兰姆给罗素拍了电报询问孟禄博士在纽约停留的时间,希望派一个代表与他面谈中国图书馆的事情,得到的答复是预计在7月9日至20日。会议上还提到了这名赴华代表的费用问题,梅耶称将由韦棣华女士筹集资金支付,他认为她很难筹集超过1000美元,而这远远不够此次行程的费用。经过讨论,议决如下:(一)与恰当的政府官员(尤其是孟禄博士)召开会议明确美国图书馆协会派人赴华的必要性;(二)国会图书馆馆长显然是从身份和效果上最能代表美国图书馆协会的人选;(三)授权美国图书馆协会主

[①] Mary Elizabeth Wood, "Recent Library Development in China," *Bulletin of the American Library Association* 18 (1924): 182.

席与普特南博士交涉说服他出任代表。①

中华教育改进社在1924年7月第三届年会期间召开的董事会上就出面聘请美国图书馆专家来华一事议决暂行缓定,不过10月15日《社会日报》刊载的《中华教育改进社聘请图书馆专家》一文说道:"梅乐先生为美国图书馆专家。现该社董事长熊希龄、主任干事陶知行②,已致函美国请梅乐先生来华,以便指导我国图书馆事业之进行,并闻该社在美之韦德女士,代为劝驾云。"③ 这一消息还刊于10月21日《申报》④、10月25日《新闻报》⑤和11月20日出版的《教育杂志》⑥等媒体。可见,中华教育改进社大约在1924年10月正式向美国图书馆协会发出了邀请,且当时已明确获知普特南不可能来华,转而改请美国图书馆协会主席梅耶。

然而,梅耶亦未应允,美国图书馆协会于是商定改派鲍士伟为代表。鲍士伟虽不是当时在任的美国图书馆协会主席,但曾经担任过美国图书馆协会主席,因此也算符合韦棣华最初的期望。1924年12月30日,美国图书馆协会执行委员会在会议中讨论了派遣鲍士伟博士作为代表赴中国的议题。美国图书馆协会秘书米兰姆报告说,不久前鲍士伟博士、泰伊先生(Mr. Tye)和孟禄博士开了个会,其中孟禄博士表明中国的图书馆应该从中华教育文化基金董事会获得一笔资金。米兰姆又读了一封康宁夫人(Mrs. Frederick

---

① American Library Association Executive Board Meeting, June 29, 1924 and July 5, 1924 [A/OL]. [2020-02-21]. http://hdl.handle.net/11213/733.
② 即陶行知。
③ 《中华教育改进社聘请图书馆专家》,《社会日报》1924年10月15日第4版。
④ 《地方通信二:北京》,《申报》1924年10月21日第7版。
⑤ 《中华改进社聘请美国图书馆家》,《新闻报》1924年10月25日第3版。
⑥ 《中华改进社聘请美国图书馆家》,《教育杂志》1924年第16卷第11期。

Cunningham)的来信,称她愿意提供5000美元作为鲍士伟博士赴华的开支和薪水。①执委会全票通过了这一安排。康宁夫人的支持应是韦棣华女士积极争取的结果。在韦棣华女士的遗嘱中曾提到康宁夫人有500美元的纪念基金存在波士顿的"旧殖民地信托公司",且她还担任韦棣华基金会(亦设在旧殖民地信托公司)的秘书。②

不过,在此次会议之前,美国图书馆协会实际上已经决定派鲍士伟为赴华代表。12月14日下午,北京图书馆协会在美术专门学校召开第六次常会时,已经知道代表为鲍士伟。③ 12月23日《申报》也有《美国图书馆总会代表将来华》的报道,指明美国图书馆协会代表鲍士伟大约来年3月来华,且"业正与上海图书馆协会筹议招待方法"④。1925年1月7日,《新闻报》刊发了韦棣华女士致陶行知原函内容,汇报其在美期间运动庚子退款经过情形,其中提及"承贵改进社俯允中美诸要人之提议,已函聘敝国之图书馆专家,俟该员来华调查后,当作报告,并拟建议书呈于贵改进社,以便转达中美庚款委员会",同时提出在该专员未来以前"尚须仰赖贵社有所指导,俾早有筹备",而她在调查、宣传等事务上当竭诚服务,而专家来华之费用她也已得友人热心捐定。⑤自此时起,有关美国图书馆专家即将来华,以及庚子赔款用于图书馆事业建设的相关报道频频见诸各大报纸,为鲍士伟来华掀起一场全国图书馆运

---

① American Library Association Executive Board Meeting, December 30, 1924 and December 31, 1924 [A/OL]. (1924) [2020-02-21]. http://hdl.handle.net/11213/734.
② 彭敏惠:《中国图书馆事业的缄默守护者:韦棣华女士遗嘱解析》,《中国图书馆学报》2018年第44卷第238期。
③ 《北京图书馆协会第六次常会记》,《晨报》1924年12月19日第6版。
④ 《美国图书馆总会代表将来华》,《申报》1924年12月23日第11版。
⑤ 《拨美退款设图书馆运动之经过》,《新闻报》1925年1月7日第3版。

动进行预热。

三、接待美国图书馆专家鲍士伟

由于邀请美国图书馆专家来华是以中华教育改进社的名义发出的,请将庚子赔款三分之一用于扩充中国图书馆也是中华教育改进社年会通过的议案,因此,接待鲍士伟一事显然应该主要由中华教育改进社出面。1925年1月,中华教育改进社在上海组织图书馆界人士讨论鲍士伟来华的接待事宜,韦棣华女士亦由武昌赴上海参与此事。

1月8日,韦棣华女士经黄炎培介绍赴沪,上海图书馆协会委员长杜定友与孙心磐、邓演存等前往迎接。[①] 1月10日下午3时,上海图书馆协会假四川路青年会开欢迎大会,经过两日来报纸所刊预告,当日"到者有该会会员60余人,来宾200余人"[②],由主席杜定友致欢迎词,随即请韦棣华女士报告赴美运动庚款发展中国图书馆事业之经过。内容与致陶行知信件大体相同,只是其中明确提出美国图书馆协会"对于此举亦十分尽力,因推选图书馆专家鲍士威博士来华"[③],并在演讲最后称"闻该专家将于3月到申,届时请上海图书馆协会招待一切"[④]。次日,《申报》《新闻报》《时报》皆有报道。

1月15日上午,中华教育改进社在江苏省教育会召集图书馆代

---

① 《美国图书馆专家韦棣华女士莅沪》,《申报》1925年1月9日第11版。
② 《欢迎图书馆专家韦棣华女士》,《新闻报》1925年1月11日第3版。
③ 韦棣华女士演讲,程葆成笔记:《运动庚子赔款退回中国拨充推扩中国图书馆之经过》,《图书馆》1925年第1卷第1期。
④ 《欢迎图书馆专家韦女士纪》,《时报》1925年1月11日第4版。

表举行会议,筹备欢迎及调查进行计划。① 当日到会者有杜定友、洪有丰、孙心磐、马崇淦、邓演存、黄维廉、韦棣华女士与中华教育改进社陶知行等十余人,讨论结果拟俟博士来华后先邀沪上各团体开一欢迎会,并欲请其在南洋大学图书馆、东方图书馆及总商会商业图书馆演讲,然后偕往杭州、南京、苏州、无锡、天津、北京、济南、曲阜、武昌、汉口、奉天、日本等处参观演讲。②

1月17日下午,中华教育改进社图书馆教育委员会假上海总商会图书馆开委员会议,再详细讨论一切,结果如下。(1)鲍氏来华之任务:提倡图书馆,引起国人注意;灌输图书馆新智识;调查中国图书馆之现状及其需要;根据调查结果,拟定改进及发展图书馆之计划。(2)鲍氏到沪后拟开图书馆专家会议,调查进行计划。(3)参观地点假定有上海、杭州、苏州、无锡、南京、汉口、武昌、长沙、开封、太原、天津、北京、奉天、青岛、济南、曲阜、泰山、南通、广州等处。(4)参观调查各处完毕后,拟再开会报告结果、讨论一切。③

鲍士伟来华如何安排与中国方面对鲍士伟此行有怎样的期待直接相关。从韦棣华在美国图书馆协会年会上宣读的《中国图书馆发展近况》来看,她对鲍士伟来华至少有两大期望:其一是希望他作为美国图书馆界专家代表对中国图书馆事业发展提出建议,其分量足以影响中华教育文化基金董事会批准拨给一部分资金用于发展中国现代图书馆;其二是借助他的身份为中国建立起一个足够被中国政府和美国政府高度认可的全国性图书馆协会,吸纳中国最有影响

---

① 《各图书馆代表今日开会议》,《申报》1925年1月15日第7版。
② 《各图书馆代表筹备欢迎鲍士维博士》,《申报》1925年1月16日第7版。
③ 《欢迎美国图书馆协会代表鲍士维之筹备》,《申报》1925年1月19日第10版。

力的教育家加入其中,并与美国图书馆协会建立起牢固的关系。因此,是韦棣华建立起鲍士伟来华与建立全国图书馆协会之间的联系。

从中华教育改进社图书馆教育委员会的这次会议来看,中国图书馆界对鲍士伟来华也有三方面的期待:第一,图书馆的社会宣传。这是针对普通社会大众的。中国图书馆界深刻认识到整个社会对于图书馆的认识和重视程度不够,因此期望借助鲍士伟来华引发社会对于图书馆事业的关注。第二,图书馆学知识的传播。这主要是图书馆从业人员的需求,他们需要借此机会了解美国先进的图书馆学知识。第三,图书馆事业之调查与发展的计划。这也是中国图书馆事业发展必须要做的事,中国图书馆界希望得到美国图书馆专家的指导,为中国图书馆事业找到切实发展的方向和行动的计划。

1月17日下午5时,上海图书馆协会借商业图书馆开第七次委员会会议,议决组织欢迎图书馆专家鲍博士之委员会,推定各部委员。(1)宣传:程葆成、马崇淦。(2)招待:朱少屏、邓演存、杨作平。(3)调查:马崇淦、孙心磐、宋景祁、胡惠生、黄维廉。(4)编辑:潘圣一、陈伯逵、潘仰尧。(5)书记:潘仰尧、王恂如。(6)事务:黄警顽、聂文汇、沈仲峻、杨启昌。①

1925年3月5日,浙江公立图书馆致函该省城各校会图书馆称,接中华教育改进社图书馆教育组来函,拟调查各处图书馆情形汇成统计以为鲍士伟来华参观之准备,除浙江公立图书馆已有调查记录外,"希将寄上之调查表代为分致在杭未经调查之各图书馆,

---

① 《欢迎美国图书馆协会代表鲍士维之筹备》,《申报》1925年1月19日第10版。

请其从速填就寄还"。① 可以推想，中华教育改进社图书馆教育组应该是采用类似的方法致函全国各省主要图书馆，由它们分发调查表来完成全国图书馆事业之调查的。

1925年3月间，美国图书馆协会来电，谓鲍士伟博士约于4月26日抵沪。中华教育改进社得此消息后，委托图书馆教育委员会主办鲍氏莅华事务，请该会书记朱家治②伴同鲍氏考察，并担任记录事务，所有招待事项由该会函请经过之各省教育厅转知各图书馆，并另函请各图书馆协会主持，其无协会者则请图书馆主持。至4月12日前，已得苏、浙、京、津、湘、鄂、鲁、豫、晋、粤等处函复，同时就调查全国图书馆实况一项，填到者已200余处，行程安排拟定如下：

鲍士伟来华行程安排（1925年4月12日）③

序号	城市	停留日数	译员	招待机构
1	上海	3日	杜定友	上海图书馆协会
2	杭州	3日	杜定友	杭州图书馆协会④
3	苏州	1日	杜定友	东吴大学
4	南京	2日	洪有丰	南京图书馆协会
5	汉口	1日	沈祖荣	文华大学
6	武昌	2日	沈祖荣	文华大学

---

① 《本馆办理情形并一切章制文牍：请省城各校会图书馆填调查表函》，《浙江公立图书馆年报》1925年第10期。
② 图书馆教育委员会初成立时，书记是程时烺。1924年7月7日，在中华教育改进社第三届年会图书馆教育组第五次会议上对图书馆教育委员委员进行改选，正主任戴志骞、副主任洪有丰、书记朱家治。
③ 《美国图书馆专家鲍士伟定期莅华》，《申报》1925年4月12日第11版。
④ 因浙江省会在杭州，所以外界经常将浙江省会图书馆协会称作杭州图书馆协会。

续表

序号	城市	停留日数	译员	招待机构
7	长沙	1日	沈祖荣	雅礼大学
8	开封	1日	胡庆生	开封图书馆协会
9	太原	2日	胡庆生	山西教育图书馆博物馆
10	北京	7日	袁同礼	北京图书馆协会
11	天津	1日	袁同礼	南开大学
12	济南	1日	袁同礼	济南图书馆协会
13	青岛	未定	袁同礼	青岛大学
14	奉天	未定	袁同礼	东北大学
15	广州	未定	杜定友	广州图书馆协会

可见，已经成立地方图书馆协会的城市，由图书馆协会负责接待，无图书馆协会者，则由当地大学或图书馆负责接待。鲍士伟抵沪之后经过面洽，最终行程方确定下来。4月28日，中华教育改进社图书馆教育委员会致函各地图书馆，并附上鲍士伟博士最后敲定的行程详表，请为招待欢迎。

鲍士伟行程详表（1925年4月28日）[①]

序号	地名	抵达时间	离开时间
1	上海	4月26日下午3：00	4月30日上午7：45
2	杭州	4月30日下午12：27	5月4日上午7：40
3	上海	5月4日午12：00	5月5日上午7：00
4	苏州	5月5日上午9：00	5月6日上午9：00
5	南京	5月6日下午2：21	5月9日上午6：00（轮船）
6	汉口	5月11日下午	5月11日下午3：00（轮船）

---

① 《鲍博士今晚演讲美国图书馆》，《申报》1925年4月29日第11版。

续表

序号	地名	抵达时间	离开时间
7	长沙	5月12日下午	5月13日下午（轮船）
8	武昌	5月14日下午	5月17日下午
9	郑州	5月18日下午6：25	5月19日上午11：00
10	开封	5月19日下午1：19	5月20日下午4：00
11	郑州	5月20日下午6：55	5月21日上午6：09
12	石家庄	5月21日下午9：35	5月22日上午8：13
13	太原	5月22日下午3：52	5月24日上午8：05
14	石家庄	5月24日下午3：35	5月24日下午9：35
15	北京	5月25日上午6：30	6月4日上午9：10
16	天津	6月4日下午12：30	6月7日上午
17	济南	6月7日下午7：50	6月9日下午7：50
18	泰安	6月9日下午10：17	6月11日上午3：28
19	天津	6月11日下午3：48	6月11日下午11：55
20	奉天	6月12日下午7：37	6月15日上午9：10
21	圣城	6月16日下午6：40	6月18日下午6：40
22	富山	6月19日上午6：40	6月19日渡船
23	下关	6月19日下午5：40	6月19日下午6：00
24	横滨	6月21日	6月23日捷克逊总统船赴美

四、成立中华图书馆协会

戴志骞自1920年起就开始筹划成立全国图书馆协会，也正是他提出了成立中华教育改进社图书馆教育委员会之设想，并担任正主任一职。又是他提出"组织各地方图书馆协会案"，并率先成立了北京图书馆协会，被选为会长。因此，由他领导的北京图书馆协会的重要使命就是促成全国图书馆协会的成立。1924年4月12日《申报》刊载《京图书馆协会进行计划》一文充分证明了这一点，其文说道："该协会发起人，尚拟扩充范围，敦劝各地皆起而组织图书馆协会，将来联络各地协会而成一全国图书馆协会，刻下北京方面会员，正磋商办法、计划进行。"①

1924年5月18日，北京图书馆协会在北京大学第二院召开第二次常会，由戴志骞主席会议。鉴于"各地图书馆协会尚未组织者，为数众多。全体乃议决由书记致函各地图书馆管理员，请速组织各地图书馆协会，并就本届南京中华教育改进社年会报告经过一切"②。1924年5月23日，北京图书馆协会书记发出致各地图书馆管理员请速组织各地图书馆协会的通函。③ 随后，开封河南第一图书馆馆长何日章、天津图书馆协会筹备会王文山、复旦大学图书馆杜定友均复函汇报协会组织情况。

1924年8月创刊的《北京图书馆协会会刊》说道："本会为中国图书馆协会之首先发轫者。自中华教育改进社与本会致各地图书馆管理员敦请组织图书馆协会通启发出后，各地图书馆协会之成立，风起云涌。中国图书馆事业，焕然一新……吾国图书馆界同人当能奋发有为，将来全国图书馆联合会之成立，与夫全国图书馆事业之臻极峰，不劳屈指而可待矣。"④ 事实上，在全国性图书馆协会尚未成立以前，北京图书馆协会虽不处于严格意义上的领导地位，但的确也起到了引领、示范与指导的作用，例如，开封图书馆协会

---

① 江篱：《京图书馆协会进行计划》，《申报》1924年4月12日第10版。
② 《本会概略：会议纪录》，《北京图书馆协会会刊》1924年第1期。
③ 《本会概略：会议纪录》，《北京图书馆协会会刊》1924年第1期。
④ 《本会概略：要事简载》，《北京图书馆协会会刊》1924年第1期。

和天津图书馆协会成立时就是拿北京图书馆协会简章作为参考的。

在得到美国图书馆协会将派鲍士伟来华的消息后，筹办全国图书馆协会便提上了北京图书馆协会的议事日程。1924年12月14日下午，北京图书馆协会在美术专门学校召开第六次常会，安排该会图书馆事业推广委员会筹备调查问题，向国内各图书馆征求答复，以备美国图书馆专家来华时进行报告。[1] 据1929年《北平图书馆协会会刊》第2期"卷头语"记载，北京图书馆协会在1924年冬"有筹备中华图书馆协会委员会之设"[2]。该委员会设有委员十人，高仁山任主席。[3] 1925年3月，北京图书馆协会拟定了《中华图书馆协会草章》十三条，并征询各地意见。

1925年3月19日，《新闻报》刊文《组织全国图书馆协会之先声》，称开封图书馆协会通函全国各图书馆，内容大略如下："迭接各处来函，咸谓组织全国图书馆协会刻不容缓，敝会深表赞同。惟协会地点，暂宜设在上海，盖地点适中、交通便利，且可就近欢迎鲍士伟博士。至组织协会种种手续，即拟推上海图书馆协会就便办理，并希于4月15日左右招集成立大会，庶于人地时间各无所妨，如蒙赞同，即请迳函上海图书馆协会及时筹备云。"[4] 浙江公立图书馆接开封图书馆协会函件后，于3月19日致函上海图书馆协会，称该会表示极端赞同，并请上海图书馆协会及时筹备。[5] 开封图书

---

[1] 《北京图书馆协会第六次常会记》，《晨报》1924年12月19日第6版。
[2] 《卷头语》，《北京图书馆协会会刊》1929年第2期。
[3] 中华图书馆协会执行委员会编纂：《中华图书馆协会概况》，中华图书馆协会事务所，1933年，第1页。
[4] 《组织全国图书馆协会之先声》，《新闻报》1925年3月19日第3版。
[5] 《本馆办理情形并一切章制文牍：请上海图书馆协会筹备全国图书馆协会函》，《浙江公立图书馆年报》1925年第10期。

馆协会的提议也算合理，但却忽视了北京图书馆协会早已有了牵头成立全国图书馆协会的计划以及为此已经做的准备工作。实际上，由于各地方图书馆协会是一种平级关系，从平级关系中形成一个更高级别的组织，就存在领导权之争，尤其是各地方图书馆协会处于势均力敌的情境下，这恐怕是开封图书馆协会有此提议时未考虑到的。

3月20日，《申报》刊发《组织中华图书馆协会之发起》一文，云："上海图书馆协会连日接得各省图书馆协会函，均建议组织全国图书馆协会，其经费即由庚子退款中拨出一部份，由上海图书馆协会协同各省之协会负责办理。北京图书馆协会业已拟就草章十三条，请各省各协会共同讨论。"①

3月23日，上海图书馆协会致函各处图书馆征求意见，其函云："兹接开封、浙江等图书馆协会来函，拟推敝会筹备中华全国图书馆协会之组织，事关全国，敝会不敢草率从事，对于组织方法及开会地点、日期应否遵照开封协会提议在上海举行，特征求尊见以便进行。如在上海开会则拟于4月16日至18日举行，届时贵代表能否出席请于4月3日以前赐知，以便斟酌办理。"② 此函刊于3月24日《申报》。3月26日，《京报》和《晨报》均发表《全国图书馆协会将成立》一文，称："上海图书馆协会以组织全国图书馆协会刻不容缓，已通函各省催促进行。闻协会地点暂设在上海，因地点适中、交通便利，可就近欢迎鲍博士。至组织协会种种手续，即归上海图书馆协会就近办理，大约于4月14日召集成立大会。"③

---

① 《组织中华图书馆协会之发起》，《申报》1925年3月20日第10版。
② 《组织中华图书馆协会之进行》，《申报》1925年3月24日第11版。
③ 《全国图书馆协会将成立》，《京报》1925年3月26日第7版。

开封图书馆协会随即复函,选定李燕亭、何日章、张幼山三人为代表准期赴会。①

3月28日,上海图书馆协会在"上海总商会商业图书馆开第八次委员会,并招待各处图书馆协会来沪之代表,讨论组织中华全国图书馆协会一切进行事宜云"②。4月5日下午1时,上海图书馆协会假上海总商会图书馆召开全体会员大会,讨论组织全国图书馆协会事。列席者40余人,由杜定友主席。汇报经上海图书馆协会通函征求意见后,已接到青岛、安徽、山西、河南、江西、苏州、山东、开封、常熟、南通、金陵等处图书馆先后来函,赞成在沪设立全国图书馆协会。经讨论4小时之久,一致议决:(1)陈友松提议上海图书馆协会先行组织全国图书馆协会筹备处,其设立地点及一切应行事宜由全国图书馆代表决定之;(2)程葆成提议以4月22日为全国图书馆代表来沪列席开会日期,25日闭会,兼可共同参与26日美国图书馆协会鲍博士之欢迎大会。会议又讨论招待鲍博士来沪一切手续。③4月9日,上海图书馆协会函全国各省各县各处图书馆,称全国图书馆协会开会地点定于上海徐家汇南洋大学图书馆,日期定在4月22日至25日,并迎美国图书馆专家鲍士伟到沪,请选派代表到会。④4月10日《新闻报》还称各代表膳宿问题已得南洋大学凌校长赞同,由该校担任招待,上海图书馆协会已请南洋大学图书馆王永礼(寅清)等为招待委员。⑤

在上海图书馆协会筹备全国图书馆协会的同时,北京图书馆协

---

① 《全国图书馆协会开封代表已选定》,《申报》1925年4月6日第10版。
② 《上海图书馆协会今日开会》,《申报》1925年3月28日第11版。
③ 《上海图书馆协会开会纪》,《申报》1925年4月7日第11版。
④ 《上海图书馆协会请全国派代表》,《申报》1925年4月11日第11版。
⑤ 《全国图书馆协会之开会期》,《新闻报》1925年4月10日第3版。

会也在按原计划推进中华图书馆协会的筹备工作。

4月11日《申报》有《中华图书馆协会之筹备》一则,称"上海有组织全国图书馆协会之筹备,兹悉北京近发起组织中华图书馆协会,有教育界名人加入发起,闻已定4月12日在北京中央公园开发起人大会,由大会中产生筹备委员,再行召集成立大会云"①。同日,《晨报》刊发《中华图书馆协会之筹备》,称:"北京、南京、上海、江苏、天津各地图书馆协会,近发起组织中华图书馆协会,以研究图书馆学术、发展图书馆事业为宗旨。尚有教育界中人加入发起。闻已定于4月12日在中央公园来今雨轩开发起人大会,由大会中推出筹备委员,再行召集成立大会云。"② 同时,还随之刊发了"缘起"(附发起人名单)和"简章草案",查该"简章草案"与《教育杂志》所载完全相同,即3月份拟就之草章十三条,且上海图书馆协会也被列入该"缘起"末尾所附发起人名单中。

4月12日,在北京中央公园来今雨轩开中华图书馆协会发起人大会,公推邓萃英为临时主席、袁同礼为临时书记。先由高仁山报告筹备经过情形,当即议决组织筹备会,推定北京、南京、江苏、上海、杭州、开封、济南、天津各图书馆协会会长及邓萃英、熊希龄、范源廉、查良钊、陈宝泉、洪业、沈祖荣等15人为筹备委员,并推北京图书馆协会会长袁同礼为筹备会临时干事。③ 当杜定友得知北京亦有中华图书馆协会之组织,当即致电北京图书馆协会会长

---

① 《中华图书馆协会之筹备》,《申报》1925年4月11日第11版。
② 《中华图书馆协会之筹备》,《晨报》1925年4月11日第6版。
③ 《中华图书馆协会昨开发起人大会》,《晨报》1925年4月13日第6版。

袁同礼，请其来沪，共商进行，"袁君以事未果，派蒋慰堂代表到沪"①。

4月12日，上海图书馆协会假四川路青年会举行全国图书馆协会筹备委员会暨欢迎鲍士伟博士筹备委员会联席会议，到会者：杜定友、朱少屏、沈仲俊、邓演存、孙心磐、黄警顽、程葆成、陈伯逵、宋景祁、陈友松、朱少章、周秉衡、王永礼等十余人。由杜定友主席，程葆成记录。议决组织全国图书馆协会筹备职员计有编辑：马崇淦、陈友松、何宪琦、陈伯逵；事务：程葆成、王永礼、周秉衡、沈滨掌；招待：朱少屏、黄警顽、王永礼、沈仲俊；会计：孙心磐、宋景祁；文书：潘仰尧、王恂如。鲍士伟博士欢迎筹备职员：邓演存、朱少屏、海斯女士、黄维廉、周秉衡、沈仲俊。演讲地点假东方图书馆或上海总商会。②4月14日，上海图书馆协会在《申报》头版发布《全国各图书馆公鉴》③，内容是4月9日所发出致全国各图书馆之通函，宣告开会日期、地点和具体安排。4月15日，山东代表尹世铎、江西代表陈宗鉴（无先）、山西代表侯子文、南通代表陈保之、广东代表邹滨澜等抵沪，由上海图书馆协会欢迎招待，并请代表前往南洋大学寄宿。由于距离开会日期尚有数日，诸代表多拟往附近各处调查参观，届期返沪与会。④

4月19日上午10时，在国立北京师范大学开中华图书馆协会第一次筹备会，由熊希龄主席。出席者有：洪有丰（江苏图书馆协

---

① 金敏甫：《定友先生与图书馆协会》，载钱存训等编《杜氏丛著书目》，1936年，第60页。
② 《上海图书馆协和开会记》，《新闻报》1925年4月13日第4版。
③ 《全国各图书馆公鉴》，《申报》1925年4月14日第1版。
④ 《已到沪之各省图书馆代表》，《新闻报》1925年4月17日第4版。

会代表)、钟叔进(南京图书馆协会代表)、王文山(天津图书馆协会代表)、桂质柏(济南图书馆协会代表)、袁同礼(北京图书馆协会代表)、熊希龄、陈宝泉、邓萃英(汪懋祖代)、洪业、查良钊(冯陈祖怡代)等人。公推熊希龄为筹备会主席,袁同礼为干事,查良钊、洪有丰为书记。主席请袁同礼、洪有丰先后报告筹备经过情形,讨论进行方针。主席宣读简章,议决通过。又依简章第四章第四条规定,推举候选董事18人:蔡元培(国立北京大学校长)、范源廉(国立北京师范大学校长)、熊希龄(中华教育改进社)、袁希涛(江苏省教育会)、邓萃英(教育部)、张伯苓(天津南开大学校长)、邹鲁(国立广东大学校长)、徐鸿宝(京师图书馆主任)、王文山(天津南开大学图书馆主任)、何日章(开封河南图书馆馆长)、桂质柏(济南齐鲁大学图书馆主任)、杜定友(上海南洋大学图书馆主任)、沈祖荣(武昌华中大学图书馆主任)、章篯(杭州浙江图书馆馆长)、戴志骞(北京清华学校图书馆主任)、袁同礼(国立北京大学图书馆学教授)、钟叔进(南京江苏省立第一图书馆馆长)、洪有丰(国立东南大学孟芳图书馆主任)。旋议决下次筹备会于4月在上海举行,公推袁同礼、洪有丰代表筹备会京津会员届时出席。又议决中华图书馆协会成立大会于5月21日在北京举行。主席以上海亦有全国图书馆协会之发起,而上海图书馆协会会长又为北京筹备会会员,亟应统一合作,议决下次在上海举行筹备会时,得将该日议决各案向各省征求同意。最后议决该日推举之候选董事,经各省代表同意后,再由书记通告各机关会员,按董事定额通信选举。①

---

① 《图书馆协会第一次筹备会》,《晨报》1925年4月23日第6版。

4月19日下午，上海图书馆协会假上海总商会图书馆开第11次委员会暨招待委员会联席会议，列席者有：杜定友、周秉衡、陈友松、黄警顽、孙心磐、宋景祁、王恂如、程葆成、沈滨掌、陈伯逵、朱少屏、邓演存、马崇淦等十余人，由杜定友主席，王恂如纪录。议决如下事项，（1）招待全国图书馆代表程序：22日下午在南洋大学图书馆开谈话会；23日上午开会，下午南洋大学杜定友演讲，并参观徐家汇各处；24日上午开会，下午参观圣约翰大学图书馆，并请海斯女士演讲，又参观中华书局图书馆、中西女塾图书馆、圣玛丽亚图书馆、东方图书馆，并请韦棣华女士演讲；26日游览龙华各处并招待鲍士伟博士抵沪；27日上午与鲍士伟博士开会，下午开欢迎大会（地址：四川路青年会或总商会），晚七时举行聚餐会（演讲余兴）。（2）招待鲍士伟秩序俟鲍氏到后再定。(3)各团体及个人加入欢迎宴会者务请于22日以前将中西名称送交总商会图书馆汇印欢迎秩序单内。① 至4月21日已有江苏省教育会、青年会、上海总商会、申报馆、寰球学生会②、新闻报馆、圣约翰大学、南洋大学、商科大学、上海广肇公学、商业专门学校、群治大学、暨南大学、上海大学、清心中学、伊文思印书馆、商务印书馆、中华书局、上海童子军总会、中华职业学校、中华学艺社、中华农学会、中华武术会、大同大学、浦东中学、无锡泰伯市图书馆等数十团体加入。③

蒋复璁到上海后，"因各校正放春假，未及与上海图书馆协会委员长杜定友晤面，即因事赴杭，至4月17日方回沪，现据上海

---

① 《上海图书馆协会开会纪》，《申报》1925年4月20日第11版。
② 应指寰球中国学生会。
③ 《加入欢迎鲍士成宴会之踊跃》，《申报》1925年4月21日第11版。

图书馆协会对于全国图书馆协会之组织业已告竣,并定于4月22日起开大会,故即日回京报告一切"①。因蒋复璁到沪并未与杜定友取得圆满结果,杜定友再度电请袁同礼来沪。4月21日,"袁君抵沪,即晚杜师与袁君会商两会合并办法,谈至翌晨四时,方始议安"②。

4月22日下午2时,到沪各代表在徐家汇南洋大学图书馆开谈话会。到会者有:开封何日章、李燕亭、张幼山,江西陈宗鏊,青岛陈立廷,南通陈保之,浙江徐蒙简,山东尹世铎,山西侯子文、韩宗道,安徽胡达三、王杰,陕西郗敬斋、高楼基,无锡秦寿鲲,汕头李春涛,四川黄元吉,苏州彭清鹏,上海黄维廉、陈友松、程葆成、陈伯迖、苏建文、王永礼、沈仲俊、佘仲谋、周秉衡、孙心磐、王恂如、杜定友、黄警顽、顾炳麟、潘圣一等,由杜定友主席。由于谈话会久无结果,嗣由程葆成提议改谈话会为筹备会,仍公推杜定友为筹备会主席,议决三项:(1)23日讨论全国协会之组织法,由到会各代表以书面提出讨论,并对于北京及武昌正在筹备之中华图书馆协会应抱何种态度;(2)仍以上海图书馆协会原有之办事员为全国协会之办事职员,并添举陈宗鏊、佘仲谋为文书,张幼山、陈保之、韩宗道、彭清鹏为编辑委员,何日章、李燕亭、王杰、侯子文、彭清鹏、陈宗鏊、郗敬斋为议案审查委员;(3)迟到代表每省可举一人为议案审查委员。③据金敏甫《定友先生与图书馆协会》称,该日会毕之后,"杜师深恐功亏一篑,用尽力量,

---

① 《北京图书馆协会代表过沪》,《新闻报》1925年4月18日第4版。
② 金敏甫:《定友先生与图书馆协会》,载钱存训等编《杜氏丛著书目》,1936年,第60页。
③ 《全国图书馆协会昨开筹备会》,《申报》1925年4月23日第11版。

奔走于各代表间,以期免除各方误会,俾一国之内,不致有两个协会同时成立"①。

4月23日上午9时,在南洋公学图书馆开第一次讨论会,到会代表有60余人。首先,由主席杜定友报告开会宗旨。其次,书记王恂如宣读22日会议纪录。随后,南洋公学凌校长致欢迎词,韦棣华女士和教育总长王九龄随后发表演说,北京大学图书馆代表袁同礼报告北京组织中华图书馆协会之经过详情后散会。中午在南洋公学食堂午餐,下午1时继续开会,又经众推出钟福庆、袁同礼、潘寰宇、钱国栋、朱家治为审查委员。各代表口头主张太多,意见颇不一致,结果议决关于组织办法及宗旨、名称、地点等,由各代表以书面提出,交与审查会,俟审查会审查后,将结果交与大会公决,并定24日上午8时至10时开审查会。当日3点3刻散会后由黄警顽引导各代表至徐家汇参观徐家汇图书馆,并由该馆主事徐守泽引导参观博物院、圣母院、天文台、天主堂。②

4月24日上午9时,仍在南洋公学开议案审查会,主席杜定友请各代表将履历、现任代表机关名称于25日一律交总商会图书馆汇集编入特刊。接着,由议案审查会书记陈宗蓥宣读审查情形。各地提案者有北京、南京、上海、安徽、江西、山西、开封、浙江、无锡、临海,议决事项如下:

  名称——中华图书馆协会

  地点——事务所设北京,分事务所设上海

  年会——各省区轮流开会

---

① 金敏甫:《定友先生与图书馆协会》,载钱存训等编《杜氏丛著书目》,1936年,第61页。
② 《组织全国图书馆协会代表会纪》,《申报》1925年4月24日第11版。

会员——机关会员以图书馆为单位,此外如个人会员、名誉会员、赞助会员等将来再议

组织——应有董事部,董事由个人、名誉两种会员中产出,其职权为谋划经费、审查预决算、审定会员资格等;董事部外另设执行部,执行会务。

会议还推定起草章程委员5人,为浙江、江西、北京、河南、上海各代表,在总商会图书馆开会。散会后赴圣约翰大学图书馆、中西女塾等参观。①

4月25日上午10时,在北四川路横滨桥广肇公学3楼开讨论会,到会代表40余人。邓演存代表广肇公学校长致欢迎词,主席杜定友报告开会程序及欢迎鲍士伟之时间地点,书记王徇如宣读24日议决案。接着开始讨论组织草案,首由起草委员陈宗蓥宣读一次,即经众逐条讨论,修正通过,遂由主席宣告中华图书馆协会正式成立。下午2时改开成立大会,仍推杜定友主席,王徇如书记。议决下列各案:(1)以该日到会各代表为基本会员;(2)选举执行部正副部长暨董事。先推出何日章、袁同礼、杜定友为提名委员;(3)此次筹备会一切费用由中华图书馆协会承担;(4)随美国庚款委员会开会时举行成立仪式;(5)1926年年会地点定在北京或武昌,时间定在暑假。会议选出中华图书馆协会职员,其中董事15人,分别是蔡元培、梁启超、胡适、丁文江、沈祖荣、钟叔进、戴志骞、熊希龄、袁希涛、颜惠庆、余日章、洪有丰、王正廷、陶行知、袁同礼;执行部正部长戴志骞;副部长杜定友、何日章。会毕,往宝山路参观商务印书馆之东方图书馆。是晚,由商务印书馆

---

① 《筹备图书馆协会代表会议续志》,《申报》1925年4月25日第12版。

在大东旅社宴请各图书馆代表,韦棣华女士演说。李小缘于 1921 年自费留学,恰于 1925 年 4 月 24 日自美抵沪,连续两日出席会议,24 日下午在圣约翰大学图书馆为海斯女士翻译。①

中华图书馆协会成立后,亟须觅定总事务所地址,得松坡图书馆将石虎胡同 7 号第二馆房间让与数间暂作总事务所。据 5 月 13 日《时报》记载,因戴志骞赴美未回,推定袁同礼代行执行部部长职权。该则报道亦刊载中华图书馆协会通告各图书馆一函。

敬启者,本会前由各地图书馆协会、各省区图书馆及教育界同人共同发起,已于 4 月 25 日在沪成立,当经通过组织大纲、选出职员,兹依大会之议决,定于 6 月 2 日下午 3 时,假北京南河沿欧美同学会举行成立式,敬希委派代表,届时出席,共襄盛举,是为至盼。如限于期日,不克莅会,务请惠赐文字,俾有遵循。②

该文又言,中华图书馆协会于 5 月 12 日委任江西陈宗鉴,浙江章箴,苏州彭清鹏,南京李小缘,河南李燕亭,南通陈保之,山西侯子文,上海孙心磐、王恂如、程葆成等为执行部干事。③ 同日《新闻报》也刊发这则通函,并附招待程序。(1)由北京图书馆协会担任招待。(2)各代表于 6 月 1 日以前到京,迳至西单牌楼石虎胡同 7 号松坡图书馆注册。(3)各代表在京参观游览日程表(6 月 1 日至 4 日)在注册时领取,惟游览费及食宿均自备。(4)中华图书馆协会成立式定于 6 月 2 日下午 3 时在南河沿欧美同学会礼堂举

---

① 《中华图书馆协会昨日成立》,《申报》1925 年 4 月 26 日第 12 版。
② 《中华图书馆协会将行成立礼》,《时报》1925 年 5 月 13 日第 4 版。
③ 《中华图书馆协会将行成立礼》,《时报》1925 年 5 月 13 日第 4 版。

行，晚 7 时由北京图书馆协会宴请各代表。①

5 月 18 日，中华图书馆协会呈请京师警察厅转呈内务部立案。6 月 4 日批示准予立案。5 月 19 日下午，上海图书馆协会在总商会图书馆开第 11 次委员会，会上公推上海南洋大学图书馆馆长王永礼为上海图书馆协会代表赴京出席中华图书馆协会成立仪式。②

5 月 25 日，中华图书馆协会致函江苏省教育会和浙江公立图书馆等发起单位，请介绍会员，附机关会员调查表、个人会员调查表、组织大纲等多份，请分寄各图书馆恳其即日填就寄中华图书馆协会总事务所。③

5 月 27 日上午 10 时，中华图书馆协会在松坡图书馆召开第一次董事会，出席者有：丁文江、蔡元培（陈源代）、梁启超、袁同礼、胡适、熊希龄（高仁山代）、颜惠庆、陶行知（陈翰笙代）、范源廉（梁启超代）、洪有丰（袁同礼代）。公推梁启超为临时主席，胡适为临时书记。议决除组织大纲所规定之部长一人外，添举一人任书记事务，另举五人组织财政委员会。经选举，部长梁启超，书记袁同礼，财政委员会成员颜惠庆、熊希龄、袁希涛、丁文江、胡适。各董事任期一年者五人，分别是颜惠庆、袁希涛、梁启超、范源廉、袁同礼。任期二年者五人，为王正廷、熊希龄、蔡元培、洪有丰、沈祖荣。任期三年者五人，为胡适、丁文江、陶行知、钟福庆、余日章。会上还公推教育总长施肇基、鲍士伟、韦棣华为中华图书馆协会名誉董事，并推举罗振玉、徐世昌、傅增湘、严修、王国维、张元济、陈垣、叶恭绰、叶德辉、李盛铎、董康、张相文、

---

① 《中华图书馆协会将行成立式》，《新闻报》1925 年 5 月 13 日第 3 版。
② 《上海图书馆协会委员会纪》，《申报》1925 年 5 月 20 日第 11 版。
③ 《附录：中华图书馆协会请介绍会员》，《浙江公立图书馆年报》1925 年第 10 期。

柯劭忞、徐乃昌、王树枏、陶湘、蒋汝藻、刘承干、张钧衡、朱孝臧20人为名誉会员。①

5月28日,《上海夜报》刊载《中华图书馆协会之进行》,预告中华图书馆协会6月2日成立仪式之安排,称将由董事颜惠庆主席,并请梁启超、鲍士伟、韦棣华及教育总长演说,晚上由北京图书馆协会宴请中华图书馆协会董事部及执行部全体职员,并列有全体职员名单。其中,执行部干事名单如下。②

北京:徐鸿宝、钱稻孙、高仁山、蒋复璁、许达聪、冯陈祖怡、马家骧、陆秀、查修

上海:程葆成、周秉衡、黄警顽、陈友松、王恂如、孙心磐

山东:桂质柏

天津:王文山

浙江:章筬

苏州:彭清鹏

广东:吴康(敬轩)

湖北:胡庆生

山西:侯与炳(侯子文)

江西:陈宗壄

安徽:王杰

四川:张世鋡

贵州:潘寰宇

陕西:郗慎基(郗敬斋)

云南:李永清

---

① 《中华图书馆协会第一次董事会议》,《申报》1925年6月5日第13版。
② 《中华图书馆协会之进行》,《上海夜报》1925年5月28日第2版。

奉天：吴家象

湖南：李次仙

此名单中共有干事 30 名，并没有 5 月 13 日《时报》中所提李小缘、李燕亭、陈保之 3 人。此名单还出现于 5 月 29 日《申报》之《中华图书馆协会之进行》①中，因此不大可能是刊印错误，很可能是人选本身在这几日中有所变化。6 月 30 日出版《中华图书馆协会会报》首期列有执行部干事 33 人，其中上海原陈友松换为王永礼（上海南洋大学图书馆），增加河南中州大学图书馆李燕亭（李长春）、吉林图书馆初宪章、厦门大学冯汉骥 3 人。②

中华图书馆协会"为共同研究图书馆学术，或处理特别问题起见"③，特组织 13 项专门委员会：分类委员会、编目委员会、索引委员会、目录委员会、国际目录分委员会、政府出版物委员会、交换图书委员会、专门名词审查委员会、儿童图书馆委员会、乡村图书馆委员会、出版委员会、图书馆建筑委员会、图书馆教育委员会。同时，中华图书馆协会正从事搜集各国关于图书馆学、目录学书籍，拟设立图书馆学图书馆于北京，并执行部决定 1925 年 7 月间在南京开办图书馆学暑期学校，广聘国内图书馆学专家如北京袁同礼，武昌沈祖荣，南京洪有丰、李小缘、刘国钧，上海杜定友等为教授，所设课程有图书馆学术史，图书馆行政分类法、编目法，图书选购法，图书流通法，参考部，儿童图书馆，学校图书馆，目录学，古书鉴别法，出版物，图书馆建筑，图书馆学术集要等，并

---

① 《中华图书馆协会之进行》，《申报》1925 年 5 月 29 日第 11 版。
② 《会务纪要：执行部职员》，《中华图书馆协会会报》1925 年第 1 卷第 1 期。
③ 《中华图书馆协会之进行》，《上海夜报》1925 年 5 月 28 日第 2 版。

于课外请国内外教育名流分期演讲。①

6月2日,在松坡图书馆召开中华图书馆协会第二次董事会。出席者:陶行知(高仁山代)、洪有丰(李小缘代)、范源廉(何日章代)、钟福庆(陈容代)、梁启超、颜惠庆(梁启超代)、袁同礼、蔡元培(袁同礼代)、熊希龄(袁同礼代)、胡适(陈翰笙代)、沈祖荣等。讨论中华教育改进社图书馆教育委员会所提出拟用美国退还庚款三分之一建设图书馆之提议,及美国图书馆协会代表鲍士伟意见书,议决大体赞同,惟附说明。推举名誉会员12人:欧阳渐、卢靖、Melvil Dewey、Herbert Putnam、E. C. Richardson、C. W. Andrews、James I. Wyer、Edwin H. Anderson、John Cotton Dana、W. W. Bishop、Charles F. D. Belden、Carl H. Milam。②《中华图书馆协会第一周年报告》中提到中华图书馆协会董事部于1925年5月27及6月2日两次会议推举33人为名誉会员,③但第一次董事会推举20人,第二次董事会推举12人,加在一起32人而非33人。《中华图书馆协会会报》第一卷一期和第一卷三期的《会务纪要》中也都列有名誉会员名单,据统计人数也都是32人。

6月2日下午,中华图书馆协会在北京南河沿欧美同学会礼堂开成立会,各省代表及京中教育界到者150余人。首由主席颜惠庆致开会辞,次由教育次长吕复代表教育总长致辞,次由美国图书馆协会代表鲍士伟演说。待鲍士伟演说完毕,颜惠庆因事退席,由梁启超主席。稍事休息后,由中国音乐队奏乐,继由梁启超演说,再由韦棣华女士演说,题为《中美国际友谊之联络》,最后摄影茶叙

---

① 《中华图书馆协会之进行》,《上海夜报》1925年5月28日第2版。
② 《中华图书馆协会之董事会》,《新闻报》1925年6月12日第2版。
③ 《中华图书馆协会第一周年报告》,《中华图书馆协会会报》1926年第2卷第1期。

而散。① 除部分图书馆与图书馆协会代表 12 人参加成立仪式外，还有交通南洋大学、上海图书馆协会、上海广肇公学图书馆、河南图书馆馆长何日章等寄赠祝辞。② 颜惠庆在开会辞中提到："鄙人对于图书馆有二感想，（一）中国书籍甚多，中国古书之富对西洋实无愧色；（二）中国人爱好书，此事于中国街道上之敬惜字纸即可见之。但由此二优点连带即生两缺点：（一）不知保存书籍方法；（二）中国人之爱书系贵族的，非平民的，不能普遍。我对本会有两大希望：（一）研究如何保存古书；（二）研究如何发展中国人民爱书之精神。"③ 鲍士伟在当日演讲中提到友人问他图书馆协会第一步应作何事，第二步应作何事，他答之曰，图书馆协会最重要的工作为征集会员，不必限于专门学者，凡赞成热心此事业者皆许其加入，在会中共相讨论。同时，他也提到了中国虽有很多图书馆，但实际在性质上皆属藏书楼，而图书馆不只是有书，并须使人人都能用书。④

在中华图书馆协会的筹备和成立过程中，北京图书馆协会、开封图书馆协会和上海图书馆协会形成了一种特殊的关系，这其中的利益之争是不容忽视的。上海图书馆协会成立后在杜定友的领导下发展势头很旺，且在 1925 年 1 月 4 日召开了规模盛大的第一届年会，媒体报道称到会者千余人。1925 年 2 月，上海图书馆协会团体会员有 34 家。杜定友本身也是留学归国的图书馆学专家。因此，上海图书馆协会在实力上已经可与北京图书馆协会比肩。加之上海

---

① 《中华图书馆协会成立》，《时报》1925 年 6 月 6 日第 2 版。
② 《中华图书馆协会成立举行成立式》，《晨报》1925 年 6 月 2 日第 6 版。
③ 《中华图书馆协会在京开成立会》，《申报》1925 年 6 月 6 日第 13 版。
④ 《中华图书馆协会在京开成立会》，《申报》1925 年 6 月 6 日第 13 版。

图书馆协会的确占据地理位置适中，且可同时欢迎鲍士伟博士的便利条件。北京图书馆协会一方面早已将成立全国图书馆协会作为份内之事，且早已着手筹备，显然不甘就此"拱手让人"而沦为"配角"，因此才会发生两地互不妥协、分头筹备的局面。

1960年，杜定友完成自传体回忆录《百城生活》①。其中关于中华图书馆协会的成立有如下记载：

> 1924年，组织全国图书馆协会是经过一场激烈的斗争。其原因是北平方面以少数人的发起，草率成立，会内设有"董事"，均时下"名流"，官僚气味颇重，尤为群众所不满。当时群情汹涌，会议有分裂之势。我以图书馆界出现"南北政府"，期期以为不可，乃奔走斡旋，樽酒折衷，主持会议凡三昼夜。当时北平方面仅代表三四省，而由我号召的上海方面有十七省之多。我唇焦舌烂，说服多数，为之撮合，承认北平方面，但改选职员。如果上海之全国图书馆联合成立，则我被选为首任会长，自在众料之中，而我放弃个人名誉地位，会务仍由北方戴志骞领导，由我副之，中华图书馆协会始告成立。②

显然，由于时间和记忆所带来的影响，杜定友误将1925年记作了1924年。他所提到的其他细节也有进一步考究的必要。查北京方面于1925年4月19日开中华图书馆协会筹备会时所推举候选董事18人，除蔡元培（国立北京大学校长）、范源廉（国立北京师

---

① 王子舟：《杜定友和中国图书馆学》，北京图书馆出版社，2002年，第307页。
② 杜定友著，广东省立中山图书馆、中山大学图书馆编：《杜定友文集》（第18册），广东教育出版社，2012年，第194页。

范大学校长）、熊希龄（中华教育改进社）、袁希涛（江苏省教育会）、邓萃英（教育部）、张伯苓（天津南开大学校长）、邹鲁（国立广东大学校长）7人外，其余11人均为图书馆主任或馆长，杜定友与何日章也都名列其中，比较全面地兼顾了全国各主要图书馆，故杜定友所言"群情汹涌"恐不是事实。蔡元培等人从其职务来说，也都是来自教育界而非单纯的政界，而且这几位一向对于图书馆事业有实质性的支持。此外，董事制下董事的重要职责之一便是筹募经费。客观来说，协会中若无这些握有教育实权者的支持，争取经费是相当困难的。4月25日中华图书馆协会成立时选出董事15人，图书馆界人士仅沈祖荣、钟叔进、戴志骞、洪有丰、袁同礼5人，远远少于此前名单中图书馆界人士的数量。因此，杜定友所不满的"官僚气味颇重"应该不是指北京图书馆协会召开中华图书馆协会筹备会时的董事之设。

《中华图书馆协会之筹备》在其"缘起"部分所附发起人名单中共有56人和南京图书馆协会、江苏图书馆协会、上海图书馆协会、天津图书馆协会、北京图书馆协会这5个图书馆协会。[①] 反倒是这56人中不乏"名流"，图书馆界人士仅韦棣华、沈祖荣、胡庆生三人。不过，这其实正是韦棣华女士所期望的，她在美国图书馆协会年会上宣读论文《中国图书馆发展近况》，代表中华教育改进社请美国图书馆协会派出代表赴华时，表达了这样的意愿，她认为美国图书馆专家来华除进行调查提出报告以使美国退还庚款一部分用于发展图书馆事业外，还需借机促成全国图书馆协会的成立，而这一协会要是一个既让中国外交部尊重又得到美国认可的组织，且

---

① 《中华图书馆协会之筹备》，《晨报》1925年4月11日第6版。

能将中国最重要的教育家吸纳进来。韦棣华之所以有这样的考虑，是基于她运动美国退还庚子赔款之经历，为达到这个目的，她请社会各界名流在其请愿书上签名，因为她知道在政治层面中美高层看重的都是这些"名流"，他们的名字具有一种力量，而这是争取到退还庚款用于图书馆事业的希望。

杜定友事后所说的理由都有些站不住脚，产生矛盾的直接原因还在于缺乏很好的协调机制。不同集体维护各自的利益是正常的，如果有好的机制，就可以尽可能以公平的方式照顾到大多数人的利益。在各地方图书馆协会之间处于平行关系的情况下组织更高级别的组织，相互之间没有制衡，竞争就会无序。不可否认，北京图书馆协会和上海图书馆协会在筹办全国图书馆协会时都做出了贡献，双方虽然存在分歧和利益之争，但最终还是以中国图书馆事业大局为重，促成了唯一的全国性图书馆协会——中华图书馆协会的成立。但这段筹备中华图书馆协会过程中产生的矛盾最终还是留下了"后遗症"。中华图书馆协会在4月25日（上海成立大会已经召开）以后，又定于6月2日在北京开成立仪式之举，难免有"削弱"上海、重新界定历史的嫌疑。对此，上海方面也难免有特别想法。上海广肇公学图书馆在给中华图书馆协会成立仪式的祝辞中写道："中华图书馆协会前在敝馆议决成立并选出董事暨执行部长，敝馆曷胜乐幸！今在京师举行成立式，用缀数言，借伸贺悃，猗欤协会，敬业乐群，沟通文化，福我莘莘……"① 既表庆祝，同时又是在重申中华图书馆协会在该校图书馆成立之历史。此举并非多想，上海图书馆协会在中华图书馆协会成立历史中的地位随着时间的流

---

① 《上海图书馆协会派代表赴京》，《申报》1925年6月2日第11版。

逝而慢慢淡化，甚至连中华图书馆协会正式成立日期最终也由 4 月 25 日变成了 6 月 2 日。1925 年，《中华图书馆协会成立宣言》明确说道："今以十四年四月二十五日成立于沪滨，复以六月二日举会于京国。"①1933 年印行之《中华图书馆协会概况》也同样列出这两个重要时间点，但在叙述中明显突出北京图书馆协会的主导地位。至 1942 年 2 月 9 日中华图书馆协会在重庆国立中央图书馆开第五届年会会员联谊会时，蒋复璁演说中华图书馆协会成立历史时就没有提到上海图书馆协会，他说："中华图书馆协会筹备于十七年前，戴志骞、冯陈祖怡二先生正主持北平图书馆协会，主张创立，而戴先生因事出国，袁守和先生由粤来平，筹议发起，本人其时亦在北平起草会章，各方奔走追随袁先生……于十四年六月二日举行成立式于北平……"②丝毫未提 4 月 25 日在上海成立一节。1944 年，为配合第六届年会的召开，中华图书馆协会安排袁同礼撰写《中华图书馆协会之过去、现在与将来》，他在开篇就称"本会成立于民国十四年六月"③。

1925 年 4 月 25 日，中华图书馆协会开成立大会并选举职员。经选举，执行部正部长为戴志骞，杜定友和何日章同为副部长。戴志骞不在国内期间，由袁同礼代理其职，且中华图书馆协会的总事务所设在北京。中华图书馆协会成立后执行部聘定干事 33 名，其中 9 人为北京图书馆协会会员，6 人为上海图书馆协会会员，其他 18 省每省 1 名。从中可以看出，这是兼顾了中华图书馆协会筹备过

---

① 《中华图书馆协会成立宣言》，《中华图书馆协会会报》1925 年第 1 卷第 1 期。
② 《年会报告：本会第五次年会会员联谊会纪录》，《中华图书馆协会会报》1942 年第 16 卷第 5、6 合期。
③ 袁同礼：《中华图书馆协会之过去现在与将来》，《中华图书馆协会会报》1944 年第 18 卷第 4 期。

程中北京图书馆协会、上海图书馆协会和开封图书馆协会三方的利益的结果。最高领导权实际上仍归北京图书馆协会，这与北京图书馆协会能获得教育文化界名流的支持不无关系，这对新生的中华图书馆协会来说是十分重要的社会资源，另外也是对戴志骞在图书馆界的领导地位以及他对于成立全国图书馆协会前期所付出努力的承认。

第五节　地方图书馆协会的陆续成立

自1920年夏中国图书馆界提出组织全国图书馆协会的计划以后，成立地方图书馆协会的终极目标实际上是促成全国图书馆协会的成立。不过，地方图书馆协会并没有在中华图书馆协会成立后就结束其历史使命。相反，在中华图书馆协会筹备期间和成立之后，更多的地方图书馆协会陆续成立。

一、中华图书馆协会第一届年会召开前成立五个图书馆协会

（一）广州图书馆协会

1925年，国立广东大学图书馆接上海图书馆协会3月23日发给各图书馆通函征求意见、请派代表赴沪参会后，以广州协会尚未成立，殊非所以促进图书馆事业之道，而派遣代表事又不容稍缓，

乃即召集各图书馆长员，开筹备会议。3月29日午，假广东大学图书馆开会，到者有广东省立图书馆徐信符、岭南大学图书馆陈德芸、省教育会图书馆成晓勤、广东大学图书馆吴敬轩、渠春华、林卓夫、杨开，广州市立第一通俗图书馆陈剑秋等十数人，议决即行设立，通过规程九条，并定下星期四仍假广东大学开成立大会，出席全国协会代表亦即由此次大会产出。① 会后发函邀请市内各图书馆入会，七十二行商报图书馆，番禺县立图书馆及工专、一中、女师、市师、执信、广中等校图书馆均函请加入。4月2日，广州图书馆协会在广东大学图书馆开成立大会，主席为广东大学图书馆吴康。当时入会机关会员6个、个人会员14人。选举职员：正会长吴康、副会长陈德芸、书记杨始开。不久，吴康赴法留学，由会员推举陈德芸暂代会长。②

（二）苏州图书馆协会

苏州图书馆协会具体成立时间不明。1926年《中华图书馆协会会报》曾列有苏州图书馆协会简章，并注明会长彭清鹏，书记蒋怀若，通讯处为苏州图书馆。③ 后来，金敏甫在1928年《中国现代图书馆事业概况（续）》中介绍其"成立于民国十四年间"④。据《苏州各界欢迎鲍士伟博士纪》记载，5月5日鲍士伟抵达苏州，"苏州图书馆协会及各教育团体、青年会等均派代表，清晨出城，

---

① 《广州市筹设图书馆协会》，《申报》1925年4月13日第11版。
② 何多源：《广州图书馆协会概况》，《广州大学图书馆季刊》1935年第2卷第1期。
③ 《苏州图书馆协会》，《中华图书馆协会会报》1926年第1卷第5期。
④ 金敏甫：《中国现代图书馆事业概况（续）》，《国立中山大学图书馆周刊》1928年第1卷第3期。

在车站携带旗帜,各佩欢迎徽章"①。由此,可以判定苏州图书馆协会成立于 1925 年 5 月 5 日之前,但是否在中华图书馆协会成立前成立不得而知。可见严文郁在《中国图书馆发展史:自清末至抗战胜利》中称苏州图书馆协会"14 年 8 月成立"②是不正确的。

(三)杭州图书馆协会

1926 年 4 月 18 日,浙江省会图书馆协会在其召开第二届年会时正式改称杭州图书馆协会。1928 年 4 月 23 日,杭州图书馆协会开第四届年会时修改会章,废除会长制,改为委员制,随即选举章箴、陈策云、杨立诚、徐凤超、刘荫吾、李剑农、裘仲曼 7 人为执行委员,又由执行委员互选出杨立诚、章箴、刘荫吾 3 人为常务委员。③ 1929 年 2 月以后,"常会即未举行。杨立诚离浙后,该会即无形停顿"④。

(四)北平图书馆协会

1927 年,蒋介石在南京设立国民政府,以南京为首都。1928 年,国民党北伐军攻占北京,北洋政府下台。1928 年 6 月,国民党中央政治会议决定:直隶省改名河北省,旧京兆区各县并入河北省;北京改名北平;北平、天津,改为特别市。因此,北京图书馆协会改为北平图书馆协会。

---

① 《苏州各界欢迎鲍士伟博士纪》,《申报》1925 年 5 月 10 日第 11 版。
② 严文郁:《中国图书馆发展史:自清末至抗战胜利》,台湾枫城出版社,1983 年,第 226 页。
③ 《杭州图书馆协会成立及经过报告》,《图书馆学季刊》1929 年第 3 卷第 1、2 合期。
④ 浙江省第一学区图书馆协会编:《浙江省第一学区图书馆协会概况》,浙江省第一学区图书馆协会,1932 年,第 10 页。

1928年7月17日，北京图书馆协会在北京图书馆举行常会，由副会长钱稻孙主席。该会会务因"前在奉系政府权势之下，进行诸多阻滞，陷于停顿，迨逾年余，亟待振作"，由袁同礼提议采用委员制，经表决后，推定修改会章起草委员5人先行起草，另日召集大会，再详为考虑，共同决议。① 12月23日，北京图书馆协会假燕京大学图书馆开第十八次常会，由袁同礼主席。② 首先讨论上次会议推举之修改会章委员会所拟草案，修改通过了《北平图书馆协会简章》，将协会名称改为北平图书馆协会，并设执行委员会和监察委员会。执行委员会由7人组成，其中设主席一人、书记一人、会计一人。③ 执行委员会有主席袁同礼、书记蒋复璁，会计罗静轩，执行委员还有洪有丰、田洪都、钱稻孙、严文郁。监察委员会有委员徐家麟、王樾、孔敏中、汪长炳、章新民5人。此外，北平图书馆协会还设有3个专门委员会，分别是图书馆设计委员会（洪有丰、袁同礼、田洪都、徐家麟、严文郁）、丛书联合目录委员会（蒋复璁、谭志贤、章新民、徐家麟、张一航），期刊联合目录委员会（汪长炳、沈缙绅、毕树棠、何澄一、李绥垣）。④ 个人会员人数相较于1924年的40人，已增至120人。⑤

（五）武汉图书馆协会

宋建成在《中华图书馆协会》一书中的《各地方图书馆协会基

---

① 《图书馆界：北京图书馆协会将改组》，《中华图书馆协会会报》1928年第4卷第1期。
② 《图书馆界：北平图书馆协会简章》，《中华图书馆协会会报》1928年第4卷第3期。
③ 《北平图书馆协会会务报告：组织之改革》，《北平图书馆协会会刊》1929年第2期。
④ 《北平图书馆协会会务报告：会员之增加》，《北平图书馆协会会刊》1929年第2期。
⑤ 《北平图书馆协会会务报告：会员之增加》，《北平图书馆协会会刊》1929年第2期。

本资料表》中提及武汉图书馆协会,列出成立时间在1928年,会址位于湖北省立图书馆,[①]但并未给出具体的史实依据。笔者在《中华图书馆协会第一次年会报告》之《出席一览表》与《中华图书馆协会会员录(1931年6月)》中均见到武汉图书馆协会,说明其成立时间应在1929年1月28日之前。

二、中华图书馆协会第一、二届年会间成立九个图书馆协会

(一)太原图书馆协会

1928年12月31日《中华图书馆协会会报》"图书馆界"消息记载:"太原图书馆协会筹备会昨在省党部开第一次会议,出席者有公立图书馆,第一、第二通俗图书馆,省党部图书馆及各学校图书馆,代表共十七人。决议先调查太原图书馆之数目,并在各报刊登启事,以便公众参加。调查有头绪后,即继续召集第二次会议云。"[②]由于没有确切日期,仅可推测太原图书馆协会第一次筹备会时间大约在1928年底。

1929年5月20日[③]下午,太原图书馆协会在山西公立图书馆内开正式成立大会。"当时出席者有商专、法专、第二通俗、国师、一师、省立模范小学、第一通俗、省党部、一中、三晋、自新院、

---

① 宋建成:《中华图书馆协会》,台湾育英社文化事业有限公司,1980年,第256页。
② 《图书馆界:太原图书馆协会之筹备》,《中华图书馆协会会报》1928年第4卷第3期。
③ 成立时间存疑,有可能是5月29日。因《中华图书馆协会会报》1929年第4卷6期《图书馆界:太原图书馆协会成立经过》的开头说的是"业于5月廿日下午二时在山西公立图书馆内,开正式成立大会",但所附《太原图书馆协会缘起》中称"于今年五月二十九日正式成立"。

农矿厅、明原、成成中学、平中、公立各图书馆,主席殷子承、纪录王伯轩,行礼如仪。主席报告开会宗旨后,即行讨论宣言缘起及简章,略加修改,经大众一致通过。复选出执行委员为省党部图书馆、商业专校图书馆、法政专校图书馆等。"①

(二)福建图书馆协会

1929年1月28日至2月1日,中华图书馆协会在南京金陵大学召开第一次年会,参加年会的有62家机关,个人会员有113人。其中,来自福建省的个人会员有福州法政编译社沈孝祥,建瓯公立图书馆谢源(伯渊),福建教育厅侯鸿鉴(保三)、福州公立图书馆谢大祉(雪汀)、姚大霖(雨苍),厦门集美学校图书馆蒋希曾,厦门图书馆余超(少文),厦门鼓浪屿中山图书馆蔡寅清(瘦鹤)8人,此外建瓯公立图书馆谢伯辉还作为机关会员代表出席会议,因此来自福建的代表共有9人。鉴于各地图书馆协会多已成立,唯福建尚付阙如,福建赴会代表特在南京开会期间讨论,选出侯鸿鉴、谢源、蒋希曾、余超、沈孝祥、蔡寅清6人为临时筹备员。

侯鸿鉴等人"以筹备事宜之不宜缓,重以程教育厅长(程时煃)之热心督促"②,致电(函)邀请各代表于1929年2月19日、20日开临时筹备会,商榷进行事宜。福建图书馆协会筹备处还致函各县教育局,请代为调查各地公私立图书馆情形(按寄发表格填写),于4月15日前寄回筹备处。同时,还将简章草案及临时筹备

---

① 《图书馆界:太原图书馆协会成立经过》,《中华图书馆协会会报》1929年第4卷第6期。
② 《福建图书馆协会筹备处成立》,《厦大周刊》1929年第197期。

会议决事项呈报教育厅备案,并印简章多份请筹备员征集会员。①

2月26日,在福建公立图书馆开临时筹备会。当日到会者有公立图书馆馆长谢大祉、主任姚大霖,集美图书馆主任蒋希曾,建瓯图书馆馆长谢源,教育厅秘书侯鸿鉴(由林泽薇女士代表)5人,此外余、沈、蔡三位临时筹备员,因为时间来不及,故未赶到。②公推谢大祉为主席,③开会后起草协会简章草案,发表宣言。④议决八项:(1)修改章程草案以备提交大会;(2)议决设筹备处于福建公立图书馆;(3)推选正式筹备员,其被选人员为:侯鸿鉴、姚大霖、谢大祉、林泽薇、蒋希曾、谢源;(4)由各筹备员分任调查各地图书馆情形;(5)规定福建各地图书馆调查表及征求会员表格式;(6)预算筹备费,除征求会员会费外,请求教育厅指拨一次补助费;(7)调查事项,限本年四月以前报告筹备处;(8)预定尽本年暑假期前开成立大会。⑤

9月16日,福建图书馆协会开成立大会,通过章程,并选举职员。以记名投票法选侯鸿鉴、谢大祉、姚大霖、叶昇、谢源、陈鼎毅、林泽薇、沈孝祥、郑章盛9人为执行委员,陈廷端、陈铣、李煜3人为候补执行委员,龚履谦、朱涵、林玗3人为监察委员,周殿薰、李之华、吴孝枋3人为候补监察委员。当日下午2时,开第一次执监联席会议,议决事项有:(1)推举谢大祉、谢源、侯鸿鉴3人为执监委员会办事细则起草委员;(2)设总务、编辑、调查三

---

① 《公牍:致蒋孝丰函一件》,《福建图书馆协会会报》1930年第1期。
② 《福建图书馆协会筹备处成立》,《厦大周刊》1929年第197期。
③ 《福建图书馆协会开始筹备》,《申报》1929年3月8日第11版。
④ 《福建图书馆协会筹备处成立》,《厦大周刊》1929年第197期。
⑤ 《福建图书馆协会开始筹备》,《申报》1929年3月8日第11版。

部；(3) 举谢大祉、侯鸿鉴、姚大霖3人为常务委员；(4) 委员抽签执行委员任期一年者谢源、陈鼎縠、郑章盛，二年者沈孝祥、侯鸿鉴、谢大祉，三年者姚大霖、叶昇、林泽薇；监察委员任期一年者龚履谦，二年者林玗，三年者朱涵。① 9月17日下午1时举行成立大会及执监委员就职典礼。到会者有福建省党部代表范春阳、县党部代表张仁华、省政府代表吴育庭、教育厅厅长程时煃、福州商务印书馆经理蔡公椿等。首先，由谢大祉报告开会宗旨。其次，由侯鸿鉴陈述出席南京中华图书馆协会及筹备本会经过情形。再次，党政机关代表次第演讲现代图书馆之重要，4时散会。② 除呈报福建省党部及教育厅立案，并请教育厅转呈教育部备案外，又以宣言、章程、细则、委员及会员表送至中华图书馆协会登记。③

(三) 山东图书馆协会

济南图书馆协会在会长桂质柏于1926年夏赴美留学后，会务无形停顿。1930年，济南图书馆界鉴于有继续组织之必要，由齐鲁大学图书馆、民众教育馆及山东省立图书馆发起，于1月17日及2月15日两次在山东省立图书馆召集谈话，决定前济南图书馆协会一并加入，改名山东图书馆协会，会址设在山东省立图书馆馆内。④ 3月18日下午，山东图书馆协会在山东省立图书馆开成立大会，到会会员14人，由山东省立图书馆馆长王献唐主席。首报告开会宗旨，次讨论简章及成立宣言，经分别修正通过。依简章第五

---

① 《会务》，《福建图书馆协会会报》1930年第1期。
② 《会务》，《福建图书馆协会会报》1930年第1期。
③ 《福建图书馆协会正式成立》，《图书馆学季刊》1929年第3卷第3期。
④ 《山东图书馆协会成立经过》，《山东省立图书馆季刊》1930年第1卷第1期。

条推定齐鲁大学图书馆、省党部图书馆、第二实验小学、第一师范、高级中学、第一乡村师范、第四实验小学、民众教育馆、第五实验小学、民众教育学校、山东省立图书馆11家机关为执行委员,并推定山东省立图书馆、齐鲁大学图书馆、民众教育馆3家机关为常务委员。①

（四）浙江第二学区图书馆协会

关于浙江第二学区图书馆协会的成立时间有1930年5月和6月两种说法。据《中华图书馆协会会报》记载,1930年5月,该学区教育行政人员联席会议主席机关崇德县政府召集六县公立图书馆代表,在嘉兴图书馆集议,正式成立。②此后,宋建成在《中华图书馆协会》中也将这一时间作为其成立时间。不过,陈训慈的《浙江第一学区图书馆协会小史》③和许振东（雪昆）的《浙江省图书馆协会成立小史》④却提到浙江第二学区图书馆协会成立于1930年6月。《浙江第二学区图书馆协会会刊》第三期卷头语亦称"本会成立于民国十九年六月"⑤。此外,吕绍虞之《中国图书馆大事记》中也记载浙江第二学区图书馆协会在1930年6月成立。⑥因此,1930年6月应是更加准确的成立时间。浙江旧分十一府属,第二学区即旧嘉兴府属嘉兴、嘉善、平湖、海盐、崇德、桐乡六县。浙江

---

① 《山东图书馆协会成立》,《山东教育行政周报》1930年第85期。
② 《浙江第二学区图书馆协会之成立》,《中华图书馆协会会报》1930年第6卷第3期。
③ 陈训慈:《浙江第一学区图书馆协会小史》,《浙江第一学区图书馆协会会刊》1934年第1期。
④ 雪昆:《浙江省图书馆协会成立小史》,《浙江省图书馆协会会刊》1936年第1期。
⑤ 《卷头语》,《浙江第二学区图书馆协会会刊》1933年第3期。
⑥ 吕绍虞编著:《中国图书馆大事记》,浙江省立图书馆,1941年,第28页。

第二学区图书馆协会机关会员有学区六县公立图书馆及浙江省立第二中学附属小学图书馆、嘉善县立中学图书馆8所。此种各县图书馆联合之协会仅存在于浙江一省，大抵因为明清时期浙江藏书文化之传统，县级图书馆相对其他地区更为发达。

（五）瑞安图书馆协会

1930年9月14日，瑞安图书馆协会经陈准（绳夫）、李笠（雁晴）、张扬、洪焕增等人发起，在该会大礼堂（利济医院）开成立大会，由筹备主任陈准主持。报告该会筹备经过，并议决提案及通过简章、宣言等件后，即行选举，当场选出执行委员：李笠、陈准、曾约、胡经、王释、洪焕增、唐溥7人，再由7执委中互选李笠为正会长，胡经、王释为副会长，负责组织常务委员、办理日常事务。9月16日，该会召开第二次执委会议，分配职务，内分事务、图书二部，推定胡经为事务部主任，陈准为图书部主任。[①] 瑞安县政府对该会经费略有补助。

（六）无锡图书馆协会

《无锡县立图书馆协会会报》之《无锡县立图书馆概况》中称，无锡图书馆协会成立于1930年11月30日，借无锡县立图书馆为协会事务所，[②] 且《本会概况》一文亦称"十九年十一月开成立大

[①]《瑞安图书馆协会之职员》，《中华图书馆协会会报》1930年第6卷第2期。
[②]《无锡县立图书馆概况》，《无锡县立图书馆协会会报》1932年第1期。

会"①。但《中华图书馆协会会报》却记载："无锡各图书馆组织协会借资切磋，业于本年一月间在无锡县立图书馆举行成立大会。"②从距离亲疏的标准来看，《无锡县立图书馆协会会报》记载的成立时间应更为准确。成立大会出席者有江苏民众教育学院徐旭，大公荣培彦，国专何葆恩，教育学院实验民众图书馆姜和，县女中袁锦韵、沈韵冰，泾滨蒋英倩，一高高云鹤、邹邦俊，二高严钦允，天上陶衡常，县初中张朴生，县图书馆陈献可、范放等，列席者为教育局芮麟、主席陈献可，范放记录。该次会议原为筹备会，因基本会员大多出席，为免除下次再行召集起见，乃将筹备会改为成立大会。由主席提出简章，议决照案修正通过。选举无锡县图书馆、江苏省立民众教育学院图书馆、大公图书馆、无锡县女中图书馆、无锡县第一图书馆5所机关为执行委员，推县女中任事务股，教育学院任研究股，县一图书馆任交际股，并设候补执委2人，县二图书馆、县初中图书馆当选。③

（七）安徽图书馆协会

1931年6月22日，安徽省立图书馆与安徽大学图书馆、第一民众教育馆图书部联合发起组织安徽图书馆协会，在安徽省立图书馆开成立大会，到会54人。通过会章及成立宣言外，并推执监委员，通过议决：（1）建议教育厅通令各县规定社会教育经费务遵中

---

① 《本会概况：本会简章、本会执行委员会办事细则、本会会员名单》，《无锡县立图书馆协会会报》1932年第1期。
② 《无锡图书馆协会成立》，《中华图书馆协会会报》1931年第6卷第4期。
③ 《无锡图书馆协会成立》，《中华图书馆协会会报》1931年第6卷第4期。

央迭令，最低限度须在10%—20%；（2）建议教育厅通令整顿各县图书馆，其尚未设立图书馆者，限期令其设立；（3）建议教育厅关于县立图书馆负责人员，应具有图书馆学识经验，并须呈请教育厅加委，方为合格；（4）建议教育厅通令高级中学添设图书馆学选修功课。①

1932年9月12日，安徽图书馆协会假安徽省立图书馆举行年会，议决七项议案，其中有"呈请中华图书馆协会，通令全国图书馆速组省协会案"②。安徽图书馆协会拟有《呈请中华图书馆协会函促各省组织图书馆协会建议书》致中华图书馆协会，指出："惟我国幅原广大，警醒匪易，钧会独任其艰，容有难周之处。倘各省均能组织协会，则上承钧会之宏猷，下促属内的进展，通力合作，其收效或宏且速也。"③中华图书馆协会收到建议书后，于10月17日复函安徽图书馆协会，指出经在平执行委员会议，决定通知各省图书馆从速成立协会，并将成立经过情形随时函报，以便刊布于本会会报中。南京市立民众图书馆等亦纷纷致函安徽图书馆协会，索取简章，以资参证。④

（八）浙江第一学区图书馆协会

1931年，浙江第二学区图书馆协会举办第四届大会，议决呈

---

① 陈东原：《这一年的安徽省立图书馆——十九年八月至二十年七月之工作报告》，《学风》1931年第1卷第9期。
② 《安徽图书馆协会第二届年会纪事》，《中华图书馆协会会报》1932年第8卷第3期。
③ 《呈请中华图书馆协会函促各省组织图书馆协会建议书》，《学风》1932年第2卷第8期。
④ 《中华图书馆协会据本会呈请通知各省速筹图书馆协会》，《学风》1932年第2卷第9期。

请教育厅通令各学区迅速组织区图书馆协会，经教育厅指令准予通令各学区查照办理。① 1931年11月23日，浙江省立图书馆接浙江省教育厅训令，内开浙江第二学区图书馆协会已经成立，着各学区仿照组织，当时未即照办。② 其原因在于当时浙江省立图书馆馆长人选迟迟不能确定。1931年6月30日，杨立诚离任浙江省立图书馆馆长。浙江省教育厅厅长于7月1日委任赵冕为馆长，赵辞不就；29日改委马宗荣为馆长，未到任；8月29日改李小缘接充，亦未到任；直至9月16日方令浙江省教育厅督学陈黻章兼代浙江省立图书馆馆长职务至1932年1月24日。③ 1932年1月25日，陈训慈受浙江省政府教育厅厅长陈布雷委任，正式出任浙江省立图书馆馆长。④

1932年5月6日，浙江省立图书馆为筹备组织第一学区图书馆协会公函该学区各图书馆，⑤ 征得该学区各公私立及附设图书馆之同意后，在原杭州图书馆协会基础上组织浙江第一学区图书馆协会。浙江第一学区即旧杭州府属，包括杭州市及杭县、海宁、富阳、於潜、昌化、新登、临安8县。5月22日上午，在杭州外西湖浙江省立图书馆总馆藏书楼特别阅览室举行筹备会，到会代表有之江文理学院图书馆、浙江私立流通图书馆、浙江省党部图书室、省立民众教育馆、省立第一中学图书馆、建设厅图书馆、省立高级中

---

① 雪昆：《浙江省图书馆协会成立小史》，《浙江省图书馆协会会刊》1936年第1期。
② 《特载：浙江省第一学区图书馆协会纪》，《浙江省立图书馆月刊》1932年第1卷第3期。
③ 陈训慈：《浙江省立图书馆小史》，浙江省立图书馆，1933年，第10页。
④ 陈训慈：《浙江省立图书馆小史》，《浙江省立图书馆馆刊》1933年第2卷第6期。
⑤ 《馆务大事记》，《浙江省立图书馆月刊》1932年第1卷第4期。

学图书馆等共20家单位代表及个人代表4人。推陈训慈为临时主席，李絜非记录。临时主席先致开会辞，继浙江省立图书馆推广组主任刘澡报告筹备经过，随后陈训慈致欢迎辞，接着张任天、刘博六、宓福云、陈独醒先后演说，最后讨论简章。下午3时，继续在省立图书馆总馆召开成立大会，出席人员除上午诸代表外，新到有杭州市政府图书馆顾彭年、弘道女中马骥良、临安民众教育馆杨日青3人。首由主席致开会辞；继请郑晓沧先生演讲；次通过简章与宣言，并选举陈训慈、胡斗文、陈独醒、潘淦鎏、宓福云为执行委员；刘澡、童暄樵、唐缉斋为监察委员。随后全体摄影并讨论议案多则而散。①

（九）江西图书馆协会

1932年11月14日，江西图书馆协会开成立大会，是日到会有省整委会代表俞百庆、省政府代表徐庆誉，以及各团体来宾萧纯锦等暨会员共百余人。开会后，由主席杨立诚报告开会宗旨，蔡全篪报告筹备经过，随后投票选举执监委员，并请党政机关代表致辞，来宾萧纯锦演说，最后由主席致答词，遂摄影散会。杨立诚、蔡全篪、龙庆忠、傅仁世、陈长明、陈瑞斋、汪以正当选执行委员，李绍乾、帅道琼、王修甲当选候补执行委员，刘郁文、李家腾、杨昭恸、王习证、陈作琛当选监察委员，尹炎农、吴子方当选候补监察委员。②

---

① 《特载：浙江省第一学区图书馆协会纪》，《浙江省立图书馆月刊》1932年第1卷第3期。
② 《江西图书馆协会开成立大会》，《中华图书馆协会会报》1932年第8卷第3期。

三、中华图书馆协会第二、三届年会间成立两个图书馆协会

(一)四川图书馆协会

1931年3月,学友互助社第一图书馆成立于学友互助社[①]内。1932年1月10日,移至西御街107号。该馆经费由学友互助社总社按月拨给,并额定每月购书费200元。[②] 1932年4月创刊《图书馆月刊》。1932年5月《图书馆月刊》指出:"日前本市市立图书馆、川大图书馆、青年会图书馆及本馆同人拟共同发起,组织一四川图书馆协会,曾假通俗图书部开一度筹备会,现在积极进行,不日即将征集会员,正式开成立大会。"[③] 该馆5月馆务报告中亦提及"集合本市图书馆界同人,组织四川图书馆协会"[④]。1932年6月之《图书馆月刊》开篇即为《同业们齐来组织协会》,发出了组织图书馆协会的号召,指出"'合则易成,分则难举'这是一定不移的道理",而且浙江一省已有多个图书馆协会,而四川图书馆业刚刚起步,"不从组织协会入手,大家盲人瞎马吃力不讨好的做起去,结果是枉费些神,白用些钱!积思所以广益,勤力易于治事,甚望图书馆界诸同志,协心的来共同研究图书馆学术,发展图书馆事业,并谋图书馆界的互助"。[⑤] 该期还刊有《中华图书馆协会概况》《中

[①] 学友互助社为二十四军同人所组织,二十四军军长刘文辉任社长,社址在将军衙门内。
[②] 《本馆馆务报告》,《图书馆月刊》1932年第1卷第1期。
[③] 《图书馆界消息:发起图书馆协会》,《图书馆月刊》1932年第1卷第2期。
[④] 《本馆馆务报告》,《图书馆月刊》1932年第1卷第2期。
[⑤] 《同业们齐来组织协会》,《图书馆月刊》1932年第1卷第3期。

华图书馆协会组织大纲》。1932年7月出版的《图书馆月刊》以成都市市立图书馆、青年会图书馆、四川大学图书馆、学友互助社第一图书馆4单位名义发布《四川图书馆协会筹备会启事》，请该省各县市图书馆暨私人同志，于8月内通函或赐步成都西御街学友互助社第一图书馆登记加入。①

1932年夏，毛坤暑假返乡后，收到中华图书馆协会执行委员长袁同礼函，②"嘱其就近代为调查四川图书馆现状，随宜加以指导"③。函中对于此次调查给出明确指示，其中提及"须使四川各图书馆与各馆员互相联络，即组织各县市协会及全省图书馆协会等；须使省县市各协会、各图书馆、各馆员与中华图书馆协会互相联络，加入协会，互通声息"④，以及中华图书馆协会将尽力在各方面给予辅助等语。毛坤在四川调查时，每到一处，"有报纸者，即以此意揭诸报端；调查之时，遇各图书馆负责人，即以此意详为解释"⑤。毛坤在《调查四川省图书馆报告》中介绍了学友互助社第一图书馆，并说："四川图书馆协会之发起组织，该馆实最热心提倡之一员也。"⑥ 又提及学友互助社第一图书馆等四馆业已登报通告，发起组织四川图书馆协会，会员当以学校为多，因在暑假中，须俟开学后方能陆续登记。可惜，该协会并未于该年成立，学友互助社第一图书馆所办之《图书馆月刊》亦在1932年8月出版第5号后停刊。

---

① 《四川图书馆协会启事》，《图书馆月刊》1932年第1卷第4期。
② 毛坤：《调查四川省图书馆报告》，《中华图书馆协会会报》1932年第8卷第3期。
③ 《调查四川图书馆现况》，《中华图书馆协会会报》1932年第7卷第6期。
④ 毛坤：《调查四川省图书馆报告》，《中华图书馆协会会报》1932年第8卷第3期。
⑤ 毛坤：《调查四川省图书馆报告》，《中华图书馆协会会报》1932年第8卷第3期。
⑥ 毛坤：《调查四川省图书馆报告》，《中华图书馆协会会报》1932年第8卷第3期。

1934年，四川省中山图书馆约集成都市立图书馆、华西大学图书馆、中区图书馆等，共同发起组织四川图书馆协会。3月11日，在成都少城公园市立图书馆召集省垣大中小学等开筹备会。3月13日，仍在该馆开成立大会，并票选执行委员9人：金豹庐、李太庸、张余素、叶有书、陈福洪、勾靖亚、刘毅文、陈铁堪、向敦厚，监察委员3人：邓光禄、张幼荃、欧阳辑光。同时推定正主席金豹庐，副主席曾孝谷、陈福洪。[①] 该会会址设成都市立图书馆，会内设宣传、经济、文书、交际、组织各股。

（二）浙江省图书馆协会

1933年5月，浙江第一、第二学区图书馆协会在杭州举行联席会议，有组织全省图书馆协会之提议。1933年9月10日，浙江杭县图书馆联合会成立。[②] 1934年5月13日至14日，浙江第一、第二学区图书馆协会举行联席会议。[③] 会议议决以联席会议名义，函请各学区社会教育辅导机关进行组织，并呈请教育厅重颁前令，限期成立。影响所及，第三、第六、第十等学区均着手筹备，但各学区中有以山川阻隔交通未便，有以馆数无多联络不易之故，均未正式成立。第一、第二两区图书馆协会遂改变方针，有直接筹备全省图书馆协会之议决。当时第一学区图书馆协会第六次大会时曾有省立图书馆、省立民众教育馆、中央航空学校图书馆、连署提出"本会应联络本省图书馆界发起组织全省图书馆协会"一案，当场一致通过。1935年6月间，第一学区图书馆协会分函全省各主要图书馆

---

① 《四川图书馆协会成立》，《中华图书馆协会会报》1934年第9卷第5期。
② 吕绍虞编著：《中国图书馆大事记》，浙江省立图书馆，1941年，第31页。
③ 吕绍虞编著：《中国图书馆大事记》，浙江省立图书馆，1941年，第31页。

征求意见，复函赞同并愿列名发起者共31家。1935年12月间，第一学区图书馆协会预定于1936年4月间趁一部分代表参加省辅导会议之便，召集成立大会。1936年4月7日，省立图书馆、中央航空学校图书馆、省党部图书馆、杭县县立图书馆、省立民众教育馆等代表在杭州筹商浙江省图书馆协会进行事宜，拟定简章草案及宣言各一份，并呈请省党部发给许可证。①

1936年4月19日，浙江省图书馆协会假浙江省立图书馆正式成立。协会发起机构有杭市、杭县、海宁、嘉兴、嘉善、海盐、吴兴、长兴、绍兴、邓县、金华、永嘉、丽水等各地县立图书馆，民众教育馆及大中学校图书馆，浙江省党部与浙江省建设厅图书馆，还有第一、第二学区图书馆协会和瑞安图书馆协会，共31家。② 出席者各机关代表与个人会员共110余人。③ 上午开成立大会，推省立图书馆馆长陈训慈主席，致开会辞，略述该会过去之历史，浙江图书馆事业之特色，并希望协会成立以后，能致力于共同研讨图书馆设施方法，各馆间实行互助合作，并推进学术演讲风气。辞毕，由筹委会委员陈豪楚代表报告协会筹备经过，继由省党部及教育厅代表致辞。④ 下午举行第一次大会，推定陈训慈、查梦秋、裘克谦、潘淦鎏、孙铭5人为主席团成员，张鋆记录，讨论会章并各项提案共20件。⑤ 浙江省图书馆协会选举第一届理事陈训慈、潘淦鎏、孙铭、潘树藩、裘克谦、查梦秋、童暄樵、王文莱、孙延钊9人，前

---

① 雪昆：《浙江省图书馆协会成立小史》，《浙江省图书馆协会会刊》1936年第1期。
② 《浙江省图书馆协会发起各名名单》，《浙江省图书馆协会会刊》1936年第1期。
③ 《浙江省图书馆协会成立》，《图书展望》1936年第1卷第7期。
④ 《浙江省图书馆协会成立》，《图书展望》1936年第1卷第7期。
⑤ 《浙江省图书馆协会第一届大会会议纪录》，《浙江省图书馆协会会刊》1937年第2期。

3人为常务理事,另有胡承枢、陈豪楚、王沧进、李从之、刘孟壬5人为候补理事,许振东任文牍。① 1936年5月间,编印会刊第一期,分赠各会员。1937年4月25日、26日举行第二届大会于绍兴县商会,后因日寇入侵会务陷入停顿。②

四、中华图书馆协会第三届年会后成立五个图书馆协会

(一)伪满洲国图书馆协会

1931年"九一八"事变后,日军侵占沈阳,将"沈阳"改名为"奉天",继而陆续侵占东北三省。1932年2月,东北全境沦陷,日本在东北建立了伪满傀儡政权,长春被定为伪满洲国首都,更名为"新京"。1937年7月7日,日本发动"七七事变"开始全面侵华,中华民族自此进入全民族抗战阶段。

1938年9月初,伪满洲国拟于9月23日在"国务院"举行"全国"图书馆馆长恳谈会,并以此为契机建立图书馆协会,其主旨是"进行'国内'社会教育机关的研究,并共同强化相互的联络,而贡献一般文化的普及发达"③。不过,显然这一计划并未如愿达成。1939年11月初,伪满民生部与"满日文化协会"开始筹设伪满洲国图书馆协会,并计划举办讲演会、展览会等,并发行机关杂志,事务所设在伪满民生部内。④ 加入协会的有"民生部""满日

---

① 《浙江省图书馆协会第一届职员》(1936年),《浙江省图书馆协会会刊》1937年第2期。
② 许振东:《浙江省图书馆协会简史》,《浙江省图书馆协会会刊》1949年第3期。
③ 《普及民间文化设图书馆协会》,《大同报》1938年9月8日第10版。
④ 《为普及民众读书观念民部筹设图书馆协会》,《大同报》1939年11月8日第2版。

文化协会""满铁图书馆""协和会""新京资料室联合会""国立中央图书馆筹备处""新京特别市""大同学院""国立中央博物馆""建国大学""弘报""新京商工公会"等机关代表,并于12月18日举行职员会。①

1939年12月20日上午10时,伪满洲国图书馆协会在伪满民生部讲堂举行成立典礼。发起人深尾致辞,推荐议长,报告经过,全体会员推举雍参议为会长。继由会长致辞,并审议事业计划及年度预算,直至午后1时摄影后散会。午后2时起,又在伪满民生部讲堂举行讲演会,讲演完毕后于4时半在"中央饭店"举办恳谈会。②哈尔滨市图书馆等派人出席了伪满洲国图书馆协会成立大会。③

伪满洲国图书馆协会设会长1人,由满日文化协会常任理事荣厚担任,副会长2人,分别是南满洲铁道株式会社理事中西敏宪和伪满国务院总务厅参事官神尾弌春,还设有理事11人:王秉铎、木村镇雄、卫藤利夫、柿沼介、杉村勇造、曲秉善、向井章、曾恪、半田敏治、中岛犹治郎、津末圭二,监事2人:于长运、竹村二郎。另有评议员31名,以及8名顾问:伪满民生部大臣孙其昌、伪满协和会中央本部总务部长皆川丰治、伪满民生部次长神吉正一、伪满国立中央图书馆筹备处长薄田美朝、伪满国务院总务厅次长谷次享、新京特别市副市长关屋悌藏、满洲拓植公社总裁坪上贞二、裕昌源株式会社社长王荆山。④

---

① 《新京商工公会加入图书馆协会》,《大同报》1939年12月20日第2版。
② 《图书馆协会诞生》,《大同报》1939年12月21日第2版。
③ 夏洪川主编:《黑龙江公共图书馆》,黑龙江文物管理委员会史志办公室,1989年,第3页。
④ 《伪满洲图书馆协会概要》,伪满洲图书馆协会,1940年,第2—4页。

（二）延安图书馆协会

1941年7月4日，《解放日报》登载了一则《延安图书馆协会筹备启事》，称："为加强延安各图书馆之联系及改善图书馆之工作，特发起成立延安图书馆协会，并定于7月13日上午9时在中山图书馆举行成立大会，凡本市图书馆及图书馆工作人员或赞助者均得为本会会员，会员登记表函索则寄，会址设在文化沟中山图书馆。"① 然而，18日《解放日报》又刊载通知，称延安图书馆协会成立大会因天雨改于7月20日上午9时在中山图书馆举行。② 7月23日《解放日报》"边区点滴"中记载："延安图书馆协会，已于前日正式成立。"③ 这也就很好地解答了陈林《试论延安图书馆协会》一文中提到关于延安图书馆协会具体成立时间有"1941年7月20日"和"1941年7月13日"两种说法的问题。④ 7月13是计划成立时间，而1941年7月20日才是延安图书馆协会成立的确切时间。

（三）兰州市图书馆协会

1943年7月，担任国立西北图书馆筹备委员会主任的刘国钧来到兰州，着手图书馆的筹备工作。1943年9月23日，《西北日报》发表刘国钧的《筹备国立西北图书馆计划书》（简称《计划书》），

---

① 《广告：延安图书馆协会筹备启事》，《解放日报》1941年7月4日第2版。
② 《延安图书馆协会筹备会通知》，《解放日报》1941年7月18日第2版。
③ 《边区点滴》，《解放日报》1941年7月23日第2版。
④ 陈林：《试论延安图书馆协会》，《党史研究与教学》2000年第4期。

其在第五部分事业中明确提出组织图书馆协会。① 1944 年 7 月 7 日，国立西北图书馆正式对外开放。12 月 21 日，国立西北图书馆向国立西北师范学院、国立甘肃学院、甘肃科学教育馆、甘肃省立兰州图书馆等机构发出公函，邀请参加兰州图书馆协会筹备会。② 23 日下午 2 时，在国立西北图书馆馆长室召开了兰州图书馆协会第一次筹备会议。出席会议的有国立西北图书馆馆长刘国钧，甘肃科学教育馆研究组主任何景，国立西北师范学院图书馆主任孙钰，甘肃省立兰州图书馆馆长刘子亚，国立西北图书馆陈大白、李端揆 6 人。会议主席刘国钧报告了发起组织兰州图书馆协会的意义及经过，参会人员对筹备事项进行讨论，形成以下决议：（1）关于本会组织大纲草案，已参照《中华图书馆协会组织大纲》拟就，暂行修正通过，俟开成立大会时再行讨论；（2）关于本会发起之方式及方法，由西北图书馆拟组织协会缘起及会员登记表，连同组织草案各油印若干份送交各发起机关以便开始征求会员；（3）关于机关会员，由各发起机关分别向附设有图书室之各学校机关及团体接洽；（4）关于本会登记事宜，由西北图书馆派员向社会局洽办；（5）本会筹备会地点，暂设西北图书馆内；（6）第二次筹备会议暂定 1945 年 1 月 10 日下午 2 时在西北图书馆举行。第一次筹备会议列出拟征求机构会员名单，涵盖政府机关、"党部"、大中专学校、中学、报社、银行、电厂、社会团体等共 34 家，由 5 家发起机关分头负

---

① 转引自董隽、唐红安《刘国钧先生发起成立兰州市图书馆协会的经过及其影响》，《大学图书馆学报》2019 年第 6 期。
② 转引自董隽、唐红安《刘国钧先生发起成立兰州市图书馆协会的经过及其影响》，《大学图书馆学报》2019 年第 6 期。

责联络。①

1945年1月23日，《西北文化》第10期刊发《发起组织兰州图书馆协会缘起》，阐述图书馆之意义以及兰州图书馆协会的宗旨、事业及会员，呼吁社会人士的赞助，号召相关机关团体及热心人士加入。② 3月10日，兰州市图书馆协会召开第二次筹备会议，确定召开成立大会日期、向社会局办立案手续、正式征求会员及准备召开成立大会等事宜。③

1945年4月8日，兰州市图书馆协会假社会部兰州社会服务处召开成立大会。刘国钧任临时主席，兰州市政府社会局教育科长范致瑞、甘肃省政府社会处代表梁炳辰、陇上名人水楚琴等出席会议并致辞，发起机关代表、机关会员和个人会员等共70余人参加。刘国钧向大会报告了兰州市图书馆协会成立的背景、意义、目的及其筹备经过，会议讨论并修订通过了会章。④ "票选刘国钧、袁翰青、刘子亚、陈大白、何日章、李端撰、孙钰等为理事，郑安仑、赵浩生、何锡嘏等候补理事，黎锦熙、郭维屏、李蒸等为监事，何景为候补监事。"⑤

1945年5月7日，兰州市图书馆协会在省立兰州图书馆举行第一次理监事联席会议，出席者有袁翰青、郭维屏、黎锦熙、孙钰、

---

① 转引自董隽、唐红安《刘国钧先生发起成立兰州市图书馆协会的经过及其影响》，《大学图书馆学报》2019年第6期。
② 《发起组织兰州图书馆协会缘起》，《西北文化》1945年第10期。
③ 转引自董隽、唐红安《刘国钧先生发起成立兰州市图书馆协会的经过及其影响》，《大学图书馆学报》2019年第6期。
④ 转引自董隽、唐红安《刘国钧先生发起成立兰州市图书馆协会的经过及其影响》，《大学图书馆学报》2019年第6期。
⑤ 《文化动态：兰州市图书馆协会成立》，《西北文化》1945年第21期。

郑安仑、何日章、何锡叚、陈大白、刘子亚、李端撰等，由刘子亚主席。议决要案如下：(1) 协会会址设省立兰州图书馆；(2) 推举刘国钧、袁翰青、刘子亚为常务理事，并推刘国钧为理事长；(3) 继续征求机关及个人会员；(4) 编印兰州市联合图书目录；(5) 编印兰州市图书馆协会丛书；(6) 举办图书馆学讲座；(7) 出版定期刊物。①《中华图书馆协会会报》第19卷第1—3期中《兰州市图书馆协会成立》提到这次会议的召开时间是5月8日，而且1945年5月15日《西北日报》副刊《西北文化》"文化动态"中也提到这次会议的召开时间是5月8日，但5月8日出版的《甘肃民国日报》和《西北日报》提到这次会议时均用的是"昨日"，因此，笔者认为开会时间是5月7日的可能性更大。

（四）广东省图书馆协会

1946年秋，广东省立图书馆馆长杜定友与该省图书馆界人士发起组织广东省图书馆协会，同年11月16日广东省社会处批准组织，指定杜定友、张世泰、何恩泽、朱倓、黄慕龄、李漱六、黄闰科等为筹备委员，由省立图书馆干事李遂权兼任该会干事。② 1947年3月30日，假市立中山图书馆举行广东省图书馆协会成立大会。到会有教育厅姚宝猷厅长等70余人。③ 杜定友为奖掖图书馆从业人员专业精神，特制图书馆人员服务纪念章，分三种：10年以上红蓝白3色、5年以上蓝白2色、3年以上蓝色，组织审查委员会，

---

① 《市图书馆协会理监会议》，《甘肃民国日报》1945年5月8日第3版。
② 《粤省图书馆协会成立》，《中华图书馆协会会报》1947年第21卷第1、2合期。
③ 王子舟：《杜定友和中国图书馆学》，北京图书馆出版社，2002年，第274页。

审定年资,并在广东省图书馆协会成立典礼中安排了授章礼。① 会议通过了协会章程并选举杜定友、黄慕龄、张世泰、何恩泽、涂祝颜、冯爱复、黄闻科、梁家勉、何家荣、霍陶然、李遂权、朱偡、黄福銮、甄松年、刘汝麟15人为理事,徐信符、陈德芸、伍时本、蔡光聆、李文象等为监事。具体职务如下。

常务理事:杜定友(兼主席)、何恩泽、黄福銮、朱偡、张世泰

总务:张世泰(兼组长)、涂祝颜、李遂权

研究:黄福銮(兼组长)、黄慕龄、梁家勉

福利:朱偡(兼组长)、霍陶然、孙如心、麦瀚昭、何家荣

辅导:何恩泽(兼组长)、黄闻科、刘汝麟、冯爱复、罗一苇

广东省图书馆协会有团体会员19个单位,永久会员10人,普通会员77人。该会为普及图书馆学术知识起见,自4月13日起每逢星期日假广州市立中山图书馆举行学术演讲,欢迎各界听讲。②

(五)重庆图书馆协会

1946年5月,国立中央图书馆亦着手复原,工作人员与珍本书籍分批从重庆回迁南京。7月成立国立罗斯福图书馆筹备委员会,10月教育部得谕示,馆址设于重庆。严文郁为筹备委员会秘书,负责实际筹备工作。11月,接收国立中央图书馆重庆分馆之馆舍、器具与战时出版的一部分书籍。1947年5月10日,国立罗斯福图

---

① 《粤省图书馆协会成立》,《中华图书馆协会会报》1947年第21卷第1、2合期。
② 《粤省图书馆协会成立》,《中华图书馆协会会报》1947年第21卷第1、2合期。

书馆正式开放,供众阅览。①

严文郁在《中国图书馆发展史:自清末至抗战胜利》中写道:"重庆图书馆界为加强本身之联系,并求全市图书馆事业之发展起见,乃由国立罗斯福图书馆筹备处以及国立重庆大学图书馆等30余团体,发起组织图书馆协会,于1947年4月19日举行筹备会议,到发起人40余人,随即成立,选严文郁等为执行委员,积极展开工作。"② 然而,事实上4月19日的会议仅为发起人会议。1947年4月20日《大公报》有消息称:"本市图书馆界为增进图书馆界之联系并谋求发展本市图书馆事业起见,发起组织重庆图书馆协会,昨在国立罗斯福图书馆举行发起人会议。"③

1947年10月20日《大公报》有消息称:"协会前日在两浮支路罗斯福图书馆举行成立大会,到各图书馆负责人50余人。大会由草堂国学院院长杜钢百主席,通过会章后,选出理事严文郁等15人,监事5人。"④ 因此,重庆图书馆协会实际上成立于1947年10月18日。

2000年出版的《重庆文化艺术志》也认可这一成立时间,并对重庆图书馆协会有更为详细的介绍,指出图书馆协会的办公处在国立罗斯福图书馆内,"其宗旨为研讨图书馆学术,加强会员之间的联谊,促进图书馆事业的发展"⑤,吸收市内公私图书馆及机关社

---

① 严文郁:《中国图书馆发展史:自清末至抗战胜利》,台湾枫城出版社,1983年,第151页。
② 严文郁:《中国图书馆发展史:自清末至抗战胜利》,台湾枫城出版社,1983年,第228—229页。
③ 《渝市点滴》,《大公报》1947年4月20日第3版。
④ 《渝图书馆协会前日正式成立》,《大公报》1947年10月20日第3版。
⑤ 重庆市文化局编:《重庆文化艺术志》,西南师范大学出版社,2000年,第96页。

团附设的图书馆为团体会员，图书馆从业人员及图书馆学研究人员为个人会员，共有会员 82 人。设理事 15 人、监事 5 人，严文郁为理事长，杜钢百、刘希武、杨作平、马万里为常务理事，王世芳为常务监事。该会成立后的活动有：（1）举办学术讲演，每月请学者作专题讲演一次，至 1949 年初，共举办讲演 12 次；（2）编辑会报。每月 1 日及 15 日在重庆《世界日报》增辟《图书副刊》作为该会会报，共刊出 1—9 期；（3）编制联合期刊目录，开展图书互借、刊物交换。解放前夕，因通货膨胀，各馆购书困难，职工生活困难，该会工作无形停顿。

通过调查研究，民国时期成立的图书馆协会共有 32 个（见表），其中协会名称发生变化的，如北京图书馆协会改称北平图书馆协会、浙江省会图书馆协会改称杭州图书馆协会，单独另计。1924 年成立的北京图书馆协会，虽然名称与 1918 年成立的北京图书馆协会相同，且其历史可追溯至 1918 年北京图书馆协会，但章程不同，亦不是在原基础上改组而成，也单独另计。其他，诸如南宁图书馆协会、成都图书馆协会、台湾图书馆协会和辽南图书馆协会，虽有学者提出其成立事实，但因出处并非可信的第一手资料，笔者暂不列入。

民国时期图书馆协会成立基本情况表[①]

序号	名称	成立时间	事务所所在地（成立时）
1	北京图书馆协会（1918 年成立）	1918.12.21	无
2	北京图书馆协会（1924 年成立）	1924.3.30	清华学校图书馆

---

① 事务所所在地一栏中标有问号者，为没有找到切实材料证明而有待进一步考察者。

续表

序号	名称	成立时间	事务所所在地（成立时）
3	浙江省会图书馆协会	1924.4.26	浙江公立图书馆
4	南阳图书馆协会	1924.5.26	河南南阳县东关省立第五中学？
5	开封图书馆协会	1924.5.29	河南第一图书馆
6	天津图书馆协会	1924.6.1	南开大学图书馆
7	南京图书馆协会	1924.6.14	东南大学图书馆
8	上海图书馆协会	1924.6.27	上海总商会图书馆
9	江苏图书馆协会	1924.8.3	东南大学图书馆
10	济南图书馆协会	1924.12.16	齐鲁大学图书馆
11	广州图书馆协会	1925.4.2	广东大学图书馆
12	苏州图书馆协会	1925.5.5前	苏州图书馆
13	中华图书馆协会	1925.4.25	北京松坡图书馆
14	杭州图书馆协会	1926.4.18	浙江公立图书馆
15	北平图书馆协会	1928.12.23	国立北平图书馆
16	武汉图书馆协会	1929.1.28前	湖北省立图书馆
17	太原图书馆协会	1929.5.20	山西公立图书馆
18	福建图书馆协会	1929.9.17	福建省立图书馆
19	山东图书馆协会	1930.3.18	山东省立图书馆
20	浙江第二学区图书馆协会	1930.6	嘉兴县图书馆
21	瑞安图书馆协会	1930.9.14	瑞安杨衙街利济医院
22	无锡图书馆协会	1930.11.30	无锡县图书馆
23	安徽图书馆协会	1931.6.22	安徽省立图书馆
24	浙江第一学区图书馆协会	1932.5.22	浙江省立图书馆

续表

序号	名称	成立时间	事务所所在地（成立时）
25	江西图书馆协会	1932.11.14	江西省立图书馆
26	四川图书馆协会	1934.3.13	成都市立图书馆
27	浙江省图书馆协会	1936.4.19	浙江省立图书馆
28	伪满洲国图书馆协会	1939.12.20	长春伪满民生部
29	延安图书馆协会	1941.7.20	延安文化沟中山图书馆
30	兰州市图书馆协会	1945.4.8	省立兰州图书馆
31	广东省图书馆协会	1947.3.30	广州市立中山图书馆？
32	重庆图书馆协会	1947.10.18	国立罗斯福图书馆

第三章

民国图书馆学学术团体的组织与经营

　　社会团体（简称"社团"），是指为了一定目的、由一定人员组成的社会组织。图书馆学学术团体是社会团体的一种，指为推动图书馆学学科和事业发展，由图书馆学理论研究人员和图书馆事业从业人员，以及关心图书馆学或图书馆事业发展的其他社会人士组成的一种学术性（专业性）社团。民国时期，政治动荡，社会环境复杂，针对社会团体有不同制度规范与法律法规。但总的来说，不论什么类型的社会团体都需要向政府相应部门申请立案。1929年5月23日，南京国民政府公布《中华民国民法总则》，对社会团体的管理更加严格，要求设立团体应订定章程，记载目的、名称、董事之任免、总会召集的条件、程序及决议证明之方法、社员之出资、社员资格之取得与丧失，成立时还需登记目的、名称、主事务所及分事务所、董事之姓名及住所、财产之总额、出资方法等项。事实上，社会团体的组织与经营就是在章程的指导和约束下扩大会员队伍，合法增加会费收入，以维系社团开展活动，使其可持续发展。

因此，图书馆学学术团体的组织与经营一章主要就是考察其章程中所规定的宗旨、组织制度、选举制度、议事制度等，以及会员和经费情况。此外，由于图书馆学学术团体有多个，因此还涉及不同图书馆学学术团体之间的关系问题。

第一节 图书馆协会的宗旨

社团要有章程，社团章程是社会团体为了调整其内部关系，规范内部成员的行为而制定的具有明显的行为规则性质的文件或章程，是设立社团的法定必备文件，是社团内部管理和活动的根本准则。民国时期既有地方图书馆协会，又有全国性图书馆协会，根据政府对社会团体的规范化管理要求，每个图书馆协会成立时都需要通过组织章程。不同图书馆协会的章程反映的是不同图书馆协会发起人对图书馆事业、图书馆学以及图书馆协会的认识。同时，某个图书馆协会成立时，还存在借鉴其他图书馆协会章程的情况。

图书馆协会的宗旨是指图书馆协会成立的目的与使命，宗旨是章程中必不可少的一项。通过对这些图书馆协会宗旨的分析可以发现，不同时期图书馆协会的宗旨大体经历了从单一的"谋图书馆间协助互益"到逐步确立"研究图书馆学术，发展图书馆事业，并谋图书馆之协助"多元目标的过程，体现的是中国图书馆界人士对图书馆认识深化的过程。同时，每个单独的图书馆协会的宗旨虽偶有差别，但大体上呈现一致性，可见图书馆协会的领导者们在经营理念上基本趋同。

一、谋求各图书馆间协助互益

对任何社会团体而言，协助互益都是最基本的目标。1918年12月21日，北京图书馆协会在北京大学文科事务室举行成立大会，通过了章程及附则各六条，明确指出"本会宗旨在图谋北京各图书馆间之协助互益"[①]。作为中国第一个图书馆协会，北京图书馆协会有其初创之功，建立了图书馆间相互协作的基本模式。由于各图书馆是独立的系统，有各自所隶属的上级主管部门，图书馆协会所能实现的联合是一种松散关系，是一种不影响已有图书馆工作、不给所属图书馆增加经济负担前提下尽可能提高图书馆效率的运行模式。当时北京各图书馆尚处于发展的初级阶段，藏书建设是其主要需求，因此从《北京图书馆协会章程附则》中可以看出，各图书馆间的"协助互益"也就体现在各图书馆藏书的互借和出版物的互换上，而图书馆协会的主要职责就是搭建一个交流的平台。

在中华教育改进社的敦促下，北京图书馆协会于1924年3月30日在中华教育改进社总事务所开成立大会，对3月16日筹备会所拟简章进行讨论，并修改通过。会名和宗旨与1918年《北京图书馆协会章程》完全一致。图书馆协会在当时中国图书馆界仍属于新生事物，除少数受过国外图书馆学教育的图书馆学者外，其他图书馆界人士在组织图书馆协会时主要以北京图书馆协会成立办法和

[①]《北京图书馆协会成立纪闻》，《北京大学日刊（第292号）》1919年1月21日第3版。

章程作为参考借鉴的对象。浙江省会图书馆协会、开封图书馆协会、天津图书馆协会的宗旨都与北京图书馆协会完全相同，只是把"北京"替换为该地区的名称。

二、研究图书馆学问

值得一提的是，虽然 1924 年成立的北京图书馆协会完全承袭了 1918 年北京图书馆协会的宗旨，但在该协会成立后的新闻报道中却有这样的表述："该协会之目的，一则联络京中各图书馆，互通声气、彼此辅助，使有无相通，即如非各馆必备之书，各馆合购一部即足，如此则经费可省，再则聚集各馆人员，共同研究关于图书馆之种种学问。"①《北京图书馆协会会刊》之《发刊辞》还说："不有精密之研究，详细之讨论，何能谋图书馆之完备，闭户造车，事乌（焉）能成。"②可见，北京图书馆协会已经充分意识到组织图书馆协会不仅可以通过馆际合作的方式节省经费，还能通过共同研究图书馆学问推动图书馆的发展趋于完备。

三、改进图书馆事业

1924 年 6 月 14 日，南京图书馆协会成立，确立其宗旨为"谋南京各图书馆之互助并研究改进图书馆事业"③，实际上是对北京图

---

① 江篯：《京图书馆协会进行计划》，《申报》1924 年 4 月 12 日第 10 版。
② 《发刊辞》，《北京图书馆协会会刊》1924 年第 1 期。
③ 《各市图书馆协会章程汇录：（五）南京图书馆协会》，《中华图书馆协会会报》1926 年第 1 卷第 5 期。

书馆协会上述思想的概括,其认为图书馆协会之目的在"互助"和"研究"两项,最终目标是"改进图书馆事业",这是第一次在协会宗旨中开创性地提出了"图书馆事业"的概念。

四、图书馆学术、事业与互助并举

1924年6月27日,上海图书馆协会成立,宗旨包含四项:"图书馆之联络与互助、图书馆学术之研究、图书馆事业之改进、图书馆事业之发展"①。协会宗旨首次提出了"图书馆学术"的概念,并将其与"图书馆事业""图书馆之联络与互助"并列。

8月3日,江苏图书馆协会成立,"以研究图书馆学术,促进图书馆事业,并谋各图书馆之协助互益为宗旨"②,基本采用了上海图书馆协会宗旨的表述,但更为凝练。最早在协会宗旨中列入"研究图书馆学术"的这两个图书馆协会的主要发起人杜定友和洪有丰分别在菲律宾和美国接受过专门的图书馆学教育。

这一时期图书馆协会宗旨中之所以会出现图书馆事业与图书馆学术的字眼,是因为拟定宗旨的这些图书馆学者们看到了"图书馆"作为个体机构之外亦是社会事业和专门学术之一,根源在于这一时期中国图书馆数量与规模的增加,以及图书馆学教育在中国的确立。不过,组织各地方图书馆协会的发起者并不都是图书馆学专业出身,他们对图书馆学的认识有一个发展的过程。此后成立的广州图书馆协会和苏州图书馆协会的宗旨分别是"谋广州各图书馆间

---

① 《会务:上海图书馆协会章程》,《图书馆》1925年第1卷第1期。
② 《各市图书馆协会章程汇录:(八)江苏图书馆协会》,《中华图书馆协会会报》1926年第1卷第5期。

之协助利益及图书馆事业之发展"① 和"谋苏州各图书馆之发展及互助事业"②，没有将"图书馆学术"包含在内。

济南图书馆协会的宗旨较为特殊："（一）研究图书馆学识。（二）增进各图书馆间之利益及友谊。（三）提倡全国图书馆运动。"③ 这是唯一一个在宗旨中列入"提倡全国图书馆运动"的图书馆协会，这与会长桂质柏的学术背景有密切关系。桂质柏于1920年3月至1922年夏就读于文华图书科，是文华图书科第一届毕业生，毕业后在北京协和医学院图书馆工作。1924年秋，桂质柏接替唐纳德·派克（Donald Dean Parker）任济南齐鲁大学图书馆馆长。④ 1924年12月16日，济南图书馆协会成立，桂质柏当选为会长，会址就设在他所工作的齐鲁大学图书馆。

桂质柏"图书馆运动"的思想乃受其老师韦棣华、沈祖荣的影响，或者说提倡图书馆运动已经成为文华图书科师生的共同使命。伴随着美国图书馆协会的成立和公共图书馆运动的推进，"图书馆运动"一词在当时的美国图书馆界是一个高频热词，指代的是图书馆事业各方面的发展与进步，尤其指公共图书馆事业之发展。受美国图书馆学教育的韦棣华女士和沈祖荣早已接受了这一概念。沈祖荣在1916年发表的《美国图书馆制度能够改造用于中国吗？》和

---

① 《各市图书馆协会章程汇录：（十）广州图书馆协会》，《中华图书馆协会会报》1926年第1卷第5期。
② 《各市图书馆协会章程汇录：（六）苏州图书馆协会》，《中华图书馆协会会报》1926年第1卷第5期。
③ 《各市图书馆协会章程汇录：（三）济南图书馆协会》，《中华图书馆协会会报》1926年第1卷第5期。
④ John C. B. Kwei, "The Shantung University Library," *The China Weekly Review*, June 19, 1926, p. 58.

1920 年发表的《中国图书馆现状展望》（*Present Outlook for Libraries in China*）①中都提到了"图书馆运动"。韦棣华女士 1924 年在美国图书馆协会年会上宣读的论文《中国图书馆发展近况》中也提到，她希望美国图书馆协会派出赴华代表"借机发起一场真正的图书馆运动"②，并且她还指出沈祖荣、胡庆生与中华基督教青年会共同在中国各大主要城市宣传现代图书馆为即将到来的全国范围图书馆运动奠定了基础。③ 1925 年前，在英文文献中提到"图书馆运动"的还有戴志骞、裘开明、查修、陶行知与程其保。桂质柏在《山东图书馆现状》（*Library Conditions in Shantung*）④中提到了"公共图书馆运动"。此后，桂质柏在其发表的 15 篇英文文献中都使用了"图书馆运动""中国图书馆运动""现代图书馆运动"等英文词汇，可谓中国图书馆运动的杰出宣传家。

1925 年 3 月，北京图书馆协会为筹备组织中华图书馆协会，拟定草章十三条，其中规定协会宗旨为"研究图书馆学术，发展图书馆事业"⑤，但 4 月 25 日中华图书馆协会在上海召开成立大会时，正式通过的《组织大纲》在其后增加了"并谋图书馆之协助"⑥一句。这次大会全国多省派代表参加，可以较为全面地反映全国图书

---

① Samuel T. Y. Seng, "*Present Outlook for Libraries in China*," *The Boone Review*（《文华温故集》），1920 年第 15 卷第 4 期。
② Mary Elizabeth Wood, "*Recent Library Development in China*," *Bulletin of the American Library Association*, No. 18（1924）：182.
③ Mary Elizabeth Wood, "*Recent Library Development in China*," *Bulletin of the American Library Association*, No. 18（1924）：181.
④ John C. B. Kwei, "*Library Conditions in Shantung*," *The China Weekly Review*, November 28，1925.
⑤ 《组织中华图书馆协会之草案》，《教育杂志》1925 年第 17 卷第 4 期。
⑥ 《中华图书馆协会组织大纲》，《中华图书馆协会会报》1925 年第 1 卷第 1 期。

馆界人士的观念，即普遍认为早期图书馆协会宗旨中协助互益的理念仍是不可或缺的。"研究图书馆学术，发展图书馆事业，并谋图书馆之协助"的这一多元宗旨于是因中华图书馆协会的成立得到全国图书馆界同人的认可。

此后成立的太原图书馆协会、山东图书馆协会、福建图书馆协会、浙江第二学区图书馆协会、无锡图书馆协会、安徽图书馆协会基本沿用了中华图书馆协会的宗旨作为协会宗旨。

总的来说，和其他任何协会一样，同行之间工作上的互助、情感上的联络是图书馆协会的基本特征，而研究图书馆学术、发展图书馆事业则是图书馆协会所特有的专业使命。民国时期图书馆协会虽然在宗旨的表述上并不完全相同，但其中三分之二的内容都是相同的，另外三分之一的不同是由于各协会的侧重点略有差异。

第二节　图书馆协会的组织管理制度

图书馆协会的组织管理制度受所处时代政府对结社和社团管理相关制度和法律法规的约束，同时因政府不同时期社团管理政策的变化而有所变化。此外，由于图书馆协会属于教育学术团体大类之下，因此，在某种程度上会受到其他教育学术团体的影响，但总的来说，没有过多特别之处。

一、组织制度

从组织制度层面看，民国时期图书馆协会有会长制、干事制、委员制、董事制、执监委员制、理监事制等多种形式。图书馆协会的组织制度是通过章程确定下来的，但不是一成不变的，可以通过修改章程的方式促进组织制度的改革以更好地适应发展的需要。图书馆协会组织制度的发展与民国时期整个社会团体组织制度的发展变革是同步的。一般来说，1928年以前图书馆协会多采用会长制、干事制、委员制和董事制；1928年至1936年基本上普遍采用执监委员制或委员制，也有采用董事制的；1936年以后通行理监事制。

（一）组织制度的历史变革

在中华图书馆协会成立之前，各地方图书馆协会主要采取会长制和干事制，以最高领导（分别为会长和总干事）为协会运作的核心，同时为满足基本会务需要，通常设有书记、庶务、文牍、会计等职，有时还需一人身兼两职。比如，北京图书馆协会和广州图书馆协会都是由副会长兼会计，而浙江省会图书馆协会、开封图书馆协会则由书记兼会计，济南图书馆协会和苏州图书馆协会由会计兼庶务。1918年成立的北京图书馆协会由于会员中有相当一部分外国人士，故还分中文书记和英文书记。这些职员都是在年会（或大会）上由全体会员选举产生的。

会长制仍有官本位的意味，程时煃在1920年北京高师暑期讲习会闭幕当日提出组织图书馆协会设想时就曾提出"其组织要合乎民治的精神，不要有会长等名词"①。同时，图书馆协会的运营管理集中于会长、副会长等少数一两个人身上，对其管理水平和专业水平要求较高，依赖性较强。这种制度在图书馆协会发展早期，图书馆专业人士尚未形成一定规模的情况下，可以快速有效地依靠领导者个人力量推动协会工作。可一旦会长离开，很容易造成图书馆协会工作的停滞，乃至图书馆协会的无形消亡。此外，由于职员人数较少，不利于集思广益，难以发挥会员的积极性，且会务不容易展开，难以产生较大的社会影响。

南京图书馆协会采用干事制，设总干事、副干事、会计、文牍、交际各1人，实际上与会长制差别不大，仅名称不同，但"交际"这一职务是新增的，体现了图书馆协会工作中交际工作的重要性。上海图书馆协会采用委员制，由会员在大会上选出委员11人，大大增加了协会职员的人数，且所有职员都为"委员"，更能体现平民精神。同时，由委员互推委员长1人，编辑、调查、交际各2人，会计、庶务、书记各1人，分工明确，各司其职。

济南图书馆协会和江苏图书馆协会则结合会长制与干事制。济南图书馆协会设会长1人、副会长1人、书记2人，又设干事5人分掌庶务、调查、交际等事务，均由大会选举产生。江苏图书馆协会设正、副会长各1人，并设9名干事分别承担总务部、研究部、编辑部、交际部4部工作，除总务部干事由会长聘任外，其他均由全体会员公举之。

中华图书馆协会成立之初，采用的是董事制，设董事部、执行部，并对各部职权作出明确规定。董事部职权包括：（1）规定进行

---

① 曹配言：《北高图书馆讲习会闭会式志盛》，《晨报》1920年8月21日第3版。

方针；（2）筹募经费；（3）核定预算及决算；（4）审定会员及名誉董事资格；（5）推举候选董事；（6）规定其他重要事项。执行部职权包括：（1）编拟进行方针；（2）编制预算及决算；（3）执行董事部议决事项；（4）组织各项委员会。

执行部又分文牍股、会计股、庶务股、交际股4股，由部长聘任干事若干名执行会务，还订有《中华图书馆协会执行部细则》[①]。执行部会务处理主要以事务所为单位，制定《中华图书馆协会总事务所办事简则》[②]，规定总事务所设于北京，部长根据各地事务繁杂情况酌情设立临时分事务所或分事务所，但须于董事部提出，并经其认可。各分事务所可聘用事务员、书记及劳役（事实上，分事务所并未成立）。总事务所不分股，由部长指派各干事分担事务，暂置书记1人，掌记录、缮写及保管文卷簿册。编制总预决算、会员总名簿、征收会费及总出纳，亦由总事务所办理。为共同研究学术或处理特别问题起见，执行部还组织有不同的专门委员会。委员会设主任、副主任各1人，由委员会委员互选之；书记1人，由执行部聘请之。

1928年，北京图书馆协会改名北平图书馆协会，其章程亦做了较大修正，改用监委员制，设执行委员7人、监察委员5人，执行委员不得兼任监察委员。对于各自的职责未作具体规定，只是提及监察委员监察执行委员之行动，如遇执行委员有违背会章之行为时可提出弹劾，由大会裁决，同时"执行委员遇特别事故不及召集

---

① 《中华图书馆协会执行部细则》，《中华图书馆协会会报》1925年第1卷第1期。
② 《中华图书馆协会总事务所办事简则》，《中华图书馆协会会报》1925年第1卷第1期。

会议时，经监察委员同意后得议决执行之"①。

1929年1月，中华图书馆协会召开第一届年会时，修正《组织大纲》，也改用监委员制，设执行委员会及监察委员会，并制定了《中华图书馆协会执行委员会细则》②和《中华图书馆协会监察委员会章程》③。执行委员的职责包括规定进行方针、筹募经费、编制预算及决算、通过会员入会手续、推举常务委员及候选执行委员等。执行委员会设执行委员15人，由会员公选，并由执行委员互选5人担任常务委员。执行委员会设常任书记1人，掌理并保管纪录、文件及杂务事项。会计1人，掌理出纳及簿记事项。执行委员会因事务之需要得聘用雇员。监察委员的职责是监察执行委员进行事项，以及核定预算及决算。监察委员会设监察委员9人，由会员公选，不得兼任执行委员。监委会遇必要时，也可设立常务委员会。执行委员会每3个月须撰报告书陈述会务进行状况于监察委员会。执行委员会执行议案，有关于经济事项，必具预算书通告监委会，俟监委会通过后施行。监委会因事未能即行开会，执委会根据预算案，先行支付一部分，俟监委会开会时追认。监委会纠正执委会之议案，须监委4人以上提出，经监委三分之二以上通过，始得提交执委会。执委会因事实上之困难碍难执行议案时，得由执委会说明理由提交监委会复议。监委会复议认为必须依据监委会纠正案执行时，执委会不得再行提出复议。监委会自身也是受到约束的。如监委会有违法事，由大会会员20人以上之联署提出议案于大会，经大会会员三分之二以上认为违法者，可解散监委会改组。

---

① 《北平图书馆协会简章》，《中华图书馆协会会报》1928年第4卷第3期。
② 《中华图书馆协会执行委员会细则》，《中华图书馆协会会报》1930年第5卷第4期。
③ 《中华图书馆协会监察委员会章程》，《中华图书馆协会会报》1930年第5卷第4期。

此后，各地方图书馆协会无论是新成立者还是已成立者都普遍采用执监委员制。福建图书馆协会和安徽图书馆协会分设执行委员会和监察委员会，监察委员都为3人，不过福建图书馆协会执行委员9人，而安徽图书馆协会执行委员7人，两者都规定由执行委员互推3人为常务委员。浙江第二学区图书馆协会和第一学区图书馆协会也都有执行委员和监察委员之设，但未设常务委员。太原图书馆协会、山东图书馆协会、瑞安图书馆协会、无锡图书馆协会仅设执行委员，而无监察委员，其中无锡图书馆协会还有候补执行委员。福建图书馆协会有候补执行委员和候补监察委员之设，当执行委员和监察委员因故无法出席会议时由候补委员代替。

各图书馆协会也都对执行委员进行分工。太原图书馆协会由执行委员中互推3人为常务委员，承担以下职务：（1）开会时为当选主席；（2）编制预算及决算；（3）执行全体大会或执行委员会议议决事项；（4）督促其他职员办理各项职务；（5）办理本会交际、编辑、出版事项；（6）拟定推广扩充及进行计划。剩余4位执行委员分别作为事务员，办理该会庶务、会计及一切其他杂务，以及文书，分掌文牍、记录、缮写、校对及通知会员并经管文卷簿册。[①]

无锡图书馆协会还订有《本会执行委员会办事细则》，执行委员会分设事务股（掌理文书、会计、庶务等）、研究股（掌理讨论、统计、编辑等）、交际股（掌理调查、通讯、交谊等），各股主任由执行委员互选，而各股股员由主任提出，会议通过后，由该会函请各会员担任。[②] 浙江第二学区图书馆协会在执行委员中分常务、调

---

① 《太原图书馆协会成立经过》，《中华图书馆协会会报》1929年第4卷第6期。
② 《本会执行委员会办事细则》，《无锡县立图书馆协会会报》1932年第1期。

查、研究等职务，①浙江第一学区图书馆协会执行委员中分常务、调查、研究、编辑、交际等职务，均由各执行委员互推担任。②安徽图书馆协会在执行委员中互选常务委员3人，分掌文书、会计、庶务、出版、交际等事宜。③江西省会图书馆协会是由执行委员会互推3人为常务委员，其余4人分任总务、推广、研究、编辑等职务。④

1936年4月，浙江省图书馆协会成立，采用理事制，设理事会，设常务理事3人，掌理日常事务，其余6人分任总务、研究、调查、编辑、宣传、交际等职务，但无监事会之设。⑤1937年1月，中华图书馆协会再次修订《组织大纲》，改行理监事制，设理事会和监事会。⑥实际上仅仅是将执行委员会改为理事会，监察委员会改为监事会，其职责和人数都无变化。后来成立的兰州市图书馆协会、广东省图书馆协会、重庆图书馆协会都采用理监事制。1947年成立的广东省图书馆协会和重庆图书馆协会都设理事15人、监事5人，图书馆协会理监事人数较以往大大增加。

图书馆协会的组织制度不是一成不变的。例如，广州图书馆协会成立之初采用的是会长制，1934年其章程则显示采用的是董事制，设董事5人，候补董事2人，董事中互选2人为常务董事，处

---

① 《浙江第二学区图书馆协会之成立》，《中华图书馆协会会报》1930年第6卷第3期。
② 浙江省第一学区图书馆协会编：《浙江省第一学区图书馆协会概况》，浙江省第一学区图书馆协会，1932年，第2页。
③ 《安徽图书馆协会成立宣言：安徽图书馆协会简章》，《学风》1931年第1卷第9期。
④ 《江西图书馆协会开成立大会：江西省会图书馆协会简章》，《中华图书馆协会会报》1932年第8卷第3期。
⑤ 《浙江省图书馆协会简章草案》，《浙江省图书馆协会会刊》1936年第1期。
⑥ 《中华图书馆协会组织大纲》（1937年1月修订），《中华图书馆协会会报》1937年第12卷第4期。

理日常会务。① 不过，组织制度的更改属于章程修订的一部分。图书馆协会的章程是保障图书馆协会正常运行的准则，无论是最初章程的通过还是后续章程的修正都需要有严格、合法的程序确保其代表多数会员的意见。协会建立的目的本身就是联合和团结，一旦出现意见分歧而没有很好的制度保障，则无法发挥其合力的效果，从而严重影响协会的发展。

（二）章程的修改制度

各图书馆协会对修改章程的条件有不同的要求。（1）一部分图书馆协会仅规定经大会修改，而无具体规定，如浙江省图书馆协会和江西图书馆协会。（2）一些图书馆协会对同意修改的人数做了规定。如瑞安图书馆协会规定须经会员3人以上之同意，广州图书馆协会和山东图书馆协会规定经会员全体四分之一以上之同意得提出大会修正，苏州图书馆协会和无锡图书馆协会规定经出席会员过半数同意，北京图书馆协会、开封图书馆协会、天津图书馆协会、上海图书馆协会规定经出席会员三分之二之肯定。（3）一些图书馆协会对出席人数和同意人数都做出了具体的规定。如济南图书馆协会和北平图书馆协会都规定经全体会员三分之二之出席及出席人数三分之二之肯定。（4）一些图书馆协会对提出人数和同意人数做出规定，如太原图书馆协会和安徽图书馆协会规定由会员3人以上之提议，经大会出席会员三分之二以上肯定通过；福建图书馆协会是会员5人以上之提议，经出席人数三分之二以上肯定通过。（5）南京图书馆协会的规定最为完善，对提出人数、出席人数和同意人数都

---

① 何多源：《广州图书馆协会概况：广州图书馆协会章程》，《广州大学图书馆季刊》1935年第2卷第1期。

做出了规定，须会员 5 人以上提议，经全体会员三分之二之出席，会员过半数之决议才可修改之。这充分保障了修改经过大多数人的同意。

中华图书馆协会组织大纲规定须经董事（后来是执行委员会或监察委员会，理事会或监事会）过半数，或会员 20 人以上之提议，大会出席会员三分之二以上之通过。正是由于没有对出席会员人数有所规定，导致 1944 年 5 月在重庆举办第六届年会时，年会前一日有 24 位会员提议修改《中华图书馆协会组织大纲》第四章"组织"、第六章"选举"及第八章"事务所"，同时还提出改选理监事的议案。这 24 人有皮高品、汪长炳、吴光清、岳良木、徐家麟、徐家璧、张遵俭、童世纲、蓝乾章、严文郁、孙述万等，均为文华图书科（或独立后的文华图书馆学专科学校，简称"文华图专"）校友。此次年会第一日出席 65 人，第二日出席 47 人，年会前一日提议修改的这 24 人成为左右会议结果的重大力量。虽然它没有违反原有组织大纲的规定，但这种"抱团"行为严重影响了会议的民主精神，也引发了部分会员的不满。会议第一日洪有丰提出："组织大纲是本会的根本大法，修改应当特别慎重，不可草率将事。战时交通困难，今天到会人数仅占全体会员十二分之一，我们似乎不应该以少数人漠视大多数人的权利。"① 但因"寡不敌众"，意见没有被采纳，其第二日便缺席会议。陈训慈在第二日会议上也表达了类似的观点，他指出此次年会出席人数过少，不能代表各地会员，修改会章宜特别慎审，应组织一委员会，先拟草案再征求各地会员同意。最终因时间关系，此次年会的组织大纲修正并未彻底完成。

---

① 《中华图书馆协会第六次年会第一次会议纪录》，《中华图书馆协会会报》1944 年第 18 卷第 4 期。

二、选举制度

选举制度主要是指图书馆协会选举职员的程序和规范。一般来说,图书馆协会的职员都是每年改选,连选连任,即如果第二次仍被选上,可以继续担任。选举则分为现场选举和通信选举两种。现场选举一般是在召开年会时当场进行选举,通信选举则是邮寄选票,会员填好选票后寄至图书馆协会相关部门。

中华图书馆协会由于会员人数较多,散居全国各地,参加年会所需资费不菲,出席年会的会员人数有限,因此采用通信选举的方式可以最大限度保障会员的普遍选举权。采用董事制时期,董事部设董事15人,任期3年,每年改选三分之一,唯第一任董事,任期1年、2年、3年者各5人,于第一次开董事会时签定之。每年改选之董事,由董事部照定额2倍推举候选董事,由会员公选之,但于候选董事以外选举者听之。执行部设正部长1人、副部长2人,由会员公选,干事若干人,由部长聘任,任期均为1年。改行执监委员制后和理监事制后,对执行委员会和监察委员会,以及理事会和监事会人数都有明确限制,分别都是15人和9人,任期都是3年,每年改选三分之一,唯第一任任期1年、2年、3年者各三分之一,于第一次开会时签定之。每年改选时,由各会照定额2倍推举候选人,由会员公选之,但于候选人以外选举者听之。不过,设常务委员(常务理事)5人,由执行委员(理事)互选,任期1年。

1944年5月,中华图书馆协会第六届年会,有24名会员提出修改组织大纲,其修改要点就是理监事选举规则由原来的全体会员公选改为出席会员公选。对此,陈训慈指出:"本会过去改选系采用通讯选举法,以求普遍,是为本会传统精神,盖在平时出席年会会员亦属少数,现值抗战期间,交通困难,各地会员更难普遍出席,如由出席少数会员改选理监事,而将不出席年会会员之选举权予以剥夺,殊不妥当,似应照原办法用通讯方式,由各地会员普遍选举。"① 后来,汪应文提出此条的修正案,即"本会设理事15人,由出席年会会员照定额二倍票选候选人,再由会员通讯公选之,但于候选人以外选举者,听之"②,经表决通过。最终由出席会员选举出理事候选人30人,监事候选人18名。对于现场选举的情形来说,如果不对出席会员人数进行约定,便很难保证选举结果的公平性。

沈祖荣之子沈宝环以会员身份参加了该次年会,1983年他在严文郁《中国图书馆发展史:自清末至抗战胜利》一书序言中曾回忆这次大会,说:"大会的主席是守和世伯,也是我第二次看见他,重庆年会的气氛和青岛年会完全相反,协会有严重分裂倾向。我看守和世伯面有怒色。这次年会不欢而散。……由于这次经验我学到一个教训,一个组织如果要达到精诚团结、合作无间的目的,必须要做到'党外无党,党内无派'的程度。"③ 1996年,他在《毛坤图书馆学档案学文选》一书序言中又揭示其"幕后新闻",称:"实际情况是协会大部分巨头,包括文华资深校友都强烈希望协会改

---

① 《中华图书馆协会第六次年会第二次会议纪录》,《中华图书馆协会会报》1944年第18卷第4期。
② 《中华图书馆协会第六次年会第二次会议纪录》,《中华图书馆协会会报》1944年第18卷第4期。
③ 沈宝环:《沈序》,载严文郁《中国图书馆发展史:自清末至抗战胜利》,台湾枫城出版社,1983年,第17页。

组,他们要求家父出面领导,在开会前夕推派若干代表到我家向家父施压劝进,这次谈话我也在场旁听。家父甚感为难,随即单独约见毛师,征询意见。毛师力主团结,毛师的意见加强了家父的决心。……原来家父打算用拖延战术缩短讨论改组一案的时间……这次会议虽然'不欢而散',但是没有完全决裂,与毛师幕后影响力有很大关系。"[1]

地方图书馆协会一般仅限某一区域,绝大多数会员参加年会是有保障的,故多采用现场选举的方式。北平图书馆协会就有"改选职员须经全体会员过半数之出席,出席人数过半数之决议"[2]的规定。为保证选举的公平,北京图书馆协会1918年12月成立时,章程规定:"每馆派代表一人,有投票权,其他职员亦可到会与议,但无投票权。"[3]后来各图书馆协会都设机关会员、个人会员、名誉会员、赞助会员等不同类型的会员,但都规定开年会时,各机关会员派代表一人出席,这实际上保证了机关会员层面的公平。根据《上海图书馆协会第三届年会纪》[4]可知,上海图书馆协会选举是由各会员当场分头缮写选举票,并公推检票、唱票员和记票员。且相关报道中曾两次提出上海图书馆协会选举采用的是记名投票法。至于投票之候选人,瑞安图书馆协会是由前任执委会推定候选人,送由各会员圈选。[5]

---

[1] 沈宝环:《序一》,载梁建洲、廖洛纲、梁鱣如编《毛坤图书馆学档案学文选》,四川大学出版社,2000年,第6—7页。
[2] 《北平图书馆协会简章》,《北平图书馆协会会刊》1929年第2期。
[3] 《北京图书馆协会成立纪闻》,《北京大学日刊(第292号)》1919年1月21日第3版。
[4] 《上海图书馆协会第三届年会纪》,《申报》1926年9月27日第12版。
[5] 《瑞安图书馆协会更选执委志闻》,《中华图书馆协会会报》1931年第7卷第2期。

三、议事制度

议事制度是社会团体议事程序的总称，包括会议形式、会期制度、提案制度、审议制度、表决制度等。通常，社会团体通过举办不同形式的会议，征集、讨论、议决会员提出的议案，再安排相应部门或人员执行议决案来实现该社会团体的职能。对于图书馆协会来说，会议形式大致有年会、常会、职员会、临时会数种。

年会，有的也称为全体大会或会员大会，是面向全体会员的大型聚会。年会的主要内容一般包括选举职员和讨论议案，不过有时也安排学术讲演或宣读论文。如遇章程需要修改时，还需要根据章程中规定的修改章程的程序进行安排。有些图书馆协会在章程中明确规定年会举办的月份，如太原图书馆协会的年会在成立纪念日举办，广州图书馆协会是每年1月，北京图书馆协会（1924年成立）是每年3月，浙江省会图书馆协会是每年4月，开封图书馆协会是每年5月，瑞安图书馆协会是每年7月，济南与天津图书馆协会都在9月，上海图书馆协会和山东图书馆协会是每年10月，江苏图书馆协会是每年暑假。除特殊情况外，各图书馆协会年会在月份上似乎尽量避免"撞车"。当然也有不少图书馆协会并未规定具体月份。还有规定每半年开一次大会的，如浙江第二学区图书馆协会、浙江第一学区图书馆协会（1933年修正章程将大会改为每年举行一次）；无锡图书馆协会、江西图书馆协会则规定每年开两次大会；1918年成立的北京图书馆协会，其章程规定每年开常会（大会）两次，于春秋两季举行。

至于年会的召集，绝大多数图书馆协会都规定具体地点与时间由前一年年会决定,也就是说由全体会员共同决定。不过,浙江第一学区图书馆协会、安徽图书馆协会和江西图书馆协会规定,大会由执行委员会召集。瑞安图书馆协会则规定由常务委员召集。中华图书馆协会1925年成立时,其《组织大纲》还规定年会"在各省区轮流举行",但1929年1月第一届年会修正《组织大纲》后删除了这项规定。通常情况下,轮流举行无疑是比较公平、公正、便捷的方式,但由于时局的影响,年会往往无法每年正常举行,因此这项规定就显得没有实际意义了。事实上,第一届年会直至1928年底才开始筹办,于1929年1月在南京召开。整个民国时期,中华图书馆协会年会仅召开了6次(王阿陶认为1947年10月26日至27日在南京召开的中国教育学术团体联合会第五届联合年会是中华图书馆协会的第7次年会,但实际上其仅是作为机关会员代表参加了联合年会而不是举办了中华图书馆协会年会)。这种轮流举办年会的方式被浙江第二学区图书馆协会简章所采纳,其规定年会"轮流在各县举行"。1937年,由于"耗用金钱、精力、时间过多"①,中华图书馆协会理事长拟提请改为每两年举行一次年会。

常会,顾名思义,是比年会频率更高的会议,主要指地方图书馆协会面向全体会员召开的会议。常会按频率有每月、每两月、每季开一次几种。每月一次的有北京图书馆协会、开封图书馆协会。还有部分规定除寒暑假外每月一次,如天津图书馆协会、南京图书馆协会、济南图书馆协会。每两月一次的有浙江省会图书馆协会、上海图书馆协会、广州图书馆协会(除寒暑假外,每两月例会一次,3、5、9、11等月)。每季一次的是苏州图书馆协会。至于常

---

① 《本会消息:年会两年举行一次》,《中华图书馆协会会报》1937年第12卷第6期。

会的具体时间和地点或由职员会商定（北京图书馆协会、天津图书馆协会、广州图书馆协会），或会长召集（浙江省会图书馆协会、开封图书馆协会、济南图书馆协会），或正副会长商定（苏州图书馆协会），或由干事确定（南京图书馆协会）。

各图书馆协会还规定遇必要时，得召集临时会。不过，对临时会的召集人，不同图书馆协会的规定也有所不同。第一类是由某个领导者来召集，如开封图书馆协会是由会长召集，苏州图书馆协会由正副会长商定，上海图书馆协会是由委员长召集。第二类是由全体商定召集，如济南图书馆协会规定，遇必要时由全体商定召集临时会。第三类是职员会或经一定人数会员之请求。如浙江省会图书馆协会规定，须经会员3人以上提议。南京图书馆协会由干事召集临时会。天津图书馆协会规定由职员会召集或会员3人以上之动议，并向职员会请求召集。

职员会，就是指面向图书馆协会职员，而非全体会员的会议，其在不同组织制度下有不同所指。会长制下就叫职员会。董事制下，董事部和执行部会议由各部自定。采用委员制的图书馆协会，如无锡图书馆协会要求执行委员会每月开会一次，山东图书馆协会则要求，除暑假外，执行委员会每两月例会一次（1、2、3、5、9、11等月），而常务委员会会议每月至少举行一次。执监委员制有执行委员会和监察委员会会议制度。比如，中华图书馆协会执行委员会要求每年至少开会两次，监察委员会每年至少开会3次，均以三分之二以上人之出席为规定人数，委员因事不能出席者，得正式函托本协会会员为代表。江西图书馆协会要求，每月各举行一次执监委员会。福建图书馆协会要求，每3个月开执监委员会各一次。安徽图书馆协会要求，每3个月举行一次执行委员会议，每6个月举行一次监察委员会议。浙江第一学区图书馆协会要求每 3 个月举行一次执监委员联席会议。还有一些图书馆协会仅对执行委员会会议有要求,如北平图书馆协会要求执行委员会每月集会一次,浙江第二学区图书馆协会要求执行委员会每 3 个月集会一次。

临时会的召开,一般须经执行委员议决,或一定人数会员之请求由执行委员会召集。北平图书馆协会要求会员 5 人以上,瑞安图书馆协会要求会员 3 人以上,江西图书馆协会要求会员三分之一以上,福建图书馆协会要求会员 18 人以上。

第三节 图书馆协会的机构设置

民国时期所有图书馆协会中只有很少一部分设有专门委员会、事务所和图书馆等机构。总体原因还是与当时大部分图书馆协会的规模与经费十分有限有密切关系,因此一般只有中华图书馆协会这样的全国性的图书馆协会才设有这类机构。

一、专门委员会

民国时期,在社会团体中设立专门委员会是比较常见的。例如,中华全国体育协进会不仅设有运动员资格审查委员会、田径运动纪录审查委员会、运动规则委员会、运动裁判会等几类常设委员会，还根据现实工作需要，临时成立各种委员会，如会务计划委员会、经费筹募委员会、选拔委员会、建筑委员会、章程修订委员会等。①

图书馆协会专门委员会的设立，一方面是为了更好贯彻协会的宗旨，开展学术研究，分门别类研究图书馆学和图书馆事业中面临的各项问题，另一方面就是为了推动图书馆协会某些议决案的执行。1924 年，北京图书馆协会成立后设有图书馆事业推广委员会和图书馆学术委员会。12 月 23 日开第 6 次常会时，议决该会图书馆事业推广委员会应备调查问题多种，向国内各图书馆征求答复，以备来年鲍士伟来华时报告调查所得。又议决图书馆学术委员会应"（1）筹备常会的、临时的讲演；（2）指导图书馆学术：答疑问、请人帮同指导、供给出版委员会材料、设法与会员共同研究图书馆学术"②。参会会员当场签名志愿加入以上二委员会，且规定关于图书馆学术委员会者，请迳函松坡图书馆蒋慰堂君；事务关于图书馆事业推广委员会者，请迳函清华学校查修。

1926 年 10 月 11 日，北京图书馆协会假北海快雪堂松坡图书馆举行年会，公推徐鸿宝、谭新嘉、查修、马家骧、杨维新 5 人为调查善本书委员会委员。③ 1929 年 1 月 13 日北平图书馆协会开第二次常会时，讨论编制丛书及期刊联合目录，故成立丛书联合目录委员会和期刊联合目录委员会，同时还成立设计委员会，各委员会均由 5 人组成。④ 设计委员会，主要是协助关于图书馆组织设计

---

① 陈明辉：《中华全国体育协进会研究（1924—1949）》，武汉大学出版社，2019 年，第 42—43 页。
② 《北京图书馆协会开会纪》，《申报》1924 年 12 月 23 日第 11 版。
③ 《图书馆协会改选职员》，《晨报》1926 年 10 月 13 日第 6 版。
④ 《北平图书馆协会十八年度集会纪要》，《北平图书馆协会会刊》1929 年第 3 期。

事项。①

　　1929年10月出版的《北平图书馆协会会刊》第3期为《北平各图书馆所藏期刊联合目录》专号，由期刊联合目录委员会所编。该联合目录汇集北平24馆1100余种期刊，分普通、哲学宗教、社会科学、政治法律、教育、自然科学、应用科学、音乐美术、语言文学、史地十大类。1930年10月出版的《北平图书馆协会会刊》第4期为《北平各图书馆所藏丛书联合目录》，由北平图书馆协会丛书联合目录委员会编。该联合目录含图书馆22处，共收丛书900余种，分汇刻之部、自著之部、郡邑之部、分类之部四部，各部排列方法不尽相同。这些专门委员会基本属于为完成特定项目而组织的机构，并非固定的常设机构，一旦项目完成，委员会也就不复存在了。《北平图书馆协会会刊》1929年职员表中列图书馆设计委员会、丛书联合目录委员会和期刊联合目录委员会，1930年职员表就仅剩丛书联合目录委员会了。②

北平图书馆协会专门委员会③

调查善本书委员会	图书馆设计委员会	丛书联合目录委员会	期刊联合目录委员会
徐鸿宝	洪有丰	蒋复璁	汪长炳
谭新嘉	袁同礼	谭新嘉（志贤）	沈缙绅
查修	田洪都	章新民	毕树棠

---

① 《北平图书馆协会会务报告》，《北平图书馆协会会刊》1929年第2期。
② 《北平图书馆协会职员表（十九年度）》，《北平图书馆协会会刊》1930年第4期。
③ 本表内容来自《图书馆协会改选职员》（《晨报》1926年10月13日第6版）和《北平图书馆协会职员表（十八年度）》（《北平图书馆协会会刊》1929年第3期，封2）。

续表

调查善本书委员会	图书馆设计委员会	丛书联合目录委员会	期刊联合目录委员会
马家骥	徐家麟	徐家麟	何澄一
杨维新	严文郁	张一航	李正翰（绥垣）

1925年，中华图书馆协会成立时所通过之《组织大纲》中规定的执行部的职务有一项为"组织各项委员会"。1925年8月《中华图书馆协会会报》第1卷第2期刊登《中华图书馆协会委员会规程》，规定委员会委员由执行部聘请，设主任、副主任各1人，由委员会委员互选；书记1人，由委员会主任推任。唯第一届之主任、副主任、书记由执行部聘请。委员会之职务包括：（1）关于该门学术或该种问题之处理事项；（2）关于该门学术或该种问题议案之审查事项；（3）关于董事部长或执行部长交议或委托事项；（4）关于本委员会建议事项。委员会会议由书记商承主任召集，委员会于某项问题研究完竣时，缮就具体报告交执行部。委员会所需经费，由委员会主任拟具计划预算交执行部长提出董事部核定等。①该规程内容很大程度上借鉴了《中华教育改进社委员会规程》，只是增加了关于会议的召集和出具报告的规定，相对来说更加完善。

1925年5月29日《中华图书馆协会之进行》一文指出，为共同研究图书馆学术或处理特别问题起见，特组织分类委员会、编目委员会、索引委员会、目录委员会、国际目录分类委员会、政府出版物委员会、交换图书委员会、专门名词审查委员会、儿童图书馆委员会、乡村图书馆委员会、出版委员会、图书馆建筑委员会、图

---

① 《中华图书馆协会委员会规程》，《中华图书馆协会会报》1925年第1卷第2期。

书馆教育委员会。① 6月2日，中华图书馆协会董事部会议推举颜惠庆、熊希龄、丁文江、胡适、袁希涛5人组织财政委员会，以筹划中华图书馆协会基金，"惜因时局影响，未能积极进行"②。

1925年8月出版的《中华图书馆协会会报》刊载《中华图书馆协会委员会委员名单》，与5月29日《申报》所刊载委员会不完全相同，只有图书馆教育委员会、分类委员会、编目委员会、索引委员会、出版委员会5个专门委员会，每个委员会设主任、副主任与书记。③ 说明此前所提各委员会只是"计划之中"，事实上并没有真正设立。该委员会名单中图书馆教育委员会规模最为庞大，共有20名委员，其次是出版委员会（16名），再次为编目委员会（13名），分类委员会和索引委员会均有10名委员。因部分委员同时身处多个委员会，5个委员会共有成员51人。从人员机构分布来看，在大学（或大学图书馆）任职者约占78%，尤以北京大学、东南大学、清华大学、金陵大学和广东大学为多，来自公共图书馆系统的约占16%，非大学和公共图书馆系统的只占6%。任职各委员会主任、副主任或书记者共13名，除徐鸿宝和傅增湘外，其余全部来自于大学。从个人来看，杜定友分属委员会最多，占4个；其次是洪有丰和施廷镛，均占3个；而袁同礼、朱家治、刘国钧、李小缘、李笠、沈祖荣、胡庆生、王文山、李燕亭、徐鸿宝、章籛均为2个。

---

① 《中华图书馆协会之进行》，《申报》1925年5月29日第11版。
② 《中华图书馆协会第一周年报告》，《中华图书馆协会会报》1926年第2卷第1期。
③ 《中华图书馆协会委员会委员名单》，《中华图书馆协会会报》1925年第1卷第2期。

中华图书馆协会 1925 年组建专门委员会委员名单①

序号	机构	姓名	所属委员会
1	北京大学	☆袁同礼	分类委员会书记 图书馆教育委员会委员
2		马叙伦	分类委员会委员
3		顾颉刚	分类委员会委员
4		黄文弼	分类委员会委员
5		单丕	编目委员会委员
6		☆林语堂	索引委员会主任
7		胡适	索引委员会委员
8	东南大学	☆洪有丰	图书馆教育委员会主任 编目委员会书记 出版委员会委员
9		☆朱家治	图书馆教育委员会书记 出版委员会委员
10		施廷镛	图书馆教育委员会委员 分类委员会委员 出版委员会委员
11		姚明辉	出版委员会委员
12		吴梅	出版委员会委员
13	金陵大学	☆刘国钧	出版委员会主任 图书馆教育委员会委员
14		李小缘	图书馆教育委员会委员 编目委员会委员
15		万国鼎	索引委员会委员
16		胡小石	出版委员会委员

---

① 本表原始数据来自《中华图书馆协会委员会委员名单》(《中华图书馆协会会报》1925年第1卷第2期),按个人所属机构重新整理而成,表中姓名前标☆者担任主任、副主任或书记职务。

续表

序号	机构	姓名	所属委员会
17	广东大学	吴康	图书馆教育委员会委员
18		李笠	分类委员会委员 出版委员会委员
19		徐绍棨	编目委员会委员
20		陈钟凡	出版委员会委员
21	清华学校	☆梁启超	分类委员会主任
22		☆赵元任	索引委员会副主任
23		戴志骞	图书馆教育委员会委员
24		查修	分类委员会委员
25	华中大学	韦棣华	图书馆教育委员会委员
26		☆沈祖荣	编目委员会副主任 图书馆教育委员会委员
27		☆胡庆生	图书馆教育委员会副主任 索引委员会委员
28	圣约翰大学	钱荃博	出版委员会委员
29		黄维廉	出版委员会委员
30	燕京大学	☆洪业	索引委员会书记
31	北京法政大学	杨昭恕	图书馆教育委员会委员
32	北京师范大学	冯陈祖怡	图书馆教育委员会委员
33	上海商科大学	孙心磐	出版委员会委员
34	上海大同大学	朱香晚	出版委员会委员
35	上海南洋大学	☆杜定友	出版委员会副主任 图书馆教育委员会委员 分类委员会委员 索引委员会委员
36	天津南开大学	王文山	图书馆教育委员会委员 编目委员会委员
37	东北大学	姬振铎	图书馆教育委员会委员

续表

序号	机构	姓名	所属委员会
38	中州大学	李燕亭	图书馆教育委员会委员 编目委员会委员
39	岭南大学	陈德芸	编目委员会委员
40	美国哈佛大学	丁绪宝	索引委员会委员
41	京师图书馆	☆徐鸿宝	分类委员会副主任 图书馆教育委员会委员
42		谭新嘉	编目委员会委员
43	松坡图书馆	何澄一	编目委员会委员
44	浙江公立图书馆（杭州）	章箴	图书馆教育委员会委员 编目委员会委员
45	苏州图书馆	彭清鹏	图书馆教育委员会委员
46	江苏省立第一图书馆（南京）	钟福庆	出版委员会委员
47	江西省立图书馆	陈宗鎣	编目委员会委员
48	河南第一图书馆（开封）	何日章	出版委员会委员
49	北京政治学会图书馆	陈宗登	索引委员会委员
50	商务印书馆编译所（上海）	王云五	索引委员会委员
51	北京石老娘胡同	☆傅增湘	编目委员会主任

1927年10月，《中华图书馆协会会报》第3卷第2期刊载《中华图书馆协会第二周年报告》，其中说道："本年本会重组编目委员会，以李小缘君为主任，章箴君为副主任，并约沈祖荣、查修、蒋复璁、爨汝僖、施廷镛、王文山六君为委员。惟条例纷繁，决非短时期所能告成，故尚无具体报告。然拟先编制普通图书编目条例，

次旧籍条例,次参考书书目,均在进行中。"①

1929年1月,中华图书馆协会在南京召开第一届年会。29日下午2时,会务会议在金陵大学科学馆举行。除董事部和执行部汇报工作进行情况外,出版委员会主席刘国钧报告出版编辑之经过事项,并将来改进上之希望。编目委员会主席李小缘报告编目委员会应有之工作四点:编制普通民众图书馆编目法,编制中文旧籍编目条例,编制编目所用参考书,由协会印行卡片。②

为执行年会议决各案及共同研究学术起见,特组织分类、编目、索引、检字、图书馆教育、编纂、建筑、宋元善本书调查、版片调查9个专门委员会及季刊编辑部和会报编辑部。③ 每个专门委员会设主席和书记各1人。两编辑部均设主任1人,刘国钧为《图书馆学季刊》编辑部主任,袁同礼为《中华图书馆协会会报》编辑部主任。

1932年,鉴于中华图书馆协会各执行委员散居各地,召开执行委员会会议十分不易,于是改变方针,将应讨论事项由身在北平的执行委员先开会议决,并形成建议方案分发北平以外各执委征求意见,俟复信后,多数通过则视为议决案。照此办法,1932年12月出版之《中华图书馆协会会报》刊登了年度第一次执行委员会议决案,包括《改组各委员会案》《督促各委员会工作俾中途不致停顿案》《各委员会人选建议案》等有关各委员会的议案,建议改组各委员会,以主席、书记在同一地点为原则,各委员会委员由主席

---

① 《中华图书馆协会第二周年报告》(1926年5月至1927年6月),《中华图书馆协会会报》1927年第3卷第2期。
② 《中华图书馆协会第一次年会纪事》,《中华图书馆协会会报》1929年第4卷第4期。
③ 《本会新组织之各委员会》,《中华图书馆协会会报》1929年第4卷第5期。

推定后，再由会函聘。此外，鉴于各委员会无成绩报告者居多的原因在于无计划或无经费，提议先由主席将一年具体计划函告协会，每年 6 月编制工作报告，各委员会可预支 30 元作为经费，如用费过大可陈明执行委员会酌量增加。在北平之执行委员会提出分类、编目、索引、检字、图书馆教育、建筑、编纂、版片调查 8 个委员会之主席与书记之人选，以及《图书馆学季刊》编辑部人选 11 人（刘国钧为主席），① 与此前相比，只是将善本调查委员会并入版片调查委员会。

1933 年，第二届年会后，"为研究专门问题并执行第二届年会议决案起见"②，特组织两新委员会，一为图书馆经费标准委员会，一为审定杜威分类法关于中国细目委员会。两委员会均设委员 7 人、主席 1 人、书记 1 人。

各专门委员会委员任职情况③

委员会名称	主任（主席）、副主任、书记	委员	人数
图书馆教育委员会（三届）	洪有丰、胡庆生（2）、朱家治、毛坤、沈祖荣、徐家麟	袁同礼、冯陈祖怡、戴志骞（3）、杨昭悊、徐鸿宝、王文山（2）、刘国钧（2）、李小缘、施廷镛、杜定友（2）、彭清鹏、章箴、沈祖荣（2）、韦棣华、李燕亭、姬振铎、吴康、洪有丰（2）、陈东原、蒋复璁、查修	25
分类委员会（三届）	梁启超、徐鸿宝、袁同礼、刘国钧（2）、蒋复璁、曹祖彬	马叙伦、查修（3）、顾颉刚、黄文弼、施廷镛、杜定友、李笠、单丕、王文山（2）、毛坤（2）	16

---

① 《本年度第一次执行委员会议决案》，《中华图书馆协会会报》1932 年第 8 卷第 3 期。
② 《本会新组织之两委员会》，《中华图书馆协会会报》1933 年第 9 卷第 2 期。
③ 本表数据来源为宋建成《中华图书馆协会》附录《中华图书馆协会委员会》（第 285—288 页），通过对历届专门委员会委员任职情况的统计分析制此表。人名后括号中的数字表示担任该职的届数。

续表

委员会名称	主任（主席）、副主任、书记	委员	人数
编目委员会（四届）	傅增湘、沈祖荣、洪有丰、李小缘（2）、范希曾、裘开明、冯汉骥、章箴	章箴、李小缘（2）、谭新嘉、单丕、何澄一、王文山（3）、李燕亭、陈宗蕠、陈德芸、徐绍榮、黄星辉（2）、徐家麟、沈祖荣（3）、袁同礼、刘国钧、洪有丰、查修（2）、蒋复璁、爨汝僖、施廷镛、赵万里、范希曾	25
索引委员会（三届）	林语堂、赵元任、洪业、杜定友、钱亚新、万国鼎、蒋一前（蒋家骧）	胡适、陈宗登、杜定友、王云五、万国鼎（2）、胡庆生、丁绪宝、毛坤（2）、刘国钧（2）、钱亚新	14
检字委员会（两届）	沈祖荣、万国鼎、杜定友、钱亚新	王云五（2）、张凤（2）、赵元任（2）、蒋一前（2）、万国鼎	8
建筑委员会（两届）	戴志骞（2）、袁同礼、吴光清	洪有丰（2）、关颂声（2）、李小缘（2）、袁同礼	6
编纂委员会（两届）	洪有丰、缪凤林、袁同礼、向达	刘国钧（2）、李小缘（2）、柳诒徵（2）、沈祖荣（2）、刘纪泽（2）	9
版片调查委员会（两届）	徐鸿宝、王重民、柳诒徵、缪凤林	庄严（2）、杨立诚（2）、赵鸿谦①（2）、柳诒徵、陈乃乾（2）、欧阳祖经（2）、胡广治、侯鸿鉴（2）、徐绍榮（2）、何日章（2）、聂光甫（2）、赵万里、傅增湘、张元济、董康、徐鸿宝、周遒、瞿启甲、周延年、王重民	22

---

① 原文赵怡谦疑系排印错误，应为赵鸿谦。

续表

委员会名称	主任（主席）、副主任、书记	委员	人数
宋元善本书调查委员会（一届）	柳诒徵、赵万里	傅增湘、张元济、董康、徐鸿宝、周暹、陈乃乾、瞿启甲、单丕、杨立诚、欧阳祖经、周延年	13
图书馆经费标准委员会（一届）	柳诒徵、陈东原	王献堂、柯璜、陈训慈、杨立诚、蒋希曾	7
审定杜威分类法关于中国细目委员会（一届）	桂质柏、陈宗登	查修、曾宪三、裘开明、蒋复璁、刘国钧	7
出版委员会（一届）	刘国钧、杜定友、施廷镛	朱家治、洪有丰、姚明辉、吴梅、胡小石、钟福庆、孙心磐、朱香晚、钱荃博、黄维廉、何日章、李笠、陈钟凡	16
季刊编辑部（两届）	刘国钧（2）	万国鼎、向达、严文郁	4
会报编辑部（一届）	袁同礼	顾子刚、于震寰	3

从曾经的各委员会人数来看，最多的是编目委员会和图书馆教育委员会，其次是版片调查委员会，再次为分类委员会、出版委员会、索引委员会、宋元善本委员会，以上参加人数均在10人以上，而这些专题也正是民国时期中国图书馆学和图书馆事业最关注的。图书馆教育、分类、编目、索引都是西方现代图书馆学的核心内容，而版片调查和宋元善本委员会设立的目的主要还是调查和保存中国古代珍贵典籍。这实际上也体现了中国的图书馆学家们既重视西方图书馆科学管理方法的运用和改良，又非常重视图书馆保护和传承中国传统文化这一重要职能。

由上表统计可知,共有 91 人曾当选各专门委员会委员,其中 36 名是中华图书馆协会职员(中华图书馆协会选举职员共 58 人,也就是说其中 62% 被选为专门委员会委员),另有 5 名虽不是中华图书馆协会职员但被选为中华图书馆协会执行部干事。加入委员会最多的是刘国钧(7 个),其次是袁同礼(6 个),再次是杜定友和洪有丰(均为 5 个),沈祖荣、李小缘、柳诒徵、徐鸿宝、查修、蒋复璁、施廷镛均加入 4 个委员会。他们基本上都是中华图书馆协会的核心职员(只有施廷镛和徐鸿宝从未被选为中华图书馆协会职员)。同时身兼多个中华图书馆协会专门委员会委员的,可以被视作能力较为全面者,但即便如此,也鲜有人能做到中西兼长,因为除了徐鸿宝,其他人的专业都不涉及中国传统图书馆方面(如版片调查委员会和宋元善本调查委员会)。但中华图书馆协会吸纳了中国传统图书馆这一领域的专家加入这两个专门委员会,即使其中有不少专家并非中华图书馆协会职员(或会员),这就说明中华图书馆协会对于中国传统图书馆学非常重视。

二、事务所

限于经费原因,民国时期各图书馆协会均无独立会所,而是借用某图书馆作为事务所地址。一般情况下,事务所都设在协会主要发起机构的图书馆内。除个别图书馆协会事务所没有明确记载之外,仅瑞安图书馆协会事务所设在利济医院、伪满洲国图书馆协会设在伪满民生部,其他图书馆协会事务所均设在各图书馆。早期成立的图书馆协会事务所在大学图书馆的较多,中华图书馆协会成立以后成立的各地方图书馆协会都设在公共图书馆,省立、市立、县立图书馆均有。这也从侧面反映了中华图书馆协会对中国近代公共图书馆事业的发展起到了推动作用。这些图书馆协会之所以能够借用图书馆作为事务所,是因为大多数图书馆协会的主要领导者同时也是图书馆的主要负责人。

1925年中华图书馆协会成立时,其《组织大纲》规定"设总事务所于北京,分事务所于上海"①。"松坡图书馆当将石虎胡同七号第二馆房间,慨让数楹"②,这便是中华图书馆协会总事务所最初的办公地址。当年年底,因会务日繁,地址渐觉不敷,由董事袁同礼在清室官产中谋得会所一处,在西城府右街18号,计瓦房19间。12月15日由中华图书馆协会执行部与清室善后委员会订立合同。其中规定月租大洋28元,每月15日缴纳。唯经费困难,一时未能迁入。③"复经军队占用,难以设法",爱商北京图书馆,拨借房舍,暂为事务所之用,遂于1927年3月1日迁入北京图书馆(1928年10月更名为北平北海图书馆④),且该馆新建筑落成后,允拨给房屋数间,专作中华图书馆协会之用。⑤

1929年中华图书馆协会第一届年会时,因首都已改在南京,袁同礼、上海图书馆协会、曹祖彬、周延年、沈孝祥、顾天枢等均有议案提议总事务所应迁至首都南京。此外,孙心磐还提出"添设分事务所三处案",认为"远道代表未能时常来总会会议,势必隔膜。倘能多设分事务所,总事务所有事可与分事务所接洽,再由分

---

① 《中华图书馆协会组织大纲》,《中华图书馆协会会报》1925年第1卷第1期。
② 《会务纪要:总事务所地址》,《中华图书馆协会会报》1925年第1卷第1期。
③ 《会务纪要:总事务所地址》,《中华图书馆协会会报》1925年第1卷第4期。
④ 《本馆更名启事》,《北平北海图书馆月刊》1928年第1卷第5期。
⑤ 《中华图书馆协会第二周年报告》(1926年5月至1927年6月),《中华图书馆协会会报》1927年第3卷第2期。

事务所就近与各图书馆接洽，较为便利"，因此提议以总事务所（拟迁至南京）为中心，除上海原有分事务所外，再在北平、武昌、广州三地设分事务所，如此以总事务所为中心，东南西北都有分事务所，各事务所委员由该地推选5人，料理一切事务，公费由总事务所酌拨若干。1月29日下午召开会务会议，杜定友主席。讨论总事务所和添设分事务所议案时，"经会员互表意见，反复讨论，结果由主席提出'事务所仍在北平，不再添设分事务所'付表决，一致通过"。笔者认为分事务所难以落实，很可能还是因为经费拮据，但迁移至南京未果，不知何故，笔者推测可能因为南京方面找不到接收事务所的图书馆，单独建造会所经济上又不可行。

1929年6月底，中华教育文化基金董事在天津举行第五届年会时，董事蒋梦麟以教育部部长资格提议，继续此前教育部与基金董事会合办图书馆之议，重新修订契约履行，并将位于中海居仁堂之北平图书馆①，与北平北海图书馆合并，改称国立北平图书馆。②1931年6月25日，国立北平图书馆迁入文津街新馆，特开一室为中华图书馆协会事务所办公之地。③后因会务日繁，时感不敷办公之用，复与该馆协商，改借中海增福堂房屋，于1935年1月14日迁入办公。④

1936年，全国各学术团体有在南京建筑联合会所的计划，中华图书馆协会申请预留办公室两间，并于1937年4月发起募捐，但旋即因战事突起，工程中辍。

---

① 京师图书馆于1928年改名为北平图书馆，由原来坐落于方家胡同的国子监南学迁至中海居仁堂。
② 《馆讯：本馆组织之变更》，《北平北海图书馆月刊》1929年第2卷第6期。
③ 《本会事务所新址》，《中华图书馆协会会报》1931年第6卷第6期。
④ 《会所迁移》，《中华图书馆协会会报》1935年第10卷第4期。

抗日战争全面爆发后，中华图书馆协会会务因之停顿，《中华图书馆协会会报》亦停刊一年，至1938年7月复刊，并继续推进会务。《中华图书馆协会会报》封面均显示中华图书馆协会理事会的联系方式是"昆明国立西南联合大学图书馆转"。大约在1938年11月间，中华图书馆协会为办事便利计，在重庆设立理事会通讯处，地址附在川东师范国立中央大学图书馆内。① 战争期间，中华图书馆协会办公地址仍随北平图书馆的迁移而变动。1938年5月，北平图书馆成立昆明办事处。随着馆员到滇人数陆续增多，馆方又在昆明柿花巷22号租赁办公地点，自理馆务。② 中华图书馆协会亦将会所设在该处。因租期届满，房屋收回，乃于1940年9月③随北平图书馆迁至昆明文庙尊经阁办公。④ 会报编辑部于1940年暑假后移设成都金陵大学文学院内。⑤ 1941年1月29日，敌机轰炸昆明，文庙被炸毁，所幸北平图书馆及中华图书馆协会办公所在之尊经阁虽受波及，但尚无损失，不影响办公。⑥ 不过，北平图书馆还是将部分重要西文书籍运往重庆，寄存在南开大学经济研究所内，又将重要图书运送至昆明北郊的桃源村。1941年春，为加强与政府中枢的联系，在重庆沙坪坝设立办事处，采访工作移重庆办理。⑦ 中华图书馆协会于1941年1月由昆明疏散至北郊桃园村起凤庵办公，但是该处地址偏僻，有诸多不便，为办公便利起见，于1943年9

---

① 《理事会通讯处之设立》，《中华图书馆协会会报》1938年第13卷第3期。
② 孟国祥：《烽火薪传：抗战时期文化机构大迁移》，商务印书馆，2015年，第151页。
③ 《本会民国二十九年度会务报告》，《中华图书馆协会会报》1941年第15卷第5期。
④ 《本会迁移办公地址》，《中华图书馆协会会报》，1940年第15卷第1、2合期。
⑤ 《本会民国二十九年度会务报告》，《中华图书馆协会会报》1941年第15卷第5期。
⑥ 《本会昆明办事处因被炸房屋震坏》，《中华图书馆协会会报》1941年第15卷第3、4合期。
⑦ 孟国祥：《烽火薪传：抗战时期文化机构大迁移》，商务印书馆，2015年，第152页。

月由昆明迁至重庆，暂设沙坪坝国立北平图书馆内办公。①

1947年5月24日，中华图书馆协会在南京国立中央图书馆举行理监事联席会议。常务干事于震寰报告会务时提到，鉴于经济情形恶劣，短期内难有独立会所，经理事长袁同礼与常务理事蒋复璁商定，会所由北平图书馆迁至南京中央图书馆内，所有事务亦由中央图书馆派员办理，以节开支。② 实际上，自从国民政府设首都于南京以后，中华图书馆协会就有迁事务所于南京的计划，目的主要是便于与政府机关的联系，但经第一届年会讨论最终决定仍设在北京，这很可能是因为南京当时没有合适的图书馆作为事务所办公地。至1947年时，作为设于首都南京的国立图书馆，国立中央图书馆已有独立馆舍，无疑具备了作为中华图书馆协会事务所的条件。

从中华图书馆协会事务所辗转迁移的历史可以看出，其主要依托于松坡图书馆、国立北平图书馆和国立中央图书馆三馆，尤以国立北平图书馆为主。这与袁同礼长期担任中华图书馆协会和北平图书馆的主要负责人有关。

三、图书馆

社会团体附设图书馆在晚清时期就已经出现，维新派所倡导设立的大批学会中很多都设有藏书楼（藏书室）。民国以后，随着各类社会团体的活跃，例如江苏省教育会、中国科学社、中国政治学

---

① 《中华图书馆协会三十二年度工作报告》，《中华图书馆协会会报》1943年第18卷第2期。
② 《留京理监事联席会议》，《中华图书馆协会会报》1948年第21卷第3、4合期。

会（北京）、中华教育改进社等都设立有图书馆。

1924年6月27日，上海图书馆协会正式成立，通过的章程中写明所办事业第十条为"设立图书馆学之图书馆"①。不过，因经费原因，迟迟没有开办。

1925年2月，上海图书馆协会会长杜定友向上海巨商募捐，得尤菊生捐洋100元、周子兴捐洋50元、洪槐生捐洋20元、长兴公司捐洋20元，开始正式筹设图书馆，"专购备一切关于图书学之书籍、杂志及各项图书馆用品样式，以供图书馆界人员之参考"②。

1926年3月14日，上海图书馆协会举行第二届第二次会员常会，杜定友主席。他报告说，该会皮藏有图书馆学书籍290余种，兹为提倡图书馆学、便利馆员研究起见，愿借出阅览，至于办法请参会会员共同讨论。孙心磐提议赶印分类编目公布。会议议定：（一）图书馆学书籍，由国民大学图书馆学系各生分类编目，经委员之审阅，即附于《国大周刊》发表；（二）出借图书馆学书籍规则交研究委员酌议核定。③

1930年2月14日，上海图书馆协会假民立中学图书馆开常委会，议决该会执行委员陈伯逵、黄警顽、宋景祁发起的上海图书馆协会第一图书馆，亟需筹备，请会员徐韵和女士为筹备主任，陈慧芳、周佩玑、王明芬、胡爱芝等女士为筹备员。④

1925年5月28日《上海夜报》刊载的《中华图书馆协会之进行》一文中提到，中华图书馆协会"正从事搜集各国关于图书馆学

---

① 《会务：上海图书馆协会章程》，《图书馆》1925年第1卷第1期。
② 《图书馆协会筹设图书学图书馆》，《申报》1925年2月26日第11版。
③ 《上海图书馆协会开会常会记》，《申报》1926年3月16日第10版。
④ 《图书馆协会筹备图书馆》，《时报》1930年2月15日第6版。

及目录学之书籍,拟先立一图书馆学图书馆于北京"①,并且还"通函各地搜集各种图书"②。1925年6月30日创刊的《中华图书馆协会会报》刊登有《本会图书馆通告》,一一列明受赠图书的捐赠人(机构)及书名。同时,还刊有《中华图书馆协会征书简章》,列征集图书的门类,提出凡赠书者将刊入赠书目录,酌报以该会出版之图书杂志,如捐助图书价值在千元以上者,得悬挂捐助人之照片。③不过,经费问题是图书馆建设的最大障碍,因此《中华图书馆协会第一周年报告》中称:"此外尚有应购置之图书及新闻杂志,均以经费有限,未能购备,此则有待于热心之同志,予以实力之援助也。"④

从上海图书馆协会和中华图书馆协会创办图书馆的过程来看,由于图书馆协会本身经费极为短缺,图书馆协会图书馆的建立主要依赖资金捐助或图书捐赠,发展受到极大限制。

第四节　图书馆协会的会员

最能直接反映图书馆协会会员状况的资料莫过于会员录,但不

---

① 《中华图书馆协会之进行》,《上海夜报》1925年5月28日第2版。
② 《中华图书馆协会第一周年报告》,《中华图书馆协会会报》1926年第2卷第1期。
③ 《中华图书馆协会征书简章》,《中华图书馆协会会报》1925年第1卷第1期。
④ 《中华图书馆协会第一周年报告》,《中华图书馆协会会报》1926年第2卷第1期。

是所有图书馆协会都有整理好的会员录，某些会刊（会报）中会记载某一时期会员的数量，但仅有数字而无人名；某些会议记录中会提及职员改选情况，有姓名但也仅限于职员。同时，由于记载会员信息的时间节点不一致，难以横向比较同一时期不同图书馆协会的会员情况。因此，对图书馆协会会员情况进行深入分析的难度较大，只能根据现有资料做部分揭示。

一、会员种类

1918年，北京图书馆协会成立时，图书馆协会的会员只是图书馆。其章程规定："本会会员以图书馆为单位，但须设有专任职员者始得入会。每馆派代表一人，有投票权。其他职员亦可到会与议，但无投票权。"[①] 这种情况下，图书馆协会的规模就与当地图书馆的数量直接相关，同时还规定设有专任职员的图书馆才可入会，这更加限制了会员的规模。对此，杨昭悊曾评论说："这种协会是有名无实的，除照例每年改选几个职员以外，简直无事可干，到了开常会的时候，除了几个图书馆代表以外，更是没有一个人到会的。"[②]

1923年，中华教育改进社第二届年会通过了戴志骞提出的"组织地方图书馆协会案"。1924年，北京图书馆协会在中华教育改进社的敦促下成立。会员设甲种会员和乙种会员两类：甲种会员是图书馆，乙种会员为"服务图书馆或对于图书馆具有兴味者"，

---

① 《北京图书馆协会成立纪闻》，《北京大学日刊（第292号）》1919年1月21日第3版。
② 杨昭悊：《我对于图书馆讲习会的意见》，《晨报》1920年8月18日第7版。

入会条件是须"经会员之介绍"。①这一模式成为后来所有图书馆协会会员架构的基础。实际上，会员须经介绍入会在民国时期的教育学术团体中非常普遍，中华医学会、中华教育改进社等都有此类规定。

此后成立的各图书馆协会对会员资格的要求尽管不尽相同，但总的来说，核心会员都属这两大基本类型：一为图书馆，二为与图书馆有关的个人。就第一类来说，有些图书馆协会称其为甲种会员（如北京图书馆协会、北平图书馆协会、浙江省会图书馆协会、天津图书馆协会、南京图书馆协会、广州图书馆协会、苏州图书馆协会），有些为团体会员（如上海图书馆协会、江苏图书馆协会、济南图书馆协会、山东图书馆协会、无锡图书馆协会、浙江第二学区图书馆协会），还有的是机关会员（中华图书馆协会、浙江省图书馆协会、福建图书馆协会、安徽图书馆协会），浙江第一学区图书馆协会还将其称作基本会员。有些图书馆协会在章程中规定凡在该地区的各图书馆皆为这一类会员，还有不少图书馆协会则更加具体地给出"公私立图书馆，机关、学校、民众教育馆附设之图书馆"（如浙江第一学区图书馆协会），或者"各图书馆及各教育机关设有图书馆者"（如上海图书馆协会），济南图书馆协会和山东图书馆协会甚至将图书室亦包括在内。这也是符合当时图书馆发展状况的，不少地区独立的图书馆数量不多，但各机关、学校、民众教育馆却大都附设图书部（图书室）。

值得一提的是，中华图书馆协会在1929年修正的《组织大纲》中将机关会员从原来的"以图书馆为单位"改为"以图书馆或教育

---

① 《各市图书馆协会章程汇录：（一）北京图书馆协会》，《中华图书馆协会会报》1926年第1卷第5期。

文化机关为单位，各地图书馆协会为当然机关会员"；安徽图书馆协会的机关会员除图书馆外，还包括研究图书馆学术之机关；浙江省图书馆协会则将研究图书馆学术之团体单列为"团体会员"，与各公私立图书馆和机关、学校附设之图书馆这类"机关会员"并列。可见，图书馆协会希望尽可能多地集合与图书馆相关的一切团体，具体来说包括公私立图书馆和其他机关（尤其是学校、民众教育馆等教育文化机关）附设图书馆（图书室），以及研究图书馆学术的团体，中华图书馆协会甚至将会员范围放宽至所有教育文化机关。

至于图书馆协会的个人会员，其最基本的构成是服务于图书馆的人士。1924年北京图书馆协会成立时，将"对于图书馆具有兴味者"涵盖在内。不过后来其他图书馆协会对此有更加细致的描述，如南京图书馆协会就提出"对于图书馆学术具有心得者"，上海图书馆协会提出"对于图书馆事业热心研究者"，江苏图书馆协会提出"有志研究图书馆学术者"，中华图书馆协会提出"热心于图书馆事业者"，山东图书馆协会提出"对于图书馆学有研究兴趣者"。可以看出，与图书馆协会宗旨的演变类似，图书馆界人士慢慢意识到图书馆实体之外，实际上还存在图书馆学术和图书馆事业，这同时也体现出图书馆学术和图书馆事业存在某种模糊性和兼容性。图书馆学需要对图书馆事业进行研究，图书馆学研究成果可以推动图书馆事业的发展，研究图书馆学术者与热心图书馆事业者往往是具有同一性的，其差异微乎其微，难以精确区分。

由于这一类会员的定性是"热心""有志""兴趣"等，难以准确进行界定，因此其会员资格主要是以会员介绍为把关的标准。不过，不同图书馆协会对于介绍会员也有不同的限定。浙江第二学区图书馆协会及第一学区图书馆协会就要求须经团体会员（基本会员）介绍，即需要有图书馆的介绍。此外，浙江省会图书馆协会、广州图书馆协会、福建图书馆协会、瑞安图书馆协会、无锡图书馆协会都要求须经会员二人以上之介绍。安徽图书馆协会对于非机关会员要求除须会员二人介绍外，还要经执行委员会通过。中华图书馆协会最初要求须经会员二人以上之介绍，并经董事部审定。1929年修正《组织大纲》后改为须经会员一人之介绍，并经执行委员会通过。1937年再次修正《组织大纲》，要求须经会员一人之介绍，经理事会通过，同时考虑到有会员入会不易觅得介绍者的情况，在注释中补充："机关会员入会不能觅得介绍者，得填具机关会员调查表迳函理事会，请求审查通过。个人会员入会不能觅得介绍人时，得先填具入会愿书及调查表，随时向本会事务所商洽办法。"①

为了尽可能吸纳社会赞助（经济上和事业上），部分图书馆协会新增了名誉会员、特别会员、赞助会员等。最早是天津图书馆协会将特别捐款或实力赞助者作为丙类会员。中华图书馆协会最初列有赞助会员和名誉会员，凡捐助经费500元以上者为赞助会员，而于图书馆学术或事业上有特别成绩者为名誉会员。或许因为金额过高无人满足条件，1929年修正《组织大纲》，将赞助会员改称"永久会员"，并规定凡个人会员一次缴足会费25元者即认定为永久会员。1937年再次修正《组织大纲》，于此项规定后加注释，称："永久会员会费以募集基金办法中所定者为准，即个人会员缴费五

---

① 《中华图书馆协会组织大纲（1937年1月修订）》，《中华图书馆协会会报》1937年第12卷第4期。

十元,机关会员缴费百元。"① 此后建立的太原图书馆协会设特别会员,即合并赞助会员和名誉会员,但在捐助方面并不局限于给该会捐款,而是包括捐助该会及各图书馆经费或书籍。安徽图书馆协会的特别会员与之类似,只是没有提到捐助书籍。这与图书馆协会的宗旨有关,图书馆协会本身就是为了发展图书馆事业,因此,帮助图书馆,实际上也就是在帮助图书馆协会。这种规定其实是为了鼓励社会力量扶持图书馆协会或图书馆事业。

为了更好地发展会员,中华图书馆协会还列出了五项会员权益:(1)受赠《图书馆学季刊》与《中华图书馆协会会报》两种期刊及其他。(2)参加年会。(3)选举权。(4)研究上之便利。(5)事务上之便利。② 后来出于更大限度获得发展基金的考虑,设置永久会员,一次性缴纳会费达到一定标准则给予永久会员的称号。据1944年12月《中华图书馆协会会报》刊登之《中华图书馆协会三十三年度工作报告》称,至该年年底,个人永久会员共有70名。③

图书馆协会会员标准始终坚持围绕"图书馆",要么是图书馆(各机关附设图书馆或民众教育馆),要么是图书馆从业人员,假使都不符合,则需满足对图书馆事业或图书馆学有兴趣或有志研究这样的条件。由于图书馆学是一门应用性极强的学科,图书馆学师生主要还是在图书馆或图书馆学教育机构、图书馆学术团体就业,因此,图书馆协会的主体成员实际上仍然是各个图书馆,包括图书

---

① 《中华图书馆协会组织大纲(1937年1月修订)》,《中华图书馆协会会报》1937年第12卷第4期。
② 《中华图书馆协会概览》,《图书馆学季刊》1930年第4卷第1期。
③ 《中华图书馆协会三十三年度工作报告》,《中华图书馆协会会报》1944年第18卷第5、6合期。

机构和服务于其中的从业人员。此外，还存在会员转行的情况，但他们很可能由于专业兴趣而保留图书馆协会会员的身份。较为知名的有胡庆生和戴志骞，他们后来都转行到银行工作，但仍长期作为会员为中华图书馆协会服务。图书馆协会会员规模的扩大与图书馆协会积极推动中国图书馆事业的发展有密切关系。随着图书馆数量的增加，图书馆从业人员增多，加入图书馆协会之会员也会相应逐渐增多，而这些会员受图书馆协会之影响，能够更好地开展图书馆的工作，图书馆事业也就随之发展。图书馆的发展就又需要更多的工作人员，由此便壮大了图书馆员的队伍，培养了更多的潜在会员。

二、会员数量

（一）中华图书馆协会

1925年6月2日，中华图书馆协会在北京欧美同学会举行成立会，美国图书馆协会代表鲍士伟博士发表演说，其中表达了把征集会员视作图书馆协会最重要的事的观点，他说："五十年前美国图书馆协会成立时，其人数还不如今日贵会到者之多，但至最近已有六千余人，预定明年暑期运动会员，可满万人，其成就实为最初意料所不及者，许多人问我，图书馆协会第一步应作何事，第二步应作何事，我应之曰，图书馆协会最重要之工作，为征集会员，不必限于专门学者，凡赞成热心此事业者，皆许其加入……"[①] 然而，两国政治、经济、文化等国情不同，图书馆事业发展阶段亦不同，

---

① 《中华图书馆协会在京开成立会》，《申报》1925年6月6日第13版。

中国社会当时真正热心图书馆事业者尚不多，这也是沈祖荣、杜定友等图书馆学者呼吁加强图书馆事业的宣传、开展图书馆运动的根本原因。不过，经过中华图书馆协会的经营，会员数量有明显增长，在1937年全面抗日战争打响之前会员已近900人。

《中华图书馆协会会报》自1926年至1936年（除1929年外）每年刊有年度报告（周年报告），其中都有会员人数之统计，但仅有数字而无详细信息。1926年至1928年报告中会员总数是机关会员和个人会员的总和，而不包括名誉会员。自1930年后，会员总数是机关会员、个人会员和名誉会员之总和。除此之外，各期会务消息中偶见新增会员名单，但记载并不完全，故实际意义不大。《中华图书馆协会会报》1935年10月所载《中华图书馆协会会员录》（同年12月印行单行本），有机关会员和个人会员姓名（字号）、地址之详细信息，且均按地区分类，机关会员在某一地区内又分为协会以及国立、省立、市立、县立、私立、大学、中小学、特殊学校、机关团体附设图书馆、民教馆等。1948年《中华图书馆协会会报》正文前夹有两页油印《中华图书馆协会个人会员名录》，仅列有个人会员（含名誉会员）姓名。这两份会员录记载会员信息最为详尽，但由于数量较多，不同研究者在统计数字时存在少许误差。

中华图书馆协会历年会员人数

统计时间	机关会员	个人会员	名誉会员	合计	《中华图书馆协会会报》出处
1926年3月	128	202	33	363	《本会会员名录》（1926年3月，第1卷第5期）
1926年6月	129	202	33	364	《第一周年报告》（1926年10月，第2卷第1期）

续表

统计时间	机关会员	个人会员	名誉会员	合计	《中华图书馆协会会报》出处
1927年6月	132	217	31	380	《第二周年报告》（1927年10月，第3卷第2期）
1928年6月	129	190	31	350	《第三周年报告》（1928年10月，第4卷第2期）
1930年6月	173	273	35	481	《第五年度报告》（1930年8月，第6卷第1期）
1931年6月	186	310	33	529	《第六年度报告》（1931年8月，第7卷第1期）
1932年6月	233	402	32	667	《第七年度报告》（1932年10月，第8卷第1、2期）
1933年6月	258	452	30	740	《第八年度报告》（1933年8月，第9卷第1期）
1934年6月	277	482	27	786	《第九年度报告》（1934年8月，第10卷第1期）
1935年6月	276	522	27	825	《第十年度会务报告》（1935年6月，第10卷第6期）
1935年10月[1]	285	507	27	819	《中华图书馆协会会员录》（1935年10月，第11卷2期）
1936年6月	288	536	26	850	《第十一年度报告》（1936年6月，第11卷第6期）
1937年4月	299	599		898	《二十五年度会员总数及新增会员名单》（1937年4月，第12卷第5期）
1940年1月	81	193		274	《抗战以后本会会员调查录》（1940年1月，第14卷第4期）

---

[1] 该年数据由笔者根据出处所列名单统计。

续表

统计时间	机关会员	个人会员	名誉会员	合计	《中华图书馆协会会报》出处
1940年3月				360余	呈教育部《二十八年度工作概况》（1940年3月，第14卷第5期）
1941年4月	101	280	22	403	《二十九年度会务报告》（1941年4月，第15卷第5期）
1943年12月	142	387	18	577①	《三十二年度工作报告》（1943年12月，第18卷第2期）
1944年12月	157	465	18	710②	《三十三年度工作报告》（1944年12月，第18卷第5/6期）
1947年12月③		709	8	717	《中华图书馆协会个人会员名录》（1948年5月，第21卷第3/4期）

除《中华图书馆协会会报》，中华图书馆协会于1933年印行《中华图书馆协会概况》，其中附录部分有《中华图书馆协会会员录（1933年9月）》，其中记载了机关会员和个人会员名称及地址之详细信息。机关会员按地方图书馆协会、图书馆学校、国立及省立图书馆、地方图书馆、私立图书馆、教育馆、大学图书馆、中小学图书馆、特殊学校图书馆、机关附属图书馆分类列出，个人会员则按笔画排序。据笔者统计，机关会员有260个，个人会员489名（含名誉会员31人），共749名会员。

---

① 含个人永久会员30名。
② 含个人永久会员70名。
③ 该年数据由笔者根据出处所列名单统计，宋建成《中华图书馆协会》统计为769名，王阿陶《中华图书馆协会研究》统计为606名，李彭元《中华图书馆协会史稿》统计为715名，由于该名单中有两人姓名被划掉，笔者认为不清楚何人划去之前，应该计算在内，故比李彭元之数多出2人。该会员录数据亦不甚准确，余日章于1936年逝世，但却依然出现在这份1947年12月的会员录中。

（二）地方图书馆协会

1918年12月21日，中国最早的图书馆协会——北京图书馆协会成立时，各图书馆代表到会者20人。1919年1月22日《北京大学日刊》所载《北京图书馆协会成立纪闻（续）》中列有《北京图书馆协会会员代表姓名录（1919年1月）》，正好是20所图书馆机构及其代表姓名。这说明成立大会之到会代表即为该协会最初的会员。1919年6月6日《新京报》有《北京图书馆协会开会》之报道，提及司法部、海军部、中国政治学会、中国地理学会、医学专门学校、军医学校及女子师范学校各图书馆均已加入该会。[①] 可见，当时北京图书馆协会之会员已有27个。由于北京图书馆协会章程规定会员以图书馆为单位，这也就限定了该协会的规模不会太大，这些会员也就相当于后来图书馆协会之机关会员（团体会员）。

1924年3月30日，戴志骞发起成立北京图书馆协会时，到会者有甲种会员14个图书馆及乙种会员17人，由于两类会员有部分重叠，实际到会会员为19人。1924年4月20日，北京图书馆协会开第一次常会，[②] 到会甲种会员16个，与刚成立时甲种会员比对，有2个甲种会员未到会，同时新增了4所图书馆，故甲种会员达18个；到会乙种会员26人，与刚成立时乙种会员比对，有5个乙种会员未到会，同时增加了14人，共有31人。1924年5月18日，北京图书馆协会开第二次常会，[③] 根据参会人员名单与此前会员名单核对，发现又新增2所图书馆和3名个人会员，故甲种会员达20

---

① 《北京图书馆协会开会》，《新京报》1919年6月6日第3版。
② 《本会概略：会议纪录》，《北京图书馆协会会刊》1924年第1期。
③ 《本会概略：会议纪录》，《北京图书馆协会会刊》1924年第1期。

个，乙种会员为 34 名。1929 年 6 月《北平图书馆协会会刊》称，该会 1924 年时"个人会员仅约四十人，今则已及百二十人"①。不过，据笔者根据该期所附《北平图书馆协会个人会员录》②统计，个人会员实数为 115 人，上述"百二十人"为约数。据《北平图书馆协会会刊》所载 1930 年度和 1931 年度北平图书馆协会集会纪要，其中 1930 年 6 月 7 日第三次常会到会甲种会员最多，为 24 个。③ 笔者在国家图书馆数据库中查询到《北平市图书馆会员录》④单行本，但没有显示印刷时间，据会员年龄进行推断，大致在 1947 年前后，据会员录统计，机关会员有 28 个，个人会员 258 人。

上海图书馆协会成立于 1924 年 6 月 27 日，成立会到会代表有 16 个机关的 16 名代表。据 1925 年 6 月 1 日上海图书馆协会出版的《图书馆》刊载的《第一次会务报告》，"现有团体会员三十四处，个人会员四十人，凡本埠各大图书馆均已加入"⑤。该期还刊有《上海图书馆协会会员表（1925 年 2 月）》，其中有 34 处团体会员之详细名录。《上海图书馆协会会员录（1926 年 1 月 8 日）》记载该会有机关会员 32 个，个人会员 79 名。⑥ 1930 年，《上海图书馆协会会报》刊登该会个人会员名单，共 65 名。⑦

1930 年，《福建图书馆协会会报》刊登该会会员录，列有机关

---

① 《北平图书馆协会会务报告：会员之增加》，《北平图书馆协会会刊》1929 年第 2 期。
② 《北平图书馆协会个人会员录》，《北平图书馆协会会刊》1929 年第 2 期。
③ 《北平图书馆协会十九年度集会纪要：第三次常会》，《北平图书馆协会会刊》1933 年第 5 期。
④ 《北平市图书馆协会会员录》，北平市图书馆协会，[1947] 年。
⑤ 《第一次会务报告》，《图书馆（上海）》1925 年第 1 期。
⑥ 王恂如：《上海图书馆协会会员录（1926 年 1 月 8 日）》，《浙江公立图书馆年报》1926 年第 11 期。
⑦ 《本会个人会员一览》，《上海图书馆协会会报》1930 年新年特刊。

会员 12 个，个人会员 75 人。① 同年，广州图书馆协会有机关会员 14 个，个人会员 25 人。②

1932 年安徽省立图书馆编印之《学风》载有安徽图书馆协会会员名录，显示团体会员 4 个，个人会员 60 人。③

据 1936 年《浙江省图书馆协会简况》记载，浙江省图书馆协会基本会员有 58 个图书馆、2 个学区图书馆协会，普通会员 42 人；浙江第一学区图书馆协会有基本会员 61 个图书馆，普通会员 18 人；浙江第二学区图书馆协会有基本会员 27 个图书馆，普通会员 3 人。④

1932 年《无锡图书馆协会会报》第 1 期中记载团体会员 13 个，个人会员 10 人；⑤ 1933 年《无锡图书馆协会会报》第 3 期中记载团体会员新增 4 个，个人会员新增 16 人；⑥ 1935 年《无锡图书馆协会会报》第 4 期中记载团体会员新增 2 个。⑦ 因此，截至 1935 年，无锡图书馆协会共有团体会员 19 个，个人会员 26 人。

总的来说，北京图书馆协会是会员规模最大的地方图书馆协会，其中个人会员人数最多，1929 年时就超过百人，至 1947 年左右已达 200 多人。上海图书馆协会会员人数次之。两者会员数都超过了省级图书馆协会。究其原因，不少省级图书馆协会虽名为"省

---

① 《会员录》，《福建图书馆协会会报》1930 年第 1 期。
② 《广州图书馆协会近闻》，《中华图书馆协会会报》1929 年第 4 卷第 6 期。
③ 《安徽图书馆协会消息：本会会员一览》，《学风（安庆）》1932 年第 2 卷第 9 期。
④ 浙江省立图书馆辅导组：《浙江全省图书馆概览：第四回》，浙江省图书馆协会，1936 年，第 51 页。
⑤ 《本会概况：本会会员名单》，《无锡图书馆协会会报》1932 年第 1 期。
⑥ 《本会概况：（三）新会员名单》，《无锡图书馆协会会报》1933 年第 3 期。
⑦ 《本会概况：（六）新入会团体会员》，《无锡图书馆协会会报》1935 年第 4 期。

级",但实际上只以省会为中心,并未真正覆盖全省图书馆。除北京和上海图书馆协会之外,其他地方图书馆协会的团体会员最少者为安徽图书馆协会(仅4个),其他多为十多个。个人会员多为20余人,不过福建图书馆协会个人会员最多,达75人。其中,浙江省的几个图书馆协会团体会员(基本会员)都较多,尤其是设于杭州浙江省立图书馆的第一学区图书馆协会和浙江省图书馆协会,都在60个左右,即使位于嘉兴县公立图书馆的浙江第二学区图书馆协会也有27个之多,可见浙江省图书馆数量领先于全国其他省份。也正由于团体会员较多,该省图书馆协会个人会员数并不十分突出,尤其是浙江第二学区图书馆协会个人会员仅3人。

三、职员

图书馆协会的职员与图书馆协会的组织制度直接相关。图书馆协会以在不同时期通过修正章程的方式调整其组织制度,造成职员设置发生改变。

(一)中华图书馆协会

就中华图书馆协会来说,1925年成立时起连续四年采取董事制,设董事部与执行部二部,董事部15人,并从中互选董事部部长1人,董事部每年改选三分之一董事。在改革组织制度之前,董事部部长连续四届都是由梁启超担任。第一、二届董事部还设书记一职,由袁同礼和戴志骞分别担任,但第三、四届未设这一职务。1925年4月19日北京图书馆协会组织中华图书馆协会第一次筹备会时就曾推举候选董事18人,4月25日在上海广肇公学开中华图书馆协会成立大会时选出董事 15 人，其中袁希涛、范源廉、熊希龄、蔡元培、袁同礼、洪有丰、沈祖荣 7 人与 4 月 19 日之候选董事相同，其余 8 人为颜惠庆、梁启超、王正廷、胡适、丁文江、陶知行、钟福庆、余日章。中华图书馆协会第一届董事以中国教育文化界名流为主体，图书馆专家人数相对较少。究其原因，主要是中华图书馆协会成立的起因与争取美国退还庚子赔款用于发展中国图书馆事业直接相关，正如韦棣华女士在向美国图书馆协会提出派遣专家时所提到的，中国的全国图书馆协会需要得到中美两国官方的承认，而教育文化界知名人士的加盟有助于提高这一新生团体的社会声誉和威望，尤其颜惠庆、范源廉、丁文江还是掌握美国庚子退款保管与分配大权的中华教育文化基金董事会第一任董事。虽然中华图书馆协会并不直接诞生于中华教育改进社，但其"发轫于民国十一年成立之中华教育改进社图书馆教育委员会"①是不争的事实，因此中华图书馆协会的首届董事人选也带有极其鲜明的中华教育改进社特色。梁启超是中华教育改进社名誉董事，熊希龄、张伯苓、袁希涛、蔡元培、范源廉、王正廷也都担任过中华教育改进社董事，陶行知为中华教育改进社总干事。根据《中华图书馆协会组织大纲》规定，"每年改选之董事，由董事部照定额二倍推举候选董事，由会员公选之，但于候选董事以外选举者听之"，这也就决定了推举董事也多为第一届董事所熟悉之人选，造成了在这一组织制度下，中华图书馆协会董事依然基本保持以教育文化界名人为主的风格。综合这四届董事部选举情况，共有 21 人担任过中华图书馆

---

① 中华图书馆协会执行委员会编纂：《中华图书馆协会概况》，中华图书馆协会事务所，1933 年，第 1 页。

协会董事部成员，连任四届者有梁启超、颜惠庆、袁希涛、熊希龄、蔡元培、胡适、陶行知、沈祖荣、洪有丰9人，占比近43%；连任三届者有丁文江、钟福庆、余日章、张伯苓、戴志骞5人，占比24%，可见董事部结构还是相当稳定的。不过，由于这些名人日常事务繁杂，聚在一起开会的机会十分有限，加之对于图书馆专业不甚熟悉，主要业务工作还是由执行部负责。执行部设部长1人，副部长2人。第一届部长为戴志骞，此后三届均由袁同礼担任，杜定友和刘国钧都曾任三届副部长，何日章和李小缘也曾各担任过副部长一次。

1929年1月，中华图书馆协会举办第一届年会，修改《组织大纲》，设立执行委员会和监察委员会，取代此前的董事部和执行部。执行委员会15人（设常务委员5人，其中1人担任执行委员会主席），监察委员会9人。执行委员会和监察委员会每年均改选三分之一，由各委员会提出候选二倍人选供会员选举。这种每年改选三分之一的制度也就保证了组织上的稳定性和一定程度的灵活性。此次改组是中华图书馆协会的一次重大转折，除陶行知外，其执行委员会和监察委员会成员清一色都是图书馆从业人员或图书馆学研究者，王云五虽为商务印书馆编译所所长，但同时也是东方图书馆馆长，其发明了四角号码检字法，因此也可算作业内人士。这标志着中国图书馆从业人员群体得到了壮大且已经可以独立支撑起中华图书馆协会的发展，也反映了图书馆界人士积极参与协会运营管理的主人翁精神。曾任职于中华图书馆协会董事部和执行部的9位图书馆专家：沈祖荣、胡庆生、洪有丰、戴志骞、袁同礼、杜定友、刘国钧、何日章、李小缘，全部被选为首届执行委员。除胡庆生外，其余8人全部在实行执监委员制时期连续担任七届中华图书馆协会执行委员。胡庆生于1928年11月3日辞去文华图书科主任职务，另谋武昌上海银行之职，不过直到1930年方正式脱离文华图书科，出任该行行长，①但他自1929年1月至1935年1月连续担任五届执行委员，此后才退出中华图书馆协会的职员群体。可见，中华图书馆协会的核心职员群体是相当稳定的。其中，袁同礼6次担任执行委员会主席，仅1934年2月至1935年1月这一届执行委员会主席由刘国钧担任。执行委员中设常务委员，虽然《组织大纲》规定常务委员为5人，但实际上每届不同，有时5人，有时4人。1936年2月至1937年1月这一届未选举常务委员，因此这一时期共产生6届常务委员。综合这一时期常务委员人选来看，洪有丰和刘国钧6次入选，其次是袁同礼5次，再次是杜定友3次，李小缘和严文郁2次，戴志骞、沈祖荣和冯陈祖怡各1次。监察委员会设主席1人、书记1人，前4届都是由柳诒徵任主席、杨立诚任书记，后两届洪业为主席、毛坤为书记，最后一届未设主席与书记。

1936年7月，中华图书馆协会在青岛召开第三届年会时，有临时议案提出其他学术团体多用理事会与监事会名称，故提议改执行委员会为理事会、监察委员会为监事会，议决通过，重行修订《组织大纲》，并定于1937年1月起实行。②此次主要是名称的更改，制度并上无实质性变化，袁同礼当选为理事长。不久抗日战争爆发，中华图书馆协会活动受到影响。1938年11月30日下午，在中华图书馆协会第四次年会的会务讨论会上，于震寰提议"暂停每年

---

① 程焕文：《中国图书馆学教育之父：沈祖荣评传》，台湾学生书局，1997年，第55页。
② 《本会消息》，《中华图书馆协会会报》1937年第12卷第4期。

改选理事及监事三分之一之举，至第五次年会之前为止"，金家凤等附议，但岳良木提议仍照章改选，汪长炳附议。经表决，赞成岳者有 11 人，赞成于议者有 17 人，虽为多数但仍不及出席会员之半数，刘国钧提议延至会员总登记完毕后改选，孙心磐附议，这一新提议经大多数通过。① 1944 年 5 月，开第六次年会时再次讨论改选理监事，但由于选举规则的变更和会章修改争议较大，最终只选出理事候选人 30 人和监事候选人 18 人。② 此后寄出选票，直至 1944 年 11 月 29 日下午举行中华图书馆协会理监事联席会议时，鉴于选票已大部分寄回，决定开票，由陈训慈、毛坤、王文山、岳良木 4 人监票，根据选票结果选出理事 15 人、监事 9 人。③ 当日下午 7 时，召开理事会会议，议决推理事袁同礼为理事长，在其出国期间，会务由蒋复璁代行。④

中华图书馆协会选举职员表⑤

1925.5—1929.1 共四届		1929.2—1937.1 共七届		1937.1—共两届	
董事部	执行部	执行委员会	监察委员会	理事会	监事会
梁启超（4）	杜定友（3）	※戴志骞（7）	柳诒徵（7）	陈训慈（2）	柳诒徵（2）
颜惠庆（4）	袁同礼（3）	※杜定友（7）	毛坤（7）	杜定友（2）	裘开明（2）

① 《本会第四次年会会务会纪录》，《中华图书馆协会会报》1939 年第 13 卷第 4 期。
② 《中华图书馆协会第六次年会第二次会议纪录》，《中华图书馆协会会报》1944 年第 18 卷第 4 期。
③ 《中华图书馆协会理监事联席会议纪录》，《中华图书馆协会会报》1944 年第 18 卷第 5、6 合期。
④ 《中华图书馆协会理事会会议纪录》，《中华图书馆协会会报》1944 年第 18 卷第 5、6 合期。
⑤ 本表原始数据来自宋建成《中华图书馆协会》及李彭元《中华图书馆协会史稿》。括号内数字是该时期职员选举时连任次数，标※者为常任委员。

续表

1925.5—1929.1 共四届		1929.2—1937.1 共七届		1937.1— 共两届	
袁希涛（4）	刘国钧（3）	*洪有丰（7）	欧阳祖经（7）	洪有丰（2）	戴志骞（1）
熊希龄（4）	戴志骞（1）	何日章（7）	李燕亭（6）	蒋复璁（2）	何日章（1）
蔡元培（4）	何日章（1）	*沈祖荣（7）	杨立诚（5）	李小缘（2）	陈东原（1）
洪有丰（4）	李小缘（1）	*刘国钧（7）	徐家麟（4）	刘国钧（2）	姜文锦（1）
沈祖荣（4）		*李小缘（7）	钱亚新（3）	沈祖荣（2）	毛坤（1）
胡适（4）		*袁同礼（7）	万国鼎（3）	王文山（2）	欧阳祖经（1）
陶行知（4）		王云五（6）	陈训慈（3）	王云五（2）	沈学植（1）
丁文江（3）		胡庆生（5）	陈钟凡（3）	严文郁（2）	万国鼎（1）
钟福庆（3）		朱家治（4）	冯汉骥（3）	袁同礼（2）	汪应文（1）
余日章（3）		王文山（4）	洪业（3）	查修（1）	汪长炳（1）
张伯苓（3）		*冯陈祖怡（4）	杨昭悊（3）	戴志骞（1）	吴光清（1）
戴志骞（3）		田洪都（4）	裘开明（2）	桂质柏（1）	徐家璧（1）
王正廷（2）		蒋复璁（3）	汪长炳（1）	柳诒徵（1）	徐家麟（1）
周诒春（2）		桂质柏（3）	陆秀（1）	毛坤（1）	岳良木（1）
范源廉（1）		孙心磐（3）	侯鸿鉴（1）	田洪都（1）	
袁同礼（1）		陶行知（3）	田洪都（1）	汪长炳（1）	
蒋梦麟（1）		万国鼎（3）		徐家麟（1）	
李小缘（1）		*严文郁（3）			
胡庆生（1）		周诒春（3）			
		查修（1）			

经统计，共有58人经选举担任过中华图书馆协会职员，分别是梁启超、蔡元培、查修、陈东原、陈训慈、陈钟凡、戴志骞、丁文江、杜定友、范源廉、冯陈祖怡、冯汉骥、桂质柏、何日章、洪业、洪有丰、侯鸿鉴、胡庆生、胡适、姜文锦、蒋复璁、蒋梦麟、

李小缘、李燕亭、刘国钧、柳诒徵、陆秀、毛坤、欧阳祖经、钱亚新、裘开明、沈学植、沈祖荣、孙心磐、陶行知、田洪都、万国鼎、汪应文、汪长炳、王文山、王云五、王正廷、吴光清、熊希龄、徐家璧、徐家麟、严文郁、颜惠庆、杨立诚、杨昭悊、余日章、袁同礼、袁希涛、岳良木、张伯苓、钟福庆、周诒春、朱家治。其中，最早被选为中华图书馆协会职员的9位图书馆专家，除胡庆生外，其余始终当选为中华图书馆协会职员（戴志骞后来也转行银行界，但依然被选为理事会成员），这一方面说明他们绝大多数始终坚守图书馆职业，另一方面也说明他们在图书馆界树立了极高威望。这9位图书馆专家当中，除何日章，都是中国早期赴美国学习图书馆学者，[①] 由此可见美国图书馆学教育对中华图书馆协会的发展起到了深刻的影响。

这58人当中，曾受过图书馆学教育者有34人。其中文华图书科（或文华图专）有18名（沈祖荣、胡庆生2名老师和查修、冯汉骥、桂质柏、姜文锦、陆秀、毛坤、钱亚新、裘开明、田洪都、汪应文、汪长炳、王文山、徐家璧、徐家麟、严文郁、岳良木16名学生），毕业于金陵大学且辅修过金陵大学图书馆学课程者7名（洪有丰、朱家治、李小缘、刘国钧、万国鼎、沈学植、吴光清），此外，戴志骞、杜定友、冯陈祖怡、蒋复璁、李燕亭、杨立诚、杨昭悊、袁同礼8人都曾在国外学习图书馆学。《中国图书馆名人录》记载何日章曾于1922年之前在东南大学举办的暑期学校图书馆科学习，[②] 但笔者并未找到直接证据，就目前已掌握的资料来看，东

---

① 杜定友在菲律宾大学留学，而菲律宾当时是美国殖民地，因而其所受图书馆学教育实际上也是美国图书馆学教育。
② 宋景祁等编：《中国图书馆界名人录》，上海图书馆协会，1930年，第38页。

南大学暑期学校开设图书馆课程始于 1923 年。

此外，梁启超、王云五、陈东原、陈训慈、洪业、侯鸿鉴、柳诒徵、欧阳祖经、孙心磐 9 人虽没有受系统的现代图书馆学训练，但都担任过图书馆馆长或创办过图书馆，其中还有数人曾筹办过图书馆协会。1916 年，梁启超为纪念爱国将领蔡锷（松坡）发起倡办松坡图书馆，并被推举为松坡图书馆馆长。1925 年 12 月梁启超应教育部聘用任京师图书馆（1928 年底从方家胡同迁至中海居仁堂，更名国立北平图书馆，1929 与北平北海图书馆合并，仍称国立北平图书馆）馆长。王云五于 1921 年任商务印书馆编译所所长兼东方图书馆馆长。柳诒徵 1927 年任江苏省立国学图书馆馆长。陈训慈 1932 年任浙江省立图书馆馆长。欧阳祖经 1927 年任江西省立图书馆馆长。陈东原曾任安徽省立图书馆馆长。洪业曾任燕京大学图书馆馆长，并主持哈佛燕京学社引得编纂处。侯鸿鉴 1912 年参与发起创建无锡县图书馆，其任福建教育厅秘书期间组织筹备福建公立图书馆和福建图书馆协会。孙心磐修业于南京高等师范学校教育科，1917 年任该校图书馆管理员兼南京河海工程专门学校图书馆管理员，继任东南大学分设上海商科大学图书馆主任兼任上海总商会商业图书馆主任，1922 年中华教育改进社第一届年会时即为图书馆教育组参会人员之一，1924 年与杜定友一同发起成立上海图书馆协会。

蔡元培、丁文江、范源廉、胡适、蒋梦麟、陶行知、王正廷、熊希龄、颜惠庆、余日章、袁希涛、张伯苓、钟福庆、周诒春这 14 位教育、文化、外交界名人之所以当选为中华图书馆协会的职员，大抵由于中华教育改进社的关系，而且中华图书馆协会成立之初，也需要仰仗他们的力量才能更好地获得社会地位与政府的经济支持。不过他们中不少人与图书馆或多或少都有一定的关系，对图书馆事业也都持支持态度。蔡元培、范源廉、袁希涛都担任过教育部总长（次长），图书馆为其主管业务之一部分。蔡元培、蒋梦麟、范源廉、张伯苓、周诒春、钟福庆都担任过北京大学、北京师范大学、南开大学、清华大学、江苏省立法政大学等校校长，并对这些大学图书馆的发展极为支持。熊希龄创办的香山慈幼院还设有图书馆。陶行知作为中华教育改进社总干事对图书馆事业极为支持，他在主持《新教育》期间发表大量图书馆学论文，并于每届年会设图书馆教育组，对于中国地方图书馆协会和中华图书馆协会的成立有极大功劳。中华教育改进社亦成立了教育图书馆。余日章所供职的中华基督教青年会亦设有图书馆，他不仅曾协助沈祖荣开展现代图书馆之巡回讲演，更是韦棣华女士运动庚子赔款用于中国图书馆事业建设的提议人。颜惠庆与王正廷都曾多次担任外交部长，外交部也是政府机构当中较早设立图书室的机关。

陈钟凡自1930年起连续3年担任中华图书馆协会的监察委员。他毕业于北京大学哲学门，为国学大师刘师培的弟子，曾任教于北京女子高等师范学校、东南大学、广东大学、金陵大学、暨南大学，主持国文系或文学院，著有《治国学书目》《中国文学批评史》《古书读校法》《书目举要补正》等。1928年3月18日上海图书馆协会开会员大会，曾请陈钟凡讲演目录学。①

除以上选举职员，1925年中华图书馆协会成立后，执行部聘定干事33名。② 其中徐鸿宝、钱稻孙、冯陈祖怡、陆秀、查修、许达聪、蒋复璁、高仁山、马家骥9人均为北京图书馆协会会员，孙

---

① 《上海图书馆协会昨开会员大会》，《申报》1928年3月19日第7版。
② 《会务纪要：执行部职员》，《中华图书馆协会会报》1925年第1卷第1期。

心磐、王永礼、程葆成、周秉衡、黄警顽、王恂如6人均为上海图书馆协会会员。其他18省每省1名，设有地方图书馆协会者，干事为该协会会长，如章箴为浙江省会图书馆协会会长、彭清鹏为苏州图书馆协会会长、吴康为广州图书馆协会会长。尚未设立图书馆协会的湖北、山西、江西、安徽、四川、贵州、陕西、云南、奉天、湖南等省聘定胡庆生（华中大学文华公书林）、侯与炳（太原山西公立图书馆）、陈宗鎣（南昌江西省立图书馆）、王杰（安庆安徽省立图书馆）、张世鉁（四川江安县图书馆）、潘寰宇（贵州遵义通俗图书馆）、郗慎基（西安陕西图书馆）、李永清（云南图书馆）、吴家象（奉天东北大学）、李次仙（长沙湖南省教育会收转）为干事。干事的聘定与《中华图书馆协会执行部细则》直接相关，但由于细则制定后，并未在上海及其他各地设立分事务所，且绝大多数省份仅1人为干事，业务难以开展，此后历届大会也未再提及或续聘干事。这些干事职务成为一种名誉上的点缀，很大程度上是对参加中华图书馆协会成立大会的各地区图书馆代表的一种鼓励。这33人中有10人（冯陈祖怡、陆秀、查修、蒋复璁、孙心磐、王文山、桂质柏、李燕亭、胡庆生、冯汉骥）被选为中华图书馆协会职员。

《执行部细则》规定设总事务所于北京，得聘用相关人员，"编制总预决算、会员总名簿、征收会费及总出纳，由总事务所办理"①，又制定《总事务所办事简则》，规定"暂置书记一人，掌记录、缮写及保管文卷簿册"②。1925年6月，执行部聘定前国立北

---

① 《中华图书馆协会执行部细则》，《中华图书馆协会会报》1925年第1卷第1期。
② 《中华图书馆协会总事务所办事简则》，《中华图书馆协会会报》1925年第1卷第1期。

京美术专门学校图书馆书记于震寰担任书记。① 10月间,② 由于会务日繁,须有专人常川到会服务,于是聘请严文郁为常务干事。③ 严文郁当年刚毕业于文华图书科,在北京大学图书部担任西文编目员。以上两位在中华图书馆协会存续时期长期担任相应职务。于震寰于1931年考取文华图专助费生,与吕绍虞、吴元清、陈季杰、陈鸿飞、童世纲、强佩芬、赵福来、陶善缜(自费)同班。④ 抗日战争爆发后,1940年冬起,胡英任中华图书馆协会干事,⑤ 至1943年冬因事辞职。⑥ 1944年11月,李之璋担任干事。

绝大多数图书馆协会成立时的报道比较齐全,也基本记录了职员选举的结果,但由于地方图书馆协会出版会刊(报)本身数量就较少,而且刊期也很短,因此其每届职员改选情况缺乏系统的记录。只能通过报刊新闻的检索进行最大限度的补充,虽不系统、不连贯,但多少可部分揭示图书馆协会职员的基本状况。

(二)北京(平)图书馆协会

北京是图书馆协会成立最早的城市,1918年12月21日,北京图书馆协会成立时,袁同礼任会长、高厚德任副会长、李大钊任中文书记、吉非兰任英文书记。1919年6月6日,《新京报》报道称

---

① 《会务纪要:书记聘定》,《中华图书馆协会会报》1925年第1卷第1期。
② 《中华图书馆协会第一周年报告》,《中华图书馆协会会报》1926年第2卷第1期。
③ 《会务纪要:请严文郁先生为常务干事》,《中华图书馆协会会报》1925年第1卷第3期。
④ 《本校消息:(八)招收一九三三级专科生》,《文华图书科季刊》1931年第3卷第4期。
⑤ 《胡英先生捐助本会》,《中华图书馆协会会报》1943年第18卷第2期。
⑥ 《胡英先生捐助本会》,《中华图书馆协会会报》1945年第19卷第4、5、6合期。

北京图书馆协会将于6月7日在协和医学校举行年会，选举下届职员，① 可惜并没有后续报道揭示选举结果。查修在《北京图书界见闻纪录》中提到，1920年春戴志骞为北京图书馆协会会长，程时煃为书记，② 但并未提及副会长和英文书记由谁担任，该会延续至何时亦未见记载。

1923年，戴志骞在中华教育改进社第二届年会上提出组织地方图书馆协会案，议决通过。1924年3月30日，北京图书馆协会成立，根据章程，设会长、副会长和书记各1人。北京图书馆协会时期，由于组织制度的缘故，职员人数较少，仅袁同礼、戴志骞、徐鸿宝、高厚德、吉非兰、冯陈祖怡、钱稻孙、李大钊、程时煃、查修、蒋复璁等10余人。1928年12月23日，北京图书馆协会开常会时修正通过了新的简章，将协会改名为北平图书馆协会，并更改组织制度，设执行委员会和监察委员会。执行委员会7人，分设主席、书记、会计职务，监察委员会5人。不过，1930年以后均只设主席一职。1933年和1934年选举情况不明。1935年，不知何故，选出了监察委员7人，但此后又恢复成5人。1937年抗日战争全面爆发后，会务停顿。1947年11月27日的《华北日报》曾有一则《图书馆协会月底举行会员会》的报道称，北平图书馆协会定于11月30日下午假松公府夹道10号北京大学图书馆二楼期刊阅览室举行第三次会员大会。除讨论会务及改选理监事外，并请王重民讲演《美国国会图书馆摄制中国影片图书之经过》，届时北平市图书馆界同人将一律参加。③ 但此后并未见到新任理监事名单之报道。

---

① 《北京图书馆协会开会》，《新京报》1919年6月6日第3版。
② 查修：《北京图书界见闻纪录》，《文华温故集》1920年第15卷第4期。
③ 《图书馆协会月底举行会员会》，《华北日报》1947年11月27日第5版。

由于这些报刊报道中并非都记载了主席、书记和会计的职务分配情况，因此下表仅录有明确记载者。

北京（平）图书馆协会职员表

	选举时间	会长、副会长		中文书记、英文书记	
北京图书馆协会（1918年成立）	1918年12月21日①	袁同礼	高厚德	李大钊	吉非兰
	1920年春②	戴志骞		程时煃	
	选举时间	会长	副会长	书记	
	1924年3月30日③	戴志骞	冯陈祖怡	查修	
	1926年10月11日④	徐鸿宝	钱稻孙	蒋复璁	
	选举时间	执行委员		监察委员	
北京图书馆协会（1924年成立）	1928年12月23日⑤	袁同礼（主席）		徐家麟	
		蒋复璁（书记）		王樾	
		罗静轩（会计）		孔敏中	
		洪有丰		汪长炳	
		田洪都		章新民	
		钱稻孙			
		严文郁			

---

① 《北京图书馆协会成立纪闻》，《北京大学日刊（第292号）》1919年1月21日第3版。
② 查修：《北京图书界见闻纪录》，《文华温故集》1920年第15卷第4期。
③ 《北京图书馆协会成立》，《晨报》1924年4月4日第6版。
④ 《图书馆协会改选职员》，《晨报》1926年10月13日第6版。
⑤ 《北平图书馆协会前日之常会》，《京报》1928年12月25日第6版。

续表

	选举时间	执行委员	监察委员
北京图书馆协会（1924年成立）	1930年1月5日①	洪有丰（主席）	严文郁
		袁同礼	李文裿
		蒋复璁	陈宗登
		罗静轩	胡树楷
		刘国钧	张一航
		钱稻孙	
		汪长炳	
	1931年4月5日②	袁同礼	李文裿
		罗静轩	岳良木
		于震寰	赵福来
		洪有丰	翟曾桐
		薛培元	张一航
		冯陈祖怡	
		汪长炳	
	1932年1月10日③	袁同礼（主席）	胡树楷
		冯陈祖怡	陆华
		罗静轩	张一航
		施廷镛	谢礼士
		汪长炳	邵士英
		田洪都	
		李文裿	

① 《北平图书馆协会十九年度会务纪要：第一次常会》，《北平图书馆协会会刊》1933年第5期。
② 《北平图书馆协会二十年度会务纪要：第一次常会》，《北平图书馆协会会刊》1933年第5期。
③ 《图书馆协会昨开常年大会》，《大公报（天津）》1932年1月11日第4版。

续表

	选举时间	执行委员	监察委员
北京图书馆协会（1924年成立）	1935年1月6日①	田洪都（主席②）	吴鸿志
		袁同礼	于震寰
		洪有丰	黄向文
		何日章	翟凤鸾
		邓衍林	施廷镛
		严文郁	丁濬
		李文裿	顾宝延
	1936年1月5日③	何日章（主席④）	吴光清
		李文裿（书记）	于震寰
		吴鸿志（会计）	邓衍林
		袁同礼	曾宪三
		严文郁	莫余敏卿
		田洪都	
		朱同珍	
	1937年3月7日⑤	袁同礼	莫余敏卿
		李文裿	吴鸿志
		严文郁	邓衍林
		何日章	顾子刚
		冯陈祖怡	颜蘋君
		田洪都	
		裘开明	

---

① 《平图书馆协会昨日举行常年大会》，《大公报（天津）》1935年1月7日第4版。
② 《燕大图书馆扩大问题》，《燕京新闻》1935年2月21日第4版。
③ 《北平图书馆协会昨举行新年聚餐会》，《京报》1936年1月6日第7版。
④ 《北平图书馆协会昨开首次执委会》，《华北日报》1936年3月8日第9版。
⑤ 《北平图书馆协会举行会员大会》，《学觚》1937年第2卷第3期。

由上可知，共有 48 人曾担任过北京（平）图书馆协会的职员。其中，担任届数为两次及以上者有袁同礼（8 次）、李文裿（6 次）、田洪都（5 次）、严文郁（5 次）、洪有丰（4 次）、冯陈祖怡（4 次）、罗静轩（4 次）、汪长炳（4 次）、蒋复璁（3 次）、钱稻孙（3 次）、于震寰（3 次）、张一航（3 次）、何日章（3 次）、邓衍林（3 次）、吴鸿志（3 次）、戴志骞（2 次）、胡树楷（2 次）、施廷镛（2 次）、莫余敏卿（2 次），共 19 人，占比近 40%。仅担任过一届北平图书馆协会职员者，另有 29 人，占比近 60%。相较于中华图书馆协会大概每年改选三分之一职员，北京（平）图书馆协会的职员结构基本保持着三分之一的稳定性和三分之二的活力成分。这 19 人中又有 10 人（戴志骞、冯陈祖怡、何日章、洪有丰、蒋复璁、钱稻孙、田洪都、汪长炳、严文郁、袁同礼）担任过中华图书馆协会的职员，29 人中有 7 人（查修、刘国钧、裘开明、吴光清、徐鸿宝、徐家麟、岳良木）担任过中华图书馆协会的职员。可见两图书馆协会职员既有一定的重合度，又有适度的差异性，多次被选为北京（平）图书馆协会职员者可能更容易被选举为中华图书馆协会职员，但被选为中华图书馆协会职员并不代表者更容易得到地方图书馆协会会员的认可。存在部分当选为中华图书馆协会职员但仅一次被选举为北京（平）图书馆协会职员，而未曾被选为中华图书馆协会职员，却多次被选为北京（平）图书馆协会职员的情况。这 48 人中曾宪三、查修、陈宗登、邓衍林、丁濬（浚）、裘开明、田洪都、汪长炳、吴鸿志、徐家麟、严文郁、于震寰、岳良木、章新民、赵福来 15 人都毕业于文华图书科（或文华图专），几乎接近三分之一（31%）。究其原因，一方面是北京的图书馆规模较大，对于学生吸引力更强，具有招聘到专业人才的实力；另一方面北京地区缺乏图书馆学人才培训机构。

（三）上海图书馆协会

上海图书馆协会成立于1924年6月27日，该协会章程规定设委员11人，分别担任不同职务：委员长1人、编辑2人、调查2人、交际2人、会计1人、庶务2人、书记1人。1925年6月27日，上海图书馆协会举行第一届年会时，邓演存提议因会务发展，应将协会章程第五项"组织"原设委员11人改为设委员若干人，组织执行部及研究部，该议案在会上通过。程葆成则提议推举两部委员21人。新选委员除上年各执行委员一致公推继续担任外，另行推选了10人，并候补委员10人。[①] 7月1日下午，开第二届第一次全体委员大会，王恟如提议应设副委员长一人，公举杜定友为正委员长，孙心磐为副委员长。会上对21名委员进行职务分配，执行部14人（分任文书、事务、会计、交际），研究部9人（分任文书、调查、编辑），马崇淦和孙心磐在两部同时任职。[②] 上海图书馆协会基本都是在每届年会时选出新任委员，后续开会时再分配各自的职务。1926年9月26日开第三届年会时，杜定友曾表达"本年委员一席，决意辞去，另让贤能"[③]之意，但仍然被选为21名委员之一，会上另选出候补委员5人。1927年11月13日召开第四届年会时又提议修改章程，将设委员21人改回11人，议决通过。[④] 1929年3月24日开第五届年会时，修改会章，改行通行的执监委

---

① 《上海图书馆协会周年大会纪》，《申报》1925年6月28日第9版。
② 《图书馆协会委员会纪》，《申报》1925年7月3日第9版。
③ 《上海图书馆协会第三届年会纪》，《申报》1926年9月27日第12版。
④ 《上海图书馆协会四届年会记》，《申报》1927年11月14日第7版。

员制,"设执行委员十一人、监察委员三人,于年会时选出之。执行委员中互推常务委员三人、文书二人、会计、研究、宣传、调查各一人、交际二人"①。1935 年 7 月 28 日召开第八届年会时,再次修正会章,并选举职员,但《申报》与《新闻报》中只记载了 11 名执行委员中 8 位的姓名,亦无其他 3 名监察委员姓名。8 月 6 日开第八届第一次执委会议时,也只记载推定 5 人为常务委员,其中 2 人分任书记与会计,这应该是根据修正后的章程确定的,该次会议还议决重刻协会会章,呈报备案。② 1937 年 3 月 21 日,上海图书馆协会举办第九届年会,参会人员 100 余人,规模仅次于第一届年会,选举执行委员 11 人和监察委员 3 人,但并未见分别担任何种职务之报道。③ 全面抗战开始后会务停顿,1947 年复员,但未见再开年会、改选职员的消息。

总的来说,上海图书馆协会共产生 9 届职员,成立大会时选举的为第一届(第一届年会并未改选),自第二届年会起每届年会改选职员。共有 57 人当选过上海图书馆协会职员,其中当选次数为 2 次及以上者有黄警顽(9 次)、陈伯逵(8 次)、孙心磐(8 次)、宋景祁(7 次)、马崇淦(7 次)、杜定友(6 次)、黄维廉(5 次)、潘圣一(5 次)、沈仲俊(5 次)、王云五(5 次)、潘仰尧(4 次)、王恂如(4 次)、朱少屏(3 次)、石斯馨(3 次)、查修(2 次)、程葆成(2 次)、钱存训(2 次)、涂贤(2 次)、王永礼(2 次)、韦均伟女士(2 次)、徐能庸(2 次)、徐则骧(2 次)、姚雨苍(2 次),共 23 人,占比 40%。只担任过一届上海图书馆协会职员者另有 34

---

① 《本会章程》,《上海图书馆协会会报》1929 年第 1 期。
② 《上海图书馆协会昨日举行八届年会》,《申报》1935 年 7 月 29 日第 12 版。
③ 《上海图书馆协会昨日举行九届年会》,《申报》1937 年 3 月 22 日第 8 版。

人，占比60％。这一比率与北京（平）图书馆协会相同。查修、程葆成、杜定友、冯陈祖怡、黄警顽、沈学植、孙心磐、王恂如、王云五9人同时也担任过中华图书馆协会职员，仅冯陈祖怡和沈学植两人是仅担任过一次上海图书馆协会职员的，其他7人均担任上海图书馆协会职员2次以上。查修和冯陈祖怡早年是北京（平）图书馆协会职员，因工作变动才加入上海图书馆协会。可见，中华图书馆协会职员当中来自北京图书馆协会者明显多于来自上海图书馆协会者。这57人当中，仅陈鸿飞、林斯德、吕绍虞、杨希章、喻友信、查修6人毕业于文华图书科（或文华图专），略超10％，相较于北京图书馆协会来说比重要小很多。究其原因，一方面是因为上海地区图书馆规模较小，以中小学和机构图书馆为主，对专业化人才的需求并不特别迫切，而且对文华图专毕业生的吸引力也不大；另一方面上海和南京均有图书馆学暑期讲习班、函授学校等，通过短期培训图书馆在职人员的方式在一定程度上也能满足人才需求。

从上海图书馆协会的职员可以看出，该协会的最大特色就是十分注重与图书馆之外的其他社会力量的合作，充分发挥职员各自的特长。当然，这也与上海这个城市的特点有关。它不是政治中心，而是商贸发达的国际化都市和出版中心，它没有大规模的公共图书馆，但当地的企业和社团较多，其中不少设有图书馆，这就使得这些图书馆员更容易获得其主管机关的资源。例如，孙心磐为上海总商会商业图书馆馆长，故上海图书馆协会不仅将会址设于上海总商会，而且当其他机关借用总商会场馆举办活动时，上海图书馆协会往往也会加入其中合作进行。潘圣一曾为沪江大学图书馆专职图书馆员。[①]

---

① 王细荣：《大世界里的丰碑：湛恩纪念图书馆的前生今世》，上海交通大学出版社，2014年，第11页。

1926年，商务印书馆东方图书馆即将开放前，潘圣一被任命为该馆外文图书部主任。① 商务印书馆与上海图书馆协会的关系也十分密切，上海图书馆协会调查上海出版界状况或出版图书刊物也比较便利。潘仰尧为江苏省教育会附设图书馆负责人，朱少屏长期担任寰球中国学生会总干事，黄警顽亦服务于商务印书馆，在上海有"交际博士"之称，人脉极广，又善于助人。上海图书馆协会会员所服务机关的多样性使得上海图书馆协会相较于其他地方图书馆协会更容易开展各项活动。当然，不利之处便是真正图书馆学学院派人士的缺乏，使得该协会的学术研究力量相对薄弱。

上海图书馆协会职员表

选举时间	上海图书馆协会职务						
1924年②	委员长	书记	会计	编辑	调查	交际	庶务
	杜定友	梁朝树	孙心磐	潘圣一	马崇淦	朱少屏	邓演存
				陈伯逵	潘仰尧	黄警顽	黄维廉
1925年③	委员长	执行部				研究部		
		文书	事务	会计	交际	文书	调查	编辑
	杜定友（正）	潘仰尧	王永礼	徐佩珍	朱少屏	陈伯逵	潘圣一	黄维廉
	孙心磐（副）	王恂如	宋景祁	孙心磐	马崇淦	尤樾甫	马崇淦	宋景祁
		韦均伟	黄警顽		沈仲俊		傅绍先	杨清源
		姚雨苍	程葆成		俞庆棠		孙心磐	

---

① 张人凤编：《张元济与中国近现代图书馆事业》，上海科学技术文献出版社，2014年，第66页。
② 《上海图书馆协会成立会记》，《申报》1924年6月28日第15版。
③ 6月27日选出新任委员及候补委员名单，见《上海图书馆协会周年大会纪》，《申报》1925年6月28日第9版。7月1日推举各部委员，见《图书馆协会委员会纪》，《申报》1925年7月3日第9版。

续表

选举时间	上海图书馆协会职务							
1926年①	委员长	文书	事务	会计	交际	调查	编辑	
	王云五（正）	潘圣一	胡惠生	沈仲俊	黄警顽	孙心磬	程本海	
	杜定友（副）	朱香晚	宋景祁	王恂如	郑传箕	陈伯逵	陈友松	
		姚雨苍	程葆成	陈葆藩	潘仰尧	王永礼	黄维廉	
		韦均伟						
1927年②	委员							候补委员
	王云五	孙心磬	沈仲俊	陈伯逵	潘圣一	金敏甫	王恂如	鲍益清
	宋景祁	黄警顽	石斯馨	沈学植				徐佩珍
								朱香晚
1929年③	执行委员							监察委员
	常务委员	文书	会计	交际	调查	宣传	研究	
	陈伯逵	王恂如	沈仲俊	徐能庸	孙心磬	马崇淦	王云五	
	宋景祁 涂贤	王庆勋		黄警顽				
1930年④	执行委员							监察委员
	孙心磬	孔敏中	宋景祁	黄警顽	黄维廉	马宗荣	杜定友	沈仲俊
	王云五	陈伯逵	涂贤	马崇淦				李次民
								石斯馨

① 9月26日选举职员，见《上海图书馆协会第三届年会纪》，《申报》1926年9月27日第12版。10月17日委任职务，见《图书馆协会开委员会》，《申报》1926年10月19日第12版。

② 11月13日选举委员，见《上海图书馆协会第四届年会记》，《申报》1927年11月14日第7版。具体职务分工不明。

③ 3月24日选举职员，见《上海图书馆协会大会纪》，《申报》1929年3月26日第11版。3月29日委任职务，见《上海图书馆协会执监会议》，《申报》1929年3月30日第12版。

④ 11月2日选举职员，见《上海图书馆协会开年会并改选执监委员》，《申报》1930年11月3日第9版。

续表

选举时间	上海图书馆协会职务							
	执行委员							监察委员
1932年①	常务委员	文书	会计	交际	调查	宣传	研究	
	杜定友	钱存训	张锡荣	黄警顽	钱亚新	马崇淦	黄维廉	潘仰尧
	孔敏中	陈伯逵		马宗荣	胡卓		王云五	徐能庸
	宋景祁							朱少屏
1935年②	常务委员	书记	会计	其他				
	杜定友	徐则骧	李公朴	程伯群				
	徐则骧			靳鸿				
	查修			陈伯逵				
	李公朴							
	黄警顽							
1937年3月21日③	执行委员							监察委员
	林斯德	洪逵	杨希章	查修	吕绍虞	徐则骧	翁玄修	过苏民
	黄警顽	喻友信	宋禀钦	陈鸿飞				彭明江
								钱存训

---

① 12月18日选举职员,见《图书馆协会年会记》,《申报》1932年12月19日第8版。12月22日委任职务,见《上海图书馆协会昨开执监委员会议》,《申报》1932年12月23日第15版。

② 7月28日选举执行委员11人,但仅记录8人姓名,见《上海图书馆协会昨日举行八届年会》,《申报》1935年7月29日第12版。8月6日委任职务,推举5人为常务委员,并任命书记和会计,见《上海图书馆协会昨开首次执委会议》,《申报》1935年8月7日第15版。

③ 3月21日选举职员,见《上海图书馆协会昨日举行九届年会》,《申报》1937年3月22日第8版。未见委任具体职务的报道。

（四）浙江省各图书馆协会

浙江省会图书馆协会是成立较早的图书馆协会之一，仅次于北京图书馆协会。1924年4月26日，其成立时，选举浙江公立图书馆馆长章箴（仲铭）为会长，两浙盐务中学校图书馆主任陈益谦（允恭）为副会长，省立公众运动场附设通俗图书馆管理员高克潜为书记兼会计。[①] 1925年4月18日举行常会，提议修正会章、改选职员，选出会长章箴、副会长高克潜，但未提及书记或会计。1926年4月18日开第二届年会，议决改省会图书馆协会为杭州图书馆协会。1927年4月11日开第三届年会，议决修正协会简章。1928年4月23日开第四届年会，再次修改会章，将会长制改为委员制，随即选举执行委员7人，并互选3人为常务委员。[②] 1929年因杨立诚离开，会务停顿。

1930年6月，浙江第二学区图书馆协会成立，简章规定协会设执行委员3人，监察委员2人，由会员选举之，任期1年。执行委员中分常务、调查、研究等职务，由各执行委员互推担任之。[③] 不过，未记载当时所选职员名单，至1931年6月8日第三次全体大会时才见改选职员之记录。1932年6月6日第五次全体大会又进行一次职员改选。其当选职员为机关会员，为方便统计，笔者根据当时出席代表名单，一并加上了其代表人姓名列入后表。

1930年9月14日，瑞安图书馆协会成立。其简章规定采用委员制，设执行委员7人，并由执行委员中互推常务2人，余5人分担文书、事务各职。[④] 不过，成立大会上由执行委员互选正会长1

---

① 《本馆办理情形并一切章制文牍》，《浙江公立图书馆年报》1924年第9期。
② 《杭州图书馆协会成立及经过报告》，《图书馆学季刊》1929年第3卷第1、2合期。
③ 《浙江第二学区图书馆协会之成立》，《中华图书馆协会会报》1930年第6卷第3期。
④ 《瑞安图书馆协会成立》，《中华图书馆协会会报》1930年第6卷第1期。

人、副会长 2 人组织常务委员办理日常事务。9 月 16 日开第二次执委会议，分配职务，分事务、图书二部，推定胡经为事务部主任，陈准为图书部主任。

1932 年 5 月 22 日，浙江第一学区图书馆协会在杭州图书馆协会基础上成立。简章规定设执行委员 5 人，监察委员 2 人，候补执行委员 3 人，候补监察委员 2 人。执行委员中分常务、调查、研究、编辑、交际等职务，由各执行委员互推之。① 候补委员的设置主要是在委员缺席时递补之用。1935 年 6 月 8 日，浙江第一学区图书馆协会理事会在杭州建设厅图书馆举行第一次会议，首先根据大会决议修正简章与理事会细则，改行理事制。规定设理事 9 人，互推主任理事 1 人，其余 8 人分任总务、调查、研究、编辑各事项。② 浙江第一学区图书馆协会第三次大会选出职员除执行委员、监察委员外，还设文书兼会计一职，由许振东担任。③

1936 年 4 月 19 日，浙江省图书馆协会假浙江省立图书馆开会宣告正式成立，并依据简章选举理事 9 人，候补理事 5 人。除理事外，还设有文牍一职，由许振东担任。④ 协会未经职员改选便因全面抗战开始而陷入停顿。

浙江省各图书馆协会职员表

选举时间	浙江省会图书馆协会						
	会长	副会长	书记（兼会计）				
1924 年 4 月 26 日⑤	章箴	陈益谦	高克潜				

---

① 《特载：浙江省第一学区图书馆协会纪》，《浙江省立图书馆月刊》1932 年第 1 卷第 3 期。
② 《浙一学区图协理事会》，《中华图书馆协会会报》1935 年第 10 卷第 6 期。
③ 图书馆界：《现任职员名录》，《浙江省立图书馆刊》1933 年第 2 卷第 5 期。
④ 《浙江省图书馆协会第一届职员》(1936)，《浙江省图书馆协会会刊》1937 年第 2 期。
⑤ 《本馆办理情形并一切章制文牍》，《浙江公立图书馆年报》1924 年第 9 期。

续表

选举时间	浙江省会图书馆协会							
1925年4月18日①	会长	副会长						
	章箴	高克潜						
	杭州图书馆协会							
	执行委员							
	常务委员	其他						
1928年4月23日②	章箴	陈策云	徐凤超	李剑农	裘仲曼			
	杨立诚							
	刘荫吾							
	瑞安图书馆协会							
	执行委员							
1930年9月14日/9月16日③	会长	副会长	事务部主任	图书部主任	其他			
	李笠	胡经	胡经	陈准	曾约	洪焕增	唐溥	
		王释						
	浙江第二学区图书馆协会							
	执行委员			监察委员				
	常务	研究	调查					
1931年6月8日④	嘉兴图书馆（仲欣木）	海盐民教馆图书部（方渊泉）	嘉善县立图书馆（许振东）	二中附小（沈最韬）	平湖民教馆图书部（罗文梓）			

---

① 《杭州图书馆协会成立及经过报告》，《图书馆学季刊》1929年第3卷第1、2合期。
② 《杭州图书馆协会成立及经过报告》，《图书馆学季刊》1929年第3卷第1、2合期。
③ 《瑞安图书馆协会之职员》，《中华图书馆协会会报》1930年第6卷第2期。
④ 《浙江第二学区图书馆协会第三次全体大会会议记录》，《浙江第二学区图书馆协会季刊》1932年第2期。

续表

选举时间	浙江第二学区图书馆协会						
	执行委员			监察委员			
1932年6月6日①	嘉兴图书馆（仲欣木）	崇德民教馆图书部（孙榆）	海盐图书馆（方渊泉）	嘉善县立中学图书馆（李篆卿）	嘉兴民教馆图书部（吴秉性）		
	浙江第一学区图书馆协会						
	执行委员			监察委员			
1932年5月22日/6月5日②	常务	研究	调查兼宣传	文书兼会计	调查兼宣传	编辑	
	陈训慈	胡承枢	陈独醒	刘澡	童暄樵	顾彭年③	
		潘淦鎏					
		宓福云					
	执行委员					监察委员	
1933年6月18日④	常务	交际	调查	研究	编辑	交际	调查
	陈训慈	陈独醒	胡承枢	潘淦鎏	王勤堉⑤	顾一鸣	沈景涵
						王德川	

---

① 《图书文化消息：第二学区图书馆协会举行第五次大会》，《浙江省立图书馆月刊》1932年第1卷第4期。

② 《特载：浙江省第一学区图书馆协会纪》，《浙江省立图书馆月刊》1932年第1卷第3期。《图书文化消息：第一学区图书馆协会第一次执监会议》，《浙江省立图书馆月刊》1932年第1卷第4期。

③ 成立会报道显示监察委员为唐缉斋，而后续诸报道均显示为顾彭年。

④ 《浙江省第一学区图书馆协会第三次大会纪》，《浙江省立图书馆馆刊》1933年第2卷第3期。《特载：浙江省第一学区图书馆协会第四次大会纪》，《浙江省立图书馆馆刊》1933年第2卷第5期。

⑤ 6月18日第三次大会时选举沈学植为执行委员，但据1933年《浙江省立图书馆馆刊》第2卷第5期中《特载：浙江省第一学区图书馆协会第四次大会纪》记载，浙江大学代表因故不就，由候补执行委员王勤堉递补。

续表

选举时间	浙江第一学区图书馆协会							
1935年6月8日①	主任理事	其他理事						
		总务	研究	编辑	调查			
	陈训慈	胡承枢	潘淦鎏	陈豪楚	洪庚生			
		孙铭	朱国英	潘树藩	徐祖同			
	浙江省图书馆协会							
1936年4月19日②	常务理事	其他理事						
	陈训慈	潘树藩	裘克谦	查梦秋	童暄樵	王文莱	孙延钊	
	潘淦鎏							
	孙铭							

根据上表统计（不含候选），共有42人担任过浙江省各图书馆协会职员，其中担任2届以上者有陈训慈（4次）、潘淦鎏（4次）、章箴（3次）、胡承枢（3次）、陈独醒（2次）、方渊泉（2次）、高克潜（2次）、童暄樵（2次）、仲欣木（2次）9人，约占21%。仅陈训慈和杨立诚两人担任过中华图书馆协会职员。

四、名誉会员

聘请名誉会员是民国时期学术团体的惯例，一方面可以借名人之"盛名"扩大协会的影响、吸引会员加入、争取政府及社会资源；另一方面也希望借名人之"学识"促进该门学术之进步。

1925年4月25日，中华图书馆协会在上海成立，当时经众讨论修正并通过《组织大纲》，其第三章第三条规定会员分四种，其

---

① 《图书馆界：浙一学区图协理事会》，《中华图书馆协会会报》1935年第10卷第6期。
② 《浙江省图书馆协会第一届职员》（1936），《浙江省图书馆协会会刊》1937年第2期。

中包括名誉会员,指"于图书馆学术或事业上著有特别成绩者"①。5月27日,中华图书馆协会在北京石虎胡同松坡图书馆开第一次董事会,议决诸案,其中包括推举名誉会员20人:罗振玉、徐世昌、傅增湘、严修、王国维、张元济、陈垣、叶恭绰、叶德辉、李盛铎、董康、张相文、柯劭忞、徐乃昌、王树枏、陶湘、蒋汝藻、刘承干、张钧衡、朱孝臧。②由于中华图书馆协会首任董事部成员绝大多数是教育文化界名人,而第一次董事会实际出席者有丁文江、陈源、梁启超、袁同礼、胡适、高仁山、颜惠庆、陈翰笙,故所推举的名誉会员都是在中国传统学术或目录学方面享有盛誉的知名学者。6月2日,在松坡图书馆召开中华图书馆协会第二次董事会,又另推举名誉会员12人:欧阳渐、卢靖、Melvil Dewey、Herbert Putnam、E. C. Richardson、C. W. Andrews、James I. Wyer、Edwin H. Anderson、John Cotton Dana、W. W. Bishop、Charles F. D. Belden、Carl H. Milam。③1929年召开第一届年会期间,在2月1日举行的会务会议上,临时动议议决聘请蔡元培、戴传贤(季陶)、蒋梦麟、杨铨、胡适、叶楚伧6位为名誉会员。④

地方图书馆协会中亦不乏设立名誉会员者,有些是刚成立时章程中的会员部分就已有名誉会员之设,如济南图书馆协会、太原图书馆协会、福建图书馆协会、安徽图书馆协会、江西省会图书馆协会,不过太原图书馆协会和安徽图书馆协会以特别会员来相称,除包括在图书馆事业或图书馆学方面卓有成绩者外,还包括对于协会

---

① 《中华图书馆协会昨日成立》,《申报》1925年4月26日第12版。
② 《中华图书馆协会第一次董事会议》,《申报》1925年6月5日第13版。
③ 《中华图书馆协会之董事会》,《新闻报》1925年6月12日第2版。
④ 《中华图书馆协会第一次年会纪事》,《中华图书馆协会会报》1929年第4卷第4期。

或图书馆事业有特别赞助者。1930年2月23日下午3时，福建图书馆协会开第二次执监联席会议，推程柏庐（程时煃）、陈石遗、吴曾禔、林天兰、钟道赞、何公敢、欧阳英、冯陈祖怡为名誉会员。[①]

还有些图书馆协会虽然在章程中没有列出，但实际上聘请了名誉会员。1925年6月27日，在上海图书馆协会周年大会上，杜定友提出该会应聘请名誉会员若干人并通过，[②]但后来未见名誉会员名单。1930年3月，上海图书馆协会开执行委员会时议决聘郑韶觉、钟荣光、叶誉虎、胡文虎、蔡元培、陈嘉庚、丁仲祜[③]、张岳军、陈待秋、匡仲谋为名誉会员。[④]1937年5月，上海图书馆协会又议决增聘潘公展、王云五、陆费伯鸿、李书绅、李石曾、黄炎培等为名誉会员。[⑤]

第五节 图书馆协会的经费

一、经费收入

民国时期图书馆协会经费来源与其他社会团体类似，主要有会

---

① 《会务》，《福建图书馆协会会报》1930年第1期。
② 《上海图书馆协会周年大会纪》，《申报》1925年6月28日第9版。
③ 即丁福保。
④ 《上海图书馆协会执委会纪》，《申报》1930年3月5日第11版。
⑤ 《市图书馆协会定期举办图书馆学图书工具展览会》，《申报》1937年5月17日第8版。

费、政府补助和捐款三项,此外还有出售出版物盈余和广告收入,以及银行存款利息。

(一)会费

1918年成立的北京图书馆协会采用的是不收会费的模式,待有支出需要时,依据附则规定:"经大会议决,由各图书馆均担之。"① 因此,当北京图书馆协会计划在1920年暑期办图书馆讲习班时,款项一层便"预备在北京大学、北京高等师范以及清华学校三个大学每个大学里捐一百元来办这个事业"②。这种模式对于图书馆协会业务的开展来说有很大的局限性。

1924年以后成立的各图书馆协会普遍都有会费要求。最早成立的北京图书馆协会确定机关会员每年5元、个人会员每年1元的会费标准。随后成立的各地方图书馆协会所定会费标准都以此为基准,略有浮动。个人会员会费基本上是每年1元,只广州图书馆协会为2元,而开封图书馆协会为4角;机关会员会费有2元(浙江省会图书馆协会、江苏图书馆协会、济南图书馆协会、开封图书馆协会)、3元(天津图书馆协会、南京图书馆协会)、5元(上海图书馆协会、苏州图书馆协会)、10元(广州图书馆协会)四种。

在筹办中华图书馆协会期间,北京图书馆协会在1925年3月拟定《中华图书馆协会草章》,其中明显提高了会费标准:机关会员每年会费20元(中等学校以下图书馆及通俗图书馆每年得纳会费10元),个人会员每年会费4元。大幅提高会费标准可能并非毫

---

① 《北京图书馆协会成立纪闻(续)》,《北京大学日刊(第293号)》1919年1月22日第4版。
② 查修:《北京图书界见闻纪录》,《文华温故集》1920年第15卷第4期。

无理由，但这一提高会费标准的尝试遭到了强烈反对。于是 4 月 25 日中华图书馆协会成立当日通过的《中华图书馆协会组织大纲》最终确定机关会员会费每年 5 元，个人会员会费每年 2 元。此后，中华图书馆协会几次修改《组织大纲》，都沿用了这一会费标准。

在中华图书馆协会成立后成立的各地方图书馆协会，绝大多数仍然规定个人会员会费 1 元（无锡图书馆协会和江西图书馆协会为 5 角，瑞安图书馆协会为 2 元），机关会员会费有 1 元（江西图书馆协会），2 元（山东图书馆协会、无锡图书馆协会），3 元（太原图书馆协会、安徽图书馆协会），5 元（浙江第二学区图书馆协会、福建图书馆协会、瑞安图书馆协会）数种。

为了规范会费的缴纳，浙江省会图书馆协会规定，第一年会费于入会时缴纳，以后开大会时缴纳。北京图书馆协会则在成立大会约定在开第一次常会时缴纳会费。还有一些图书馆协会为减轻会员经济压力，规定会费可以分期缴纳。开封图书馆协会和瑞安图书馆协会规定机关会员和个人会员会费都可分两次缴纳，而济南图书馆协会和福建图书馆协会则规定仅机关会员会费可分两次缴纳。

图书馆协会会费收缴一般都存在一定困难。地方图书馆协会因为大多仅限于一市或一县范围，会员数量也不大，会费收缴情况相对较好。以北京图书馆协会为例，其 1924 年 8 月出版的《北京图书馆协会会刊》中有会员调查表，列有所有机关会员和个人会员的名单，其中机关会员有 21 个，个人会员有 43 人。[①] 同一期刊登的该协会 1924 年 4 月至 8 月的会计报告中却显示甲种会员（机关会员）15 个，收缴会费 75 元，乙种会员（个人会员）36 人，收缴会

---

① 《会员调查》，《北京图书馆协会会刊》1924 年第 1 期。

费36元。① 机关会员会费实收占应收71％以上，个人会员会费实收占应收85％以上。上海图书馆协会也多次在开会时提到会费催缴的问题，有时是"未缴会费各图书馆请托广肇公学图书馆主任程葆成君接洽办理"②，有时是"决议由会计委员发函催缴"③。

中华图书馆协会作为全国性图书馆协会，会员数量大大超过地方图书馆协会，且位置分散，只有年会时才可能见面，而参加年会的会员也仅是会员总数的一小部分，更何况中华图书馆协会因时局关系召开年会的次数极为有限。由于中华图书馆协会每年有三分之一的执行委员和监察委员届满需改选，因此通常请会员在寄回选票的同时缴纳会费。1930年3月20日，福建图书馆协会召开第三次执监委员及年会筹备员联席会议，报告中华图书馆协会来函催缴1929年和1930年年费共10元，以及执行委员和监察委员改选事，最终议决先行缴纳1929年度之5元会费。④

1935年，《中华图书馆协会第十年度会务报告》中记载："机关会员276名（其中4名为永久会员），1935年度会费已缴讫者117名，当全数二分之一弱；个人会员522名（其中11名为永久会员），1935年度会费已缴讫者142名，当全数四分之一强"⑤。

将《中华图书馆协会会报》所载1925—1936年年度报告中会员人数与会计报告中会费数额作对比（见下表）可知，中华图书馆协会自1925年4月成立至1936年6月这11年时间里，机关会员

---

① 《会计报告：北京图书馆协会收付总账》，《北京图书馆协会会刊》1924年第1期。
② 《上海图书馆协会委员开会记》，《申报》1925年12月14日第10版。
③ 《上海图书馆协会开会员会纪》，《申报》1926年11月9日第10版。
④ 《会务》，《福建图书馆协会会报》1930年第1期。
⑤ 《中华图书馆协会第十年度会务报告》，《中华图书馆协会会报》1935年第10卷第6期。

会费实收金额总数为 4816 元,应收金额总数为 11230 元,实收占应收近 43%;个人会员会费实收金额总数为 3063.47 元,应收金额总额为 7740 元,实收占应收近 40%。

中华图书馆协会会员数量与会费收入对照表(1925—1936 年)[①]

年度	机关会员数量	应缴会费(5元/年)	实收会费	个人会员数量	应缴会费(2元/年)	实收会费
1925 年 4 月—1927 年 5 月[②]	132	1320.00	600.00	217	868.00	241.47
1927 年 6 月—1928 年 6 月	129	645.00	123.00	190	380.00	84.00
1928 年 7 月—1929 年 6 月[③]	162	810.00	440.00	269	538.00	262.00
1929 年 9 月—1930 年 6 月	173	865.00	233.00	273	546.00	108.00
1930 年 7 月—1931 年 6 月	186	930.00	380.00	310	620.00	240.00
1931 年 7 月—1932 年 6 月	233	1165.00	260.00	402	804.00	249.00
1932 年 7 月—1933 年 6 月	258	1290.00	690.00	452	904.00	424.00
1933 年 7 月—1934 年 6 月	277	1385.00	795.00	482	964.00	543.00
1934 年 7 月—1935 年 6 月	276	1380.00	650.00	522	1044.00	440.00

---

① 本表中会员数量及统计时间来自《中华图书馆协会会报》中各年度报告,会费收入及统计时间来自《中华图书馆协会会报》中各年度会计报告,其中第 1 行和第 3 行中,会员数量的统计时间与会费收入时间并不完全一致,为方便比较,忽略这一差异。

② 会员数量统计时间至 1927 年 6 月,不完全一致,但为比较计,选取相近时间值参考。

③ 会员数量统计时间至 1929 年 1 月,不完全一致,但为比较计,选取相近时间值参考。

续表

年度	机关会员数量	应缴会费（5元/年）	实收会费	个人会员数量	应缴会费（2元/年）	实收会费
1935年7月—1936年6月	288	1440.00	645.00	536	1072.00	472.00
总计		11230.00	4816.00		7740.00	3063.47

会费收缴的困难实际上反映的是中国图书馆事业发展的不均衡，除少数规模较大的图书馆经费稍宽裕外，绝大多数图书馆经济极为窘迫。1929年中华图书馆协会召开第一届年会时，杜定友提出"改征本会机关会员会费案"，认为该会经费支绌，而会费又不能一律增多，故拟用分级制，"凡图书馆经费每年十万元以上者，每年缴会费一百二十元；五万元以上者每年五十元；一万元以上者每年二十元；五千元以上者每年十元；一千元以上者每年五元；一千元以下者每年三元"①。但这一意见并未被采纳。1933年8月29日上午，中华图书馆协会第二届年会期间召开会务会议，徐家璧等10人又提出《增加机关会员会费以利会务进行案》，指出"如将来会务发展，扩大编纂事业，伸张各地联络等项，其需支用款项所费更巨。现在各机关会员本身收入最高者每年多至十数万元，而少者乃仅得数百元，若仍一律纳费5元，其间得失相差过巨，揆诸情理，似欠公允"，建议改订会章，按机关会员各馆经费多寡比例缴纳会费：每年经费1000元以下者年纳会费5元，5000元以下者年纳会费10元，1万元以下年纳会费30元，5万元以下年纳会费50元，

---

① 中华图书馆协会执行委员会编纂：《中华图书馆协会第一次年会报告》，中华图书馆协会事务所，1929年，第30—31页。

10万元以下年纳会费100元，10万元以上年纳会费150元。[①] 陈独醒亦在会上提出《重行厘定本会会员会费案》，指出协会无适当基金，每年赖各地图书馆及个人所纳之入会年费以为主要收入，窘迫苦况固可知矣。每年5元的会费在经费宽裕之省立图书馆、大学图书馆及专门图书馆则九牛一毛，而在县立或中小学图书馆则负担太重。因此，他也认为会费标准不应一概而论，当将公立、省立、大学图书馆年纳5元，私立、县立、中小学图书馆改为2元。[②] 但是，这两案均被撤销，中华图书馆协会的会员会费标准始终没有更改。

虽然中华图书馆协会并未采纳机关会员分级会费制，但20世纪30年代以后，不少地方图书馆协会修改章程，按图书馆性质分别设立会费标准。1930年12月8日，浙江第二学区图书馆协会举行第二次全体大会，其中有"修正本会简章第七条第一项团体会员缴费应分别规定案"，议决团体会员会费分1元、3元、5元三等，由执行委员会审定入会会员之等级，分别纳费。[③] 1932年，浙江第一学区图书馆协会成立时，其简章规定机关会员会费分4元和2元两种，具体由执行委员会确定。1936年成立的浙江省图书馆协会，则根据机关的性质进行区分：省立或大学图书馆会费5元，县立或私立图书馆会费3元，图书馆学术研究团体会费3元。同样按图书馆性质征收团体会员会费的还有上海图书馆协会。1932年12月22日上海图书馆协会举行第七届第一次执监委员会议，提出减收会费

---

① 中华图书馆协会执行委员会编纂：《中华图书馆协会第二次年会报告》，中华图书馆协会事务所，1933年，第90—91页。
② 中华图书馆协会执行委员会编纂：《中华图书馆协会第二次年会报告》，中华图书馆协会事务所，1933年，第92页。
③ 《浙江第二学区图书馆协会之大会》，《中华图书馆协会会报》1930年第6卷第3期。

案,个人会员会费仍为1元,但团体会员会费分三档:大学及其他机关图书馆5元、中学图书馆2元、小学图书馆1元。[①]

放宽入会标准以广纳会员也是增加会费收入的途径之一。1929年,中华图书馆协会举办第一届年会时,修正了《组织大纲》,一方面扩大机关会员的范围,以图书馆或教育文化机关为单位,并且规定各地图书馆协会为当然机关会员;另一方面将入会须会员二人以上介绍改为会员一人之介绍,实际上放宽了入会标准并简化了入会手续。

1935年5月间,中华图书馆协会执行委员会讨论增加会费收入之方案,议决委托专人或机关担任介绍会员及经收各地会员会费,"先择会员较多(10名以上)各地分别请热心会务会员办理(见下表)。凭中华图书馆协会所印临时收据收费,并在催缴会费通函背面印有缴费便览,指示种种便利。"[②]

中华图书馆协会介绍会员及经收会费之各地代表[③]

地区	代表	地区	代表	地区	代表
南京	蒋复璁、曹祖彬	镇江	陈贯吾	厦门	余超
苏州	陈子彝	杭州	陈训慈	广州	梁思庄
上海	黄警顽	瑞安	陈准	武昌	毛坤
无锡	无锡县立图书馆	安庆	安徽省立图书馆	天津	董明道
开封	李燕亭	太原	聂光甫		

---

① 《上海图书馆协会昨开执监委员会议》,《申报》1932年12月23日第15版。
② 《中华图书馆协会第十年度会务报告》,《中华图书馆协会会报》1935年第10卷第6期。
③ 本表数据来源为《中华图书馆协会第十年度会务报告》(《中华图书馆协会会报》1935年第10卷第6期,第7页)。

此举很快使介绍会员入会和催缴会费的工作有了起色。1935年7月、8月,承陈训慈、梁思庄、董明道等先后代收会费并介绍新会员,新增机关会员和个人会员各8个,缴纳会费者有机关会员7处,个人会员12人。①

因物价飞涨,20世纪40年代中华图书馆协会在短短不到4年的时间内就三次上调会员会费。1943年,协会开支不敷应用,中华图书馆协会理事会决议,会员会费自1943年12月起个人会员会费全年20元(凡已缴50或100元者,多出部分当作捐款),永久会员200元;机关会员会费全年200元,凡民众教育馆、县立图书馆、中等以下学校图书馆全年会费100元。② 抗战复员后,物价上涨,邮费增加,中华图书馆协会理事会于1945年10月23日在重庆举行会议,议决会费自1945年起个人会员会费全年200元,永久会员4000元(照以前规定缴纳永久会费200元者,由协会通知请惠予捐助),机关会员会费2000元。③ 1947年5月24日,中华图书馆协会在国立中央图书馆举行理监事联席会议,议决个人会员会费每年1万元;机关会员每年甲种5万元、乙种3万元,由会员自行认定;永久会员会费暂不接受。④

(二)政府补助

社会团体实际上是"中间组织",一定程度上承担了政府的某

---

① 《会员及会费》,《中华图书馆协会会报》1935年第11卷第1期。
② 《中华图书馆协会三十二年度工作报告》,《中华图书馆协会会报》1943年第18卷第2期。
③ 《本会消息:本会理事会报告及决议事项》,《中华图书馆协会会报》1945年第19卷第4、5、6合期。
④ 《留京理监事联席会议》,《中华图书馆协会会报》1948年第21卷第3、4合期。

些职能，民国时期在政府财政极端困难的情况下，兴办教育、提倡文化、提高民众素养很大程度上要依赖各教育文化团体，因此各级政府对于这类团体是持支持态度的，也会在财政预算范围内给予一定的经济补助。1925年7月6日，中华图书馆协会所有董事联名特上临时执政府一呈，请予补助。8月7日，临时执政府秘书厅下发公函，由该部筹拨5000元补助费。[①] 这笔大额收入可算作中华图书馆协会的启动经费，确保了中华图书馆协会可以正常运营。此后，中华图书馆协会举办第一届年会、沈祖荣代表中华图书馆协会参加国际图联会议，以及外国专家来华招待等事都申请到相应政府补助。1929年1月，中华图书馆协会举办第一届年会，中央党部戴季陶、叶楚伧两委员提议拨助一次补助费2000元，以后按月补助100元。此笔补助费自1935年9月起未按时拨付，故1936年中华图书馆协会议决中央党部津贴由王文山、蒋复璁两君负责催款，教育部方面由蒋复璁负责接洽。[②]

1938年3月，国民党中央执行委员会下属原民众训练部改为社会部。1938年，应国民党中央执行委员会社会部核查要求，中华图书馆协会向其呈报会务进行概况，其中提到各会员无力缴纳会费，因之会务不无停顿，故于征求会费外，请中央党部继续予以补助。[③] 1939年，中华图书馆协会分别向中央执行委员会宣传部和教育部呈报该会会务情况以及即将开展的工作方针，同时，向中宣部申请恢复每月百元之补助费，又向教育部申请准于每月补助200

---

① 《会务纪要：政府补助》，《中华图书馆协会会报》1925年第1卷第2期。
② 《中华图书馆协会第十一年度报告》，《中华图书馆协会会报》1936年第11卷第6期。
③ 《本会消息：本会呈报中央党部会务进行概况》，《中华图书馆协会会报》1938年第13卷第3期。

元,借以推进会务。中宣部批示:"因本部目前经费异常困难,碍难按月津贴,兹准一次补助100元。"① 教育部批复准自1939年5月至12月,每月补助经费100元,每3个月一发,同时指示在两项工作计划之外,"对于各地图书馆被敌炸毁及劫掠情形尤应注意调查,随时宣传并列报备查为要"②。

20世纪40年代,一方面由于战争,会员星散,会费收缴数额不足;另一方面物价飞涨,各项事业成本增加,中华图书馆协会经费奇缺,又数次向教育部和中宣部、社会部申请经费补助。补助金额看似较此前大幅增加,实际上是通货膨胀物价上涨的结果。

中华图书馆协会收入中政府补助的情况③

时间	补助项目	补助费	同期总收入	占比(%)
1925年4月—1927年5月	临时执政府秘书厅拨款	5000	6353.71	79
1928年7月—1929年6月	第一届年会中央党部、行政院等部捐款	3730	8652.91	43
1929年9月—1930年6月	中央党部常年补助(1929年3月—1930年2月)	1200	7681.67	46
	沈祖荣代表中华图书馆协会参加国际图联大会——行政院、教育部捐款	2300		
1932年7月—1933年6月	中央党部补助费	2700	8021.03	34

---

① 《本会消息:本会呈请中央执行委员会宣传部恢复每月补助费》,《中华图书馆协会会报》1939年第13卷第5期。
② 《本会消息:教育部准于补助本会经费每月一百元》,《中华图书馆协会会报》1939年第14卷第1期。
③ 本表数据来源为《中华图书馆协会会报》中各年度会计报告。

续表

时间	补助项目	补助费	同期总收入	占比(%)
1934年7月—1935年6月	中央党部补助费	700	5020.80	14
1935年7月—1936年6月	中央党部补助费（1933年5月—1935年8月）	2800	5962.08	47
1939年7月—1940年12月	教育部补助费	1100	2737.85	69
	教育部（1939年5—12月）	800		
1941年1—12月	教育部补助费（1—12月）	1200	3564.095	45
	中宣部补助（7—10月）	400		
1942年1—12月	教育部补助费	1200	5730.115	45
	中宣部补助	1400		
1943年1—12月	教育部补助费	2400	16220.49	30
	社会部补助	2400		
1944年1—12月	教育部本年补助费	4800	69542.55	12
	中宣部补助费（2—12月）	3300		
1947年3月—1948年5月	教育部1946年下半年补助费	6000	28301278.69	55
	教育部1947年补助会报印刷费	1000000		
	教育部1948年补助会报印刷费	5000000		
	教育部补助沙本生招待费	3000000		
	教育部补助白朗克莱普招待费	6561000		

地方图书馆协会隶属于教育行政系统，因此经费主要来自于省教育厅（市县教育局）的拨款。对于省级以下地方图书馆协会来说，政府补助的数额极少，且还有被克扣的情况发生。瑞安图书馆协会原来经费年仅百元，1932年度因县款拮据，减为70元，1933

年县教育局局长又徇西北区立图书馆之请,将该会经费核减为20元,余款仍拨充西北区立图书馆支用。据称,"第就看管会所之工役一人而言,膳食工资,月需五元,已要六十金"①,不过该会当年实领之款逾30元,可见管理之混乱。据1937年《中华图书馆协会会报》介绍,该会"常年经费纯由各会员乐输,县政府补助费年仅三十六元正"②,即便在如此困难的情形下,瑞安图书馆协会自成立后至1937年会务未曾中断,1937年工作计划除扩充藏书、公开阅览,还有聘请海内外教育名人讲演图书馆学、发印乡哲著述、举行藏书展览比赛、拟办流动图书壁报等活动,其发展图书馆事业之精神实在令人感佩。1930年,福建图书馆协会为举办第一届年会曾向福建省教育厅请求补助经费,获准补助100元。同时,还向闽侯县政府申请补助,得复函称"县政府经费支绌非常,酌送10元聊资津贴"③。能得教育厅的补助是因为时任教育厅厅长为程时煃,最早提出建立全国图书馆协会的正是他,福建省立图书馆又是在他的支持下才于1928年筹备恢复的。

(三)捐款

1925年,上海图书馆协会为辅助会员研究起见,拟设立图书学图书馆一所,专购备一切关于图书学之书籍、杂志及各项图书馆用品样式,以供图书馆界人员之参考。"该会委员长杜定友君向本埠巨商尤菊生君捐得洋一百元、周子兴君五十元、洪槐生君二十

---

① 《瑞安图书馆协会费横被克扣》,《浙江省立图书馆馆刊》1934年第3卷第4期。
② 《瑞安图书馆协会发起征书》,《中华图书馆协会会报》1937年第12卷第5期。
③ 《公牍:闽侯县政府复函一件》,《福建图书馆协会会报》1930年第1期。

元、长兴公司二十元。"①

捐款也是中华图书馆协会的主要经费来源之一。中华图书馆协会成立伊始，董事梁启超、袁同礼、颜惠庆、范源廉、胡适就各捐助 50 元，松坡图书馆捐助 100 元。② 1925 年，中华图书馆协会与国立东南大学、中华职业教育社、江苏省教育会合组暑期学校，清华学校捐助 200 元。③ 此后，每遇重大事件需大笔款项时，中华图书馆协会都积极筹募捐款，如举办历届年会、参加国际会议、为办公室建筑费筹资等。从图书馆协会的捐款人来看，筹募对象主要是大学、图书馆、地方政府、其他社会团体等，个人捐款则多是图书馆协会董事、职员或会员。

中华图书馆协会成立时还设赞助会员，捐助 500 元以上者为赞助会员。可能这一标准过高，始终没有人达到此项条件。1929 年举办第一届年会时，修正《组织大纲》，取消赞助会员，改设永久会员。规定凡个人会员一次缴足会费 25 元者即被认定为永久会员，并将永久会员所纳会费作为协会基金。1932 年，中华图书馆协会执行委员会第一次会议通过了《筹划本会基金案》，议决自该年度起多征求永久会员，此项会员会费，概充作基金，不作别用，另组织基金保管委员会保管。④ 最早成为中华图书馆协会永久会员的是王云五、戴志骞和李小缘。1933 年 1 月 3 日，中华图书馆协会执行委员会第三次会议议决《征求赞助会员案》，议决征求赞助会员，赞助会员不分国籍，会费定为 50 元，此项会费全数充作基金。又

---

① 《图书馆协会筹设图书学图书馆》，《申报》1925 年 2 月 26 日第 11 版。
② 《会务纪要：捐款鸣谢》，《中华图书馆协会会报》1925 年第 1 卷第 2 期。
③ 《会务纪要：暑期学校》，《中华图书馆协会会报》1925 年第 1 卷第 2 期。
④ 《本年度第一次执行委员会议决案》，《中华图书馆协会会报》1932 年第 8 卷第 3 期。

通过《机关永久会员会费明确规定案》,议决机关永久会员会费暂定 100 元,自 1933 年起施行。①

1933 年 8 月 29 日,中华图书馆协会第二届年会期间召开会务会议,议决《募集基金案》,具体办法如下:(1)由机关会员及个人会员,依收入多寡,按比例原则,募集基金捐;(2)设募集基金委员会,请各界热心图书馆事业者加入为委员;(3)函请中央及地方行政机关予以补助;(4)俟募有成数时,再请中英及中美基金会补助;(5)已捐入之款,随时在《中华图书馆协会会报》及平沪各大报发表;(6)设立基金保管委员会,专任基金保管事项;(7)保管细则另定之。② 1933 年 11 月 3 日,中华图书馆协会募集基金委员会在文津街开成立大会,出席有刘国钧、冯陈祖怡等 20 余人,主席刘国钧。议决通过募集基金委员会委员名单(40 人)与《募集基金办法》(经修正),并推刘国钧等负责组织基金保管会。③

1934 年 2 月 28 日发行之《中华图书馆协会会报》刊登《中华图书馆协会募集基金启》,其中包括募集基金办法五条,规定由募集基金委员会或其请托人执中华图书馆协会所印募捐册向热心教育文化事业人士募捐,同时征求赞助会员及永久会员,所有收入均为协会基金。普通捐款自 1 元至百千万元不等,随意乐捐;一次交会费 100 元者为赞助会员,代募基金 500 元者或同时介绍永久会员 10 人者亦为赞助会员;一次交会费 50 元者为永久会员,代募基金 250 元或同时介绍永久会员 5 人者亦为永久会员;凡机关一次交会费

---

① 《第二三两次执行委员会议议决案》,《中华图书馆协会会报》1933 年第 8 卷第 4 期。
② 中华图书馆协会执行委员会编纂:《中华图书馆协会第二次年会报告》,中华图书馆协会事务所,1933 年,第 87 页。
③ 《中华图书馆协会募集基金五十万》,《天津市市立通俗图书馆月刊》1934 年第 4、5、6 合期。

100元者为永久会员。赞助会员及永久会员不再按年缴纳会费,赞助会员及捐款逾百元者,于中华图书馆协会有独立建筑时,得以铜牌镌其大名悬之壁间作永久纪念。所有捐款除分函致谢外,还随时将捐助者姓名及捐款数目登载于《中华图书馆协会会报》《大公报》。同时还附有募集基金委员会委员70人之名单,基金保管委员会委员为戴志骞、刘国钧、洪有丰、周诒春、王文山5人,戴志骞为主席。① 中华图书馆协会将所印募捐册(有编号)分寄各募集基金委员会委员,请代为募集基金。1934年3月出版之《厦门图书馆声》在"中外图书馆消息"栏中曾记载:"本馆余馆长亦被举为募捐委员之一,日前曾寄到募捐册及收单各五本云。"②

此后发行之《中华图书馆协会会报》曾多期刊登《中华图书馆协会募集基金启》进行宣传。自1934—1936年,《中华图书馆协会会报》刊载所有捐赠人名单和捐款数目,收据票号也详列于上。经统计,收据1—288号所有捐款共有20笔,共959.60元,经募人共有20人,所有捐款达288人次(一人可能多次捐款)。

中华图书馆协会收据乙1—288号个人捐款纪录③

序号	经募人	金额(元)	收据	刊登出处	出刊日期
1	沈祖荣	86	乙1—27(后补收据)	9卷5期	1934年4月
2	陈子彝	100	乙28—56	9卷6期	1934年6月
3	钱亚新	51	乙57—66	9卷6期	1934年6月
4	沈祖荣	25	乙67—70	10卷2期	1934年10月

---

① 《中华图书馆协会募集基金启》,《中华图书馆协会会报》1934年第9卷第4期。
② 《中外图书馆消息:中华图书馆协会募集基金》,《厦门图书馆声》1934年第2卷第9期。
③ 本表数据来源为《中华图书馆协会会报》,具体见表中"刊登出处"与"出刊日期"项。

续表

序号	经募人	金额（元）	收据	刊登出处	出刊日期
5	桂质柏	33.50	乙71—93	10卷2期	1934年10月
6	柯璜、聂光甫	106.10	乙94—140	10卷2期	1934年10月
7	焦芳泽	74	乙141—168	10卷2期	1934年10月
8	黄星辉	28	乙169—185	10卷2期	1934年10月
9	顾斗南	57	乙186—221	10卷2期	1934年10月
10	皮高品	30	乙222—223	10卷2期	1934年10月
11	严文郁转请雷法章经募	100	乙224—233	10卷4期	1935年2月
12	严文郁	46	乙234—241	10卷4期	1935年2月
13	施廷镛	8	乙242—243	10卷4期	1935年2月
14	钱亚新	24	乙244—254	10卷4期	1935年2月
15	王古鲁	4	乙255	10卷5期	1935年4月
16	陈登元	2	乙256	10卷5期	1935年4月
17	王希尹	2	乙257	10卷5期	1935年4月
18	姚书诚	40	乙258—269	11卷2期	1935年10月
19	刘国钧、王文文	5	乙270	11卷3期	1935年12月
20	陈训慈	138	乙271—288	12卷2期	1936年10月
总计		959.60			

中华图书馆协会第九年度会务报告（1933年7月至1934年6月）显示，基金保管委员会收到现金287元。① 中华图书馆协会第十年度会务报告（1934年7月至1935年6月）显示，共收到基金

---

① 《中华图书馆协会第九年度报告》（1933年7月至1934年6月），《中华图书馆协会会报》1934年第10卷第1期。

1776.60元，其中机关永久会员4名400元，个人永久会员11名550元，普通捐款（收据1—257号）826.60元（该数据统计有误，实际金额应为776.60），由基金保管委员会存入上海中国银行。①

永久会员会费数目较大，一部分会员难以一次付清，中华图书馆协会于1935年5月间订立了《中华图书馆协会永久会员分期缴费办法》，规定个人永久会员和机关永久会员会费可分2次至10次于2个月至10个月间按月连续付清。②永久会员缴清会费受赠《中华图书馆协会会报》及《图书馆学季刊》全份，以前各期亦可照补（以现存者为限）。③

1936年，全国各学术团体有在南京建筑联合会所的计划，邀请中华图书馆协会加入。1937年初，根据工程预算，预留办公室2间，应摊建筑费1600元。为此，中华图书馆协会不得不以募捐办法筹集，除"请托热心图书馆及教育文化事业者广为劝募外，复在本年度会费之外增加建筑捐，机关会员至少五元，个人会员至少一元"④。1937年4月间开始募捐，截至6月底，共收到捐款1827.50元。⑤未料战事突起，建筑联合会所一事搁置。

1937年春，教育界同人鉴于团体繁多，而各不相谋，认为有联合组织的必要，于是由中国教育学会约集中华儿童教育社、中华

---

① 《中华图书馆协会第十年度会务报告》（1934年7月至1935年6月），《中华图书馆协会会报》1935年第10卷第6期。
② 《中华图书馆协会第十年度会务报告》（1934年7月至1935年6月），《中华图书馆协会会报》1935年第10卷第6期。
③ 《中华图书馆协会永久会员分期缴费办法》，《中华图书馆协会会报》1935年第10卷第4期。
④ 《本会消息：本会筹募会所建筑费》，《中华图书馆协会会报》1937年第12卷第5期。
⑤ 《本会消息：募捐建筑费志谢》，《中华图书馆协会会报》1937年第12卷第6期。

职业教育社、中国社会教育社、中国教育电影协会、中国卫生教育社、中华健康教育研究会各团体，联合组织办事处于南京，定名为"中国教育学术团体联合办事处"。① 全面抗战开始以后，办事处迁至重庆。1938 年 9 月，中华图书馆协会加入该团体，四届年会正以"会员迁散，交通不便，难于召集，为办事便利与集中意志起见，遂决定与各教育学术团体举行联合年会"②。这次年会收到中央党部、国立中央图书馆、国立北平图书馆、交通部图书馆、四川省立重庆大学图书馆、国立中央大学图书馆、武昌文华图书馆学专科学校、金陵大学图书馆捐款共国币 500 元。③

1938 年，中华图书馆协会在香港设立办事处，接收国外赠书，因国币跌落，维持会务困难，国立北平图书馆自 1939 年 8 月起按月补助美金 100 元，专作会中职员薪水、书箱运费及编印目录各项费用。④

1942 年，中华图书馆协会第五届年会收到国立中央图书馆捐 400 元、文华图书馆专科学校 100 元，以及沈祖荣、蒋一前、陈训慈、汪长炳等 13 人捐款共 80 元。⑤ 1943 年，协会除教育部和社会部补助外，还收到北平图书馆和中央图书馆各 2000 元、中央大学

---

① 《会务报告：中国教育学术团体联合办事处成立及发展概略》，《建国教育》1938 年第 1 期。
② 《本会消息：本会第四次年会筹备及经过报告》，《中华图书馆协会会报》1939 年第 13 卷第 4 期。
③ 《本会消息：本会第四次年会临时费收支清册》，《中华图书馆协会会报》1939 年第 13 卷第 4 期。
④ 《本会消息：北平图书馆补助本会经费》，《中华图书馆协会会报》1939 年 14 卷第 2、3 合期。
⑤ 《会务：捐款》，《中华图书馆协会会报》1942 年第 16 卷第 5、6 合期。

图书馆①1000元、文华图专500元、胡英捐助2000元、罗家鹤捐助120元、欧阳祖经经募189.51元。②1944年收到国立西北图书馆捐款2000元,云南大学1000元,西南联合大学、复旦大学各500元,华西协合大学、金陵大学各300元,武汉大学200元。③同年,国际学术文化资料供应委员会开会决定补助中华图书馆协会国币5万元,指定专作调查国内图书馆的损失及各馆的概况。④

中华图书馆协会所有捐款统计⑤

时间(年)	事由	捐款机构	捐款金额	捐款个人	捐款金额
1925	协会成立	松坡图书馆	100	梁启超	50
				袁同礼	50
				颜惠庆	50
				范源廉	50
				胡适	50
	图书馆学暑期学校开班	清华学校	200		

---

① 该刊前后表述不一致,此前说是中央大学捐款1000元,在财务收支报表中又列为中央大学图书馆。暂且按宋建成《中华图书馆协会》一书所列,视作中央大学图书馆捐款。
② 《中华图书馆协会三十二年度工作报告》,《中华图书馆协会会报》1943年第18卷第2期。
③ 《本会消息:续收捐款》,《中华图书馆协会会报》1944年第18卷第3期。
④ 《本会消息:国际学术资料供应会捐助本会》,《中华图书馆协会会报》1944年第18卷第3期。
⑤ 本表数据来源为《中华图书馆协会会报》,具体出处见表前文字说明。

续表

时间(年)	事由	捐款机构	捐款金额	捐款个人	捐款金额
1929	第一届年会	江苏省政府	200		
		中央大学	100		
		北平大学	100		
		清华大学	50		
		燕京大学	50		
	参加国际图联第一次大会	中央大学	100		
		东北大学	100		
		清华大学	50		
1933	第二届年会	北海图书馆	100		
		中国国民党中央执行委员会	500		
		中华教育文化基金董事会	100		
		实业部地质调查所	30		
		国立北平师范大学	50		
		行政院驻平政务整理委员会	100		
		北京大学图书馆	50		
		燕京大学	50		
		北平市政府	100		
		中法大学	50		
		北平故宫博物院	50		
		北平社会调查所	25		
		中国文化经济协会	20		
		国立北平研究院	25		
		静生生物调查所	25		

续表

时间（年）	事由	捐款机构	捐款金额	捐款个人	捐款金额
1933	第二届年会	私立北平协和医学院	50		
		西北科学考察团理事会	20		
		河北省政府	100		
		历史博物馆	20		
		国立北平大学	50		
		国立北平图书馆	50		
		古物陈列所	20		
		营造学社	20		
		中国大辞典编纂处	25		
1938	第四届年会	中央党部	100		
		国立中央图书馆	100		
		国立北平图书馆	100		
		交通部图书馆	50		
		四川省立重庆大学图书馆	50		
		国立中央大学图书馆	50		
		文华图书馆学专科学校	30		
		金陵大学图书馆	20		
1939	特别捐	国立西南联合大学图书馆第四次年会	5		
1942	第五届年会	国立中央图书馆	400	会员捐款	80
		文华图书馆学专科学校	100	蒋复璁经手捐款	580

续表

时间（年）	事由	捐款机构	捐款金额	捐款个人	捐款金额
1943[①]		国立北平图书馆	2000	胡英	2000
		国立中央图书馆	2000	罗家鹤	120
		国立中央大学图书馆	1000	欧阳祖经募建筑捐款	189.51
		文华图书馆学专科学校	500		
1944		国际学术文化资料供应委员会	50000		
		国立西北图书馆	2000		
		国立云南大学	1000		
		国立西南联大	500		
		国立复旦大学	500		
		华西协合大学	300		
		金陵大学图书馆	300		
		国立武汉大学	200	胡英	2000
	筹备招待美国图书馆学专家怀特来华	储汇局捐款	20000		
		农民银行捐款	20000		
		中央银行捐款	40000		
		交通银行捐款	20000		
		中国银行捐款	20000		
		中央信托局捐款	20000		
1945				胡英	10000
				莫余敏卿	1000
				万斯年	1000
				岳梓木	500

① 该年所收捐款为国币。

二、经费支出

图书馆协会的费用支出是根据经费收入量入为出的,不能"开源",就必须"节流"。一般来说,地方图书馆协会都设于某个规模和条件相对好的图书馆内,或是省立图书馆,或是大学图书馆,因此省下了会所的费用。此外,图书馆协会的职员一般都如《天津图书馆协会简章》中所标示的"各职员均名誉职",[①] 不取薪资,因而也省下了雇员的费用。不过,正因为依靠图书馆职员兼职办理图书馆协会,其时间、精力有限,使得图书馆协会的业务活动受到局限。中华图书馆协会因作为全国性图书馆协会,会员人数较多,会务较繁,故成立之初,经执行部议决,聘任前国立北京美术专门学校图书馆书记于震寰担任书记。[②] 事务所最初借用松坡图书馆,1927年3月迁至北平北海图书馆后,书记月薪由图书馆经费项下支付,会计及其他事务员亦由图书馆职员兼任,不取报酬,文具及纸墨等仍多由图书馆捐助应用。[③]

由于中华图书馆协会历次财务报告标准不尽一致,为统计比较之方便,将款项细目根据其属性统一划分为办公费、出版费、年会费、交流费和其他五类。其中,诸如办公费、薪津(薪给)、干事津贴、文具、邮费都归入办公费,纸张费、印刷费、出版费、装订费都归入出版费,年会费是举办年会的支出费用,交流费包括参加

[①] 《各市图书馆协会章程汇录:(二)天津图书馆协会》,《中华图书馆协会会报》1926年第1卷第5期。
[②] 《会务纪要:书记聘定》,《中华图书馆协会会报》1925年第1卷第1期。
[③] 中华图书馆协会执行委员会编纂:《中华图书馆协会第一次年会报告》,中华图书馆协会事务所,1929年,第19页。

国际图书馆会议费用、国际图书馆协会联合会会费、国际图书馆大会代表登记费、出席国际图书馆大会补助费、出席美国图书馆协会代表用费，支付联合年会会款，以及赠美国图书馆协会银碗、西北科学考察团捐助费、理事会聚餐费、招待费等。诸如购置费、杂费、汇费以及1935年调查全国图书馆印件费用、1930年和1931年监察委员会用费、1930年至1933年与文华图专联合招生费用都归入其他项。出版费是中华图书馆协会各项支出中占比最多，且年年不可缺少的支出。

中华图书馆协会费用支出表[①]

时间	办公费	出版费	年会费	交流费	其他
1925年4月—1927年5月	236.057	890.730			650.866
	13%	50%			37%
1927年6月—1928年6月	110.140	949.900		39.000	8.500
	10%	86%		3%	1%
1928年7月—1929年6月	374.63	1213.25	1755.10	2218.59	
	7%	22%	31%	40%	
1929年9月—1930年6月	372.12	1804.76			402.20
	17%	59%			24%
1930年7月—1931年6月	265.61	907.52			370.96
	17%	59%			24%
1931年7月—1932年6月	489.29	1760.19		42.50	135.27
	20%	72%		2%	6%
1932年7月—1933年6月	882.18	2676.03			274.09
	23%	70%			7%

① 本表数据来源为《中华图书馆协会会报》中各年度会计报告，但经过处理。

续表

时间	办公费	出版费	年会费	交流费	其他
1933年7月—1934年6月	1342.65	2859.85		81.28	54.22
	31%	66%		2%	1%
1934年7月—1935年6月	1506.32	1109.48		609.98	52.78
	46%	34%		18%	2%
1935年7月—1936年6月	1010.87	1841.50		176.36	100.71
	32%	59%		6%	3%
1939年7月—1940年12月	398.5	104			883.13
	29%	7%			64%
1941年1—12月	693.45	1200.5		88.30	6.80
	35%	60%		4%	1%
1942年1—12月	262.43	3500			94.1
	7%	91%			2%
1943年1—12月	5259	7426.46		1923	86
	36%	50%		13%	1%
1944年1—12月	13527	24465.82			9604.40
	29%	50%			20%
1947年3月—1948年5月	1262353	13324229.92		9358900	376486.25
	5%	55%		38%	2%

第六节　图书馆协会间的关系

一、中华图书馆协会与地方图书馆协会的关系

从中华图书馆协会成立的过程可知，它与北京图书馆协会和上海图书馆协会的筹划与组织，与开封图书馆协会通函全国各图书馆有直接关系。其他图书馆协会如南京图书馆协会、江苏图书馆协会、天津图书馆协会、济南图书馆协会都参加了1925年4月19日在北京召开的中华图书馆协会筹备会，开封图书馆协会参加的则是上海图书馆协会组织的全国图书馆协会筹备会。因此，它们都算是中华图书馆协会最早的发起机关。没有这些地方图书馆协会的发起、组织和参与，就不可能有中华图书馆协会的成立。

中华图书馆协会成立以后，并未对它与地方图书馆协会之间的关系做过专门的界定。不过，《中华图书馆协会会报》最初几期刊登的"启事"中曾称："本会前由各省区图书馆及教育界同人共同发起，所有发起人，均当然为基本会员。"[1] 因而参与中华图书馆协会发起的地方图书馆协会自然也成为中华图书馆协会的基本会员，但没有提及其他地方图书馆协会如何参与到中华图书馆协会当中。

---

[1]《本会启事二》，《中华图书馆协会会报》1925年第1卷第1期。

《中华图书馆协会组织大纲》中机关会员仅包括"图书馆",因此,如果地方图书馆协会想加入中华图书馆协会,只可能是其会员以个人会员的身份申请加入中华图书馆协会。

不过,《中华图书馆协会会报》作为中华图书馆协会的机关刊物,是将自身定位为"全国图书馆事业之通讯机关"的,常在该刊以"启事"的形式,请凡有各图书馆或各地图书馆协会之消息与执行部接洽。1926年3月出版的《中华图书馆协会会报》中还刊登《各市图书馆协会章程汇录》,收录了已成立的北京图书馆协会、天津图书馆协会、济南图书馆协会、开封图书馆协会、南京图书馆协会、苏州图书馆协会、上海图书馆协会、江苏图书馆协会、浙江省会图书馆协会、广州图书馆协会共10个地方图书馆协会的章程,唯缺南阳图书馆协会章程。该刊还经常刊发各地图书馆协会消息,一定程度上承担着全国图书馆界"枢纽"的职责,《中华图书馆协会会报》中对中华图书馆协会和地方图书馆协会消息的披露在一定程度上发挥着促进和鼓励各地成立图书馆协会的作用。

1929年1月,中华图书馆协会举办第一届年会时,李小缘提出"各地方图书馆协会应向中华图书馆协会立案",其理由就是:"(一)中华图书馆协会为全国图书馆事业之中心,可避免重复或冲突之病;(二)中华图书馆协会负有指导并促进全国各地图书馆事业之责;(三)中华图书馆协会当以各地方协会为基础,故各地方图书馆协会应向中华图书馆协会立案。"① 这一思想反映在《组织大

---

① 中华图书馆协会执行委员会编纂:《中华图书馆协会第一次年会报告》,中华图书馆协会事务所,1929年,第30页。

纲》的修正上，规定"各地图书馆协会为当然机关会员"，① 这意味着中华图书馆协会正式确立了全国性图书馆协会与地方图书馆协会的纵向隶属关系，正式将地方图书馆协会纳入中华图书馆协会会员体系当中，使中华图书馆协会的领导地位在象征意义上多了一层现实意义。而那些并不属于中华图书馆协会发起人的地方图书馆协会终于可以以机关会员的身份加入中华图书馆协会。

虽然地方图书馆协会是中华图书馆协会的会员，但它们之间并不是上下级关系，不存在管理和约束机制，正如各图书馆虽作为中华图书馆协会的机关会员，但中华图书馆协会并不能以指令的方式去"指挥"各图书馆的行动，即使中华图书馆协会年会中议决案中有涉及各图书馆的，也只能去函告知，最终的决策权仍在各图书馆自身。因此，中华图书馆协会更多的还是作为"信息中枢"，起到统筹协调和示范指导的作用。中华图书馆协会第一届年会的召开就带动了太原、福建、瑞安等一批地方图书馆协会的成立。1930年，《中华图书馆协会第五年度报告》（1929年7月至1930年6月）中提到，中华图书馆协会该年度曾致函各地方图书馆协会，调查其会章及会员，并索取其会议纪录以供参考，得复者有苏州、广州、北平、南京各处。② 1932年暑期，中华图书馆协会执行委员会委托毛坤借回乡之机调查四川省图书馆现状时，即提出促进当地成立省市县图书馆协会并与中华图书馆协会建立联络。安徽图书馆协会在1932年9月12日第二届年会议决"呈请中华图书馆协会通令全国

---

① 《中华图书馆协会组织大纲》（第一届年会会务会议修正），《中华图书馆协会会报》1929年第4卷第4期。
② 《中华图书馆协会第五年度报告》（1929年7月至1930年6月），《中华图书馆协会会报》1930年第6卷第1期。

图书馆速组省协会案"。《呈请中华图书馆协会函促各省组织图书馆协会建议书》中说道:"钧会声闻远播,领导有方,全国图书馆界莫不奉为迷途之明灯,事业之枢纽,裨益文化,实非浅鲜。"①《江西图书馆协会成立宣言》中亦言中华图书馆协会为"推进事业之枢纽"。② 1932年10月间,中华图书馆协会接安徽图书馆协会函后,当即通函尚未成立协会之省市立图书馆从速组织,其已成立者从速将进行状况具报。③ 1933年,中华图书馆协会受教育部委托代为编辑《教育年鉴》中各省市县图书馆协会沿革概况部分,除按照旧存案卷中各协会呈报概况着手编辑外,又函知各协会再为补报最近概况。④ 1944年5月5日,第六届年会第一次会议经修正后通过"促进各地方图书馆协会之设立或恢复,以加强联系促进事业案",办法就是由中华图书馆协会分函各地图书馆,"凡已成立地方图书馆协会而限于停顿者,促其恢复,未成立者请其早日成立"⑤。

虽然中华图书馆协会的"枢纽"地位得到各地方图书馆协会的认可,但它与各地方图书馆协会之间还不是总会与分会的关系。四川图书馆协会成立时原定名"中华图书馆协会四川省分会",中华图书馆协会认为"与本会组织不符",⑥ 于是发快函请其"按照各地

---

① 《呈请中华图书馆协会函促各省组织图书馆协会建议书》,《学风》1932年第2卷第8期。
② 《图书馆界:江西图书馆协会开成立大会》,《中华图书馆协会会报》1932年第8卷第3期。
③ 《图书馆界:函各省组织图书馆协会》,《中华图书馆协会会报》1932年第8卷第3期。
④ 《教育部委编教育年鉴中各地方图书馆协会概况》,《中华图书馆协会会报》1933年第8卷第5期。
⑤ 《中华图书馆协会第六次年会第一次会议纪录》,《中华图书馆协会会报》1944年第18卷第4期。
⑥ 《图书馆界:四川图书馆协会成立》,《中华图书馆协会会报》1934年第9卷第5期。

方图书馆协会之例"，① 改名为"四川图书馆协会"。1936年，厦门图书馆馆长余超（少文）在参加中华图书馆协会第三届年会前，于《厦门图书馆声》发表《对中华图书馆协会第三次年会的希望》，其中提到中华图书馆协会是"全国图书馆界联合研究的总机关"，并对年会提出两点希望，第二点即希望中华图书馆协会与各地方协会有联络团结的精神，提出"必以本会任总会之责，促进各省至少成立一个分会，各果成立支会，如身之使臂，臂之使指，脉络相同，精神团结，则全国图书馆事业方有蒸蒸日上之望"②。虽然总分会之设的确能加强各图书馆协会之间的联系，有利于全国图书馆事业的协调发展，但总分会结构实施起来有现实困难。

首先，在中华图书馆协会成立之前有不少地方图书馆协会已经成立并且在政府备案了，如果改称分会，势必在手续上更加麻烦，也未必能得到政府的批准。其次，总会对分会的管控力更强，同时承担的责任也更大，在人员上、资金上、业务上都需要提供支持，而这是中华图书馆协会难以办到的。再次，地方图书馆协会主要是该地方各图书馆间的组织，有非常明显的地域性，且维护的是该地图书馆界的利益，这种地域保护心态很难打破，外力介入反倒容易引起矛盾。例如，20世纪30年代初，原服务于清华学校图书馆的孔敏中因工作变动，来到南方，加入上海图书馆协会，1930年在上海图书馆协会第六届年会上被选举为执行委员之一。1932年12月31日，《申报》报道杜定友在第七届年会后坚辞执行委员一职。③

---

① 《图书馆界：四川图书馆协会职员就职》，《中华图书馆协会会报》1934年第9卷第6期。
② 余少文：《对中华图书馆协会第三次年会的希望》，《厦门图书馆声》1936年第3卷第10、11、12合期。
③ 《杜定友坚辞图书馆协会执委》，《申报》1932年12月31日第14版。

次日《申报》又发文，报道了孔敏中对于此事的谈话，称："此次开会由我召集，盖当我从北方回南之后，已久不从事图书馆事业，协会邀我加入，因觉上海系全国文化中心，而现代的图书馆事业在上海有促进之必要，乃向各方接洽开此年会，并于十二月二十二日假座交大图书馆开执监委员会议，我与黄维廉、马崇淦委员等均准时到会，议决案件甚多，不料交大当局及缺席委员误会，致杜先生有辞职之举，全体委员均未同意，且误会者现已不误会矣，故杜先生之辞职，当予坚决挽留，并使此清洁之学术界不沾污泥，不夭殇，等到肥料加足，开朵鲜花，大家看看香香，有何不可云云。"①最终以孔敏中的离开了结。

地方图书馆协会作为中华图书馆协会的会员，介绍会员加入中华图书馆协会、向中华图书馆协会汇报该协会及该地区图书馆事业的发展状况、为中华图书馆协会年会召开而准备提案和论文等对于中华图书馆协会的发展都起到了十分重要的作用。中华图书馆协会举办年会、出版刊物，不仅为地方图书馆协会提供了发表观点和意见的平台，也为地方图书馆协会提供了全国图书馆学研究方面的进展和国内外图书馆界信息，还为地方图书馆协会如何开展工作起到了良好的示范作用。

二、地方图书馆协会之间的关系

不同地区图书馆协会之间基本上是平行关系，但一省之内不同图书馆协会存在两类关系，一类是继承，另一类是联合。一般来

---

① 《图书馆协会挽留杜定友》，《申报》1933 年 1 月 1 日第 22 版。

说，地方图书馆协会的会务在很多情况下会因领导人的离开无形停顿数年，后来又因热心人士重新建立图书馆协会，便出现了先后继承的关系。比如，山东图书馆协会就是继承了济南图书馆协会，广东省图书馆协会的前身是广州图书馆协会，浙江第二学区图书馆协会继承的是杭州图书馆协会。联合的情况比较少见，仅见于浙江省。由于浙江省同一时期活跃的图书馆协会有浙江第一学区图书馆协会、浙江第二学区图书馆协会和瑞安图书馆协会，为了实现整个省份范围的图书馆事业联合，于是成立了浙江省图书馆协会，以上几个图书馆协会也就成为浙江省图书馆协会的团体会员。建立起全国图书馆协会、省级图书馆协会和县市级图书馆协会的分级体系自然是比较理想的状态，但由于民国时期不同地区图书馆事业发展状况差异较大，图书馆协会尚未普及，难以达到这一理想境界。各图书馆协会之间的联络并不频繁，1925年，上海图书馆协会《图书馆》创刊，刊首即为浙江省会图书馆协会之颂词。

图书馆协会在组织和经营上既充分体现了民国时期教育学术团体的共性特征，又具有其自身的特点，而且不同性质和区域的图书馆协会在组织和经营上也存在共性与个性特征。

首先，所有教育学术团体的共性特征体现在组织制度、运行机制、经费来源、会员结构上。任何社会团体在建立时和发展过程中都会参照同时期其他社会团体的运营模式，尤其是在社会团体发展异常繁荣的民国时期，很多图书馆协会会员同时还是其他社会团体的成员，而且各社会团体间的交流也比较频繁，这使得各社会团体在组织模式上呈现趋同性。总的来说，社会团体在组织制度层面，早期权利集中于少数领导者，后期更加强调民主和权利监督，以执监委员制和理监事制为主。各社会团体的主要经费来源都是会费、政府补助和社会捐赠三大类。在会员结构上，图书馆协会基本上都设团体会员、个人会员两大类，其他还有名誉会员、赞助会员、特别会员、永久会员等设置，这些也都是民国时期其他各社会团体所普遍采用的会员模式。

其次，图书馆协会的独特性主要体现在社团宗旨上。大多数图书馆协会的宗旨与中华图书馆协会的宗旨完全相同，即"以研究图书馆学术，发展图书馆事业，并谋图书馆之协助为宗旨"，即使有不完全相同者，也必然包含这三项中的一至两项，"图书馆"无一例外都包含在宗旨当中，这便是图书馆协会与其他任何协会的区别所在。图书馆协会不同于一般纯粹的学术团体，因为在研究图书馆学术之外还有发展图书馆事业的使命，而且图书馆事业才是终极目标，研究图书馆学术是为了解决图书馆发展中存在的问题，为发展图书馆事业而服务。

最后，图书馆协会的组织和运营虽然基本不离当时社会团体通行的模式，但具体来说，还存在一定的特殊性，这种特殊性由图书馆的特点所决定。第一，图书馆并非营利机构，而是公共文化机构。第二，图书馆的经费在民国时期十分短缺，仅少数规模较大的国立及省立图书馆、大学图书馆的状况略好。在这种情况下，图书馆协会的会费标准设定便较低，即便如此，会费收缴还不及半数。因此，图书馆协会对政府补助和社会捐赠的依赖性极强。由于图书馆协会的会员绝大多数为图书馆从业人员，图书馆经费的短缺，使得他们本身收入较低，其工作环境也使得他们与高收入人群的交集较少，难以争取到社会捐赠。不过即便如此，不少图书馆协会会员还是积极捐款，虽然可能只是"杯水车薪"，但也体现了图书馆协会会员的责任感。此外，由于图书馆是公共文化机构，对国家教育和文化发展关系重大，相较于其他社团在一定程度上是相对容易争取到政府资助的。然而，图书馆协会争取到的补助几乎都是针对全国性图书馆协会的。民国时期，虽然涌现了众多社会团体，但其中有不少只短暂存在便消亡了，真正能坚持20年以上的社会团体并不多，中华图书馆协会自1925年成立时起，仅在1937年短暂停顿一年，一直到中华人民共和国成立以前业务活动都没有中断，而且中华图书馆协会的会员规模在全面抗战开始前一直稳步攀升，最多时已接近千人，抗战胜利后经过恢复也有700余人。总的来说，中华图书馆协会的运营称得上是相当成功的。地方图书馆协会直接隶属于地方教育行政体系，只能向地方财政申请补助，一般情况下补助金额较少，而且地方财政直接与当地的经济发展水平相关，因此发展较好的图书馆协会都集中在江苏、浙江、广东、福建等沿海一带。地方图书馆协会会员人数最多者为北京图书馆协会，超过200人，绝大多数图书馆协会会员为几十人不等。第三，各地方图书馆协会都是中华图书馆协会的团体会员，以中华图书馆协会为中心，各图书馆协会之间直接联络较少，大部分通过中华图书馆协会这一"枢纽"实现信息的沟通和交流。不同图书馆协会发展很不均衡，这不仅与城市的政治、经济、教育状况有关，还与当地图书馆事业和图书馆人才的集中度有关，更与图书馆和协会的领导人有密不可分的关系。北京、上海是所有地方图书馆协会发展的模范，其次就是江苏、浙江、福建、广东等省的图书馆协会，大多数图书馆协会在成立后活动较少，甚至很快停顿。第四，图书馆协会的职员当中，中华图书馆协会、北京图书馆协会职员在国外及文华图书科（或文华图专）学习图书馆学者的比例很高，其他地方图书馆协会则较少，这与图书馆专门人才倾向于在图书馆事业较为发达地区谋职有关。

第四章

民国图书馆学学术团体的主要活动

图书馆专业团体的活动形式与其他社会团体,尤其是性质类似的教育或科技类学术团体并无二致。社会团体本身是由人组成的集体,目的就是要集思广益、群策群力。社会团体主要是通过严格的选举制度和会议制度规范沟通和交流机制,任何举措都须以提案的方式在会议上提出,再经由协商、讨论、决策的环节,形成议决案并执行。因此,图书馆专业团体所有活动都源自于各类会议的决定。

民国时期,社会团体最基本的活动类型主要有召开年会和编辑出版两大类。召开年会是面对面的一种交流,而编辑出版是书面交流。同时,除了实现社会团体内部交流的目的之外,社会团体的发展还要求做好社会团体在社会上的宣传工作,以期引起社会的关注和重视,以便于更好地吸纳社会资源和开展工作。社会团体的内部交流和外部宣传主要是借助上述两类活动实现的,当然还可以通过举办展览活动起到社会宣传的作用。除此之外,开展调查事业、学术讲演和国际交流也是民国时期教育学术团体的主要活动类型。调查是研究学术和推进事业发展的前期工作，早在清末民初，江苏省教育会就已经开始注重对本国教育状况的调查及国外教育状况的考察，这一传统一直延续至中华教育改进社。学术讲演的目的则是营造社会团体的学术研究氛围，并形成一定的社会影响。开展国际交流是宣传中国和学习国外先进经验的重要途径，随着中国海外留学生陆续回国，很多学术团体有留学生加入，他们的语言优势及国外学习经历所建立起的国际关系使得所加入的学术团体在国际交流方面十分活跃。这些社会团体通用的活动类型也是图书馆专业团体的主要活动类型，不过图书馆专业团体还有一项比较特殊的活动，就是图书馆专业教育，这并不是其他社会团体所常见的活动类型。由于现代意义的图书馆学是一门很新的学问，未被纳入常规的教育体系当中，因而推动图书馆专业教育体系的建立便成为图书馆专业团体的一项重要活动形式。

第一节　召开年会

年会，顾名思义，一般每年召开一次，是最重大的一次全体会员的集会，会议日程中会务会议一般包括汇报工作进展、修改章程、选举职员，以及会务相关议案的议决；分组会议（地方图书馆协会议案较少则不作会务会议和分组会议的区分）则根据议案所涉及的领域分别进行讨论,其中既包含图书馆学术方面的研讨,也包括图书馆事业方面的提案。为促进图书馆学术的发展,图书馆协会在经费和其他条件许可的情况下还会在年会日程中安排学术讲演,中华图书馆协会年会则还有提交论文、宣读论文,以及发表论文的活动。事实上,图书馆协会的各项活动,如调查、研究、出版、国际交流、人才培训等,包括年会的具体安排本身都是在图书馆协会的年会或其他会议中提出讨论并经议决后,组织相关人员落实、推进的。不同图书馆协会章程对图书馆协会召开年会有不同的规定,有些是由会长召集,有些是由上一届年会决定,有些规定了召开的大致时间。但是,实际情况往往有变数,绝大多数图书馆协会并不是严格按照章程之规定召开年会的,而是在协会的常规会议(职员会)上提出讨论,然后确定具体的时间、地点和筹备人员。不同图书馆协会由于自身经费和所掌握资源的不同,年会的目的、活动也会有所不同。由于地方图书馆协会和中华图书馆协会性质、规模、经费等情况的不同,年会的举办情况有较大差异。

一、地方图书馆协会的年会

对于会费收入有限,又难以争取到政府补助的地方图书馆协会来说,年会最主要的目的就是汇报会务进展情况、改选职员和讨论议案(包括修改章程),参会人员通常较少,省市级图书馆协会有几十人,县级图书馆协会则只有十几人或更少。例如,1932年6月6日,浙江第二学区图书馆协会在崇德县立民众教育馆召开第五次大会,出席者仅有7个图书馆(含民教馆)的代表7人,浙江省立图书馆代表许振东列席。主席报告后,由省立图书馆代表报告关于流通图书馆事项 12 则，并将各项簿记、章则、用具制成表格，悬诸壁间，以供各馆参考。随后讨论议案 13 项，并改选职员。① 1932 年，无锡图书馆协会举行第二次大会，出席者有张天化、范放、王绍曾、徐旭、商子椿、陈报可、邹邦俊、陆云翥、朱惠远（代严钦允）、蒋侣兴、荣子俊、胡耐秋、濮秉钧、沈子英、童锡恩、华萼（晋吉）16 人，主席陈献可，纪录范放。首由主席及研究股、交际股报告，次讨论议案 13 项（包括修改会章），最后改选职员。② 1934 年 4 月 15 日，无锡图书馆协会在蠡园召开第三次年会，出席团体会员有省立教育学院、无锡县图书馆及省锡师、国专、辅仁、匡村、积余、县一、六公、村前、学术研究会等图书馆，个人会员到者有华晋吉、缪海岳等 15 人，主席陈献可，记录王绍曾，首通过重要议案 10 件，次改选执行委员，并确定下次开会地点和时间。③ 1934 年 7 月 23 日，太原图书馆协会开会员大会，到会各图书馆代表 30 余人，④ 主要活动是讨论进行事项、修正简章和改选职员。实际上，此类年会与图书馆协会的常规会议差别不大，只是会多出改选职员或修改章程的环节，无须特别募集年会经费，也不会带来经济上的压力，是地方图书馆协会年会的常态。不过，在条件许可的情况下，地方图书馆协会还是尽可能积极安排图书馆专家或教育文化界名人在年会上进行学术讲演，从而起到普及知识、提倡

---

① 《图书文化消息：第二学区图书馆协会举行第五次大会》，《浙江省立图书馆月刊》1932 年第 1 卷第 4 期。
② 《图书馆界：无锡图书馆协会第二次大会》，《中华图书馆协会会报》1933 年第 8 卷第 4 期。
③ 《图书馆界：无锡图书馆协会年会》，《中华图书馆协会会报》1934 年第 9 卷第 5 期。
④ 《图书馆界：太原图书馆协会重整会务》，《中华图书馆协会会报》1934 年第 10 卷第 2 期。

学术的附加功能。例如，1931年5月，无锡图书馆协会开第一届第一次大会，延请庄泽宣、杜定友各讲演一次。[①] 1932年10月间，浙江第一学区图书馆协会召开执监会，讨论二次大会筹备事项，请之江图书馆主任潘淦鎏君预为布置一切，决定于11月12日（原定6日，后改期）在之江开会，由省立图书馆发出通函。"复以海宁蒋复璁先生自欧研究考察图书馆归国，即请其出席演讲，是日上午九时杭市各图书馆及海宁、余杭图书馆代表及普通会员先后到之江者三十余人，在该院新建图书馆会议室举行开会。上午讨论，午后参观之江图书馆及各部，二时继续开会，旋即请蒋复璁均及民众教育实验学校校长尚仲衣君讲演。五时散会。"[②] 1933年10月8日至9日，浙江第一学区图书馆协会举行第四次大会。10月8日下午，洪有丰讲演《如何使图书馆成为社会中心》、沈学植讲演《公开阅览之前后》、陈训慈讲演《参与中华图书馆协会年会及考察平津图书馆之观感》。

20世纪30年代以后，社会团体同时由党部和行政机关主管，图书馆协会举办年会时便时有政府行政机关和党部代表出席。1932年9月12日，安徽图书馆协会召开第二届年会，到会者有"省政府、省党部、安徽省立图书馆、省立第一民众教育馆、安徽大学及各中学及个人会员凡三十余人"，[③] 省政府代表许凝生、省党部代表邓朴如曾在会上发表演说。

在所有地方图书馆协会中，上海图书馆协会年会举办较为规

[①] 《本会概况》，《无锡图书馆协会会报》1932年第1期。
[②] 《图书文化消息：第一学区图书馆协会二次常会》，《浙江省立图书馆月刊》1932年第1卷第9期。
[③] 《图书馆界：安徽图书馆协会第二届年会纪事》，《中华图书馆协会会报》1932年第8卷第3期。

律，自成立以后共举办 9 届年会，且每届年会召开，《申报》《新闻报》等媒体都有较多报道，尤其是《申报》，这与上海图书馆协会会员马崇淦为《申报》记者不无关系。同时，上海是民国时期的出版中心，加之商务印书馆、中华书局等都设有图书馆，且都是上海图书馆协会的机关会员，除马崇淦以外，上海图书馆协会的核心职员黄警顽任职商务印书馆，会长杜定友又极为注重社会宣传，因此上海图书馆协会与出版界关系十分密切。

1925 年 12 月，上海图书馆协会"为促进各界注意读书运动起见，拟开大规模之征求会员大会"。① 由于上海图书馆协会赋予年会更多目的，其活动安排也有所不同。1925 年 1 月 4 日下午假上海总商会召开第一届年会，据媒体报道，"是日到会者有千余人"②。年会召开前多次在《申报》等报纸进行预告。当日"会场门首有童子军维持秩序，入场口揭示教育界马叙伦、黄任之③、江亢虎、张君劢等允许赞助该会之函札，会场两旁贴有关于读书利益及提倡图书馆之格言，另有职员分送介绍阅览券、总商会月报、月份牌、图书馆协会章程等于来宾"。④ 除杜定友、孙心磐作会务报告，还邀请了江亢虎、方椒伯、郑宗道进行演讲，并穿插不少表演游艺节目：(1) 浦梦古之昆曲《新乐府》，由吴东初和之；(2) 俭德储蓄会诸君之管弦团，由梁志忠指导；(3) 东方艺专裘梦痕之钢琴独奏；(4) 周大雄之民歌独唱；(5) 吴金城女士之安南音乐；(6) 关良之梵哑铃（幻想与古典风舞蹈）；(7) 郑觐文之古琴；(8) 坤范女子

---

① 《上海图书馆协会之读书运动》，《申报》1924 年 12 月 12 日第 11 版。
② 《上海图书馆协会年会纪》，《新闻报》1925 年 1 月 25 日第 3 版。
③ 即黄炎培。
④ 《上海图书馆协会昨日开年会记》，《申报》1925 年 1 月 5 日第 10 版。

中学俞竹珍女士舞蹈。不过,从《图书馆年会之趣闻》①可知,游艺节目的加入虽颇吸引人气,弊端却在于喧宾夺主,不少来宾因游艺节目而对于演讲颇有不耐烦之意。

此后,历届年会主要活动为会务报告、改选职员,有时也安排专家讲演,参会人数一般在30—50人。1928年3月18日,上海图书馆协会开会员大会,请暨南大学国文系主任陈钟凡讲演故国目录学。②1937年,上海图书馆协会召开第九届年会,到会100余人,③规模仅次于第一届年会。1947年2月2日,上海图书馆协会举办复员谈话会,议决组织复员筹备委员会,负责办理复员及筹备第十届年会事宜。2月9日下午3时,筹委会假八仙桥青年会举行首次会议,到会委员有林斯德、周连宽、黄维廉等10余人,通过筹委会组织规则暨秘书处组织规则,筹委会地址设在福州路市立图书馆,登记设在八仙桥青年会。④不过,未见第十届年会正式召开的报道,是否召开亦不得而知。

关于北平图书馆协会年会的报道并不多,但由于成立历史最长、会员人数最多,故其年会的参会人员也较其他地方图书馆协会多。1945年12月2日,北平图书馆协会在经历了8年的会务停顿后,假国立北平图书馆召开复员后第一次会员大会。到会者百余人,所代表之图书馆有50余所之多。会上,中华图书馆协会理事长袁同礼报告后方及欧美图书馆事业状况。随后,由李钟履报告应办事项,议决各事:(1)会员登记,限1945年12月底前完竣;

---

① 将军:《图书馆协会之趣闻》,《新闻报》1925年1月7日第3版。
② 《上海图书馆协会昨开会员大会》,《申报》1928年3月19日第7版。
③ 《上海图书馆协会昨九届年会》,《申报》1937年3月22日第11版。
④ 《本市图书馆协会昨开筹备会议》,《新闻报》1947年2月10日第6版。

（2）会所借用南池子政治学会；（3）调查各馆损失；（4）恢复图书馆间互借办法；（5）通告书业公会转告各书商，凡持图书馆书籍求售者应拒绝收买，如能随时报告本会会员，当予以相当报酬；（6）函请市政府扩充市立图书馆，并在本市多设分馆，以供阅览；（7）函请教育局请嘱本市中小学增设图书馆，以宏教育。讨论完毕，推举国立北平图书馆、北京大学图书馆、清华大学图书馆、师范大学图书馆、燕京大学图书馆、中法大学图书馆、辅仁大学图书馆、市立图书馆、政治学会图书馆、故宫博物院图书馆、中国大学图书馆及松坡图书馆各派一人为临时会务负责推进人，候会员登记完毕，再正式改选理监事。[1]

民国时期，举办展览也是教育文化界的主要宣传手段。早在1924年中华教育改进社在南京召开第三届年会时就有与东南大学教育科合组全国教育展览会的先例。当时展览分30余组，图书馆教育组亦列其一。除改进社员无须买票外，"共售票一万一千余张"[2]。美国图书馆协会年会也通常与展览会安排在一起。

1925年，鲍士伟来华调查图书馆事业，在北京逗留10日，由北京图书馆协会及中华教育改进社担任招待。北京图书馆协会提前组织筹备图书展览会，于5月30日开幕，展出至6月2日。北京图书馆协会曾托北京大学售入场券，每券辅币2角，学生减半。[3]鲍士伟在京期间于5月30日参观历史博物馆及图书展览会。[4]

---

[1] 《北平图书馆协会召集会员大会》，《中华图书馆协会会报》1945年第19卷第4、5、6合期。
[2] 《全国教育展览会记》，《教育与人生》1924年第40期。
[3] 《图书部典书课启事》，《北京大学日刊（××号）》1925年5月28日第1版。
[4] 《鲍士伟博士由京抵晋》（刊误，实为由晋抵京），《新闻报》1925年5月28日第3版。

该展览会会场在中央公园内,展出品绝大多数来自京师图书馆。"场中所陈列之书,均只抽取一两本,共计约有二百余种之多。以朝代分之,宋刊本七十余种,金刊本两种,元刊本百余种,明刊本二十余种,尚有日本刊五种,钞本若干种","各种书本中,最引人注意者,莫如《永乐大典》及《四库全书》,两书均系朱丝格之写本,惜《永乐大典》现已不全,藏者仅有千余册","尚有敦煌石室佛像影本,则为胡石青所藏者。又有万历本路史一部,现归饮冰室,卷首有梁任公之题跋,遂亦为场中引人注目之件"。①

1925年底,上海图书馆协会经委员会议决于第二届年会时举办图书馆学展览会。1926年1月9日、10日借江苏省教育会三楼举办展览会,并售票小洋4角。②此次展览会的宗旨有四:"一、提出图书馆学术。二、鼓励学者之研究。三、谋图书馆管理及设备之改进。四、引起各界对于图书馆之兴趣。"③陈列物品有八大类:(1)关于图书馆学之书籍、杂志。(2)各图书馆之设备用品及表格。(3)各图书馆章程。(4)各图书馆之出版物。(5)各图书馆之印刷品及照片等。(6)各图书馆之装订品样本。(7)各图书馆收藏之孤本、古本、精本、抄本,以及其他罕有之书报杂志。(8)其他与图书馆有关之事务。④此次展览品的参展单位有上海民立中学图书馆、上海商科大学图书馆、上海总商会图书馆、中华书局图书馆、大夏大学图书馆、同济大学图书馆、交通部南洋大学图书馆、

---

① 《京师图书馆展览会纪》,《时报》1925年6月4日第1版。
② 《图书馆学展览会之内容》,《申报》1926年1月8日第7版。
③ 《上海图书馆协会图书馆学展览会组织大纲》,《浙江公立图书馆年报》1926年第11期。
④ 《上海图书馆协会图书馆学展览会组织大纲》,《浙江公立图书馆年报》1926年第11期。

徐家汇天主堂藏书楼、清心中学图书馆、敬业学校图书馆、圣约翰大学罗氏图书馆、上海千顷堂图书局、苏州图书馆、浙江公立图书馆、上海商务印书馆总务处交通科、上海法政大学、上海图书馆协会暨国民大学图书学系、沈仲俊家庭图书馆以及杜定友的个人藏品。① 场前及左右陈列各种书籍、报纸、图画、照片等，周围遍贴关于图书馆之格言，如"图书馆是万事之问津处"，"才分不同而求无不获者，其惟书乎"，"图书馆是思想之保存所，图书馆是学术之试验场，图书馆是工商制造厂"②等，是为引发社会各界对于图书馆的重视。展览品中不少图书馆章程、设备、用具、表式等主要是为了供图书馆从业人员互相观摩、取长补短之用。图书馆学书籍的陈列乃是为了彰显图书馆学作为一门专业的成就以及提倡图书馆学研究。当然，展览会亦不乏罕见之珍本秘籍，如热河行宫所藏古书、光绪帝御赐某亲王之图书、锡兰贝叶经、汉满蒙回藏五族文字画、汪精卫谋炸摄政王藏匿炸弹之图书、满文圣经、阮元手校《至顺镇江志》抄本、原版《职方外纪》等。

展览会举行后，上海图书馆协会接到南京图书馆协会暨图书馆专家刘国钧、洪有丰、李小缘等贺电多起。展览第二日，"到会者有唐少川、黄以霖及北京文化基金委员美人丁君等二百余人"，此次展览会"闻苏州、无锡、浙江等处图书馆馆员，亦多莅会参观，俾资参考云"。③

---

① 《展览品一览表》，《浙江公立图书馆年报》1926年第11期。
② 《图书馆学展览会昨日开幕》，《申报》1926年1月10日第10版。
③ 《图书馆学展览会之尾声》，《新闻报》1926年1月12日第4版。

二、中华图书馆协会的年会

中华图书馆协会作为中国图书馆界全国性组织，会员数量较多，且散居全国各地，年会的召开非一日可以完成，牵涉到经费筹措、嘉宾邀请、交通、食宿、会议及会后游览安排、讲演、议案、论文等诸多事务，召开年会工程浩大，所费人力、时间、资金颇多。虽然中华图书馆协会《组织大纲》规定每年开年会一次，但受时局等诸多因素影响，总共只举办了六届年会。

举办第一届年会的动议始于1928年10月21日晚，在袁同礼北平寓宅筵席上。①因国民党中央于10月3日通过并颁布《中国国民党训政纲领》，宣告"军政时期"结束，"训政时期"开始。中华图书馆协会执行部议决在南京举行第一届年会，"各地方图书馆协会亦纷纷要求"，②故协会函聘年会筹备委员26人，并推定戴志骞、刘国钧、李小缘、章警秋、柳诒徵为常务委员，戴志骞为筹备会主席，刘国钧为书记。期间共开筹备会4次，谈话会1次。由于中华图书馆协会没有基金，"年会经费俱仰中央及年会所在地各机关之补助"③。第一届年会主要仰仗戴志骞在南京向各方奔走募集，至11月底，尚无把握，乃电请袁同礼汇300元用于办事，复向教育部蒋梦麟，中央研究院蔡元培、杨杏佛磋商，结果由教育部转呈行政

---

① 中华图书馆协会执行委员会编纂：《中华图书馆协会第一次年会报告》，中华图书馆协会事务所，1929年，第23页。
② 中华图书馆协会执行委员会编纂：《中华图书馆协会第一次年会报告》，中华图书馆协会事务所，1929年，第235页。
③ 中华图书馆协会执行委员会编纂：《中华图书馆协会第二次年会报告》，中华图书馆协会事务所，1933年，第94页。

院拨助 1000 元，此外铁道部、外交部、内政部、卫生部及各大学均有捐款，① 方促成此次年会的召开。由于第一届年会在当时的首都（南京）举行，"中央各机关之所萃聚，故所募集补助费，为数较多"，② 总收 5432 元（含会费、杂费等收入），总开支 1625.30 元，③ 有不少结余。

1929 年 1 月 28 日至 2 月 1 日，中华图书馆协会在南京金陵大学举办第一届年会。开幕典礼出席会员及来宾共 200 余人，政府代表有内政部杜曜箕、工商部杨铎、外交部黄仲苏、卫生部余梦庄、教育部朱经农与陈剑翛、中央大学俞凤岐与巢仲觉、江苏省政府章警秋，此外还有德国图书馆协会代表莱斯米博士（Dr. G. Reismuller）。④ 蔡元培并允为大会主席，因前两日因事赴沪故未能出席开幕式，托杨杏佛为代。杨杏佛、陈剑翛、章警秋、陶行知及金陵大学校长陈景唐相继演说。当日晚，南京图书馆协会假金陵大学东楼设宴欢迎全体会员，刘国钧代表南京图书馆协会致辞，历述南京在图书上之历史，柳诒徵继续发言，以图书馆员之责任妙譬书僮。第四日午间，中央大学在大学体育馆开欢迎会，首由中央大学秘书刘海萍代表张君谋校长致欢迎词，杜定友代表会员答谢。年会主席蔡元培演说图书馆事业在学术界之重要及其功用。第五日下午，国民党中央执行委员会亦召开欢迎会，戴季陶代表中央执委会致欢迎

---

① 中华图书馆协会执行委员会编纂：《中华图书馆协会第一次年会报告》，中华图书馆协会事务所，1929 年，第 23 页。
② 中华图书馆协会执行委员会编纂：《中华图书馆协会第二次年会报告》，中华图书馆协会事务所，1933 年，第 94 页。
③ 中华图书馆协会执行委员会编纂：《中华图书馆协会第一次年会报告》，中华图书馆协会事务所，1929 年，第 236 页。
④ 《中华图书馆协会第一次年会纪事》，《中华图书馆协会会报》1929 年第 4 卷第 4 期。

词,次由胡展堂发言。戴志骞代表会员答谢。随后又赴教育部在安乐酒店之宴会。席间先由蒋梦麟部长致欢迎词,继由蔡元培代表会员致答,提及年会经费问题,得蒋部长之力,始得行政院资助。吴稚晖、李石曾,及教育次长马夷初均有演说。年会期间还安排参观金陵大学图书馆、中央大学图书馆、中国科学社图书馆、通俗图书馆、国学图书馆及金陵女子大学。

根据《中华图书馆协会第一次年会报告》所列《中华图书馆协会第一次年会出席人员一览表》之统计,到会会员有个人会员109人,机关会员70个。[1] 因部分个人会员同时亦为机关会员之代表,故实际参会会员人数为154人。[2]（关于参会会员人数,不同资料的记录有所差别：宋建成《中华图书馆协会》一书引用《国立中山大学图书馆周刊》1929年6卷第5、6期《中华图书馆协会年会提案总目》,显示个人会员113人,机关会员62个。蒋镜寰在《中华图书馆协会年会纪要》中称"此次年会到机关代表六十二,个人会员一百七十二"[3]。笔者认为《中华图书馆协会第一次年会报告》似更为准确,故以此为准。）据第一届年会执行部报告,当时会员总数431名,机关会员162名、个人会员269名。[4] 因此,参会机关会员占全体机关会员的43%,参会个人会员占全体个人会员的41%。

由于年会在南京举行,故参会人员之籍贯以江苏（61）占绝对

---

[1] 中华图书馆协会执行委员会编纂：《中华图书馆协会第一次年会报告》,中华图书馆协会事务所,1929年,第252页。
[2] 中华图书馆协会执行委员会编纂：《中华图书馆协会第一次年会报告》,中华图书馆协会事务所,1929年,第254页。
[3] 蒋镜寰：《中华图书馆协会年会纪要》,《江苏省立苏州图书馆馆刊》1929年第1期。
[4] 中华图书馆协会执行委员会编纂：《中华图书馆协会第一次年会报告》,中华图书馆协会事务所,1929年,第16页。

多数，其次是安徽（19）和浙江（14），其他省份参会人数均为个位数，参会人员籍贯覆盖15省。参会会员中服务大学图书馆者最多（43），其次是公共图书馆（14），再次为学术会社图书馆（13）和中学图书馆（12），其他还有服务于图书馆学校、通俗图书馆、国立图书馆、私立图书馆、流通图书馆、民众图书馆、农村图书馆、行营图书馆、党校图书馆、政府机关图书室等不同性质图书馆者，另有大学（师范学校、军校）教职员、教育行政机关人员、书业人员等与图书馆事业密切相关之领域者。

第一届年会分组讨论会设图书馆行政组、图书馆教育组、分类编目组、索引检字组、编纂组、建筑组6组。除分组讨论会，还安排会务会和演讲会。中华图书馆协会第一届年会共通过议决案108件，其中图书馆行政组63件、编纂组14件、图书馆教育组5件、建筑组4件、分类编目组3件、索引检字组3件、会务会议议案16件。共收到会员论文24篇，因时间关系仅部分论文在分组会议上宣读。

1929年1月28日晚开检字法讲演会，由杜定友担任主席，分别由张凤讲"面点线检字法"，瞿重福讲"瞿氏号码检字法"，毛坤讲钱亚新之"拼音著者号码检字法"，蒋家骧讲"蒋氏汉字序次法"，万国鼎讲"各家检字法述评"。29日晚又举行公开讲演，由戴志骞担任主席，德国莱斯米博士讲"德国图书馆发展史"，胡庆生讲"图书馆馆员应有之责任及其工作"，沈祖荣讲"文华图书科概况"，何日章讲"河南之图书馆与文物及政治"，宋青萍讲"上海通信图书馆概况"。30日晚在科学馆开交际会时，陈独醒有"经营浙江私立流通图书馆之经过及现状"，黎维岳有"介绍国语罗马字"，冯陈祖怡有"训政时期之图书馆工作"之报告与演说。31

日,中央大学开欢迎会,年会主席蔡元培演说"图书馆事业在学术界之重要及其功用",莱斯米博士报告"德国国际出版品交换局情形"。

1933年8月28日至9月1日,中华图书馆协会在北平清华大学举办第二届年会。袁同礼曾提及间隔四年方举行年会,因有三点困难:"一为经费不敷;二为时局不靖,事实上难于实现;三则第一次年会议案甚多,推行需时也。"① 此次年会无中央政府各部的大额拨款,而是从国民党中央执行委员会、北平市政府、河北省政府、中华教育文化基金董事会及北平数所大学和科研学术团体处募集捐助,共计1530元,② 经费远低于第一届年会,故"一切筹备用费,概从节约开支,而会员所享受之便利亦不逊于第一次年会"③,最终年会开支为1155.95元。④ 经执行委员会推定年会筹备委员30人,以袁同礼、王文山、田洪都、陈宗登、冯陈祖怡、赵廷范、李文裿为常务委员,开筹备会3次,谈话会1次,并于会前编印《中华图书馆协会第二次年会指南》分赠参会会员。

8月28日上午9时,中华图书馆协会第二届年会开幕典礼在清华大学礼堂举行,据称"各省市会员及来宾二百余人"⑤。可见开幕

---

① 中华图书馆协会执行委员会编纂:《中华图书馆协会第二次年会报告》,中华图书馆协会事务所,1933年,第9—10页。
② 中华图书馆协会执行委员会编纂:《中华图书馆协会第二次年会报告》,中华图书馆协会事务所,1933年,第100—101页。
③ 中华图书馆协会执行委员会编纂:《中华图书馆协会第二次年会报告》,中华图书馆协会事务所,1933年,第94页。
④ 中华图书馆协会执行委员会编纂:《中华图书馆协会第二次年会报告》,中华图书馆协会事务所,1933年,第101页。
⑤ 于震寰:《中华图书馆协会第二次年会纪事》,《中华图书馆协会会报》1933年第9卷第2期。

典礼之规模与第一届年会大体相同。大会推袁同礼主席，李文裿司仪。主席致开会辞后，驻平政务整理委员会赵尊岳（黄委员长代表）、北平市党务整理委员会庞镜塘、北平市市长袁良、清华大学校长梅贻琦、北京大学樊际昌（蒋梦麟校长代表）、中法大学李麟玉（李煜瀛先生代表）等相继致辞。由刘国钧代表全体会员答词。8月31日中午，北平图书馆协会设有欢迎宴会。晚间，北平22个机关共同举办欢迎茶会。北平市市长袁良致欢迎词，次由北京大学校长蒋梦麟致辞。第二届年会期间还安排参观清华大学、燕京大学、国立北平图书馆、故宫博物院及文渊阁、三大殿古物陈列所及历史博物馆，并游览颐和园、玉泉山、孔庙、国子监、雍和宫、天坛。

根据《中华图书馆协会第二次年会报告》所列《中华图书馆协会第二次年会出席人员一览表》统计，到会会员有个人会员75人（共91人，另有个人会员同时为机关会员代表者16人），机关会员代表46人（代表39个机关，内有一机关派代表二人者7个），实际到会会员114人。① 《中华图书馆协会第八年度报告》显示，截至1933年6月，中华图书馆协会有机关会员258个，个人会员452人。② 因此，即使使用第一届年会统计方法，按个人会员91人，机关会员46人计，此次参会机关会员只占全体机关会员的18%，参会个人会员占全体个人会员的20%，参会比例尚不及第一届年会的一半。可见，在会员数量大幅增加的同时，年会参会人员并没有同

---

① 中华图书馆协会执行委员会编纂：《中华图书馆协会第二次年会报告》，中华图书馆协会事务所，1933年，第111页。
② 《中华图书馆协会第八年度报告》(1932年7月至1933年6月)，《中华图书馆协会会报》1933年第9卷第1期。

比增加。究其原因主要还是交通和经费的缘故，仅能保证距离开会地点近的会员有相当数量参会，其他距离远的省份只能派出一二代表参加。从参会个人会员的籍贯来看，共涉及 17 省，以江苏（29）、河北（23）、浙江（12）三省为多，其余省份为个位数。综合两届年会参会人员情况，江浙籍会员都较多。第二届年会报告还统计了个人会员分布各省统计，北平的机关会员和个人会员最多，北平以外以江苏、河北、河南、湖北、浙江略多，其他如山东、陕西、江西、福建、安徽都只有一到两个代表。参会会员中仍然以服务大学图书馆者最多（41），其次是国立图书馆（22）、大学教职员（9）、省立图书馆（9）。第一届年会时就通过了郑婉锦提出的《图书馆应多用女职员案》，其办法为由中华图书馆协会通函各图书馆，请尽量聘用女职员。但从两次年会参会会员性别来看，女性都只有 11 人，分别占比 7％和 10％，可见，图书馆员中女性较少的现状虽略有改观，但在这三四年间变化仍然不大。

鉴于图书馆数量上"固已渐胜于前，而经费不定，故障丛生"，且"国家之根本在于农村"，[①] 第二届年会事先确定讨论问题"以图书馆经费及民众教育为中心"，[②] 故分组会议新设民众教育组和图书馆经费组，其他图书馆行政组、图书馆教育组、分类编目组、索引检字组都与第一届年会相同，而第一届年会之编纂组和建筑组则未继续设立。第二届年会共通过议决案 37 件，其中，图书馆行政组 13 件、分类编目组 4 件、经费组 4 件、图书馆教育组 5 件、民众教

---

① 中华图书馆协会执行委员会编纂：《中华图书馆协会第二次年会报告》，中华图书馆协会事务所，1933 年，第 1 页。
② 中华图书馆协会执行委员会编纂：《中华图书馆协会第二次年会报告》，中华图书馆协会事务所，1933 年，第 10 页。

育组6件、会务会议议案5件。

  1933年第二届年会同样每日安排讲演会一次。讲演者有杜定友"民众检字心理之研究"、俞庆棠"从欧游感想到图书馆之大众化"、陶湘"清代殿版书之研究"。分组会议中还有冯陈祖怡"介绍一个排架编目法"。原定宣读论文有杜定友《经济恐慌中图书馆之新趋势》、徐旭《民众阅读指导问题》、钱亚新《类分图书之要诀》、蒋一前《汉字检字法沿革史略》、于震寰《善本图书编目法》、张秀民《选印古书秘议》，因时间关系未完全宣读，批载于《图书馆学季刊》。

  1935年为中华图书馆协会成立十周年，多数会员主张举办大规模年会借资庆祝，并为联络国际图书馆事业，促进我国图书馆发展起见，敦请美国图书馆专家毕孝普及凯欧两人来华指导，后因时局不靖，两先生亦无来华确讯，遂致年会筹备无形停顿，于是拟改在1936年举行，至于具体时间和地点便由1936年新一届执行委员召集首次常会时决定，并推选筹备委员。① 1936年6月15日，在国立北平图书馆召开第三届年会筹备会议，袁同礼主席，袁仲灿记录，出席者有田洪都、严文郁、何日章，吴光清列席。主席报告称为筹备此次年会，曾赴青岛与市政当局及山东大学接洽，会址决定设在山东大学，日期定在7月20日至24日，与中国博物馆协会年会同时举行，过济南时，曾晤教育厅厅长何思源，谈及年会应开办一民众图书馆讲习会，俾该省同人就近听讲。会议议决出席年会会员须先注册，注册时除缴纳常年会费外，每人应缴纳年会会费5元，机关会员同样如此。在注册完毕后本会方能向铁道部领取乘车

---

① 《筹开年会》，《中华图书馆协会会报》1936年第11卷第5期。

证明书，持证明书者单程七五折，来回五折。同时，设立年会总委员会、论文、及招待委员会，并公推青岛市市长沈鸿烈为年会名誉会长，山东教育厅厅长何思源、青岛市教育局局长雷法章为名誉副会长，总委员会委员共37人。论文委员会委员长柳诒徵，委员有严文郁、陈训慈、李小缘、毛坤。招待委员会委员长雷法章，委员4人。此外，还确定了图书馆行政组、图书馆教育组、分类编目组、索引检字组、民众教育组职员名单。至于年会经费，议决向山东、青岛当地各机关进行募捐，并函请国内各庚款机构略予补助。会议议决于年会闭幕后，设民众图书馆讲习会，授课3星期，除推定陈训慈至各处视察民教状况，以调查所得作为参考外，关于其他课程内容，请沈祖荣、刘国钧、严文郁、吴光清、莫余敏卿5人组织一委员会，拟具体计划。非会员而愿意出席年会并听课者可临时加入成为会员，享会员待遇。会后的伙食费自备，另缴杂费及讲义费3元。①

1936年7月20日上午9时，在山东大学大礼堂举行开幕典礼，到会会员及来宾150余人，②主席叶恭绰、司仪李文裿。青岛市市长沈鸿烈、山东大学校长林济青、青岛教育局局长雷法章、胶济路委员长葛光庭相继致词，由马衡代表联合年会致答词。此外，尚有中央图书馆、中央博物院、成都国益图书馆及教育部陈礼江发来贺电。7月20日晚，青岛市市长设欢迎宴会。21日晚，山东大学宴全体会员。23日晚，全体会员公宴青岛市各长官。7月23、24两日安排参观游览青岛市区、海滨和崂山。

据上海中国国际图书馆代表唐鉴英所写《出席中华图书馆协会

---

① 《图书馆界：第三次年会之筹备》，《中华图书馆协会会报》1936年第11卷第6期。
② 李文裿：《写在第三届年会之后》，《中华图书馆协会会报》1936年第12卷第1期。

第三届年会报告》称,"中华图书馆协会共到各省市县区二十五单位,计一百三十一人"①。据《中华图书馆协会第十一年度报告》显示,截至 1936 年 6 月,中华图书馆协会有机关会员 288 个,个人会员 536 名。② 因此,参会之会员约占全体会员的 16%,略低于第二届年会之会员参会比例,这与会员总数的增加有关。

此次年会前一日举行临时执监委员联席会议,大会主席团推定由叶恭绰、袁同礼、马衡、沈兼士、沈祖荣、柳诒徵 6 人组成,提案审查委员会委员推定行政组(柳诒徵、田洪都、姚金绅、严文郁),分类编目索引组(何日章、皮高品、钱亚新、陈训慈),民众教育组(沈祖荣、毛坤、李文裿)三组,由各委员分开审查会。第三届年会因属联合年会,故开幕式、闭幕式、公开讲演和会后游览是联合举办。除联合讨论会外,其他讨论会时间中华图书馆协会议决议案关于一般者 5 件(其中 1 件移交会务会议)、关于人事者 3 件、关于经费者 3 件、关于购书者 7 件、关于图书馆教育者 5 件、关于民众教育者 6 件、关于推广事业者 10 件(其中 1 件此前年会提过)、其他议案 4 件、关于划一分类法 6 件、关于编印各种书目 7 件、关于目录排检及索引 2 件、教育部交议 7 件、会务会议议决 12 件(含临时提案 1 件,即改执行委员会为理事会、监察委员会为监事会)。③ 不知何故,年会结束后并未如期举办民众图书馆讲习会。7 月 20 日下午联合演讲会,青岛市市长沈鸿烈作"青岛市政各项建设"讲演。21 日上午讲演会,沈祖荣作"公立图书馆在行政及事

---

① 唐鑑英:《出席中华图书馆协会第三届年会报告》,《工读半月刊》1936 年第 1 卷第 10 期。
② 《中华图书馆协会第十一年度报告》(1935 年 7 月至 1936 年 6 月),《中华图书馆协会会报》1936 年第 11 卷第 6 期。
③ 李文裿:《写在第三届年会之后》,《中华图书馆协会会报》1936 年第 12 卷第 1 期。

业上应有之联络",陈训慈作"天一阁之过去与现在",侯鸿鉴作"漫游青甘宁之感想",皮高品作"关于分类之几点意见"讲演,当日联合讲演会,李石曾即席讲演"中西文化与国际图书之关系"。当日还有宣读论文的安排,且论文都将于《图书馆学季刊》发表。

1937年"七七事变"后,中华图书馆协会会务停顿一年之久,后虽复刊《中华图书馆协会会报》并继续推进会务,但已然是勉力进行的状态,以当时的社会状况、经济状况和图书馆协会的现状,再举办如前三次规模的年会显然是不可能的。由于召集会员不易,因此,中华图书馆协会最后三届年会(1938年、1942年、1944年)都是以会员身份出席中国教育学术团体联合办事处所举办的联合年会的同时,召开中华图书馆协会年会。

1938年11月27日联合年会开幕,联合年会最后一日(11月30日),即在闭幕式之前中华图书馆协会召开议案及图书馆技术讨论会,闭幕式后又开中华图书馆协会会务会、座谈会,当晚为中华图书馆协会会员联谊会。第四届年会出席会员63人,其中新会员约30人,代表图书馆20处、图书馆专科学校一处、地方图书馆协会一处。① 1942年2月8日、9日两日在重庆国立中央图书馆举办第二次联合年会和中华图书馆协会第五届年会,出席第五届年会的只有机关会员6个(国立中央图书馆、国立编译馆、国立北平图书馆、文华图书馆学专科学校、巴县私立图书馆、国防最高委员会图书馆)、个人会员33名(包括6家单位的代表)。② 从性别来看,有26名男性和7名女性。此时女性参会会员比重明显增加。从籍贯来

---

① 《本会第四次年会会务会纪录》,《中华图书馆协会会报》1939年第13卷第4期。
② 《本会第五次年会出席会员录》,《中华图书馆协会会报》1942年第16卷第5、6合期。原刊统计时记为34人,而实际上会员录只有33人。

看，湖北最多（8），其次是南京（5）、浙江（5）。1944 年 5 月 5 日，中国教育学术团体第三届联合年会在重庆国立中央图书馆举行，① 当日下午 1 时起至 6 时，中华图书馆协会在国立中央图书馆杂志阅览室举行第六届年会第一次会议，出席代表有 65 人。② 从参会人数来看，前三届年会实际参会会员分别为 154、114、131 人，而后三届年会分别是 63、33、65 人，不到此前参会人数之一半，不到全体会员人数的十分之一。

1945 年第四届联合年会举办前，中华图书馆协会接到通知后召开理监事会议，议决推全体理监事代表协会参加，并通知会员自由参加，中华图书馆协会不另举行年会。③ 1947 年，中国教育学术团体联合会第五届年会在南京召开，5 月 24 日留京（南京）理监事举行联席会议，议决参加该次联合年会。④ 后照联合年会筹备会之规定，推举蒋复璁、刘国钧、柳诒徵、李小缘、陈东原、顾斗南、于震寰、陈训慈、汪长炳、洪有丰、王文山为代表。该次年会全体大会通过提案 30 余件，其中建议政府增加地方图书馆经费一案，为中华图书馆协会代表所提。此次联合年会之后，中华图书馆协会在京（南京）理事主张不再继续参加该会，其理由是"联合会成立之初，主要目的之一在举行联合年会，俾各团体之会员均可出席参加，此种办法在交通不便之时，确为需要，惟本届年会，出席者仅

---

① 《五月五日本会举行第六次年会》，《中华图书馆协会会报》1944 年第 18 卷第 4 期。
② 《中华图书馆协会第六次年会第一次会议纪录》，《中华图书馆协会会报》1944 年第 18 卷第 4 期。
③ 《本会筹备参加教育学术团体联合年会》，《中华图书馆协会会报》1945 年第 19 卷第 1、2、3 合期。
④ 《留京理监事联席会议》，《中华图书馆协会会报》1948 年第 21 卷第 3、4 合期。

限于少数人，似与原意大有出入"①。可见，中华图书馆协会加入中国教育学术团体联合会的主要目的在于借其力量实现举办年会，如果每次联合年会中华图书馆协会仅有少数人参加，便无法借机聚集本会会员召开年会，因此加入联合会也就失去了意义。

举办年会对于中华图书馆协会和参会人员来说都需付出极大成本，正如余少文所言："查一、二次的年会开支每次皆在千金以上，各处远近会员，冒寒受暑，跋涉山川，其耗费金钱，当倍蓰年会诸费，虚掷宝贵光阴，尤难以价值计算。"②其所希望的正是尽可能更有效地发挥年会的作用，切实改进图书馆事业。第一届年会通过议案百余件，至第二届年会时仍有不少未能执行，故当时有不少会员提出继续执行第一届年会会议决案，指出"既议决而不实行，则开会讨论殊乏价值"③，"惟成案既在，似亦不宜久置，任其废弛。否则，恐影响下届各会，愈积累愈不易施行"④。余少文在第三届年会前也建议"择其言必可行者付议，俾免空耗时间，议必实现为率，以收会议效果"⑤。然而，对中华图书馆协会来说，落实每项议案的确存在不少困难。第一届年会时，董事报告即称"董事部自成立以

---

① 《参加中国教育学术团体联合会第五届年会》，《中华图书馆协会会报》1948年第21卷第3、4合期。
② 余少文：《对中华图书馆协会第三次年会的希望》，《厦门图书馆声》1936年第3卷第10、11、12合期。
③ 中华图书馆协会执行委员会编纂：《中华图书馆协会第二次年会报告》，中华图书馆协会事务所，1933年，第89页。
④ 中华图书馆协会执行委员会编纂：《中华图书馆协会第二次年会报告》，中华图书馆协会事务所，1933年，第88页。
⑤ 余少文：《对中华图书馆协会第三次年会的希望》，《厦门图书馆声》1936年第3卷第10、11、12合期。

来,以时局及种种关系,未能常开会议,致对于会中无若何之贡献"①。正如第二届年会会务会议上主席报告称,该会不能发展之原因有四:(一)会中经费过少;(二)会中无力聘请专员负责进行;(三)各会员多服务于各图书馆,难集中精力辅助协会,各执委分居各地,不易召集,委员会形同虚设;(四)出版刊物,因会员不能踊跃投稿,亦常有延期之事。②会上针对以上四个原因分别有多项议案,如规定事务所职员为专任职务、增加机关会员会费等,但要么议案撤销,要么酌办,实际上并没有很好地解决以上困难。不过,中华图书馆协会六届年会的召开不仅向政府、学术界和社会宣传了图书馆学和图书馆事业,更重要的是凝聚了图书馆界的各种力量,以议案、论文、讲演等形式表达日常研究和工作的心得,提出问题并集思广益,共同推进了图书馆学研究和图书馆事业的发展。

第二节 编辑出版

编辑出版是图书馆协会极为特别的一类活动,因为它是图书馆协会其他活动成果展现的一个平台,与其他活动存在交叉关系。例

---

① 中华图书馆协会执行委员会编纂:《中华图书馆协会第一次年会报告》,中华图书馆协会事务所,1929年,第15页。
② 中华图书馆协会执行委员会编纂:《中华图书馆协会第二次年会报告》,中华图书馆协会事务所,1933年,第87页。

如，图书馆协会年会及其他会议的议案、讲演及论文都会以文字的形式刊发于图书馆协会的刊物或以单行本的方式出版，图书馆协会的各类调查结果也以出版的方式发布。后代学者研究图书馆协会最主要和最直接的途径都是研究其出版物，因此，编辑出版活动实际上几乎囊括了图书馆协会的大部分活动。

图书馆协会重视编辑出版工作，有两大目的：其一是服务于图书馆协会会员，包括机关会员（图书馆、图书馆协会）和个人会员；其二是对图书馆协会和图书馆事业的宣传，使外界有机会了解图书馆协会的情形，从而普及图书馆学知识，引起社会的关注和对图书馆事业的支持。不过，编辑出版亦是一件耗资甚大的活动，对于本身经费就十分紧张的图书馆协会来说，往往心有余而力不足，因此开展编辑出版活动的图书馆协会并不多。中华图书馆协会的编辑出版工作最为突出，除中华图书馆协会外，创办过期刊或出版过图书的地方图书馆协会只有9个。这些图书馆协会基本上是会务发展较好、会员人数较多的图书馆协会，集中在北京、上海、广州等大城市，以及浙江、江苏、福建等经济、文化与图书馆事业较为发达的地区。

一、期刊

早期图书馆学理论主要刊载于教育类期刊，随着图书馆专业人才的增多，以及图书馆学在国内的普及，图书馆界人士亟须创办专门的图书馆学专业期刊。1924年7月，在中华教育改进社第三届年会上，裘开明提出的"刊行图书馆学季报案"经图书馆教育组议决通过。其理由有四："（一）近来国内研究图书馆教育者日见增加，关于斯学文字，颇多发表；惟散见于各种杂志之中，研究者欲作参考不易检阅。（二）本组于第一次年会时曾设有图书馆教育研究委员会，并规定将所研究结果刊印出版，有此季刊则不但可作图书馆教育研究委员会之言论机关，更能鼓励此种研究而促进吾国之图书馆事业。（三）吾国现今图书馆，究有若干，现状如何，及各地办理图书馆者之景况又若何；虽有少数私人及机关之调查，然无应时报告及记载，故各处图书馆管理员，颇感隔膜，不能互通声气；若有季报之刊行，则可作通讯之机关，得以彼此联络感情。（四）凡一种新创事业，欲求发达坚固，必借组织宣传之力。图书馆事业之在欧、美，及日本，所以能如此发达者，虽原因众多，大要不外此一途，故各国皆有图书馆协会及学报之行世，吾国图书馆事业虽已有组织（指中华教育改进社图书馆教育组而言）而宣传则无专刊，故急宜筹出版图书馆学季报。"[1] 当时议决办法中对其性质和内容有如下规定：（1）此时暂出季报，将来改为月刊；（2）凡关于图书馆学、目录学、印刷事业种种学理及实际问题，皆在本报讨论范围之内；（3）仿中国中英《社会学杂志》体例发刊，文字应用中英二种，中文门以作国人讨论研究之利器，英文门以联络国外图书馆，及图书馆专家为目的。当场选举编辑部职员：编辑主任沈祖荣、副主任戴志骞，经理主任洪有丰、副主任朱家治。同时决定自1925年1月起出版，以后每季出版一次。经费由广告费收入和组员认募组成，当场有19人认募。[2] 后来这一计划被搁置了。

---

[1] 《中华教育改进社第三届年会图书馆教育组纪闻》，《北京图书馆协会会刊》1924年第1期。

[2] 《中华教育改进社第三届年会图书馆教育组纪闻》，《北京图书馆协会会刊》1924年第1期。

不过，创办期刊的价值和意义因此深入人心。不少图书馆协会在创立之初的章程中就将编辑期刊纳入协会开展的事务之中，如上海图书馆协会，浙江第一、第二学区图书馆协会，浙江省图书馆协会，太原图书馆协会，安徽图书馆协会。福建图书馆协会和无锡图书馆协会则在执行委员会办事细则中提及此事。也有一些图书馆协会，虽然章程中并未明确列明要举办的事务，但也充分认识到了编辑会刊的重要意义。1924年8月，北京图书馆协会创刊《北京图书馆协会会刊》，这是由图书馆协会编辑发行的最早的刊物。

图书馆协会出版刊物一览[①]

协会名称	刊物名称	创刊、停刊时间	期数	每期页码
北京（平）图书馆协会	北京（平）图书馆协会会刊	1924年8月—1933年5月	5	75、42、116、69、139
上海图书馆协会	图书馆	1925年6月1日	1	113
上海图书馆协会	上海图书馆协会会报	1929年9月—1930年4月	7	8
中华图书馆协会	中华图书馆协会会报	1925年6月30日—1948年5月31日（1937年7月—1938年6月停刊）	1—20卷，每卷6期，21卷4期	14—78不等
中华图书馆协会	图书馆学季刊	1926年3月—1937年6月	11卷42期	142—328不等

[①] 本表数据线索来源于张敏《民国时期图书馆学期刊研究》（博士学位论文，苏州大学，2015年，第59页），笔者在全国报刊索引数据库中对以上数据一一查证，其中《广州图书馆协会会刊》数据库未收。伪满洲国图书馆协会《学丛》数据来源于来新夏等著《中国近代图书事业史》（上海人民出版社，2000年，第371—372页）。

续表

协会名称	刊物名称	创刊、停刊时间	期数	每期页码
广州图书馆协会	广州图书馆协会会刊	1929年4年14日—1930年6月15日	3	4
福建图书馆协会	福建图书馆协会会报	1930年9月	1	56
浙江第二学区图书馆协会	浙江第二学区图书馆协会季刊①	1931年4月1日—1934年1月	4	17
无锡图书馆协会	无锡图书馆协会会报	1932年1月1日—1935年1月1日	4	16、14、44、58
浙江第一学区图书馆协会	浙江第一学区图书馆协会会刊	1934年4月—11月	2	37
浙江省图书馆协会	浙江省图书馆协会会刊	1936年5月—1949年4月	3	37、36、14
伪满洲国图书馆协会	学丛	1939年—1941年	3	

从创刊、停刊时间来看，除《北京（平）图书馆协会会刊》创刊于1924年外，其余10种刊物均创刊于图书馆协会繁荣时期（1925—1936），除《中华图书馆协会会报》坚持出版至1948年，其余大多均在全面抗日战争爆发前停刊。不过，《浙江省图书馆协会会刊》在1949年还出了一期油印刊，但是内容较少。抗战期间，《中华图书馆协会会报》的出版受到极大影响，每年期数锐减，且

---

① 该刊原名"浙江第二学区图书馆协会季刊"，因第三期延期出版，故自第三期起改名为"浙江第二学区图书馆协会会刊"。详见该刊第三期"编后"。

每期内容大大减少，纸张和印刷质量也大不如前。

图书馆协会所办期刊，最初都有预定的出刊周期，但几乎都做不到如期出版。例如，1924年8月《北京图书馆协会会刊》创刊号上所登《北京图书馆协会会刊编辑略例》中记载，"暂定年出二期，分别于二月、八月出版"，但出版第一期后便中断，至1929年6月才出版第2期，此时因北京图书馆协会改名北平图书馆协会，故该刊亦随之改名《北平图书馆协会会刊》。浙江第二学区图书馆协会最初创办的是《浙江第二学区图书馆协会季刊》，由于无法保证按季出版而自第三期改名——《浙江第二学区图书馆协会会刊》。除中华图书馆协会的《中华图书馆协会会报》和《图书馆学季刊》有10年以上连续出刊历史，其他图书馆协会所办刊物的出刊期数都在1—7期，上海图书馆协会之《图书馆》和福建图书馆协会之《福建图书馆协会会报》仅出版一期。实际上除了经费问题，稿源得不到保障也是这些期刊出版周期和每期页码难以确定的重要原因。除《北京（平）图书馆协会会刊》《图书馆》《图书馆学季刊》在100页以上外，其他刊物大致都是几十页，也有只有几页的情况，如《广州图书馆协会会刊》每期4页，《上海图书馆协会会报》每期8页。

由于会员散居各地，集会不易，出版期刊首先可以实现上传下达，传递会务相关情况，收集图书馆界（尤其是图书馆协会辖区内各图书馆）和会员信息以建立信息交流平台，同时还有助于图书馆界人才供需关系的建立和图书馆之间的合作与互助。其次，图书馆协会所开展的调研与研究活动需要有出版平台进行展示。例如，各类调查事业和研究成果、年会讲演及论文、参加国际学术交流的情况汇报等。再次，图书馆协会的宗旨是"研究图书馆学术，发展图书馆事业,并谋图书馆之协助",创办期刊也是为了更好地实现这一宗旨。

从图书馆协会所办刊物的内容来看,大体包括四个方面,一是图书馆学术研究之论文或书目、索引等成果,二是图书馆协会调查、讲演、汇报的内容,三是图书馆协会会务情况,四是图书馆界及个人会员的消息。图书馆协会所办刊物除上海图书馆协会之《图书馆》和中华图书馆协会《图书馆学季刊》属于专业学术刊物外,其他都属于机关刊物。差别就在于内容侧重点的不同,专业学术刊物的内容以前两项为主,而机关刊物的内容以后两项为主,但机关刊物也刊有学术论文,专业学术刊物也刊有消息类文字。

作为最早的图书馆协会机关刊物,《北京(平)图书馆协会会刊》创刊时,对该刊的定位是:"本刊以报告会务兼载学术讲演为主旨,间登论评等,亦以关于图书馆问题者为限。"[①] 其《发刊辞》云,创立该刊主要是因为该会会章规定,每半年出会刊一册,将平日同人等所评论者、商榷者,以及一切调查记录,汇而刊之。其用意不仅是汇集该会成果,更希望借此与图书馆界同人分享,以资相互研讨。同时,欢迎会外人士投稿,不过除赠阅该刊外,别无报酬。该刊第1期定为非卖品,此后各期均定价销售,第2期定价2角,第3期定价4角,第4期定价4角,第5期定价5角。曾先后由北平汉花园紫玉书店代售,国立北平图书馆出版品发行部经售。《北京图书馆协会会刊》第1期有论评、本会概略、会员调查、讲演录、附录五个栏目,有讲演录这一栏目是因为北京图书馆协会规定每次常会时安排学术讲演。第2期除刊登《北平图书馆协会简

---

① 《北京图书馆协会会刊编辑略例》,《北京图书馆协会会刊》1924年第1期。

章》《北平图书馆协会会务报告》《北平图书馆协会会员录》，还刊登《北平图书馆指南》，这实际上是北平图书馆协会从事北平市区内图书馆调查的成果，同时也是受中华图书馆协会进行全国图书馆调查之启发并补齐不足而为之。此后，会刊以专号的方式出版，1929年10月出版第3期"北平各图书馆所藏期刊联合目录"，1930年10月出版第4期"北平各图书馆所藏丛书联合目录"，1933年5月出版第5期"儿童书目汇编"。前两者是北平图书馆协会因业务需要，组织期刊联合目录委员会和丛书联合目录委员会从事联合目录编制工作的成果，最后一项是请北平市立第一普通图书馆根据该馆所藏儿童图书编成的，目的在于供各小学或拟办儿童图书馆者参考。

1925年6月30日，《中华图书馆协会会报》创刊。7月25日，在京师警察厅领得出版执照。9月5日，在北京邮务管理局挂号，被认定为新闻纸类。《中华图书馆协会会报》由中华图书馆协会执行部（后改为执行委员会、理事会）编辑发行。该刊为双月刊，绝大多数情况下双月出版，偶尔有三个月出版，或2、3期合刊的情况，合刊情形在1939年以后较为频繁。该刊除因抗日战争全面爆发而于1937—1938年停刊一年，自创刊坚持出版至1948年5月31日，是民国时期图书馆协会中办刊时间最长的一个。最初该刊封面同时列有该刊刊名和刊期信息的英文，自1928年8月31日第4卷第1期起，当期要目同时以英文刊登于封面。1938年复刊之后，自第13卷第1期起，封面不再有英文。《中华图书馆协会会报》自创刊时起，每期都有《会务纪要》和《新书介绍》。自1926年第1卷第5期起，设《图书馆界》一栏，将国内外图书馆界消息、各图书馆协会消息等都归入这一栏目，此后又先后将会务消息和个人会员消息也归入这一栏。除此之外，该刊主要刊载中华图书馆协会年度报告、图书馆学书目与杂志、图书馆书目及索引、各类调查结果、年会论文或讲演稿、参加国际会议之报告等。

1930年9月,《福建图书馆协会会报》创刊,可惜仅出版一期。《创刊辞》由侯鸿鉴所撰,叙述福建省图书馆及福建图书馆协会成立之历史及会报筹备工作情况。据此可知,福建图书馆事业与教育厅厅长程时烺的支持有莫大关系。除《创刊辞》外,该刊还刊载该会成立宣言、公牍、章程、会务、调查、职员录、会员录等与该协会直接相关的资料,另有《论著》和《纪载》两大栏目,前者为该会会员所撰写学术论文,后者为当地各图书馆概况或参观记。

《无锡图书馆协会会报》创刊于1932年,其《发刊词》云,创刊要义有两点,"一曰研究活用图书馆方法","一曰设法推行图书馆事业"。① 该刊除会务方面的记载外,所刊内容有两大类,一类为学术研究论文,另一类为本地区图书馆概况或调查报告,间有开会时邀请名人讲演的讲演词。

上海图书馆协会成立时章程中"事业"一项列有"发行图书学报以研究及讨论图书馆问题、流通图书馆消息"。② 1924年7月13日,上海图书馆协会举行第一次委员会时,"发刊图书馆月刊计划案"为讨论议案之一,当即议定如下事项:(一)商定印刷处所,请黄警顽接洽;(二)筹划月刊经费,请朱少屏接洽;(三)规定月刊内容:(1)图书馆学术之研究;(2)调查报告;(3)每月新书出版目录;(4)披露各图书馆目录,内分杂志、日报各目,每月新到图书名目;(5)图书馆消息;(6)本会消息;(7)书报介绍;(8)

---

① 《发刊词》,《无锡图书馆协会会报》1932年第1期。
② 《会务:上海图书馆协会章程》,《图书馆》1925年第1卷第1期。

广告。① 10 月 18 日第二次委员会上成立了月刊编辑委员会。② 11 月 3 日，召开编辑委员会第一次会议，议决如下事项：（一）请黄警顽调查月报印刷费价目，并调查全国教育机关数目以便分送月刊；（二）筹备月刊经费，杜定友报告与中华书局接洽情形，商务印书馆由黄警顽接洽，陈伯逵报告，自著《袖珍算学公式大全》一书除收回成本外将版权捐赠本会；（三）推定各部编辑员，主任编辑潘圣一、陈伯逵，论著部主任杜定友，调查部主任马崇淦，书目部主任孙心磐，介绍部主任余寄文，新闻部主任程葆成，杂俎部主任陈天鸿，广告部主任黄警顽；（四）推定黄炎培、胡适、梁启超、任鸿隽、胡敦复、张君劢、张东荪、朱经农、廖世承、陶行知、丁文江、章太炎、沈恩孚、胡刚复、蒋梦麟、蔡元培、汪精卫、吴稚晖、范源廉、张一麐、戴志骞、洪有丰、沈祖荣、汪懋祖、郑晓沧、陆殿扬、陆志韦、陈鹤琴、郁任远、俞子夷、张耀翔、李石曾、李权时、陶孟和、马叙伦、凌冰、江亢虎、刘廷芳、叶绍钧、杨贤江、王云五、戴懋哉、易家钺、俞平伯、邵力子、恽代英、周作人、瞿秋白、孙伏园、邵飘萍、刘大白等为名誉编辑。③ 11 月 8 日，上海图书馆协会开会时，即席起草《图书杂志简章》5 条，议决通过。④

12 月 6 日，第六次委员编辑联席会议议决图书馆杂志改为二月出一期，完全赠送。⑤ 12 月 19 日有报道称，"近该会又议决出版月

---

① 《上海图书馆协会之委员会》，《新闻报》1924 年 7 月 14 日第 3 版。
② 《上海图书馆协会第二次委员会纪》，《申报》1924 年 10 月 19 日第 11 版。
③ 《图书馆协会讨论发行月刊纪》，《申报》1924 年 11 月 4 日，本埠增刊第 2 版。
④ 《上海图书馆协会开会纪》，《申报》1924 年 11 月 9 日第 15 版。
⑤ 《上海图书馆协会开会纪》，《申报》1924 年 12 月 7 日第 15 版。

刊一种，定名图书馆杂志，每期一万余份，遍赠全国各界"，上海图书馆协会为此发函向全国各教育家、社会学家、出版界及各图书馆征求文稿，略云："本会为普及读书运动及介绍精神食物、研究治学方法，特刊行图书馆杂志，不日出版。兹征求关于各图书馆之历史、制度、消息、现状、改进计划及发展状况、个人研究心得，及随时发生种种问题、临时新闻、各馆章程、表格，及其他一切印刷品，以供社会及从事图书馆事业之研究。"①

由于稿件未能如期征集完毕，该刊出版时间一再延后，加之逢鲍士伟来华和筹备中华图书馆协会，故上海图书馆协会《图书馆》杂志最后创刊于1925年6月1日。杜定友在《上海图书馆协会图书馆杂志》一文中表示，发刊《图书馆》杂志是为符合上海图书馆协会的宗旨，而上海图书馆协会的宗旨在于"求图书馆界之努力，使真正图书馆之实现，而为我国学术教育之助"②，他指出，图书馆要力求阅者阅览与参考之便利，而且还有更进一步的目标，即"且有以引诱阅者，以养成其读书之习惯，而助其学术之研究，提高其科学之精神，增进其人生之兴味。故图书馆者，学术之中心点也，社会之重要机关也"③。因此，该刊负有对于学术界、教育界、出版界和图书馆界之多种责任，故其内容计划包括论著（讨论图书馆管理上之切实问题并报告研究心得）、调查（上海图书馆状况与出版界状况）、新书书目、联合目录、书报介绍（书评、各科书目、杂志索引）、新闻（中外图书馆消息、出版界新闻、上海图书馆协会消息）、杂俎、广告等，每期根据内容，未必求全。该刊第一期实

---

① 《上海图书馆协会之进行》，《申报》1924年12月19日第12版。
② 杜定友：《上海图书馆协会图书馆杂志》，《图书馆》1925年第1期。
③ 杜定友：《上海图书馆协会图书馆杂志》，《图书馆》1925年第1期。

际内容包括论著、演讲、书报介绍、杂俎、图书馆消息、上海图书馆调查、上海图书馆协会消息与会务、上海各图书馆杂志联合目录、上海各书局新书书目等。

《图书馆学季刊》是民国时期由中华图书馆协会编辑出版的图书馆学专业期刊，延续十余年。《图书馆学季刊》实际上是中华教育改进社图书馆教育组在1924年提出创办图书馆季报相关议题的延续，该刊每期封底是刊名、卷期及目录的英文翻译，《图书馆学季刊》封三还印有刘国钧所撰写《本刊宗旨与范围》以及定价信息的英文。这种方式正是仿照了《社会学杂志》。《中华图书馆协会会报》后来在封面信息中加入英文也是受此影响，《文华图书科季刊》（后改名《文华图书馆学专科学校季刊》）则完全仿照《图书馆学季刊》，将刊名、卷期及目录的英文内容置于封底。

该刊本拟由中华图书馆协会组织之出版委员会成立专部负责季刊所有编辑发行事务，由出版委员会处于评议地位，协助筹划。后因经费无多，由协会独立担任编辑发行事务，力有未逮，故经洽商，与南京之南京书店订立共同发行契约。因而，季刊无需组织发行部，而编辑部则仍旧，"并请各地方图书馆协会会长为编辑员，而编辑主任暂以出版委员会主任兼任"[①]。刘国钧为出版委员会主任，故《图书馆学季刊》由刘国钧担任编辑主任。出版委员会成立一年间所办事务就是出版《图书馆学季刊》一项，而刘国钧所在之金陵大学图书馆同人，对于校对、邮寄等事亦尽力匡助。该刊在民国时期能基本保持每年3、6、9、12月定期出版（少数时间延期出版，或出两期之合刊），且稿件质量水准很高，是图书馆界学术刊

---

① 《出版委员会第一周年报告》，《中华图书馆协会会报》1926年第2卷第2期。

物之模范。作为定价对外发行之刊物，该刊除向国内各地方发行外，还销行海外，第一年"日本曾订购全年十二份，英美亦有四五份"。① 该刊对于会员有半价优待的政策，对于协会董事、名誉会员，及国外各大图书馆与各国图书馆协会，均常年寄赠，第 1 期赠送达 180 余册（赠予作者及其他机关者尚不在内）。自第 2 期起，执行部有赠送机关会员之提议，又多增加百余册。据该委员会估计，除从南京书店无偿获得 200 本外，还须照合同购置百本用于赠送。② 据《出版委员会第一周年收支总报告（1925 年 10 月至 1926 年 8 月 31 日）》显示，这期间共得协会拨款 448.500 元，共支出 349.675 元，结余 98.825 元。支出项中第 1 期印刷费半数、加印单行本和第 2 期印刷费半数，合计达 289.595 元，约占总支出 83%。

《图书馆学季刊》的办刊宗旨是："本新图书馆运动之原则，一方参酌欧美之成规，一方稽考我先民对于斯学之贡献，以期形成一种合于中国国情之图书馆学。"③ 收文范围包括五项："（一）提出关于图书学及图书馆种种问题并研究其解决方法，尤注重于本国图书馆之历史、现状及改进之方法。（二）引起公众对于图书馆之兴趣，促进图书馆之设立，并供给组织上所必需之知识。（三）介绍中外各种目录及关于目录学之研究。（四）供给关于各学科之书目作读者自修之参考。（五）关于与图书学有联属之其他学术，如板本、印书术等，本刊亦为相当之介绍与批评。"④ 该刊之《发刊辞》实际承袭了梁启超在中华图书馆协会成立仪式上演说辞之要义，强调中

---

① 《出版委员会第一周年报告》，《中华图书馆协会会报》1926 年第 2 卷第 2 期。
② 《出版委员会第一周年报告》，《中华图书馆协会会报》1926 年第 2 卷第 2 期。
③ 《本刊宗旨与范围》，《图书馆学季刊》1926 年第 1 卷第 1 期。
④ 《本刊宗旨与范围》，《图书馆学季刊》1926 年第 1 卷第 1 期。

国国情的特殊性，倡导建立"中国图书馆学"之系统，而该刊宗旨实为《发刊辞》精义之凝练。因此，对于同是图书馆学专业期刊的《文华图书科季刊》来说，其最显著的特色就是中国传统图书馆学的内容，可谓与西方现代图书馆学平分秋色。

二、图书

以图书馆协会名义出版图书的只有中华图书馆协会、北平图书馆协会、上海图书馆协会、广州图书馆协会、浙江第一学区图书馆协会、浙江第二学区图书馆协会、浙江省图书馆协会、伪满洲国图书馆协会8个。出版图书最多的是中华图书馆协会，单行本有21种，除图书馆调查表、协会概况与年会报告、会议论文集、会员录外，其他都为学术专著，索引最多，有7种，其余就是书目、联合目录、作家笔名录等。另一类出版物就是《图书馆学季刊》论文抽印本，共有21种，其中译著有4种，涉及图书馆事业、目录学、分类、编目、图书馆建筑以及图书馆概况等。

上海图书馆协会出书数量仅次于中华图书馆协会，共出版10种，其中杜定友有6种，吕绍虞2种，宋景祁和林斯德各1种。涵盖图书馆通论、分类、目录、排字、著者号码、图书选择、图书馆利用等专业内容和上海图书馆事业概况以及中国图书馆界从业人员人名录。

其余几个图书馆协会皆只出版图书一两种，且不少属于协会概况或概要，以及会员录，此外，还有图书馆调查、学术机关调查之结果，广州图书馆协会出版的《中国现代图书馆概况》属于学术性最强的一种。

需要指出的是，由于不少图书馆协会事务所设于图书馆内，而且图书馆又是图书馆协会的会员，因此存在编辑计划来自图书馆协会，而实际上由于图书馆协会经费不足而以图书馆的名义出版的情况。与此同时，图书馆协会在业务开展过程中其思想对于个人会员亦有影响，个人会员的著作在谋求出版时若有更好的选择，则交由其他出版机构出版，这类图书亦很难分辨其与图书馆协会的关系。因为，如若将所有图书馆协会会员的著作都归入图书馆协会的编辑出版工作，则几乎囊括了所有民国时期图书馆学著作，这会将图书馆协会的作用和影响过分放大，而忽略了个人的学术发展。需知，每个个体的学术思想并非完全来自于图书馆协会。这些皆不在下表统计之列。

图书馆协会出版图书一览[①]

名称	序号	书名	作者	出版时间	售价（元）	备注
中华图书馆协会单行本	1	老子考（2册）	王重民	1927年7月	1.60	
	2	全国图书馆调查表（第三次订正）	中华图书馆协会	1929年	0.10	
	3	国学论文索引	北平北海图书馆编目科	1927年7月	1.00	

[①] 以《商务印书馆图书目录》(1897—1949)、《图书馆学季刊》之"中华图书馆协会出版品目录"、《中华图书馆协会会报》之"本会出版图书期刊要目"和"新书介绍"，以及上述图书中丛书介绍为线索，并通过大学数字图书馆国际合作计划 CADAL、国家图书馆出版社中国历史文献总库"民国图书数据库"及"民国图书馆学文献数据库"、瀚文民国书库、读秀等进行检索和核实，未经验证出版者为某图书馆协会者不列入本表。

续表

名称	序号	书名	作者	出版时间	售价（元）	备注
中华图书馆协会单行本	4	中华图书馆协会第一次年会报告	中华图书馆协会执行委员会	1929年7月	1.00	
	5	Libraries in China		1929年		第一次国际图书馆协会联合会英文论文集
	6	日本访书志补	杨守敬，王重民	1930年	0.30	
	7	全国图书馆调查表（第四次订正）	中华图书馆协会	1931年	0.10	
	8	国学论文索引续编	北平图书馆编纂部索引组	1931年7月	0.80	
	9	文学论文索引	张陈卿、陈璧如、李维墀	1932年1月	1.60	
	10	中华图书馆协会概况	中华图书馆协会执行委员会	1933年8月	0.10	
	11	官书局书目汇编	朱士嘉	1933年9月	0.50	
	12	中华图书馆协会第二次年会报告	中华图书馆协会执行委员会	1933年10月	0.50	
	13	文学论文索引续编	刘修业	1933年11月	1.60	
	14	国学论文索引三编	刘修业	1934年10月	1.00	
	15	中华图书馆协会会员录	中华图书馆协会执行委员会	1935年12月	无	

续表

名称	序号	书名	作者	出版时间	售价（元）	备注
中华图书馆协会单行本	16	全国图书馆及民众教育馆调查表（第五次订正）	中华图书馆协会	1935年	0.20	
	17	文学论文索引三编	刘修业	1936年1月	1.20	
	18	Libraries in China		1935年	1.00	第二次国际图书馆协会联合会英文论文集
	19	现代中国作家笔名录	袁涌进	1936年3月	1.00	初版500部
	20	北平各图书馆所藏中国算学书联合目录	邓衍林	1936年6月	0.80	中华图书馆协会暨北平图书馆协会印行，初版500部
	21	图书馆学季刊总索引（自第1卷至第10卷）	中华图书馆协会	1937年	无	
《图书馆学季刊》抽印本	1	方言考	崔骥	1932年3月	0.20	6卷2期
	2	翁何宝真斋法书赞评校	叶启勋	1932年9月	0.20	6卷3期
	3	英国国立图书馆藏书源流考	李小缘	1932年9月	0.20	6卷3期
	4	玄赏斋书目	董其昌	1932年12月、1933年3月	0.40	6卷4期、7卷1期

续表

名称	序号	书名	作者	出版时间	售价（元）	备注
《图书馆学季刊》抽印本	5	编辑中国史籍书目提要之商榷	傅振伦	1933年6月	0.20	7卷2期
	6	簿式目录中著录详略之研究	刑云林	1933年6月	0.20	7卷2期
	7	方志艺文志汇目	李濂镗	1933年6月	0.20	7卷2期
	8	图书馆参考论	李钟履	1931年6月、1932年3月、1933年9月	1.20	5卷2期、6卷2期、7卷3期
	9	善本图书编目法	于震寰	1933年12月	0.50	7卷4期
	10	江苏藏书家小史	吴春晗	1934年3月、1934年6月	0.40	8卷1期、8卷2期
	11	北平协和医学院图书馆馆况实录	李钟履	1934年3月、1934年6月、1934年9月	0.40	8卷1期、8卷2期、8卷3期
	12	明清蟫林辑传	汪閭	1933年3月、1934年12月	0.60	7卷1期、8卷4期

续表

名称	序号	书名	作者	出版时间	售价（元）	备注
《图书馆学季刊》抽印本	13	书志学	李尚友译	1934年9月、1935年6月	0.60	8卷3期、9卷2期
	14	现代图书馆编目法①	金敏甫译	1935年	0.60	
	15	大学图书馆之建筑	吕绍虞译	1935年3月	0.50	9卷1期
	16	元太祖成吉思汗生平史料目录	邓衍林	1936年6月		10卷2期
	17	四部分类号码表	张英敏	1936年6月		10卷2期
	18	图书馆事业合理化之刍见	毛宗荫	1936年9月		10卷3期
	19	中国之图书馆事业	陈训慈	1936年12月		10卷4期
	20	图书馆博物馆美术馆间的关系	罗伯赐（Henry D. Roberts）讲，章新民译	1936年12月	无	10卷4期
	21	两年来之师大一小儿童图书馆	王柏年	1937年3月、1937年6月		11卷1期、11卷2期

---

① 该译稿最初连载于《图书馆学季刊》，后来刊印了季刊抽印本，据1936年《中华图书馆协会、中国博物馆协会联合年会指南》所附目录显示当时已绝版。1937年在商务印书馆正式出版。

续表

名称	序号	书名	作者	出版时间	售价（元）	备注
北平图书馆协会	1	北平学术机关指南	李文裿	1933年2月		
	2	北平市图书馆协会会员录	北平图书馆协会			
上海图书馆协会	1	著者号码编制法	杜定友	1925年	无	上海图书馆协会
	2	图书分类法	杜定友	1925年11月	平装1.68 精装2.00	上海图书馆协会
	3	汉字排字法	杜定友	1925年12月	0.20	上海图书馆协会
	4	图书馆通论	杜定友	1925年12月	0.25	商务印书馆
	5	图书选择法	杜定友	1926年2月	0.25	商务印书馆
	6	图书目录学	杜定友	1926年7月	0.40	商务印书馆
	7	中国图书馆名人录	宋景祁	1930年3月	2.50	上海图书馆协会
	8	儿童读物选择法	林斯德	1935年12月	0.30	大问书斋
	9	怎样利用图书馆	吕绍虞	1938年10月	0.25	中国图书服务社
	10	最近之上海图书馆	吕绍虞	1938年11月	0.30	中国图书服务社
广州图书馆协会	1	中国现代图书馆概况	金敏甫	1929年5月	0.40	

续表

名称	序号	书名	作者	出版时间	售价（元）	备注
浙江省图书馆协会	1	浙江第一学区图书馆协会概况	浙江第一学区图书馆协会	1932年7月		
	2	浙江第二学区图书馆协会概况①	浙江第二学区图书馆协会	1934年		
	3	浙江全省图书馆概览（第四回）	浙江省立图书馆辅导组	1936年6月		浙江省图书馆协会
伪满洲国图书馆协会	1	伪满洲国图书馆协会概要	伪满洲国图书馆协会	1940年3月	无	中、日文

第三节　开展调查

调查是了解实际情况的必要手段，也是进行研究、以图改进的前提。教育团体中设职员从事调查并不少见。江苏省教育会自清末起就设有调查部，最多时有干事员12人，黄炎培即长期担任常任

---

① 《本省第二学区图书馆协会出版概况》，《浙江省立图书馆馆刊》1934年第3卷第3期。

调查员。[①] 1921年，因孟禄来华成立了实际教育调查社，对全国教育状况进行大范围的调查。中华教育改进社的基础社务工作大体分为研究、调查、编译、推广四项。不少图书馆协会章程中关于职员的具体分工都设有调查一职，这最早始于上海图书馆协会。1929年，《中华图书馆协会会报》刊载广州图书馆协会近况时也提到，该协会组织调查委员会，选举陈普炎、钱亚新、徐信符、谭卓垣、黎沛霖、汪树宗、王晈诸人为委员。[②]

具体来说，图书馆协会开展的调查包括图书馆调查、书店调查、图书馆资源调查，以及其他相关调查。此外，会员调查也是图书馆协会调查的一种，因与上一章节会员部分重复，在此不再赘述。

一、图书馆调查

对图书馆进行调查最早始于教育部，其调查是出于行政管理的需要。《教育部行政纪要（民国元年四月至四年十二月）》及《教育部行政纪要第二辑（民国五年至七年）》中分别列有全国各省图书馆及通俗图书馆之调查统计。不过所记载各项均十分简要，仅大体能反映全国不同省区图书馆的数量，关于经费、藏书、阅览情况等虽有记载，但并不完整。1918年，沈祖荣以私人之力亦作过全国图书馆调查，虽然仅收集到33个图书馆的回复，但对各图书馆业务方面有颇多关注，如使用编目方法、图书馆开放与收费情况、

[①] 孙广勇：《社会转型中的中国近代教育会研究》，华中师范大学出版社，2007年，第257页。
[②] 《广州图书馆协会近闻》，《中华图书馆协会会报》1929年第4卷第6期。

图书能否借出及采用何种装订方式等。中华教育改进社成立后，请沈祖荣再作中国各省图书馆调查，调查结果发表于1922年的《新教育》。

自1924年起，一些地方图书馆协会和中华图书馆协会都开展了图书馆调查工作。对图书馆进行调查实际上有多种功用：其一是为图书馆协会征集会员提供指南；其二是方便各图书馆之间建立联络和合作；其三是反映某一地区范围内图书馆事业的真实状况，了解其进展情况和存在的问题，以期寻求促进图书馆事业发展的方法；其四是为图书馆学术研究奠定基础。抗日战争全面爆发后，图书馆协会的调查重点转移为战时图书馆损失和西部地区图书馆、书业等的调查。

中华图书馆协会的成立与鲍士伟来华考察有直接关联。在鲍士伟来华前夕，中华教育改进社图书馆教育组发函调查表至全国各图书馆。鲍士伟来华期间"参观了约五十所图书馆，作公开讲演约五十次，遍历十行省十四大城"[①]，并撰写致中华图书馆协会及中华教育改进社报告书两份，针对中国图书馆事业现状提出不少意见和改进的建议，这同样是对中国各图书馆的调查。1925年10月出版之《中华图书馆协会会报》刊载《全国图书馆调查表》，应是根据此次调查所汇总，仅记图书馆名称与地址两项，包含首都北京，以及直隶、山东、山西、河南、陕西、甘肃、江苏、浙江、安徽、江西、湖北、湖南、四川、福建、广东、广西、云南、贵州、奉天、吉林、黑龙江21省和热河、察哈尔两特别区域的图书馆共502个。[②]

---

① 裘开明著，章新民译：《世界民众图书馆概况：中国》，《文华图书馆学专科学校季刊》，1934年第6卷第2期。
② 《全国图书馆调查表》，《中华图书馆协会会报》1925年第1卷第3期。

云贵等省甚至只有两三个图书馆,但江苏省图书馆除省会南京以外,还单独列出苏州、上海、无锡三地的图书馆,全省共有图书馆145个,占全国图书馆总数29%,居各省之首。

1926年10月《中华图书馆协会会报》又刊载《全国图书馆调查表再补》,增加北京、青岛、上海、江苏、浙江、安徽、成都、四川、福州、福建等地图书馆20个。① 1927年10月《中华图书馆协会会报》刊登《中华图书馆协会第二周年报告》,称该年"陆续增补者又数十余馆"②。

鉴于1925年《全国图书馆调查表》刊出后,"图书馆界同人,以及各出版机关,各官署,莫不引以为便,纷纷函索,早经绝版",而"年来各省行政刷新,图书馆之创立者甚多"③,故中华图书馆协会于1928年10月重编《全国图书馆调查表》,刊载于《中华图书馆协会会报》第4卷第2期。该表体例结构与1925年相同,唯因行政区划的变化,北平、天津、南京、上海、广州成为五特别市,直隶省改为河北省,察哈尔和热河从特别区改为省,又增加绥远省,全国图书馆642个,与1925年10月调查相比,三年之间增加140个。

1929年12月,中华图书馆协会第三次订正《全国图书馆调查表》,发表于1930年4月《中华图书馆协会会报》第5卷第5期,同时印行单行本。此次调查表中,武汉为特别市,南京特别市改称首都特别市,调查增加宁夏、青海、西康三省,唯缺新疆、西藏等

---

① 《全国图书馆调查表再补》,《中华图书馆协会会报》1926年第2卷第2期。
② 《中华图书馆协会第二周年报告》(1926年5月至1927年6月),《中华图书馆协会会报》1927年第3卷第2期。
③ 《全国图书馆调查表》,《中华图书馆协会会报》1928年第4卷第2期。

地之调查。此次全国图书馆调查距离上一次调查已一年两个月,新增786馆,共达1428馆。于震寰认为"此于中华图书馆协会南京年会之举行及年来政府之倡导,皆不无关系"①。该表末尾"附言"部分对全国图书馆进行分类统计,国立图书馆1所(国立北平图书馆)、省立图书馆47所、普通图书馆(市县立及私立)878所、学校图书馆387所、会社图书馆38所、机关图书馆36所、专门图书馆(儿童图书馆占多数)41所。②

1931年,中华图书馆协会第四次订正《全国图书馆调查表》,不仅刊载于《中华图书馆协会会报》第7卷第3期,还另印有单行本若干,每册售价1角。③此次全国图书馆总数为1527馆,调查表末尾附分省统计和分类统计。分省统计显示,江苏、河南、河北、浙江四省图书馆数量远远多于其他省份,尤其是江苏省,达274个(含南京和上海),比第二名河南省多87个,占全国图书馆数量的18%,比重比1925年下降,说明其他各省图书馆的数量在增长,图书馆地区分布不平衡的状况在改善。图书馆分类统计显示,国立图书馆仍然为北平图书馆1所(中央图书馆尚未成立)、省立图书馆49所、普通图书馆921所、学校图书馆413所、会社图书馆45所、机关图书馆44所、专门图书馆(小学及儿童图书馆占多数)54所。④

1935年,中华图书馆协会出版《全国图书馆及民众教育馆调查表》,此为全国图书馆调查表的第五次订正,此次调查包括了民

---

① 《全国图书馆调查表》,《中华图书馆协会会报》1930年第5卷第5期。
② 《全国图书馆调查表》,《中华图书馆协会会报》1930年第5卷第5期。
③ 《全国图书馆调查表》,《中华图书馆协会会报》1931年第7卷第3期。
④ 《全国图书馆调查表》,《中华图书馆协会会报》1931年第7卷第3期。

众教育馆，规模太小的阅书报处不被列入。调查时间在 1934 年 12 月前，全国图书馆及民众教育馆共 2818 所，其中民众教育馆 1002 所，各类图书馆 1816 所，图书馆分类方法与此前略有不同，公共图书馆（包括国立、省立、县立、市立、私立、儿童图书馆）933 所、学校图书馆 497 所（大、中、小学图书馆）、专门图书馆（专门学校、政府机关和文化团体图书馆）377 所、特种图书馆（为外国人用者）9 所。这一时期公共图书馆数量增幅不大，学校图书馆和专门图书馆的增长比较明显。从图书馆和民众教育馆的总数来看，江苏省仍然居于各省之首，而浙江仅次其后，再次是山东、河南、广东，均在 200 所以上。

除了以寄送调查表的形式进行全国图书馆调查外，中华图书馆协会还曾委托会员进行局部地区的实地调查。此类调查虽然不尽全面，但可弥补发函调查之弊。其一，对于交通不便的偏远省份，若此前对于图书馆状况不清楚，那么可能发函都会找不到图书馆的通信地址；其二，即便发函，亦存在得不到有效、真实回复的可能。因此，专家的实地调查更能反映该地区图书馆事业方方面面的真实细节，也更容易发现各图书馆管理和实际工作中存在的问题，立即进行反馈，起到指导的作用，这有利于图书馆事业的改良和发展。

1932 年春，河北省教育厅为了改进各院校及各县图书馆之议，举办全省巡回文库以资调剂藏书之缺乏者，李文裿奉中华图书馆协会之命（《中华图书馆协会第八年度报告》称"上年度河北、四川两省均由本会派员调查其图书馆之设施，除河北省方面报告陆续发布于第七卷会报及六卷二期季刊外"，[①] 可知李文裿乃为中华图书馆

[①] 《中华图书馆协会第八年度报告》（1932 年 7 月至 1933 年 6 月），《中华图书馆协会会报》1933 年第 9 卷第 1 期。

协会所派）负责调查，费时3月，凡历20余县、20院校，①所至四五十处。②除详查各馆之梗概，且志其优劣，附加改进意见，报告于教育厅，还就调查所见分别撰《河北省立三学院图书馆视察记》③《河北省立图书馆视察记》④《河北全省图书馆视察记》⑤三篇文章。前两篇分别记录3个学院图书馆和2个省立图书馆，内容包括图书馆历史与现状的简要介绍，以及组织与经费、书籍之征购与登录、分类与编目、藏书、阅览及参考等，并略加个人意见之评点；第三篇以路线和市县为纲串联各馆，全面介绍了河北省40余处图书馆的基本情况。

1932年夏，中华图书馆协会因担任该会监察委员的毛坤暑期返乡之便，由执行委员会备函请其就近代为调查四川图书馆现况，并"随宜加以指导"。⑥此次调查的动机和目的，执行委员长袁同礼在信中有详细交代："（一）此次协会调查之动机：（1）中华图书馆协会，乃为全国图书馆事业及会员谋利益者，为明了各地情形之故，各省各市皆在着手调查，川省自亦在调查之列；（2）四川近年颇注意于建设，凡道路、市街、公园、图书馆多有可观者，借此调查知其优劣之处何在，可以借镜或补助也。（二）此次调查之目的，其总原因在于设法使川省图书馆事业得以发展促进，发展促进之

---

① 李文祎：《河北省立三学院图书馆视察记》，《中华图书馆协会会报》1932年第7卷第5期。
② 李文祎：《河北全省图书馆视察记》，《图书馆学季刊》1932年第6卷第2期。
③ 李文祎：《河北省立三学院图书馆视察记》，《中华图书馆协会会报》1932年第7卷第5期。
④ 冷衷：《河北省立图书馆视察记》，《中华图书馆协会会报》1932年第7卷第6期。
⑤ 李文祎：《河北全省图书馆视察记》，《图书馆学季刊》1932年第6卷第2期。
⑥ 《调查四川图书馆现况》，《中华图书馆协会会报》1932年第7卷第6期。

道，不外两途：一曰联络，一曰辅助。所谓联络者，约分数端：第一须使各图书馆中之馆员自相联络，以谋智识或工作之利益；第二须使四川各图书馆与各馆员互相联络，即组织各县市协会及全省图书馆协会等；第三须使省县市各协会、各图书馆、各馆员与中华图书馆协会互相联络，加入协会，互通声息。所谓辅助者，亦分数端：第一对于会员个人之能力方面，如遇困难问题，不能解决，询问协会，协会得量力辅助之；第二对于各图书馆方面，如建筑、购订、用人及求各地会社之捐赠书报等，函告协会，协会得量力辅助之；对于省县市协会方面有所提议或开展览会，或办补习学校，或新创立图书馆等报告协会，协会得量力辅助之。"① 毛坤将此次调查经过写成《调查四川省图书馆报告》②，发表于《中华图书馆协会会报》。毛坤于 8 月 15 日自宜宾启程，经过自流井、资中、资阳、简州而至成都，再由成都而至叙府、泸州、重庆。除亲自调查图书馆外，还记录了学友互助社图书馆调查四川各县图书馆情形。调查之后，毛坤认为四川省图书馆与全国各省图书馆比较，可云量之发达，而非质之发达，原因一半由于提倡之人，此去彼来，宗旨未能一定；一半由于缺乏人才，办理不当。他还发现当地多数馆员对于协会虽甚关心，但不晓其内容与工作，因而建议中华图书馆协会将会报或季刊按地址赠阅一二期。此次调查还发现多数青年馆员有继续深造的愿望，但感觉文华图专的录取资格过高，毛坤提议协会辅助文华办理一民众图书馆班，或自办类似之训练班于北平或各省之省城。最后，关于各馆所采用分类法、编目法，毛坤认为并非较量优劣长短之后选择，概因有书籍可资依据，因此建议中华图书馆协

---

① 毛坤：《调查四川省图书馆报告》，《中华图书馆协会会报》1932 年第 8 卷第 3 期。
② 毛坤：《调查四川省图书馆报告》，《中华图书馆协会会报》1932 年第 8 卷第 3 期。

会采用一般较为适用之分类编目检字之法而印行公布。

随即,中华图书馆协会为"改进图书馆教育方针,并促图书馆事业发展起见,特委托沈祖荣君自鄂经赣、皖、江、浙等省至北平,沿途调查各图书馆一次"①。1933年4月6日,沈祖荣开启调查之旅,离汉后先抵河南开封,再赴定县、北平、天津、济南、青岛、上海、杭州、南京等地,共调查图书馆30所,分布于10余城中,往返费时一月,还在三处对图书馆同志作公开讲演,并与胡适、高厚德(燕京大学代理校长)、顾临(北京协和医学院)、戴维士(齐鲁大学代理校长)、蔡元培、叶恭绰、黄炎培等中外教育名流晤谈,对于图书馆之改进及图书馆人才训练方法问题一一商讨,并与图书馆专家讨论图书馆界新兴之各种问题,以及训练人才时应如何使其适应需要。沈祖荣就此次调查所得撰《中国图书馆及图书馆教育调查报告》刊于《中华图书馆协会会报》。②他在报告中不仅记载了各省图书馆的最新进展,总结了图书馆界的种种进步,同时也指出存在的若干问题,例如大学当局常有干预图书馆本身行政之处,教授方面不守图书馆工作规约、缺乏好感,大学图书馆无供图书馆人员购置专门参考书籍之费、图书馆间缺乏合作等,提出可通过购置专业书籍、到其他图书馆考察实习、成立图书馆学研究会等方式加强图书馆人员的专业训练。对于图书馆学教育的内容,沈祖荣提出,民众教育馆成为当前急务,故民众教育图书馆人才的训练刻不容缓,同时簿记之学亦应成为图书馆学训练必修科目之一,而图书馆学教育亦应根据不同图书馆的需求,有所区别:大规模图书

---

① 《各省图书馆之调查》,《中华图书馆协会会报》1932年第8卷第3期。
② 沈祖荣:《中国图书馆及图书馆教育调查报告》,《中华图书馆协会会报》1933年第9卷第2期。

馆的馆员应习编目、分类、参考、管理等高深图书馆学术，而一般普通图书馆人员应了解图书馆整体工作，以应付图书馆中各方面之业务。毛坤和沈祖荣的调查是受中华图书馆协会所托，并支付了调查所需之旅费的。

1941年，《中华图书馆协会会报》刊载杜定友所编制的《大学图书馆调查表》，[①]他在上一期《中华图书馆协会会报》发表《大学图书馆问题》，此表可视作这篇论文的姊妹篇。不过这仅是调查设计表，可供有意进行大学图书馆调查者使用，至于杜定友是否发出调查表并进行调查就不得而知了。1942年，中华图书馆协会对重庆市图书馆展开调查，可惜在《中华图书馆协会会报》第17卷第1、2合期刊登第一部分"国际团体图书馆"后就没有下文了。因属于团体附设图书馆，因此调查项目不仅包括图书馆藏书，还包括介绍该团体之沿革历史、宗旨、工作情形、会员、经费、职员、地址、电话等。[②]

抗日战争全面爆发后，中华图书馆协会会务停顿一年。1938年7月，《中华图书馆协会会报》复刊后第1期即在《复兴工作》中提到，自1937年10月起，中华图书馆协会即"从事两种工作：（一）全国图书馆被毁状况之调查；（二）协助全国图书馆积极复兴。关于调查工作，曾托中外人士亲至各地访问，惠寄确实报告，分类保存，并将报纸所载者，予以剪裁，编成英文报告，以作国际之宣传。关于复兴工作，首将被毁概况，报告欧美各国，次则征求书籍，在各国通都大邑，指定收书地点，广募图书，免费运华，并

[①] 杜定友：《大学图书馆调查表》，《中华图书馆协会会报》1941年第15卷第3、4合期。
[②] 《重庆市内图书馆一览》，《中华图书馆协会会报》1942年第17卷第1、2合期。

与美国图书馆协会商妥，一俟战事结束，由该会派定专家一人，来华视察，协助我国图书馆积极复兴"[1]。同时，中华图书馆协会为征求全国图书馆被毁事实及照片起见，于1938年4月间在全国各地设立通讯处14所：武昌文华公书林、成都金大图书馆、城固西北联大图书馆、广州岭南大学图书馆、福州省立图书馆、昆明西南联大图书馆、上海震旦大学图书馆、长沙湖大图书馆、重庆中央图书馆、鸡公山河大图书馆、桂林广西省政府图书馆、贵阳省立图书馆、永康浙江省立图书馆、北平图书馆香港通讯处。[2]

1938年9月《中华图书馆协会会报》又刊发《继续调查全国图书馆被毁状况》的消息，指出对于新近被毁或情况不明之图书馆，已由中华图书馆协会委托该地西人就近调查，并继续以中华图书馆协会的名义通启，函征实际被毁情况。[3] 中华图书馆协会此前已将中国图书馆被毁经过以英文撰成报告，分寄各国，后又将教育文化机关被毁实况以英文撰成报告，于1938年9月脱稿设法排印。[4]

抗战期间，《中华图书馆协会会报》频频刊登各地图书馆之被毁消息，如《杭州图书馆图书遭敌焚烧》《汕市立图书馆遭敌机炸毁》《平津图书馆之遭劫》等。1938年第11卷第3期刊登钱存训《上海各图书馆被毁及现况调查》、洪薇《抗战期中江西省立图书馆的动态》，该期还引用重庆《时事新报》夏颂明对于抗战一年来我国图书馆损失的调查数据，称一年中全国损失的图书馆合计有2166

---

[1] 《本会消息：复兴工作》，《中华图书馆协会会报》1938年第13卷第1期。
[2] 《本会消息：本会设立通讯处》，《中华图书馆协会会报》1938年第13卷第1期。
[3] 《本会消息：继续调查全国图书馆被毁状况》，《中华图书馆协会会报》1938年第13卷第2期。
[4] 《本会消息："中国教育文化机关被毁记实"脱稿》，《中华图书馆协会会报》1938年第13卷第2期。

所，估计损失图书达866万余册。[①] 1941年9月，中华图书馆协会为关心北平市图书馆界状况者之明了起见，多方设法托人调查，并据调查所得撰《七七事变后平市图书馆状况调查》一文刊于《中华图书馆协会会报》第16卷第1、2合期和第3、4合期，[②] 调查涉及国立北平图书馆、国立清华大学图书馆、国立北京大学图书馆、国立北平师范大学暨所属各校图书馆、燕京大学图书馆和北平协和医学院图书馆。

抗战胜利以后，《中华图书馆协会会报》在第20卷第4、5、6合期发表《广州、香港各图书馆近况》一文，记录了位于广州的国立中山大学图书馆、岭南大学图书馆、广东省立文理学院图书馆、广州大学图书馆、广东省立图书馆、广州市立中山图书馆、广东文献馆图书室，以及与广州相邻之香港大学图书馆的调查结果。

虽然中华图书馆协会的图书馆调查较为连贯、系统，影响力较大，但图书馆协会开展图书馆调查并非始于中华图书馆协会。在中华图书馆协会成立之前所成立的地方图书馆协会中，1924年7月13日上海图书馆协会开第一次委员会，议决事项中就包括"先行着手调查上海图书馆案"，议决"由委员长制定表式，请调查员于大会前调查告竣"[③]，而调查报告即为该会发行刊物的内容之一。10月18日，第二次委员会议决函发调查表，请各机关即日填寄，并限11月5日以前寄交调查委员马崇淦。[④] 11月8日上海图书馆协会

[①] 《国内消息：抗战一年来我国图书馆的损失》，《中华图书馆协会会报》1938年第13卷第3期。
[②] 《七七事变后平市图书馆状况调查》，《中华图书馆协会会报》1941年第16卷第1、2合期。
[③] 《上海图书馆协会之委员会》，《新闻报》1924年7月14日第3版。
[④] 《上海图书馆协会第二次委员会纪》，《申报》1924年10月19日第11版。

开会时，马崇淦报告调查图书馆情形，"计发出之调查表已收回五分之一，日内再由宋景祁君等亲往调查"①。11月23日，上海图书馆协会举行第四次委员会，孙心磐提议催取调查表格，限12月底截止。② 1925年6月1日，上海《图书馆》创刊号出版，其中刊有《上海图书馆调查表》（1925年1月），共调查上海图书馆22所，内容包括图书馆名称、地址、成立年、馆长姓名、馆员人数、图书册数、杂志种数、日报种数、图书以何类为多、分类法、学生数、同时能容阅览人数、全年阅览人数、全年借书人数、全年经费15项之多。据杜定友称，上海图书馆协会共"发出调查表凡50余通，而填覆者不过20余。表中事项凡40余目，而填者什三四耳"，他认为其原因"非各馆员之填写不周，或竟置之不理，逮各馆之统计不详，规模简陋；有是目而无是事者，则不得不付之缺如"③。该调查表中馆员人数以东方图书馆为最多，有12人，南洋大学图书馆和沪江大学图书馆有馆员9人，中华书局图书馆和圣约翰大学图书馆有馆员7人，其他各馆大多为2至3人。徐汇公学图书馆（徐家汇天主教藏书楼）历史最为悠久、藏书最富，有30万册之多，东方图书馆次之，有21万余册，中华书局图书馆、南洋大学图书馆、澄衷中学图书馆、圣约翰大学图书馆、沪江大学图书馆、上海总商会图书馆藏书数万册，其他则仅几千册。上海各图书馆中能公开阅览者，"恐不及什一耳"，因而杜定友指出办理图书馆者，"犹当努力于书籍之增加，与阅览之公开焉"，他还提出"苟市民以游乐之资，节省其什一，则年可四十余万。以之办理公共图书馆一所，亦

---

① 《上海图书馆协会开会纪》，《申报》1924年11月9日第15版。
② 《上海图书馆协会开会纪》，《申报》1924年11月24日第14版。
③ 杜定友：《书图书馆调查表后》，《图书馆》1925年第1期。

有可观矣"。①

1924年12月6日上海图书馆协会开第六次委员、编辑联席会议，程葆成提议通函调查全国各图书馆之进行。② 1928年3月，上海图书馆协会为调查各地图书馆情形起见发函至各处图书馆，并附调查表一份，请各馆详细填就后寄下，以便汇刊于该会会报。③ 此后上海图书馆协会多次开会提及调查图书馆，以便编印《上海图书馆指南》。④ 1929年9月，上海图书馆协会发刊《上海图书馆协会会报》，其中刊载《上海特别市图书馆一览》，列图书馆名称和地址两项，共列有图书馆70所。⑤ 虽然有一部分是几年中新增之图书馆，但调查项目简单较容易得到结果，这也是此次所列图书馆数量大大增长的重要原因之一。

1924年12月14日下午，北京图书馆协会在美术专门学校召开第六次常会时，因得知鲍士伟博士即将来华，便安排该会图书馆事业推广委员会筹备调查问题，向国内各图书馆征求答复，以备美国图书馆专家来华时进行报告。⑥ 不过有关此次调查的结果并未见到相关记载。1929年《北平图书馆协会会报》第2期刊载北平图书馆协会编就的《北平图书馆指南》。⑦ 该指南就北平市46所图书馆进行调查，包括5所国立图书馆、5所市立图书馆、11所国立大学图书馆、9所私立大学图书馆、12所中学校图书馆、4所会社图书

---

① 杜定友：《书图书馆调查表后》，《图书馆》1925年第1期。
② 《上海图书馆协会开会纪》，《申报》1924年12月7日第15版。
③ 《图书馆协会将举行演讲会》，《申报》1928年3月15日第10版。
④ 《上海图书馆协会会员大会纪》，《申报》1929年5月1日第11版。
⑤ 《上海特别市图书馆一览》，《上海图书馆协会会报》，1929年第1期。
⑥ 《图书馆协会第六次常会记》，《晨报》1924年12月19日第6版。
⑦ 《北平图书馆指南》，《北平图书馆协会会报》1929年第2期。

馆。中华图书馆协会所做的全国图书馆调查，因数量较多、范围较广，难以做到深入而详细，故为名录性质，目的在于反映图书馆的宏观发展状况。北平图书馆协会的图书馆调查，内容包括基本信息（名称、地址、电话、阅览时间）、沿革及成立年月、组织、职员、馆舍、藏书统计、特藏、分类、编目、所采检字方法、装订、阅览及借书、经费、出版物，各项内容详备，不仅可供图书馆之间沟通信息、开展合作，也方便读者利用图书馆。1930年《北平图书馆协会会报》第4期又为《北平图书馆指南》补充了中法大学图书馆和华北协和华文学校图书馆的相关信息。

对于地方图书馆协会来说，在筹备期间就需要进行图书馆调查以方便组织发起机关以召开成立大会，同时图书馆调查也有利于开展会员征集工作。1929年2月23日，福建图书馆协会开第一次筹备会时，议决事项中就包括拟定福建各地方图书馆调查表及征求会员表，以及分头调查各县图书馆情形。[①] 9月16日下午，福建图书馆协会开第一次执监联席会议，议决设总务、编辑、调查三部。1930年2月23日开第二次执监联席会议，议决"函催各调查员迅速将调查情形汇交编辑股"，以便刊于会报创刊号中。[②] 1930年9月，《福建图书馆协会会报》创刊号上也开设《调查》一栏，[③] 不过仅列有福建省立图书馆和建瓯县公立图书馆两所图书馆的调查结果，内容与上述北平图书馆协会的调查项目类似，只是没有装订和出版物这两项，很可能是参考了北平图书馆协会的调查表。由于该刊只出一期就停刊，所以不确定这类调查后期是否继续进行。

---

① 《会务》，《福建图书馆协会会报》1930年第1期。
② 《会务》，《福建图书馆协会会报》1930年第1期。
③ 《调查》，《福建图书馆协会会报》1930年第1期。

出于工作的需要，图书馆也有开展图书馆调查的情形，这些图书馆同时也是中华图书馆协会的团体会员，调查直接负责人也都是中华图书馆协会的职员，因此这类调查亦可视作中华图书馆协会图书馆调查的一部分。

浙江省立图书馆所编《全国图书馆一览》（1931年出版）是对全国范围内的图书馆进行的调查。该项调查记图书馆名称与地址，体例与中华图书馆协会《全国图书馆调查表》相似，但没有图书馆总数和分类汇总的统计数字。据统计，共有1421所。[①] 这一数字与中华图书馆协会1931年第四次订正《全国图书馆调查表》共收1527馆相比略少。上海申报年鉴社1934年出版的《第二次申报年鉴》中《十九年度各省市图书馆概况统计表》直接摘录教育部《十九年度全国社会教育概况》。自1935年起，申报年鉴社即与浙江省立图书馆合作，调查表为双方会同制定后，分发各省市教育厅局及各大图书馆，文字材料撰稿人为浙江省立图书馆馆长陈训慈。这一合作方式使得《年鉴》中"图书馆"部分的内容质量大为提升，不仅有全国图书馆统计数据，还有关于数据的分析解读以及图书馆事业发展概述和特定图书馆发展状况的介绍。该年《全国各省市各种图书馆数量统计表》共包括28省4直辖市、2行政区，由于发出的调查表"收到者仅及半数"，[②] 故参酌教育部社会教育司1931年度统计中图书馆及民教馆数据，无较新统计者则用教育部1930年度之统计数据，于学校图书馆数量则以教育部1932年度高等教育统计与1930年度中等教育统计中学校数量为据，分为单设图书馆、

---

① 韦庆媛：《民国时期图书馆图书馆学者的数量及地域分布》，《大学图书馆学报》2017年第2期。
② 申报年鉴社编：《第三次申报年鉴》，申报馆特种发行部，1935年，第1074页。

民教馆图书馆、机关附设图书馆、学校图书馆（中等以上学校）四大类共5828所，其中单设图书馆有1534所。由于东北四省先后沦陷，这些地区图书馆如果不计入内，则有5380所。① 该年鉴在全国图书馆统计之后还附有《中国各省市立图书馆概表》，调查其名称、地址、藏书总数、中文图书、全年经费、购书费、组织、馆长、职员人数、成立年月等，还有《全国重要大学图书馆概表》，于图书馆名称、地址、藏书、经费、阅览人数、馆长一一揭示。1936年申报年鉴社继续与浙江省立图书馆合作。该年修正上一年度全国图书馆调查数据，计全国图书馆共5196所（除去东北失地则为4745所），其中单设图书馆有1502所。② 同时亦新编《全国省市立图书馆简表》《全国大学图书馆简表》。

1933年冬，上海世界社图书馆扩充为上海中国国际图书馆，冯陈祖怡负责该馆之筹备，一方面"欲备悉本市各图书馆之所侧重以为发展之标准"，另一方面"凡他馆所已进行者则不再从事，凡他馆所未具备者则量力补充，俾收分工合作、殊途同归之效而期有当于文化上之贡献"③，于是计划对上海各图书馆做实际调查。同时，"中国主席团代表李石曾拟将国内外文化事业之最近状况分别搜集或调查汇存馆内以为国际文化合作参考之资料，因命崔竹溪、冯陈祖怡两人作图书馆调查，先从上海开始。"调查工作自1933年12月1日开始至1934年3月11日脱稿。④ 根据公私刊物所载及平日所闻知，按其馆名地址一一走访，以编者实地考察及各馆所填送

---

① 申报年鉴社编：《第三次申报年鉴》，申报馆特种发行部，1935年，第1074—1075页。
② 申报年鉴社编：《第四次申报年鉴》，申报馆售书科，1936年，第1236页。
③ 冯陈祖怡编：《上海各图书馆概览》，中国国际图书馆，1934年，"序"。
④ 冯陈祖怡编：《上海各图书馆概览》，中国国际图书馆，1934年，"引言"。

调查表为根据,并参考各图书馆之刊物或该馆所属机关之一览、概况及其他有关图书馆之公私出版品等资料,共汇集上海 80 所图书馆之概况,编为《上海各图书馆概览》,于 1934 年出版。其内容包括每馆之名称、馆址、电话、所属机构概略、图书馆沿革及成立年月、馆舍建筑、藏书、职员、经费、分类、编目、检字、阅览时间、阅览人数、阅览办法、借出办法、将来计划等。

1938 年,中国图书服务社发行吕绍虞所著《最近之上海图书馆》,该书作为上海图书馆协会丛书之一种,收录吕绍虞曾于报刊上发表的介绍上海图书馆的文章,其中《今日之上海图书馆》是为上海图书馆协会第九届年会特刊而作。全书介绍了上海的专门图书馆、通俗图书馆、大学图书馆、流通图书馆、租界中的图书馆等,按作者所言,"上海的图书馆,大的、小的,总数原在二百以上,可是到了今日,却打了一个很大的折扣,就著者所知,比较著名的实在不过本书所介绍的几个,即有遗漏,恐怕也属少数"[①]。因此,该书也可谓对上海图书馆进行调查的成果。

二、书店调查

出版业与图书馆之间有着十分紧密的关系。一方面,出版业为图书馆供应馆藏资源,从而供读者阅读;另一方面,图书馆是出版业的一大销售渠道。书店作为发行渠道,是图书馆购买图书的主要途径。因此,图书馆从业人员只有了解书店信息,方能实现购买目标。中华图书馆协会的调查事业中,"关于各地书店一项,向极勤

---

① 吕绍虞:《最近之上海图书馆》,中国图书服务社,1938 年,"序言"第 1 页。

力，惟我国幅员辽阔，势难由本会专人一一调查，故必须仰赖各地图书馆之赞助，方能举事"①。中华图书馆协会执行部为调查全国书店名称、地址曾通函各都市公立图书馆，请其协助。②后来"复委托各会员调查"，并打算"一俟全国调查竣事，再为汇成一编"③。

1926年3月，《中华图书馆协会会报》就率先刊登《北京书店一览》④，随后在《中华图书馆协会会报》第2卷第3期又刊登《济南各书店一览》《上海各书店一览》《苏州各书店一览》《长沙各书店一览》《福州各书店一览》《厦门各书店一览》《云南省城书店一览》。1927年，《中华图书馆协会会报》又刊登刘纯所撰《南京书肆调查表》⑤，与此前的"书店一览"相比，该调查表信息更加丰富，除名称、地址外，尚有经理姓名、创办时间、有无书目、定价折扣，以及经营性质和书籍种类，调查表前后又加入不少对于南京书业的个人经验之谈，指导作用更大。1927年《中华图书馆协会会报》第2卷第5期又刊有《上海书店一览表（二）》《宁波书店一览表》《桂林书店一览表》《昆明书店一览表》。1929年《中华图书馆协会会报》第5卷第1、2合期刊有《哈尔滨书店一览》，该"书店一览"用不同标记标注各书店的资本情况。1930年《中华图书馆协会会报》第5卷第4期刊有《沈阳书店一览》。1932年《中华图书馆协会会报》第8卷第1、2合期刊有《安庆书店调查表》⑥，该调查表列有店名、地址、性质、资本、每年营业额、售书种类、

---

① 《广西书店调查表》，《中华图书馆协会会报》1932年第8卷第3期。
② 《会务纪要：调查书店》，《中华图书馆协会会报》1926年第2卷第3期。
③ 《广西书店调查表》，《中华图书馆协会会报》1932年第8卷第3期。
④ 《北京书店一览》，《中华图书馆协会会报》1926年第1卷第5期。
⑤ 刘纯：《南京书肆调查表》，《中华图书馆协会会报》1927年第2卷第4期。
⑥ 《安庆书店调查表》，《中华图书馆协会会报》1932年第8卷第1、2合期。

经理姓名、店员人数等项。该年还刊登了《广西书店调查表》[1]，该调查表为广西统计局图书馆所制，包括名称、所在地、开设年月、店东与经理姓名、资本组织、资本总数、每年营业额、代理何处书局及备注项，涵盖桂林、百色、南宁、梧州四地。1933年《中华图书馆协会会报》第9卷第3期刊载了《桂林书店调查表》，除店名、地址外，该调查表还列有经售书籍种类；紧接其后的《温州书店调查表》还包括资本情况和代理何处书局的信息。

除调查国内书店外，中华图书馆协会还在《中华图书馆协会会报》上刊登有关国外书店的资料，以便国内图书馆购买外文书籍，例如《德法著名书店一览》[2]《日本著名书店一览》[3]《英美著名书店一览》[4]。

1929年2月初，在中华图书馆协会于南京举办第一届年会之后，上海图书馆协会在上海招待年会闭幕后过沪之各省图书馆代表，何日章当时提出"各省同志来沪采购书籍等，以人地生疏，诸多不便，希望上海图书馆协会予以方便介绍"[5]。这就对图书馆协会提出了更高的要求。

1937年抗日战争全面爆发后，金陵大学自南京西迁至成都。金陵大学图书馆陈长伟就地调查，撰成《成都书店调查表》并发表于《中华图书馆协会会报》第15卷第3、4合期和第5期，该调查表分别介绍了成都的旧书业和新书业。

---

[1] 《广西书店调查表》，《中华图书馆协会会报》1932年第8卷第3期。
[2] 《德法著名书店一览》，《中华图书馆协会会报》1925年第1卷第4期。
[3] 《日本著名书店一览》，《中华图书馆协会会报》1926年第1卷第6期。
[4] 《英美著名书店一览》，《中华图书馆协会会报》1926年第1卷第6期。
[5] 《上海图书馆协会欢迎各省代表纪》，《申报》1929年2月5日第17版。

三、资源调查

图书馆资源大体来说可分为新书（含报刊）和旧籍两大类。一般来说，省级公共图书馆和一些大学图书馆所收藏的旧籍数量较多；而一些规模较小的图书馆或新建的图书馆，一方面缺乏古书的积累，另一方面无力购买当时已日渐稀少而且价格高昂的古籍。因此，图书馆资源调查具体包括图书调查、报刊调查，以及版片与善本书调查。这些调查有多重意义：一是可以作为图书馆采购书籍的指南；二是有助于不同图书馆了解其他馆的资源，以期进行合作；三是有助于读者的阅读和研究。需要指出的是，此类调查有些是由图书馆协会交付给职员从事的调查，有些是会员（图书馆或个人）主动进行的调查，原因就在于图书馆的实际工作产生了调查的需求。这两者之间存在相互影响的关系，有时是图书馆协会认为某图书馆的做法比较好而由协会出面进行调查，有时是图书馆或个人从协会的调查中获得启发，于是展开相关调查以做出补充或突出地方特色。

由于图书数量巨大，因此关于图书的调查一般分为新书调查和专题书目调查两类。由于图书馆所服务的对象是读者，因此图书馆协会开展的各类资源调查不仅方便了图书馆采购图书，而且有益于读者了解和利用图书馆馆藏。

1925年3月2日，上海图书馆协会在《申报》发文征求各书局新书目录，称"为便利图书馆及各学者采购书籍起见，拟于杂志中加刊新书目一栏"①,《图书馆》杂志创刊号还刊出黄警顽所辑《上海各书局新书汇录》②。

《中华图书馆协会会报》除每期都设《新书介绍》一栏外,还刊登了《图书馆学书目举要》③《近两年来出版之国学书籍简目》④《民国十九年来出版之地志书简目》⑤《近见译书目录》⑥ 等,对各专题图书予以调查和介绍,这些亦可算作图书调查之一类。

受时局的影响,读者对于中日关系较为关注,故图书馆界出现了不少中日关系方面的专题书目。1928 年,明远中学校长陈伯华安排学生于"五七"纪念日参观图书馆,并请杜定友检出若干关于日本之书籍,以资参考,认为这样比空泛的纪念更有意义。于是,杜定友从馆中书籍中检出若干种,并从中选择数种为首类,以《救国雪耻》为题,附以各种反日标语及反日宣言等,以资警惕。1931 年九一八事变后,杜定友乃对近来所有关于日本书籍加以增补,辑成《对日问题研究书目》⑦,发表于《中华书局图书月刊》。该书目收录图书 60 种,包含书名、作者、出版者、出版年、页码及内容提要。此外,《国立北平图书馆读书月刊》《图书馆学周刊》等也刊行其他有关中日问题之书目数种。1931 年,《中华图书馆协会会

---

① 《上海图书馆协会征求新书目录》,《申报》1925 年 3 月 2 日第 11 版。
② 黄警顽:《上海各书局新书汇录》,《图书馆》1925 年第 1 期。
③ 《图书馆学书目举要》,《中华图书馆协会会报》1925 年第 1 卷第 3 期。
④ 颂生:《近两年来出版之国学书籍简目》,《中华图书馆协会会报》1928 年第 4 卷第 3 期。
⑤ 和:《民国十九年来出版之地志书简目》,《中华图书馆协会会报》1930 年第 6 卷第 2 期。
⑥ 于震寰:《近见译书目录》,《中华图书馆协会会报》1930 年第 6 卷第 3 期。
⑦ 杜定友辑:《对日问题研究书目》,《中华书局图书月刊》1931 年第 3 期。

报》刊登了冷衷的《研究中日问题参考书目》①，该书目收书较为全面，按图书内容分为六大类，共包括图书145种，但仅提供书名、作者和出版社信息。

1935年，商务印刷所图书馆部创刊《图书馆通讯》，刊载了淑彬的《图书馆学参考书目》②，该书目列有75种图书馆学图书之作者、书名、出版者和定价信息。

关于期刊调查，从范围上说，有全国的，也有某一地区的，甚至某一学校或某一图书馆的；从语种（或国别）上说，有中文的，也有其他语种的；从内容上说，有不同专题，如中日关系、图书馆学、图书馆、社会教育类；还有对特定时间出版的期刊的调查等。除期刊调查以外，还对一些报纸进行了调查。

全国范围的期刊调查活动的组织者主要以中华图书馆协会为主，因为调查内容较多，中华图书馆协会一般以系列的方式陆续发表调查结果。1927年，《中华图书馆协会会报》第2卷第4期刊载的《会务纪要》记载："本会以国内杂志日多，拟从事调查其名称及性质，以供各图书馆之参考，俟调查就绪后当陆续在本会会报上发表云。"③此后，《中华图书馆协会会报》于第2卷第5期、第2卷第6期、第3卷第1期、第3卷第2期、第4卷第1期、第5卷第6期陆续刊登冷衷所发表的《中国定期刊物调查表》及一续至五续。这一系列调查所记内容包括刊名、出版者及地址信息。

1929年，中华图书馆协会第一届年会议决通过李小缘提出的"本会应详细调查全国定期刊物案"，提到这类调查无论读者及图书

---

① 冷衷：《研究中日问题参考书目》，《中华图书馆协会会报》1931年第7卷第2期。
② 淑彬：《图书馆学参考书目》，《图书馆通讯》1935年第1期。
③ 《会务纪要：调查杂志》，《中华图书馆协会会报》1927年第2卷第4期。

馆均极感需要，既可知各科已有之杂志并其学科发展概况，又可以为杂志索引之根据，可由杂志索引委员会附带进行。[1]

中华图书馆协会还委托国立北平图书馆中文期刊组组长孙诚书编辑《中文期刊生卒调查表》，以该馆入藏期刊为根据，自 1934 年 1 月 1 日起，每两月制为一表，在《中华图书馆协会会报》按期刊布。[2] 该调查表按创刊期刊和停刊期刊分别著录，创刊期刊著录项目包括刊名、刊期性质、出版地、出版者、创刊年月、价目，停刊期刊著录项目包括刊名、出版者、期数、停刊年月，两者皆按首字笔画多少排序。该项调查最早发表于 1934 年 2 月《中华图书馆协会会报》第 9 卷第 4 期，至 1937 年 4 月《中华图书馆协会会报》第 12 卷第 5 期登毕。

地区期刊调查活动最早始于上海图书馆协会。1925 年，上海图书馆协会《图书馆》创刊号刊载孙心磐所辑《上海各图书馆杂志名目汇录》[3]，该文对上海 10 所图书馆所收藏的期刊信息进行汇总，不仅记录了期刊名称和卷期信息，还标注出每种期刊的馆藏地。

1930 年，《辽宁省立图书馆馆刊》第 1 卷刊有夏万章所编《东北定期刊物一览》[4]，他从 1930 年 6 月展开调查，以该馆收到的刊物为限，按刊物出版周期排序，分为日刊、周刊、旬刊、半月刊、月刊、季刊等，共有 53 种，分别记录刊名、出版者和当时收到的期数。

---

[1] 中华图书馆协会执行委员会编纂：《中华图书馆协会第一次年会报告》，中华图书馆协会事务所，1929 年，第 167—168 页。
[2] 《中文期刊生卒调查表》，《中华图书馆协会会报》1934 年第 9 卷第 4 期。
[3] 孙心磐：《上海各图书馆杂志名目汇录》，《图书馆》1925 年第 1 期。原文作"孙心盘"，属于排印错误，径改。
[4] 夏万章编：《东北定期刊物一览》，《辽宁省立图书馆馆刊》1930 年第 1 卷。

1935年，时任岭南大学图书馆馆长的谭卓垣在《岭南学报》发表《广州定期刊物的调查（1827—1934）》[1]。据作者所言，搜集到的刊物总计竟在800份之上。此次调查所依据的材料十之八九来自岭南大学图书馆，除此之外，作者参考过几所著名大学编印的定期刊物目录和几本重要书籍，如戈公振的《中国报学史》《广州指南》等，还调查了西南政务委员会和出版审查会的登记。这份调查以年代为先后记录了刊物的名称、出版状况和内容，其中包括不少英文刊物和年代较为久远的刊物，而且开篇对广州定期刊物的历史和特点进行了十分详尽而深入的分析，不失为一篇优秀的论文，在所有定期刊物调查中独树一帜。

1936年，时任大夏大学图书馆主任的吕绍虞在《大夏图书馆报》发表《大夏大学出版刊物调查》[2]，此次调查了45种刊物，它们的出版者包括学校、学生会及同学会、学术团体、同乡会等，每种刊物记载出版者、创刊时间与出版期数、定价等，少数附有内容简介。

《中华图书馆协会会报》1926年刊载的《日本图书馆学杂志目录》[3]和1931年刊载的《现代图书馆应备之日文期刊目录》[4]属于外文期刊调查。两者都仅记刊名、出版者、地址信息，前者仅收图书馆学杂志14种，可谓专题期刊调查；而后者则将各期刊按总类、哲学、宗教、自然科学、应用科学、社会科学、地理、历史、语文、美术等分类，有些类目下还设有二级类目，共收录295种日文

---

[1] 谭卓垣：《广州定期刊物的调查（1827—1934）》，《岭南学报》1935年第4卷第3期。
[2] 吕绍虞：《大夏大学出版刊物调查》，《大夏图书馆报》1936年第2卷第3期。
[3] 《日本图书馆学杂志目录》，《中华图书馆协会会报》1926年第1卷第6期。
[4] 冷衷：《现代图书馆应备之日文期刊目录》，《中华图书馆协会会报》1931年第6卷第5期。

期刊。《现代图书馆应备之日文期刊目录》的作者冷衷称"图书馆采访常感无所凭借,加以种类繁多,取舍尤无标准可循",于是编此目录"贡备参考"。①

期刊的专题调查还有数种。其一是 1930 年《中华图书馆协会会报》发表的《中国政府出版期刊调查表》②,该调查表专门调查汇集中央各院部及省市县各机关出版之定期出版物,按中央、特别市(首都、北平、天津、上海、汉口、广州、青岛)以及各省市县分别列举刊名及出版者;其二是 1931 年《中华图书馆协会会报》发表的《江苏各县社会教育期刊表》③,该调查表共收江苏省各县社会教育类期刊 81 种;其三是 1932 年《国立北平图书馆读书月刊》刊载的《关于抗日刊物调查表》④,该调查表收集抗日刊物 50 余种;其四是 1935 年商务印刷所图书馆部《图书馆通讯》刊登的《国内定期出版图书馆刊物调查表》⑤,该调查表列有国内图书馆及图书馆协会的发行物 25 种;其五是 1935 年《中华图书馆协会会报》发表的《杂志专号集目》⑥,其由丁濬集目、于震寰编次,以 1934 年 12 月为断,收录杂志中专门讨论某一问题的专号(不含特大号、新年号、革新号等),按文化、学术会议、图书馆及目录学、哲学与宗教、教育等专题分类,共涉及 171 种杂志、约 560 条专号。

此外,鉴于"中国杂志种类虽繁,而殊鲜持久性,且多困于经

---

① 冷衷:《现代图书馆应备之日文期刊目录》,《中华图书馆协会会报》1931 年第 6 卷第 5 期。
② 冷衷:《中国政府出版期刊调查表》,《中华图书馆协会会报》1930 年第 6 卷第 1 期。
③ 陆铨:《江苏各县社会教育期刊表》,《中华图书馆协会会报》1931 年第 6 卷第 4 期。
④ 丽:《关于抗日刊物调查表》,《国立北平图书馆读书月刊》1932 年第 1 卷第 7 期。
⑤ 淑彬:《国内定期出版图书馆刊物调查表》,《图书馆通讯》1935 年第 1 期。
⑥ 丁濬、于震寰:《杂志专号集目》,《中华图书馆协会会报》1935 年第 10 卷第 5 期。

济，故昙花一现即杳无声息"①，新刊的调查对于图书馆和读者来说便很有实用价值。1932年，《中华图书馆协会会报》刊载《二十年度新刊中国期刊调查表》②，收录1931年度出版的期刊211种。

相对期刊调查来说，报纸调查的数量较少。1925年，上海图书馆协会《图书馆》创刊号刊载了《上海的报纸和通信社》③。1932年，《中华图书馆协会会报》刊载了严文郁所撰《美国之华文报纸》④，该文介绍了美国旧金山、纽约、芝加哥、檀香山以及古巴哈瓦那等地华文报纸的名称、地址、出版周期和定价。

除报刊以外，出版领域的团体机构也是图书馆协会所关注的对象。1935年，《中华图书馆协会会报》刊载了李景新所译《各国出版事业社团表》⑤，该文原作者是日本江原四郎，其漫游欧美时于所经之国调查关于图书事业之团体状况，撰成文章后发表于《日本出版年鉴（昭和九年）》。该文共记出版事业团体50家，包括国际团体，以及英国、德国、法国、诺威（挪威）、瑞典、丹麦、荷兰、意大利、奥大利（奥地利）、瑞士、美国、日本12个国家，内容包括名称、组织、事务所、职员、刊物等信息。

民国年间，随着新书及报刊日益普及，旧籍继续刊行者日稀，又因战乱等或毁损或流失海外，使文化界人士，尤其是图书馆界人士忧心，中国古代文化的保护和传承迫在眉睫。中华图书馆协会一

---

① 陈丽泉：《二十年度新刊中国期刊调查表》，《中华图书馆协会会报》1932年第7卷第4期。
② 陈丽泉：《二十年度新刊中国期刊调查表》，《中华图书馆协会会报》1932年第7卷第4期。
③ 中夏：《上海的报纸和通信社》，《图书馆》1925年第1期。
④ 严文郁：《美国之华文报纸》，《中华图书馆协会会报》1932年第7卷第5期。
⑤ 李景新译：《各国出版事业社团表》，《中华图书馆协会会报》1932年第10卷第4期。

方面提出若干防止典籍流失的议案，另一方面开展相关调查工作，以期明了状况和实施补救。

1926年，《中华图书馆协会会报》曾刊登《南京家刻版片调查初录》，未注明作者，但据1933年出版之《中华图书馆协会概况》所言"会员刘纯先生前于十五年间即有南京家刻板片之调查"① 可知，该文作者正是刘纯。其调查的用意是由于局刻和坊刻"或有目录可稽，调查尚易，独家刻一种，既无集中之处所，复往往畏为人知，深秘固藏，甚难得其真相"②，因而就南京家刻版片之版权人、书名、现存处所一一揭示。据1926年《图书馆学季刊》第1卷第4期末尾所附《著者略历》可知，刘纯字纯甫，南京人，是金陵大学图书馆馆员。③ 查《中华图书馆协会第一次年会报告》中"出席人员一览"里有刘纯甫，籍贯江苏江宁，所属机构亦为金陵大学图书馆。因此，孟国祥在其著作中所言"1927年，时为国立中央大学图书馆馆员的刘纯先生对南京书肆作过调查"④，其中对刘纯所在机构的描述是不正确的。

1929年1月29日，中华图书馆协会第一届年会上刘纯提交了"调查全国家刻版片资助印行案"，袁同礼提交了"请各省市政府调查及登记所属区域内所藏之书板经板及档案遇必要时得设法移送图书馆保存案"。经图书馆行政组第一次会议讨论，两案并为一案——"调查及登记全国公私板片编制目录案"通过，其办法为

---

① 中华图书馆协会执行委员会编纂：《中华图书馆协会概况》，中华图书馆协会事务所，1933年，第40页。
② 刘纯：《南京家刻版片调查初录》，《中华图书馆协会会报》1926年第2卷第2期。
③ 《著者略历》，《图书馆学季刊》1926年第1卷第4期。
④ 孟国祥：《南京文化的劫难（1937—1945）》，南京出版社，2017年，第115页。

"由本会执行委员会特组委员会办理。① 同时，国立中央大学国学图书馆提交的"请本会调查登记公私中外现存宋版书以便筹谋影印使勿亡佚案"、刘纯提交的"调查国内善本书籍编制目录案"、河北省立第一图书馆提交的"孤本书籍立行重印以广流传案"、上海沪江大学图书馆提交的"请国民政府转咨教育部下令全国民间所保存古籍社会所未能见者应请在附近书店仿印出版以便张明我国古学亦可借免古学湮没案"和"请国民政府收回庚子年被外人掳去之各种古籍（如《永乐大典》等）及其他陆续收去者请准我国影印收回以保存国粹案"五案经议决合并为"本会调查登记国内外公私所藏善本书籍编制目录以便筹谋影印案"，办法为由本会执行委员组织善本书籍调查委员会办理。②

据1929年4月刊行的《中华图书馆协会会报》记载，为执行第一届年会议决各案及共同研究学术起见，特组织9个专门委员会，其中就有版片调查委员会和宋元善本书调查委员会。③ 显然，这两个委员会的设立与上述两项议案直接相关。

版片调查委员会的主席为徐鸿宝，书记为王重民（北平北海图书馆），委员有庄严（北平古物保管委员会）、杨立诚（浙江省立图书馆）、赵鸿谦（中央大学国学图书馆）、柳诒徵、陈乃乾、欧阳祖经（江西省立图书馆）、胡广冶（安徽省立图书馆）、侯鸿鉴（福建省教育厅）、徐绍棨（广州中山大学）、何日章（河南图书馆）、聂

---

① 中华图书馆协会执行委员会编纂：《中华图书馆协会第一次年会报告》，中华图书馆协会事务所，1929年，第75页。
② 中华图书馆协会执行委员会编纂：《中华图书馆协会第一次年会报告》，中华图书馆协会事务所，1929年，第71—74页。
③ 《本会新组织之各委员会》，《中华图书馆协会会报》1929年第4卷第5期。

光甫（山西省立图书馆）。宋元善本书调查委员会主席柳诒徵任职中央大学国学图书馆，书记赵万里任职北平北海图书馆，委员有傅增湘、张元济、董康、徐鸿宝、周暹、陈乃乾、瞿启甲、单丕（国立中央研究院）、杨立诚、欧阳祖经、周延年（嘉业藏书楼）。

1929年10月，《中华图书馆协会会报》第5卷第1、2合期刊登了《中华图书馆协会版片调查委员会启事》和《中华图书馆协会善本调查委员会启事》，《图书馆学季刊》也刊载了这两则启事。两个委员会皆编制了调查表，其中版片调查表需向国立北平图书馆徐鸿宝或北平北海图书馆王重民函索，[①] 善本调查表则需向南京龙蟠里国学图书馆柳诒徵或北平北海图书馆赵万里函索。[②]

版片调查委员会"经努力进行，惟因困难稍多，成效较鲜"[③]，至1930年6月完成调查者只有河南、江苏、江西各处。善本调查委员会取得的成绩则颇为可观，至1930年6月已完成对江苏省立国学图书馆、东省（方）[④] 文化委员会图书馆、国立北平图书馆、江苏省立苏州图书馆、浙江省立图书馆的调查。[⑤] 1932年10月，善本调查委员会并入版片调查委员会，以柳诒徵为主席、缪凤林为书记。[⑥] 该委员会计划将嘉业藏书楼、松江韩氏藏书、南海康氏藏

[①] 《中华图书馆协会版片调查委员会启事》，《中华图书馆协会会报》1929年第5卷第1、2合期。
[②] 《中华图书馆协会善本调查委员会启事》，《中华图书馆协会会报》1929年第5卷第1、2合期。
[③] 《中华图书馆协会第五年度报告》，《中华图书馆协会会报》1930年第6卷第1期。
[④] 《中华图书馆协会会报》中为"省"，而《中华图书馆协会概况》中为"方"，以后者为准。
[⑤] 《中华图书馆协会第五年度报告》，《中华图书馆协会会报》1930年第6卷1期。
[⑥] 中华图书馆协会执行委员会编纂：《中华图书馆协会概况》，中华图书馆协会事务所，1933年，第40—41页。

书之宋元刊本——调查完尽。① 善本调查委员会的调查成果主要是以善本书目的形式呈现，由于规模较大，多由各馆自行刊印。笔者曾在相关数据库中见到赵万里所编《国立北平图书馆善本书目（四卷）》（1933年10月刊印），以及《康氏藏善本书目》《嘉业堂藏书楼善本书目》等，但仅从善本书目本身出发，难以判定其与善本调查委员会的关系。

四、其他调查

图书馆协会之所以会开展学术机关调查，是因为图书馆学者认为图书馆有服务学术界的责任。在1929年中华图书馆协会第一届年会上，李小缘提出"本会应调查全国之学术机关以供全国图书馆参考案"，其理由包括以下几点："（一）全国学术机关向缺调查无以参考；（二）如有此专册则可凭为交换或购书之根据；（三）全国学术机关之存废，可有详细记录，借可以稽考。"② 同时，李小缘提出由协会设立调查委员会以董其事、由各地图书馆负责照规例填表报告、由委员会整理稽核制为专册、由该委员会负责继续进行报告并每五年出一续册等办法。虽然这一议决案并未被很好地贯彻执行，但中华图书馆协会会员中仍有不少从事相关调查者。

国立北平图书馆李文裿所编《北平学术机关指南》③ 于1933年由北平图书馆协会出版，其将学术机关分为学会、研究院、博物院

---

① 《中华图书馆协会第八年度报告》，《中华图书馆协会会报》1933年第9卷第1期。
② 中华图书馆协会执行委员会编纂：《中华图书馆协会第一次年会报告》，中华图书馆协会事务所，1929年，第167页。
③ 李文裿编：《北平学术机关指南》，北平图书馆协会，1933年。

及陈列所、图书馆、大学及专科学校五大类,末尾增加"补遗",增补五家学术机关,调查内容包括名称、会址及电话、沿革及成立年月、组织、现在会务概况、将来计划、会长姓名、职员人数、经费、出版物等。

1940年,商务印书馆出版了卢震京的《图书学大辞典》(上、下册),其下册中收录了《全国学术机关一览表》。值得一提的是,该书还包括《全国重要期刊调查表》《全国重要报纸一览表》《外人在华重要报纸一览表》《中外重要书店一览表》《全国图书馆调查简表》等众多调查成果。

第四节 国际交流

自1914年韦棣华女士派沈祖荣赴美学习图书馆学起,"到1925年,共有16位学者赴海外学习图书馆学"[1],除杜定友留学于菲律宾、杨立诚留学于欧洲外,其他学者都留学于美国,他们搭建起了中国图书馆界与国际图书馆界,尤其与美国图书馆界联系的桥梁。美国图书馆协会拓展海外服务业务,并关注其他国家和地区的图书馆事业,这种国际化视野对中国图书馆学者产生了深刻的影响。中华图书馆协会的成立就是中美图书馆界合作的成果,中华图书馆协

---

[1] 韦庆媛:《民国时期图书馆学留学生群体的构成及分析》,《大学图书馆学报》2018年第3期。

会成立以后对与国际图书馆界的交流十分重视。作为代表中国图书馆界的全国性图书馆组织，中华图书馆协会参与国际交流活动最为频繁，而地方图书馆协会参与国际交流活动的机会相对较少。不过，北京（平）图书馆协会和上海图书馆协会由于地理位置和协会领导者的国际交往能力，遇有合适时机也积极开展国际交流活动。

1925年，《中华图书馆协会会报》刊行后，中华图书馆协会即寄赠欧美、日本各处，请其交换，并陆续接到复函应允。1925年8月18日，由华俄通信社介绍苏俄之交换机关——苏俄文化沟通社。中华图书馆协会打算在教育部出版品国际交换局成立后，按期寄送会报至该交换局，请其代为转寄。中华图书馆协会成立一年间，已与英国、美国、法国、德国、比利时、西班牙、捷克、苏俄、日本各国实行交换。[①]《图书馆学季刊》创刊后，除赠送国外相关机构外，亦有不少海外订购者。图书馆协会所办期刊中经常刊载国际图书馆界的消息，介绍国外图书馆学图书与杂志，并刊登国外图书馆学理论著作的译文。

一、美国图书馆协会

中华图书馆协会的诞生与美国图书馆协会派遣鲍士伟来华有直接关系。在鲍士伟抵达中国之前，中国已有北京图书馆协会、浙江省会图书馆协会、南阳图书馆协会、开封图书馆协会、天津图书馆协会、南京图书馆协会、上海图书馆协会、江苏图书馆协会、济南图书馆协会、广州图书馆协会10个地方图书馆协会。虽未能确定

---

① 《中华图书馆协会第一周年报告》，《中华图书馆协会会报》1926年第2卷第1期。

苏州图书馆协会的具体成立日期是否在鲍士伟抵华之前,但在他于1925年5月5日到达苏州时,苏州图书馆协会与其他教育团体、青年会等均派代表表示欢迎。在鲍士伟调查中国图书馆事业发展状况期间,参与接待的图书馆协会除中华图书馆协会外,还有上海图书馆协会、浙江省会图书馆协会、南京图书馆协会、苏州图书馆协会、北京图书馆协会、天津图书馆协会、济南图书馆协会,这是中美两国图书馆协会之间最初的交往。

1925年5月24日,中华图书馆协会执行部干事会议议决委托刘国钧(当时仍在美国留学)代表中华图书馆协会出席美国图书馆协会1925年年会,又用协会临时费购纪念物(元魏时瓦质牛车)一个,委托王永礼由上海送到捷克逊总统的船上,托鲍士伟博士返美时代交,美国图书馆协会收到后来函致谢。① 6月2日,中华图书馆协会在北京举行成立仪式,鲍士伟作为美国图书馆协会代表出席并发表演说。当日,中华图书馆协会还推举美国图书馆学家杜威等人担任名誉会员。9月12日,杜威复函追溯美国图书馆协会的历史,并给予中华图书馆协会鼓励。②

1926年夏,美国为纪念建国一百五十周年举办世界博览会,邀请中国参与,并望于教育方面特为注重。中华图书馆协会接中华教育改进社来函,请向国内征集关于图书馆设备、建筑等影片及模型。中华图书馆协会执行部即分函国内较著名之图书馆,请其从速准备,后共收到影片20余部并加说明书,于5月间送往中华教育改进社运美展览。③ 展品深得该博览会当局及一般民众赞许。该博

---

① 《中华图书馆协会第一周年报告》,《中华图书馆协会会报》1926年第2卷第1期。
② 《会务纪要:杜威博士来函》,《中华图书馆协会会报》1925年第1卷第3期。
③ 《中华图书馆协会第一周年报告》,《中华图书馆协会会报》1926年第2卷第1期。

览会审查委员会审查结果后，以中华图书馆协会对于促进中国民众教育所作贡献颇多，特颁发奖凭一纸，并托纽约华美协进社转寄中华图书馆协会。①

1926年是美国图书馆协会成立五十周年，早在三年前，美国图书馆协会即组织筹备委员会，中华图书馆协会对于此次会议亦早早关注。1926年10月4日至9日，美国图书馆协会第四十八届年会暨成立五十周年纪念大会在大西洋城及费城举行。中华图书馆协会除发贺电外，还派在美会员裘开明、桂质柏及韦棣华女士三人为出席代表。②据郭秉文所撰《美洲图书馆协会纪念会报告（专件）》介绍，此次到会人数共计2300余人，其中外国代表50人，代表24国；中国代表5人，分别为中华图书馆协会代表裘开明、济南图书馆协会代表桂质柏、武昌华中大学文华图书科代表韦棣华、华美协进社代表寿景伟及郭秉文，郭秉文既是中华教育改进社代表，又是中国教育部代表。③不过，裘开明在《美国图书馆协会五十周纪念大会》中称被邀请之24国中，到者19，代表共51人，桂质柏代表的是齐鲁大学图书馆。④裘开明与桂质柏还联名向大会提交英文论文《中国的图书馆》（Libraries in China），该文被收入《美国图书馆协会会报》大会论文集特刊。⑤10月5日晚，郭秉文代表中国在

---

① 《中华图书馆协会第二周年报告》，《中华图书馆协会会报》1927年第3卷第2期。
② 《中华图书馆协会第二周年报告》，《中华图书馆协会会报》1927年第3卷第2期。
③ 郭秉文：《美洲图书馆协会纪念会报告（专件）》，《新教育评论》1926年第3卷第3期。
④ 裘开明：《美国图书馆协会五十周纪念大会》，《图书馆学季刊》1926年第1卷第4期。
⑤ Alfred Kaiming Chiu, John C. B. Kwei, "Libraries in China," *Bulletin of the American Library Association* 20, No. 10 (1926): 194—196.

大会上发表演说,其演讲词《中国图书馆之历史及其文化上之地位》①(The Evolution of the Chinese Libraries and its Relation to Chinese Culture)也发表于《美国图书馆协会会报》大会论文集特刊。②裘开明称:"听者咸谓中国代表之演说为是晚之冠。"③因鲍士伟此前受中华教育改进社邀请来华,美国图书馆协会特别安排鲍士伟担任郭秉文的特别招待以答谢旧谊。④10月7日晚,美国《图书馆杂志》主笔鲍克(R. R. Bowker)担任会议主席,他向会上全体会员介绍韦棣华女士,略述其在中国所经营之图书馆事业及获得的成绩。⑤会后参观费城万国博览会上美国图书馆五十年发展史之展览,展品中有中华图书馆协会所赠泥牛书车。

1933年10月16日至21日,美国图书馆协会第五十五届年会在芝加哥举办,裘开明代表中华图书馆协会出席。关于该次会议基本情况的介绍刊于《中华图书馆协会会报》。⑥

1937年,鉴于美国图书馆协会派鲍士伟博士来华考察中国图书馆事业对中国现代图书馆事业产生了巨大的促进作用,中华图书馆协会拟邀请美国图书馆学专家毕孝普(W. W. Bishop)博士来

---

① 该英文稿的中文译名来自郭秉文《美洲图书馆协会纪念会报告(专件)》,裘开明在《美国图书馆协会五十周纪念大会》中则将其译为《中华图书馆之发达与中国文化之关系》,与英文更贴近,但为尊重原作者计,还是选用郭秉文所用中文译名。
② P. W. Kuo, "The Evolution of the Chinese Libraries and its Relation to Chinese Culture," *Bulletin of the American Library Association* 20, No. 10 (1926): 189—194.
③ 裘开明:《美国图书馆协会五十周纪念大会》,《图书馆学季刊》1926年第1卷第4期。
④ 郭秉文:《美洲图书馆协会纪念会报告(专件)》,《新教育评论》1926年第3卷第3期。
⑤ 裘开明:《美国图书馆协会五十周纪念大会》,《图书馆学季刊》1926年第1卷第4期。
⑥ 《美国图书馆协会五五次大会》,《中华图书馆协会会报》1933年第9卷第3期。

华考察中国图书馆事业发展状况，为中国图书馆事业发展提出建议，俾资改进。原定毕孝普博士9月初偕夫人来华，在华停留3个月，日程和路线已计划好，且于4月中旬函请各地重要图书馆编制各馆英文概况，于8月杪寄送中华图书馆协会，以供毕孝普博士参考，① 可惜毕孝普博士来华考察一事因日本发动全面侵华战争而未能成行。

抗战全面爆发后，我国文化教育事业遭受浩劫，损失惨重。中华图书馆协会于1938年致函美国图书馆协会吁请援助。美国图书馆协会发起大规模的征书运动，至1939年已有200余箱图书运抵香港。中华图书馆协会为表谢忱，特赠予该会金漆木匣一件。在美国图书馆协会召开第六十一届年会时，该会理事长汇报了此事，并将赠品陈列，以备众览。②

1941年，鉴于第二次世界大战中被毁之图书馆急需救济，美国图书馆协会特设战区图书馆救济委员会，专事调查救济之需要，以及复兴被战祸毁损各图书馆之方法。该委员会需要搜集各图书馆相关报告，包括图书馆原来状况、入藏数量、被毁图书数目、阅览人种类、图书馆性质等，并已委托中华图书馆协会代为调查。③

1943年11月，中华图书馆协会理事长袁同礼将我国图书馆因战事所受之损失、目前工作概况以及今后复兴计划写成英文备忘录，邮寄美国图书馆协会。1944年2月11日，该会复函称拟将该

---

① 《本会邀请美图书馆专家毕少博来华视察》，《中华图书馆协会会报》1937年第12卷第5期。
② 《美国图书馆协会第六十一届年会志略》，《中华图书馆协会会报》1939年第14卷第2、3合期。
③ 《美国图书馆协会设战区图书馆救济委员会》，《中华图书馆协会会报》1944年第18卷第3期。

文印在《图书馆杂志》内，以广流传，并称备忘录中所述中美文化合作的办法，与 1943 年 10 月美国图书馆协会国际关系委员会商议之各项计划不约而同。①

1944 年，中华图书馆协会举办第六届年会时，美国图书馆协会发来贺电。同年，美国图书馆协会致函中华图书馆协会，称为协助中国战后图书馆事业之复兴，并促进中美两国图书馆界之友谊，拟派一位图书馆专家来华访问。中华图书馆协会理事长袁同礼在征得教育部部长陈立夫的同意后，复函表示欢迎。美国图书馆协会接函后，决定派哥伦比亚大学图书馆馆长怀特（Carl White）博士来华，并由美国国务院加以委任，其将于 1944 年 12 月抵渝。② 中华图书馆协会为此呈请教育部、社会部拨款，并向各大银行募捐款项，又组织各方积极筹备接待事宜，但美国军事当局以时局紧张为由，对与战事无关之访问拒发护照，怀特之行被迫取消。③

1944 年 11 月 29 日，中华图书馆协会召开理监事联席会议，因理事长袁同礼被行政院派往美国公干，该会议议决由袁同礼代表中华图书馆协会向美国图书馆协会致意。④ 袁同礼抵美后，美国图书馆协会设宴招待，并约国务院远东司、文化司诸人作陪，袁同礼即席发表演说。⑤ 后来，美国图书馆协会会长及执行秘书特别致函行政院宋子文院长，提出袁同礼在美之谈论与演说使美国学者了解了

---

① 《美国图书馆协会函谢本会》，《中华图书馆协会会报》1944 年第 18 卷第 3 期。
② 《美国图书馆协会代表怀特来华考察》，《中华图书馆协会会报》1944 年第 18 卷第 5、6 合期。
③ 《怀特访华之行取消》，《中华图书馆协会会报》1945 年第 19 卷第 1、2、3 合期。
④ 《中华图书馆协会理监事联席会议纪录》，《中华图书馆协会会报》1944 年 18 卷第 5、6 合期。
⑤ 《中华图书馆协会三十三年度工作报告》，《中华图书馆协会会报》1944 年 18 卷第 5、6 合期。

中国发展教育文化设施之要求，其与美国图书馆界人士之商谈也加强了中美图书馆之间的相互了解。①

1945年6月创刊的《图书馆学报》中刊载了蓝乾章翻译的由美国图书馆协会远东及西南太平洋委员会所拟的《中美文化关系中关于图书馆事业的计划草案》②，该草案针对如何满足美国图书馆所需中国书籍和杂志，以及中国图书馆所需美国书籍等分别提出建议，同时提出在中国设立一个美国图书馆，并提议美国图书馆协会与其他机关给予战后愿去美国继续研究图书馆学的中国学生奖学金或经济上的援助，且安排两国图书馆员互相交换。最后，该草案对于合作关系提出两点建议：一是由中华图书馆协会与美国图书馆协会组织成立一个中美图书馆关系联合委员会；二是派遣一位图书馆学专家前往中国，协助建立两国图书馆学者之间的密切关系，并对将要建立的美国图书馆进行部署。

1947年5月下旬，中华图书馆协会理事、国立罗斯福图书馆筹备委员会秘书严文郁应美国图书馆协会之邀，赴美考察图书馆事业。在美期间，严文郁还代表中华图书馆协会出席了于6月29日至7月5日召开的美国图书馆协会年会。除去往来途中花费的时间，严文郁在美国勾留了7个多月，一共参观考察了23个州。③ 严文郁于1948年1月回国，在美期间募得图书2万余册。④ 2月1日，

---

① 《美国图书馆协会感谢袁理事长访美》，《中华图书馆协会会报》1945年第19卷第4、5、6合期。
② 美国图书馆协会远东及西南太平洋委员会拟，蓝乾章译：《中美文化关系中关于图书馆事业的计划草案》，《图书馆学报》1945年第1期。
③ 严文郁：《美国图书馆之新趋势》，《中华图书馆协会会报》1948年第21卷第3、4合期。
④ 《会员消息》，《中华图书馆协会会报》1948年第21卷第3、4合期。

他在文华图专南京同学会上发表讲演，其讲演以《美国图书馆之新趋势》为题发表于《中华图书馆协会会报》。

1948年，美国图书馆协会远东委员会主席白朗（Charles Brown）及美国国会图书馆副馆长克莱普（Verner Clapp）因公赴日之前，借机来华与我国图书馆界讨论合作事项，于1月10日抵达南京。翌日，中华图书馆协会在成贤街48号举办鸡尾酒会招待二位，政府首长、学界名宿及各使馆文化官员皆莅临，中央图书馆同时展览稀见善本。在南京期间，白朗和克莱普参观了中央图书馆、中央大学图书馆、农林部图书馆、金陵大学图书馆、金陵女子大学图书馆、国学图书馆、政治大学及国防部图书馆。13日，白朗和克莱普与美使馆人员讨论中美文化合作事项。14日下午，中华图书馆协会假中央图书馆举行座谈会，由协会理事李小缘、洪有丰两位主持，讨论中美图书馆事业合作问题。白朗建议中美教育文化基金董事会拨款协助发展中国图书馆事业，可能即派图书馆专家二人来华协助训练图书馆人才，讨论决定由中华图书馆协会成立计划小组，确定二位专家之工作范围。克莱普则详细介绍了美国国会图书馆的工作情形，之后称美国图书馆协会统筹图书编目工作，以目录片分售各地图书馆，免却人力财力之重复消耗，成效甚著，希望各国皆能采用此制度。15日，二位专家飞往北平，参观了北京大学、协和医学院、北平图书馆。16日，中华图书馆协会理事长袁同礼宴请二位专家。18日，中华图书馆协会名誉会员胡适先生宴请二位专家，中华图书馆协会在北平同人假北平图书馆集会表示欢迎。二位专家因身体不适未及参观清华大学图书馆、燕京大学图书馆，于19日飞回上海休息。21日，二位专家往苏州参观社会教育学院，对于该院图书博物馆系甚感满意。23日，白朗偕美国新闻处图书馆主任佟普森女士飞往广州参观；克莱普则留沪参观徐家汇藏书楼、鸿英图书馆、市立图书馆等，并参与文华图专上海同学会欢迎严文郁自美抵沪之宴会。24 日，克莱普前往教育部驻沪图书仪器提运清理处及附近的合众图书馆，又参观了一旧书肆。25 日，严文郁、于震寰两位陪同克莱普前往杭州参观浙江省立图书馆及浙江大学图书馆，受到省政府秘书长雷法章、教育厅厅长李超英及浙江大学竺可桢校长的接待。26 日，白朗自广州回沪。适中央图书馆馆长蒋复璁来沪，27 日他便与严文郁、于震寰及美国图书馆二位专家一同在美国俱乐部就餐，席间畅谈国际图书馆合作事项。28 日，二位专家飞往东京。[①]

二、国际图书馆协会联合会

1926 年 10 月 4 日至 9 日，美国图书馆协会召开五十周年纪念大会，会上颇多关于国际图书馆协助的讨论。其中，10 月 7 日，会议讨论本年 7 月 1 日法国图书馆协会会长在世界图书馆家联席会上提出的拟设图书馆国际常备委员会一案，各国代表认为须回国与本国图书馆协会商量后方可投票，故该案暂时搁置。犹太代表还在这次会议上提出各国图书馆馆员交换案，但无甚结果。会后，美国图书馆协会建议组织国际图书馆委员会（World Library Federation）。嗣后国际联盟智育合作委员会（International Institute of Intellectual Cooperation）召开图书馆专家会议，提议拟设立图书馆事务处（Library Service）。这两项议案定于 1927 年 9 月英国图书馆协会爱

---

① 《图书馆界：白朗、克莱普二氏来华本会在京平各地招待》，《中华图书馆协会会报》1948 年第 21 卷第 3、4 合期。

丁堡大会上进行最后的讨论。此前已致函中华图书馆协会征询关于这两项议案的意见,中华图书馆协会分别复函表示赞同。

中华图书馆协会委托当时在美国的韦棣华女士代表中华图书馆协会出席1927年英国图书馆协会成立五十周年纪念大会,会上十五国图书馆协会代表签署了"发起成立国际图书馆及目录委员会议决案",韦棣华女士代表中华图书馆协会签署了该案。1928年春,各国图书馆协会相继正式承认该组织,于是该组织正式成立,这便是国际图书馆协会联合会(下文简称"国际图联")的前身。

1929年6月15日至30日,在罗马及威尼斯召开第一次国际图书馆及目录学会议(The First Congress of Libraries and Bibliography)。中华图书馆协会推派沈祖荣代表中国图书馆界出席大会,同时呈请国民政府教育部兼委沈祖荣为国民政府代表与会。为准备此次会议,1928年3月8日,中华图书馆协会邀请16名专家组成筹备委员会,约请专家撰写参会论文,同时征集图书馆展品。后来顾子刚、戴志骞、沈祖荣、胡庆生等人撰写的英文论文被汇编成英文论文集 *Libraries in China*(《中国的图书馆》),沈祖荣携带这本论文集参加大会,并与众人进行交流。中华图书馆协会同时约请在美国的裘开明和桂质柏将英文论文直接寄给罗马大会主席。沈祖荣还受中华图书馆协会委托,在大会闭幕后考察了德国、意大利、荷兰、英国、法国、瑞士、苏联和奥地利等国家的图书馆事业。在考察莱比锡德国国家图书馆时,沈祖荣受到馆长邬兰德博士的热情接待。当沈祖荣提出将来中国派人来欧洲研究图书馆请其协助时,邬兰德馆长竭诚接受,并表示"凡由华赴该馆研究之人,在服务时,非特照拂其衣食住，尤愿酌给津贴与凭证"①。在参观普鲁士省立图书馆后拜会克柔司馆长时，沈祖荣再次提议将来双方互派人员进行研究交流，对方亦极愿赞助，故沈祖荣回国后在给教育部的呈文中提出："望我政府与协会遇有此项人材，即行派遣，予以深造之机也。"②此后中德间图书馆员之学习交流，与此次沈祖荣参观调查德国图书馆事业时打下的基础不无关系。

自加入国际图联之后，中华图书馆协会十分重视其年会，但由于经费问题，无法派专人自中国参会，一般都委托在海外的会员就便参加。不过，即便没有代表参会，中华图书馆协会也会尽量寄送介绍中国图书馆界情形之英文资料。1933年，恰逢国际图联于10月14日至16日在美国芝加哥和11月13日至14日在法国阿维尼翁举办第六届年会，中华图书馆协会便委托中华图书馆协会会员、时任哈佛大学汉和图书馆主任的裘开明为代表出席年会。

三、其他国际交流

1925年4月6日，日内瓦国际联盟智育合作委员会所设国际大学询问处议决按年编制世界各国名著目录。中华图书馆协会执行部以其作为全国图书馆之总机关，应负责分担中国部分，并拟定程序五条，向国内征集新出版之名著目录。同年11月4日，该委员会来函表示欢迎和感谢。③

---

① 沈祖荣：《参加国际图书馆第一次大会及欧洲图书馆概况调查报告》，《中华图书馆协会会报》1929年第5卷第3期。
② 沈祖荣：《参加国际图书馆第一次大会及欧洲图书馆概况调查报告》，《中华图书馆协会会报》1929年第5卷第3期。
③ 《中华图书馆协会第一周年报告》，《中华图书馆协会会报》1926年第2卷第1期。

1926年7月，上海图书馆协会派杜定友赴日参观考察日本图书馆事业。① 1926年，法国政府派莱尼爱女士来华考察图书馆事业。上海图书馆协会以莱尼爱女士系图书馆学专家，此次来华与我国文化事业关系甚巨，于8月6日假北京路功德林开会欢迎，参加者有20余个团体。②

1929年1月，中华图书馆协会召开第一届年会时，德国图书馆协会派代表莱斯米博士来华出席年会，并作讲演。1929年3月31日，北平图书馆协会在该年度第四次常会上邀请莱斯米作题为《德国研究中华文化之概况》的讲演。

第五节 专业教育

无疑，欧美具有现代图书馆学思想的专业人才及其图书馆学理论最初都是在图书馆实践工作中产生的，他们绝大多数都是图书馆馆长或骨干，从事具体的图书馆工作。中国早期现代图书馆人才，如沈祖荣、戴志骞、吴汉章、洪有丰、袁同礼、沈学植、孙心磐、朱家治、施廷镛、刘国钧等无不具有图书馆工作经验，他们当中有不少人后来又去美国图书馆学校学习图书馆学，在接受了美国图书馆学专业教育之后，他们才意识到图书馆实际工作中存在的这种传

---

① 《上海图书馆协会派员赴日考察》，《申报》1926年7月10日第11版。
② 《昨晚各团体欢迎莱尼爱女士纪》，《申报》1926年8月7日第11版。

统的师徒制学习已经难以满足现代图书馆事业发展的需要，发展图书馆学专业教育才是迅速培养现代图书馆事业所需人才、推动中国现代图书馆事业发展的首要大事。在图书馆协会正式成立之前，中国的图书馆学学者们已经开始尝试开展多种专业教育。

1920年3月正式招生的文华图书科，最初就是作为武昌文华大学的一个重要学科开办的。它开创了中国大学设立图书馆学专科的首例。它的成功离不开文华大学早期的支持，离不开韦棣华女士在中国发展图书馆事业的坚韧和执着，其中她在美国募集的资金和图书等起到了至关重要的作用。这些都不具备可复制性。有了资金、管理、人才的保障，文华图书科才能够自1929年起走上独立办学的道路，改称"私立武昌文华图书馆学专科学校"，成为民国时期唯一的图书馆学专科学校。

1920年春季，戴志骞、程时烺与北京图书馆协会热心人士商议在暑期举办图书馆学讲习班，后来因北京高等师范学校校长要求主办，此事便交由北京高等师范学校组织。此后，戴志骞还曾与北京高等师范学校校长和南京高等师范学校校长讨论在这两所师范学校设立图书馆学科，虽然他们完全赞成这项提议，但还是由于资金缺乏而未能实现。洪有丰在《东南大学图书馆述要》中提及孟芳图书馆建成后次第进行的三件事中也有设图书馆学科一项，[①] 亦未能实现。1922年，戴志骞在中华教育改进社第一届年会图书馆教育组会议上提出"中国师范学校及高等师范学校应增设图书馆管理科案"，议决通过。

1921年9月，杜定友被任命为广州市立师范学校校长。10月

[①] 洪有丰讲演，施廷镛笔记：《东南大学图书馆述要》，《新教育》1923年第6卷第1期。

下旬，杜定友在市师开设图书管理科，"为中国师范教育开设图书馆学之首创"①。1922年，杜定友以广东全省教育会的名义筹办图书馆管理员养成所，针对中学在职教员进行短期图书馆学培训。

1923年，南京东南大学举办暑期学校，将图书馆学程纳入其中。奉天省立第一师范学校职校附设小学教员张秉彝自费选考图书馆学程，学习结束回奉之后，改任图书馆管理员，并本所学从事整顿，编有《讲习图书馆学程报告》。该师范学校校长将该报告上呈奉天省教育厅，请赐教正然后登报或付梓通行，以谋改善该省图书馆，并请酌给该员补助以示激励。②这份学程报告及相关函件后登载于《奉天公报》。可见，图书馆学教育对于培养人才、普及图书馆学知识、推进图书馆事业发展具有十分重大的意义。

1924年，袁同礼回国后，北京大学新成立的教育系即开设图书学科目作为学生的选修课，包括图书利用法、图书馆学、目录学、图书馆史四门课程，由袁同礼担任主讲。③有直接证据表明，除图书馆史外，另外三门课直到1930年还在开设，并且还在印刷讲义。④

这些图书馆学教育的先行者们以自己的力量开拓着图书馆学教育事业，也为图书馆协会致力于图书馆学专业教育积累了经验与教训。教育是一项投入巨大的事业，民国时期存在种种不利于图书馆事业发展的因素，在这样的社会环境下，单纯依靠个人之力兴办图书馆学教育几乎是不可能的，单纯依靠图书馆协会的力量兴办图书

---

① 王子舟：《杜定友和中国图书馆学》，北京图书馆出版社，2002年，第211页。
② 《奉天教育厅训令第302号》，《奉天公报》1923年10月27日第4181号。
③ 范凡：《论北京大学图书馆学教育的起始时间》，《图书馆论坛》2018年第12期。
④ 范凡：《论北京大学图书馆学教育的起始时间》，《图书馆论坛》2018年第12期。

馆学专业教育也是很难的。不过，图书馆协会的成立毕竟集合了图书馆界的力量，方便整合各种资源，对于推动图书馆学专业教育起到了多方面的作用。首先，图书馆协会集合了全国教育文化界、图书馆界的名流专家，他们的智慧和思想为图书馆学专业教育指引了方向；其次，图书馆协会以召开年会、编辑出版图书和刊物等形式汇集了图书馆界有关图书馆学专业教育的思想、举措、进展状况等，并在各类会员中广泛传播，沟通了教育的施方与受方，既有助于图书馆学专业教育的课程设置、教学方式等与现实需求进行对接，也有利于寻找师资，还方便了招生和就业，同时有助于不同教育机构互相学习、取长补短；再次，中华图书馆协会作为全国图书馆界的代表，可以向中央和地方教育行政主管机构表达诉求，通过教育团体会议提交有关议案，向各级各类学校和全国各图书馆发函提出建议，通过这些方式推动图书馆学专业教育各项议案的施行。

值得一提的是，有些地方图书馆协会明确将图书馆学教育纳入协会的章程中。1924年上海图书馆协会成立时，通过的章程中"事业"条款下列有十五项，其中第十一项为"设立图书馆学讲习会"。1929年修改章程，第十一项改为"设立图书馆学讲习会及函授学校"。此外，1929年太原图书馆协会成立时，修改通过的章程中拟办事项的第五项为"设立图书馆学校，或请求教育厅在师范学校附设图书馆专修科，及各班加授图书馆学科，并提倡图书馆讲习会，培养图书馆人才，俾改造图书馆事业"。虽然由于种种条件的限制，这些地方图书馆协会未能真正实现这些目标，但这些举措表明了他们对于图书馆学专业教育的重视。

一、提供图书馆学专业教育指导思想

1925年6月2日，中华图书馆协会董事部部长梁启超在中华图书馆协会成立会上发表演说，提出中国图书馆协会应负有两种责任：第一是建设"中国的图书馆学"，第二是养成管理图书馆人才。他还指出培养之法："不能专靠一个光杆的图书馆学校，最好是有一个规模完整的图书馆，将学校附设其中，一面教以理论，一面从事实习。"① 他更指出图书馆人才不应仅具备普通图书馆学知识，他们还应该是"中国的图书馆学"的发源地。梁启超实际上指出了图书馆人才培养的两大重要问题：一个是理论与实践结合，即图书馆学校要与图书馆密切联系，实际上文华图书科的办学正是采用的这种模式，该科与文华公书林有着十分密切的关系；另一个是图书馆人才在掌握西方图书馆学知识的同时还应该从中国传统图书馆学中汲取营养，去解决中国图书馆的实际问题，以达成建设"中国的图书馆学"的目标。这一图书馆学教育思想成为指导民国时期图书馆学教育的核心精神，并得到了很好的贯彻。

沈祖荣作为民国时期唯一一所图书馆学专科学校的"掌舵人"，在学校教学、教育和管理工作方面成绩卓著，在图书馆学专业教育方面积累了很多经验和见解。1935年，沈祖荣发表《谈图书馆专业教育》一文。他说一般人对图书馆学专业教育存在误解，认定图书馆训练只是机械工作的训练，由此他指出："图书馆专业训练，固然也注意技术的教学，但因为它本身成为这项专门学术事业，乃

---

① 梁启超：《中华图书馆协会成立会演说辞》，《中华图书馆协会会报》1925年第1卷第1期。

是与一切学术文化事业和教育事功,不可以须臾离,是息息相关、脉脉相承,直截可以说,乃全然是学术文化事业和教育之重要的一部分。"这一论点的基点是他认为"图书馆是研究学术、沟通文化、辅佐教育的机关",因此图书馆学专业教育的旨趣是"凡是获得这项专门训练的,便可以为社会国家服务,以这项专门学术事业,去推进本国学术文化教育的进展"。① 在谈论图书馆学专业教育之前,他提到图书馆对于国家的贡献是巨大的,是多方面的,它是国家知识的宝库、文化的源泉。单从教育立场来说,图书馆学专业教育的不发达、不完善会影响到社会教育、学校教育、专门教育和高等教育。接下来,他总结了兴办图书馆学专业教育的各种方式和中国现有的图书馆学专业教育,其中谈到了某些教育存在的问题,譬如在大学或师范学校开设图书馆学课程存在三个问题:一是缺乏专门师资;二是难以获得很好的实习机会与设备;三是有些学生选修图书馆学课程的目的是获得学分,并不是对图书馆学感兴趣或有所了解。最后他谈到了实施图书馆学专业教育的几点困难:一是课程过多过杂,既要有中外图书馆通用的图书馆经营法、图书馆行政,又要结合中国图书馆事业的特点讲授图书馆的组织、管理、行政、方法等。至于目录学、编目法、分类法、参考法、书籍选择和图书馆史等均须中西兼备,还要有一般学校必须设置的外国语,与图书馆相关的档案管理、序列法、索引法、古器物学等,以及馆员亟应补习的科目如应用簿记会计。二是师资问题。图书馆学教职员的待遇不高,既对图书馆学有研究又在学校教育和教学法方面有素养的教师不多。三是学生的知识水平和出路问题。图书馆学虽然是专科,

---

① 沈祖荣:《谈图书馆专业教育》,《湖北教育月刊》1935年第2卷第4期。

但相比其他专科,对学生知识水平的要求更高,普通高中毕业生不具备接受此类教育的知识素养,图书馆学的招生对象是大学本科二年级的学生,而他们一般愿意继续读书以获取大学本科毕业证书或学位证书,因此图书馆学招生困难。至于出路,合乎理想标准的图书馆寥寥无几。四是经费问题。图书馆专业训练需要充分实习和特别训练,各种设备和材料必不可少,但所招学生数量不多,学费收入有限。这些问题的解决之方,便又回到开篇,使图书馆学专业教育真正达成其旨趣,便可端正社会对图书馆学专业教育价值的认识,确定图书馆学专业教育的地位,如此便容易得到教育界、学术界人士和一般国人对这一教育事业的赞许和扶助。沈祖荣作此文也是在为此而努力,他希望让社会更加了解图书馆学专业教育的目标、内容,以及实施时所遇到的困难,进而可以共同促进其发展。沈祖荣关于图书馆学专业教育的观点,实际上是基于他的图书馆服务于国家和社会、服务于学术文化和教育界、服务于各界人士的观念。

抗日战争全面爆发以后,兴办图书馆的环境为之大变,沈祖荣在 1939 年发表了《今后二年之推进图书馆教育》[①]和《图书馆教育的战时需要与实际》[②],提出在战时特殊情形下图书馆学教育要兼具增强抗战建国力量的目的,这与其在《谈图书馆专业教育》中所持的观点一脉相承,即图书馆要服务于国家和人民。在谈及图书馆学教育的时候,他仍然强调不同环境下图书馆工作面临的问题,言下之意,图书馆学教育就是培养能适应图书馆工作,帮助图书馆达成

---

① 沈祖荣:《今后二年之推进图书馆教育》,《建国教育》1939 年第 1 卷第 2 期。
② 沈祖荣:《图书馆教育的战时需要与实际》,《中华图书馆协会会报》1939 年第 13 卷第 4 期。

其社会价值的各类人才。

当然，除沈祖荣之外，不少图书馆协会的会员都发表过对于图书馆学教育的观点和研究，如马宗荣《现代图书馆教育论》[①]、杜定友《图书馆教育谈片》[②]、钱亚新《图书馆教育的鸟瞰》[③] 等。这些文章的发表既有助于使教育界认识和了解图书馆学教育，以争取他们的支持，又为图书馆界人士开展图书馆学教育指明了方向、提供了指导。

二、推动图书馆学专业教育之议案

中华图书馆协会成立不久即组织五个专门委员会，图书馆教育委员会是其中人数最多的一个，这体现出图书馆学教育是当时图书馆界关注的焦点。1929年1月，中华图书馆协会在南京召开第一届年会，图书馆教育组的提案很多，原提案人中有上海图书馆协会、北平图书馆协会等地方图书馆协会，南开大学图书馆、沪江大学图书馆等大学图书馆，山西公立图书馆、厦门图书馆等公共图书馆，陕西省教育厅，以及李小缘、黄星辉、欧阳祖经、沈孝祥、杨昭悊、胡庆生、杨希章等个人会员。因将多项议案合并，故最终通过者共有五项。其一，合并三案为"由中华图书馆协会拟定图书馆学课程请教育部核定施行案"。其二，合并十五案为"训练图书馆专门人才案"，办法有三：请教育部设立图书馆专门学校或分配津贴给已开办之图书馆学校；请教育部通令各国立大学添设图书馆学课

---

① 马宗荣：《现代图书馆教育论》，《教育与民众》1929年第1卷第3期、1929年第1卷第4期、1930年第1卷第8期。
② 杜定友讲，朱秉国记：《图书馆教育谈片》，《教育与社会》1931年第12期。
③ 钱亚新：《图书馆教育的鸟瞰》，《教育与社会》1948年第7卷第3、4合期。

程或图书馆学系；请教育部逐年举行图书馆学考试，选最优者资送留学。其三，合并四案为"中学或师范学校课程中加图书馆学每周一二小时案"，办法是由教育部通令各省教育厅转饬各校加授，在师范学校为必修科，在中学为选修科。其四，合并四案为"请中华图书馆协会在每暑假期内组织图书馆学暑期学校案"。其五，合并七案为"各种各级学校应有有步骤的图书馆使用法指导案"，办法是请教育部通令全国各级公私立学校，以下列图书馆使用法作为指导，将步骤列入正课，并于入学试验时举行此项测验。（1）幼稚园：培养爱护书籍之习惯；（2）小学：灌输关于书籍之基本造法及图书馆目录性质、功用等；（3）中学：指导图书馆管理法及其用法；（4）大学：训练目录用法及实用目录学。

第一届年会后，中华图书馆协会执行部将议决案整理妥当交由政府推行者，分别呈请国民政府和教育部审核施行。教育部随后发出第627号训令，通令各地教育厅局遵照办理，并随时具报实施情况，其中需奉行之事项有"每年考选留学生时，应视地方需要情形，酌定图书馆学名额"和"转饬省立或私立大学，于文学院或教育学院内，酌设图书馆学程或图书馆学系"两项。[①] 浙江省教育厅接到训令后，将奉行事项遵办情形分别具报，针对此两项提道："本省已于去岁秋间，由省政府议决，派蒋复璁赴欧调查研究图书馆教育，该员已于本年春间出国，以后并拟酌量情形，于考选留学生时规定图书馆学名额。……除转饬私立之江文理学院，于该院教育学系内，酌设图书馆学程外，本省省立民众教育实验学校社会教育专修科已列图书馆学为必修学程，师范科亦列为选修学程，并拟

---

① 《图书馆界：教部极力推行南京年会议决案》，《中华图书馆协会会报》1930年第6卷第1期。

于该校添办图书馆专修科。"①

1932年12月，中华图书馆协会执委会议决聘沈祖荣为图书馆教育委员会主席。1933年4月，沈祖荣奉协会之命赴华北各省及长江一带调查图书馆学教育及图书馆一般情形，并乘此机会与该委员会各委员一再商谈，随后撰成《中华图书馆协会第二次年会图书馆教育组报告暨意见书》一份，提交给将于1933年8月召开的第二届年会。该文虽言图书馆学教育，但开篇即谈"我国图书馆现今所处环境"和"我国图书馆界现有困难与问题"，其中颇有深意。图书馆学教育离不开图书馆事业，而图书馆事业所处的环境和面临的问题对图书馆学教育又有极大的影响。沈祖荣将困难与问题归纳为组织、技术、事业和人事四项。沈祖荣指出在"现今我国图书馆教育之一般紊乱不景情形"下，各级各类图书馆学专业教育甚多，这虽是好事，但又让人担心办学质量。这些图书馆学训练机关的课程设置、讲义、实习、师资、设备等项要么粗具若干，要么一无所有。在"现今我国图书馆教育诸问题"中，他分别从教学、学生和设施三个方面展开说明，将办理文华图专的经验倾囊相授。同时，他认为图书馆学教育并非简易省费的事业，文华图专的经费来自韦棣华女士个人及美国教会等方面募集所得，而中华教育文化基金董事会的补助数以万计，遂使学校得以继续维持。在"所见于我图书馆事业发展之趋势及图书馆学教育供应之需要者"中，沈祖荣指出中国图书馆事业能在困难中时有起色者，当推若干大学图书馆及少数中学图书馆、专门图书馆、机关图书馆，此外一二国立图书馆亦为图书馆界之重镇。因此，为满足图书馆界的需要，应多培养大图

---

① 《图书馆界：浙教厅对于南京年会议案之推行》，《中华图书馆协会会报》1930年第6卷第1期。

书馆所需人才,以及兼通社会及公民教育、识字及职业补习教育与图书馆工作的人才。在图书馆课程中,参考、咨询、推广、乡村事业、图画、讲演、幻电、无线电、儿童图书馆工作、金石、版片、档案、官书等项,应占相当地位。他倡议图书馆界有力有心之士,酌量于暑期中继续举办图书馆学讲习会,于适宜地带设置图书馆学训练班,办学注意严格充实。至于正式专业的图书馆学教育,应将高中毕业生训练为技术人才,将大学毕业生训练为研究创制人才。对于学生,求精而不求多。

1933年,中华图书馆协会第二届年会图书馆教育组通过议案五件。其一是"请协会建议行政院及教育部指拨的款于北平设立图书馆学专科学校案",其办法有三个:(1)由本会分呈行政院及教育部聘请专家组织北平图书馆专门学校委员会,拟定计划,以资进行;(2)由政府指拨的款以为该校基金及开办等费;(3)图书馆专校在创立之初,先设于北平,统筹一切,次设于各重要都市。其二是侯鸿鉴提交的"再请教育部令国立大学添设图书馆学专科案",办法是由中华图书馆协会呈请教育部令国立中央大学、交通大学、武汉大学、北京大学等校务必于1933年添设图书馆学专科。其三是"请本会函请各省市图书馆人材经费设备充足者附设图书馆学讲习所以培育人材案",办法有两个:(1)请执行委员会通函国内各大图书馆附设图书馆学讲习所,聘请当地富于经验者为讲师,招生讲授,概免学费,其课程以讲授、实习两者兼施,然后甄别确属才学兼优授以相当职任;(2)凡在图书馆学讲习所毕业学员,其资格与图书馆学专科学校出身者相同,一经考试合格,除由该讲习所发给文凭外,并由该省教育厅发给证明,以资鼓励。其四是陈独醒提交的"函请各省教育厅每年考选学生二名分送国内图书馆学学校肄业其学膳宿费由教育费中指拨案",如不能奏效,再请各省图书馆协会于省教育会开会之际,派员出席力争。其五是"由本会函请图书馆学校应注意语言案"。

1936年,图书馆教育委员会主席沈祖荣撰写了《中华图书馆协会第三次年会图书馆教育委员会报告》[①]。他首先汇报了第二届年会图书馆教育组议决推行的五项提案的执行情况。第一案,因中央政府财政困难,一时未能指拨的款,所以图书馆学专科学校尚未举办,俟国库稍裕再行呈请。第二案,沈祖荣说据其所知,厦门大学、上海大夏大学、无锡江苏省立教育学院、湖北省立教育学院、上海暨南大学、开封河南大学、天津河北女子师范学院等皆设有图书馆学课程,这主要是因为各校当局认识到图书馆学的重要,而中华图书馆协会多次提倡也起到了一定的促进作用。第三案,因国内图书馆人才、经费、设备均充足者不多,故正式附设图书馆学讲习所者甚少,然各馆为使馆员增进学识而组织讲学会、补习班者,所在多有,收效亦大。第四案,沈祖荣指出已有中华图书馆协会与文华图专联合招收免费学生,三年内专科曾办两班,讲习班曾办一班,学生籍贯有十三省之多,而讲习班学生大都曾受各省政府之补助。第五案,中华图书馆协会曾专函文华图专,据其所述,在语言学习方面,除英文外,该校学生尚兼习德文、法文、日文等,日文为选修,其余均为必修。而讲习之法,与普通的语言学习的目的不同,编有专书,谋适合于图书馆采购、分类、编目之用。此外,沈祖荣还提到1935年湖北省政府教育厅所办之中小学教员讲习会和1936年全省民众教育馆讲习会中所设之图书馆学课程,均由他担

---

① 沈祖荣:《中华图书馆协会第三次年会图书馆教育委员会报告》,《中华图书馆协会会报》1936年第12卷第2期。

任教授。至于今后拟办之事业,沈祖荣提出中华图书馆协会人才不多,而仅有之人才又各有工作,因此拟办之事不能过于理想,要考虑人才和时间,否则恐未必能实行。他提出本此原则,此后数年内中华图书馆协会应每年联络各省教育厅举办暑假讲习会。针对省县市图书馆和民众馆在职人员,于暑期安排四周至八周的"某省或市图书馆学暑期讲习会",每年春假时由中华图书馆协会致函各省政府教育厅或某市政府教育局,询问是否愿办此项讲习会,如愿办者可与之筹划一切,如不止一处则区分缓急、审度力量,或同时办理,或先后举办。课程包括图书馆行政、分类编目、选择与购求、目录与参考、检字与排列等。尽量在讲习会所在地聘请教员,该地无相当人才时可向他处聘请。由中华图书馆协会出面聘请三人,属于完全义务职,但川资及住食费由中华图书馆协会及合办官厅供给。学生住食地及教具等由省市教育当局负责筹划。由中华图书馆协会及合办省市当局给毕业学生发放暑期讲习会毕业证书。该项计划周详又颇具可行性,惜未找到资料证实是否真正落实。

中华图书馆协会第三届年会图书馆教育组通过议案五件:一是"呈请教育部明令中等以上学校增设图书馆学课程案",二是"请各省教育当局办理图书馆学暑期讲习会并请以训练图书馆服务人员案",三是"为图书馆员谋进修机会请厘定方案案",四是"武昌文华图书馆学专科学校增设图书馆学函授部案",五是"呈请教育部在每届英庚款及清华留美公费生名额内列入图书馆学一科俾资深造案"。

1938年,中国教育学术团体第一届联合年会通过图书馆事业议案八项,有关图书馆学教育者有"请开办西南及西北各省图书馆服务人员讲习会案"(中华图书馆协会提交)和"请教育部筹设国立图书馆专科学校在未成立前先于各师范学院添设图书馆学系并指定目录学及参考书使用法为大学一年级必修课程案"（严文郁提交）。

1944年，中华图书馆协会第六届年会收到关于图书馆学教育的议案有"充实原有训练图书馆人员机构积极培养人材以应战后复兴之需要案"及"培养战后图书馆需用人才案"，两案之原则通过，文字由理事会指定专人进行审查修正。

总体来看，推行图书馆学专业教育毕竟属于教育之一种，首先仰赖的是政府，由教育部创办图书馆学专科学校，然而这在当时的政府财政状况下几成奢望。于是，转而请教育部下令要求国立大学添设图书馆学专科，上海图书馆协会曾在"理由"部分指出国立大学筹款较易，而且添办图书馆学专科也能扩充大学范围，为两利之事，但此类议案仍未能落实，可能现实中还存在种种困难。于是，再退而求其次，要求在各学校设立图书馆学课程。这些倒在一定程度上实现了，但并不能快速解决图书馆现有工作人员的专业教育需求问题，故而又提出开设暑期讲习班、函授教育等。

需要指出的是，这些教育形式非图书馆协会所能独力办理的，均需借助于教育行政机关、各级各类学校等资源和力量，图书馆协会主要提供方案、师资等。民国时期涌现的不少图书馆学专业教育虽然表面上看是由某某学校所办、某某图书馆所办、某某教育厅（局）所办，但背后均离不开图书馆协会及个别协会会员的支持。鉴于图书馆学专业教育的内容过于丰富，下面仅介绍与图书馆协会有直接关系者。

三、中华图书馆协会暑期学校

民国时期,最早开创暑期学校的是南京高等师范学校,此后很多高校纷纷效仿。据《陶行知年谱》记载,南京高等师范学校与东南大学所办第三届暑期学校,学程共分七组,其中有图书馆管理法组。① 其来源是《新教育》第6卷第1期,然而笔者遍阅该期数次皆未找到相关记载,应是出处记载有误。南京高等师范学校举办第一届暑期学校是在1920年,那么第三届应该是在1922年,但目前并未找到1922年暑期学校的相关报道。不过,1923年东南大学暑期学校报道中说道:"除上届暑校原有学程不再详述外,其新设学程如……图书使读法、图书馆概论……"② 因此,南京高等师范学校与东南大学所办暑期学校开设图书馆学课程一事并非发生在1922年,而是发生在1923年。

中华图书馆协会图书馆教育委员会主任为洪有丰,副主任为胡庆生,书记为朱家治。③ 图书馆教育委员会设立之初计划"主持图书馆学校及短期讲习事宜","惟学校因种种问题,不易举办,故先从讲习入手"。④ 中华图书馆协会执行部公决于1925年夏在南京试办暑期学校,因此种训练着重实习,故须择便于实习之学校举行。南京合乎条件者,首推东南大学和金陵大学。后因金陵大学为教会所立,事有未便,故决定商借东南大学。恰该校当年与中华职业教

---

① 朱泽甫编著:《陶行知年谱》,安徽教育出版社,1985年,第38页。
② 《东南大学本届暑期学校消息》,《时报》1923年4月11日第3版。
③ 《中华图书馆协会委员会委员名单》,《中华图书馆协会会报》1925年第1卷第2期。
④ 《中华图书馆协会图书馆学暑期学校之经过》,《中华图书馆协会会报》1925年第1卷第4期。

育社、江苏省教育会亦有暑期学校之设，于是加入其中，于学科中设图书馆学科，所有关乎图书馆学科事务，仍由中华图书馆协会图书馆教育委员会主持。① 1925 年 6 月 30 日刊行的《中华图书馆协会会报》首期即在《会务纪要》中刊登《暑期学校》一则，称中华图书馆协会与国立东南大学、中华职业教育社、江苏省教育会合组暑期学校。上课日期为 7 月 15 日至 8 月 15 日，校址在东南大学。图书馆学组为六个学程之一。②

图书馆教育委员会聘请国内图书馆学专家及于版本或校勘研究有素者担任教授，拟定图书馆学术史（袁同礼），图书馆学术集要（全体教员），图书馆行政（全体教员），儿童图书馆（李小缘、刘国钧），学校图书馆（杜定友），分类法（袁同礼、杜定友、洪有丰），编目法（李小缘），目录学（袁同礼），参考部（洪有丰），图书选购法（洪有丰），图书流通法（杜定友），图书馆建筑与设备（涂羽卿、杜定友、洪有丰），图书馆典藏法（杜定友）13 门课程，括号内为该门课程的教员。正课之外，并请名人演讲。招生办法，除登报并刊发章程外，另由图书馆教育委员会将办理情形通函各省教育厅及各图书馆协会，请其保送学员。由于学员报名人数不够则不能开班，至报名截止日期符合开班条件者有 4 种：图书馆学术集要、学校图书馆、儿童图书馆、分类法。此次图书馆学暑期学校，专选图书馆学科者 13 人，兼选者 56 人。教学方式除教室讲演外，还包括分组实习和参观图书馆，及格者给予学业证明书。此次合组举办图书馆学暑期学校，费用一项，关于暑期学校公共者，用报名

---

① 《中华图书馆协会图书馆学暑期学校之经过》，《中华图书馆协会会报》1925 年第 1 卷第 4 期。
② 《会务纪要：暑期学校》，《中华图书馆协会会报》1925 年第 1 卷第 1 期。

费用支付，不足者由合组机关补助；关于一科特别开支，由各机关自行负担。清华学校捐助 200 元，除付图书馆学科之办公费及教员膳费计 104.6 元外，尚余 95.4 元，因合组机关开支不敷，余款悉数补助之。①

《国立东南大学第六届暑期学校一览》中有本大学职员及本届暑期学校委员名单，其中洪有丰为图书部主任兼暑期学校委员，本届暑期学校教员及讲演员名单中列有洪有丰、朱家治、施廷镛。图书馆学讲习科被列为乙类十种学科之一，开设课程有图书馆行政（刘国钧、洪有丰），学校图书馆（洪有丰），图书选购法（洪有丰），分类法（刘国钧、朱家治），编目法（刘国钧、朱家治），装订法（施廷镛），图书使用法（洪有丰），检字法②（王云五、万国鼎），括号内为该门课程的教员。课外还有实习、参观与讲演：实习是指导学员在图书馆实习；参观是由主讲教员率领学员赴各大图书馆参观；讲演则是延请专家公开讲演图书馆与社会之关系，用幻灯片讲述美国图书馆之建筑设备等。该一览应该是用于招生，并未标注印刷时间。如果以 1920 年南京高等师范学校所办暑期学校为第一届，则第六届为 1925 年，但图书馆学课程又与中华图书馆协会所述不一致。如果以 1921 年东南大学与南京高等师范学校合办的暑期学校为第一届的话，则第六届为 1926 年。有学者在相关著作中即将该一览的出版时间标为 1926 年。③ 从该一览中记载的内容来看，此届暑期学校似为东南大学独立举办的。因此，中华图书馆

---

① 《中华图书馆协会图书馆学暑期学校之经过》，《中华图书馆协会会报》1925 年第 1 卷第 4 期。
② 此为讨论课，并非常规课程。
③ 李艳莉：《崇高与平凡：民国时期大学教师日常生活研究（1912—1937）》，福建教育出版社，2017 年，第 112 页。

协会是否仅参与 1925 年的图书馆学暑期学校还有待进一步考察。不过，中华图书馆协会历年的报告中并未再次提及这一暑期学校之事，很有可能 1925 年办完一届暑期学校之后就中止了。从第六届暑期学校来看，图书馆学课程有增无减，且讲师都为中华图书馆协会图书馆教育委员会委员，其实质并无多大变化，中华图书馆协会不再作为合组机关，也就无须承担相关费用，这似乎反倒是更好的选择。

四、中华图书馆协会联合招考图书馆学免费生

韦棣华女士在促使美国将剩余庚款退还给中国一事上劳苦功高，为了促成部分庚款用于中国现代图书馆事业，她力邀美国图书馆协会派专家来华调查，并撰成报告提交中华教育文化基金董事会。中华图书馆协会于 1925 年 6 月 2 日召开董事会，即就此前中华教育改进社年会通过之议案与鲍士伟之意见书进行讨论，议决可行并附补充说明三项一并寄交中华教育文化基金董事会，请该会照准施行。其补充说明的内容如下：

一、提出美国退还庚款本利三分之一，发展图书馆事业。

二、假定中华教育文化基金董事会决定只准用利，本协会为确定图书馆事业基础起见，认为有立即创办第一图书馆及图书馆学校之必要；拟请将前三年之本，准予拨给，每年约美金十万元，共美金三十万元。

三、假定中华教育文化基金董事会决定许用本，则照原计划进行；但其中详细办法，得由中华图书馆协会董事部随时斟酌决定之。[①]

[①] 《会务纪要：关于庚款之进行》，《中华图书馆协会会报》1925 年第 1 卷第 1 期。

8月18日，中华教育文化基金董事会复函，寄上经该会议决制定之《中华教育文化基金董事会分配款项原则》一份。① 12月14日，中华图书馆协会闻中华教育文化基金董事会将于1926年1月举行全体董事会议，再次致函该会请将提议列入议事日程，予以考虑，照准施行。② 然而，1926年3月1日，中华教育文化基金董事会来函称，该会于1926年2月26日至28日在北京开会，中华图书馆协会请款之件经提出讨论，未得通过。③ 这仅表明将庚子赔款的三分之一用于图书馆事业的提案被否决，并不表示中华教育文化基金董事会不打算资助中国的图书馆事业。

1926年6月8日，中华教育文化基金董事会致函中华图书馆协会，称近日议决补助武昌华中大学文华图书科，以期养成此项人才；已在北京、上海、南京、武昌、广州五处招生，旨在普及全国，以宏效益；请中华图书馆协会会同该校办理招收新生事宜，以资协助，而利进行。④ 中华图书馆协会于是推选戴志骞、刘国钧两位与文华图书科合组考试委员会，主持一切事宜。⑤

《中华教育文化基金董事会图书馆学助学金规程》规定，自1926年8月至1929年6月，"每年设图书馆学助学金额二十五名，每名国币二百圆"，由中华教育文化基金董事会委托武昌华中大学文华图书科给予。据此推测，三年总资助额应为一万五千元。招生条件为：（1）有关于图书馆事务之经验或兴趣者；（2）至少大学本

---

① 《会务纪要：关于庚款之进行》，《中华图书馆协会会报》1925年第1卷第2期。
② 《会务纪要：关于庚款之进行》，《中华图书馆协会会报》1925年第1卷第4期。
③ 《图书馆界：本会请款未允》，《中华图书馆协会会报》1926年第1卷第5期。
④ 《图书馆界：中华教育文化基金董事会委托本会招生》，《中华图书馆协会会报》1926年第1卷第6期。
⑤ 《中华图书馆协会第二周年报告》，《中华图书馆协会会报》1927年第3卷第2期。

科二年级程度肄业期满成绩及格者。符合条件者须经报名参加入学考试，考试由中华教育文化基金董事会委托中华图书馆协会与武昌华中大学文华图书科合组的考试委员会执行。入学考试及格者，按照文华图书科所定课程，在该校选习，并须填具志愿书，声明毕业后志愿服务于图书馆事业。该规程还规定每年给予之助学金应按投考者之省籍略采均用轮递之意，且招生宁缺毋滥，若当年学额未满，则所存款项留作下学年之助学金额。① 之所以选择在北京、上海、南京、武昌、广州五处招生，且分配助学金时考虑到学生的籍贯，主要还是因为这笔款项为中华教育文化基金董事会所有，而全国教育文化机关申请经费者甚众，分配资金时必须尽量做到公平、公正和最大限度惠及全国。因而，中华教育文化基金董事会让中华图书馆协会这一全国性的图书馆团体参与联合招生，而不是简单将这笔经费拨给文华图书科。中华教育文化基金董事会的这一决定，实际上也是在经费有限的情况下考虑最大限度助力图书馆事业的最佳方式。相较于投资建设图书馆，它需要的费用少了很多，但却能造就图书馆人才，而人才正是发展现代图书馆事业的关键。当时，全国仅有文华图书科这一所办学历史最早、各项条件均比较完善的图书馆教育机构，因此这笔费用投给文华图书科是最合适不过的了。这笔经费对其坚持办学意义重大，毕竟在招生困难的情形下，免费生的条件还是有一定吸引力的。

1927年5月，因时局关系，文华图书科的教职员大半离校引避，以至于校务暂归停顿。中华教育文化基金董事会所设图书馆学免费生额亦因之暂停，该年并未招考新生。② 直至1929年，华中大

---

① 《图书馆界：中华教育文化基金董事会图书馆学助学金规程》，《中华图书馆协会会报》1926年第1卷第6期。
② 《图书馆界：文华图书科之停顿》，《中华图书馆协会会报》1927年第2卷第6期。

学方才复校。虽然文华图书科在这期间校务暂归停顿，但"闻该校现正筹备于下学年开学云"①，也就是说大概在1927年秋季，文华图书科就恢复正常教学了。胡庆生在谈及这段历史时曾言："唯中国全国图书馆学校仅此一所，不但职科之教职员及学生不忍因此半途而废，即全国各文化教育机关如中华文化教育基金委员会、中华教育改进社、中华图书馆协会，以及北京、南京、广州各大图书馆等亦皆劝谕不可中止。佥谓现今为发展中国之文化和教育计，则办理良好之图书馆当为首务。图书馆之办理得宜，则唯赖专门人才之训练与养成云云。"②

1928年，图书馆学助学金规程略有变化，仅提供助学金额10名，每名资助250元，充为学膳宿费及杂费，且获得该项助学金之资格又增加了一条：须身体强健、品行端正者。该年试验科目有四项：国文、英文、历史（本国史及西洋史）三项为必选，另在物理学、化学、社会学、经济学中任选一项。除在校肄业两年肄业期满考试成绩及格者给予图书科证书外，"大学毕业生在一年内能将图书科课程习毕者经考试委员会核准得于一年内毕业给予图书科证书"。考试地点分别是北平中华图书馆协会、南京金陵大学图书馆、上海交通部第一交通大学图书馆、武昌华中大学文华图书科、广州中山大学图书馆。③ 这一年，第一届招考免费生刚刚毕业，《中华图书馆协会会报》称："均已介绍于各大图书馆就职，成绩极为优美。"④ 同时，新录取学生12名，均来自国内知名大学，如北平之

---

① 《图书馆界：文华图书科之停顿》，《中华图书馆协会会报》1927年第2卷第6期。
② 彭斐章、彭敏惠：《从文华图书科到文华图书馆学专科学校》，载陈传夫主编《图书馆学研究进展》，武汉大学出版社，2010年，第8页。
③ 《图书馆界：招考图书馆学生免费生》，《中华图书馆协会会报》1928年第3卷第6期。
④ 《图书馆界：华中大学文华图书科消息》，《中华图书馆协会会报》1928年第4卷第3期。

清华大学、燕京大学、师范大学，武昌之华中大学，长沙之雅礼大学，上海之复旦大学、沪江大学，广州之中山大学等。不过，1928年秋实际到校受课者只有9人。① 1929年虽没有招收图书馆学免费生，但这年秋季北平燕京大学格致学士房兆楹加入庚午级，② 这10人于1930年同时毕业。

1928年7月，教育部令所有已经登记的私立学校在一周内遵照已经公布的条例填具表格正式立案。此后，所有未立案的私立学校毕业生投考，任何学校都不允许收考。因此，文华图书科一面等待华中大学复校后向教育部立案，一面积极筹备单独立案的条件和手续，以作另一手准备。1929年8月，教育部批准立案，从此文华图书科独立，改称"私立武昌文华图书馆学专科学校"（简称"文华图专"）。

1930年，《中华图书馆协会、武昌私立文华图书馆学专科学校招考图书馆学免费生规程》规定，设立图书馆学助学金额25名，其中正式专科班学生10名（两年毕业）、讲习班学生15名（一年毕业），助学金每人每年200元，以补充学膳宿费等。③ 分别设立专科班和讲习班，体现了图书馆学教育的层次性和针对性。不少地方图书馆馆员因学历不高，并不符合此前专科生的报考资格，而这一规程降低了入学标准，只要为新制高中或旧制中学及师范毕业，兼在图书馆服务两年以上且成绩卓著者，即有资格获得讲习班助学金，以免费生的资格入学。考试地点略有变化，南京考试地点由金陵大学图书馆改为中央大学图书馆，又增加了沈阳东北大学图书馆一处。考试科目增加了党义一科。这一年还增加了自费生录取一

---

① 《图书馆界：华中大学文华图书科消息》，《中华图书馆协会会报》1928年第4卷第3期。
② 《本科消息：新同学》，《文华图书科季刊》1929年第1卷第3期。
③ 《图书馆界：招考图书馆学免费生》，《中华图书馆协会会报》1930年第5卷第5期。

项，而且考虑到此前有少数学生经录取但未入学的情况，故设"备取"学生以防当年入学人数过少。

中华教育文化基金董事会的补助原本是到 1929 年 6 月期满，但由于 1927 年并未招考，故延至 1930 年期满。1930 年，文华图专请求继续予以补助，4 月底基金会派白秘书偕同李仲揆教授等 4 人来学校调查，众人都对调查结果十分满意，即向基金会照实报告。① 中华教育文化基金董事会于 1930 年 6 月底在南京开会，议决继续补助文华图专 3 年，每年给予国币 13500 元。②

1931 年夏，因校中种种关系，讲习班暂时停办，改招专科生 15 名。③ 经考试后，实际录取新生 9 名。④

1932 年，停招一年。⑤ 这年暑假，毛坤在调查四川省图书馆状况时发现，当地不少青年图书馆员有继续深造的意愿，但认为文华图专的录取标准过高，于是毛坤提议中华图书馆协会辅助文华图专举办一个民众图书馆班，或者于北平或各省省城自办类似之训练班。这一想法在 1933 年的招考规程中有所体现。

1933 年，招考图书馆学专门班及民众班免费新生各 14 名，文华图专北平同学会及国立北平图书馆馆长袁同礼各委托招考免费生 1 名（实际上是袁同礼为纪念其太夫人，特设免学额 1 名以志孝思⑥），故实际计划各招收 15 名学生。专门班两年毕业，凡在立案

---

① 《本科消息：基金会南下调查》，《文华图书科季刊》1930 年第 2 卷第 2 期。
② 《图书馆界：图书馆学免费新生与基金会之新补助》，《中华图书馆协会会报》1930 年第 6 卷第 1 期。
③ 《中华图书馆协会第六年度报告》，《中华图书馆协会会报》1931 年第 7 卷第 1 期。
④ 《图书馆界：图书馆学免费新生》，《中华图书馆协会会报》1931 年第 7 卷第 1 期。
⑤ 《中华图书馆协会第八年度报告》，《中华图书馆协会会报》1933 年第 9 卷第 1 期。
⑥ 《校闻：半年来本校大事略记》，《文华图书馆学专科学校季刊》1933 年第 5 卷第 3、4 合期。

大学修业两年期满持有合格成绩证书且身体健全、对图书馆学有兴趣者皆可投考；民众班一年毕业，凡在立案高级中学毕业且在图书馆服务两年以上者皆可投考。民众班在山西、陕西、甘肃、四川、云南、贵州、广西各省及武昌文华图专八处举行入学考试。入学考试各科平均成绩在 70 分以上者方能及格，70 分以下、60 分以上者如愿意可自费入学。自费生每学期开学时须缴纳学费 50 元、食宿费 50 元。免费生每年每名给洋 200 元以供上项费用之需。免费生在校之期考或年考平均分在 70 以下者，取消其享受免费之权利。① 该年在 7 月 17 日、18 日第一次招考后，又于 8 月 11 日、12 日在北平、武汉两处各续招一次，② 最终招收专科班学生 8 人③、讲习班学生 10 人④。

1934 年，继续招考专科班学生 9 人。1935 年，报名参加考试者共计 28 人，被录取者 13 人，最后入学者 9 人。⑤ 1936 年，专科班录取免费生 13 人（含袁太夫人奖学金 1 人）、自费生 1 人。同时，为造就中等学校图书馆人才，1936 年开办第三届讲习班，在鄂、湘、川、陕、甘、豫、皖、苏、浙、闽 10 省招收公费生 10 人，办法系函请各省教育厅于各该省省立高级中学或师范学校中择定一校，着其保送 1 人，最后共有 8 省教育厅保送 8 人。此外，尚有 5 人或系其他教育机关保送前来，或由考取入学，但均为自费生。⑥

---

① 《图书馆界：图书馆学免费新生招考》，《中华图书馆协会会报》1933 年第 8 卷第 6 期。
② 《图书馆界：续考图书馆学免费新生》，《中华图书馆协会会报》1933 年第 9 卷第 1 期。
③ 《中华图书馆协会第十年度会务报告》，《中华图书馆协会会报》1935 年第 10 卷第 6 期。
④ 《校闻：讲习班毕业同学》，《文华图书馆学专科学校季刊》1934 年第 6 卷第 3 期。
⑤ 《图书馆界：招考新生》，《中华图书馆协会会报》1935 年第 11 卷第 1 期。
⑥ 《图书馆界：文华图书馆专校近讯》，《中华图书馆协会会报》1936 年第 12 卷第 2 期。

1937年，计划招考专科一班，招考地点仍在北京、南京、武昌、上海、广州、成都六处，考试日期定于8月2日、3日。① 不久战事突起，联合招考图书馆学免费生项目就此中止。自1926年至1936年这11年间共招收8届专科班学生和3届讲习班学生约116人（具体见下表，其中1930年实际入学数少于录取数，故总数应略少于该数），其中包括部分自费生，但绝大多数是受中华教育文化基金董事会资助者。

中华图书馆协会会同文华图书科（文华图专）招考图书馆学助学生名单

录取年	录取学生姓名	性别	籍贯	备注
1926	郑铭勋	男	京兆	专科班免费生9人③
	钱亚新	男	江苏	
	王慕尊	男		
	沈晋陞②	男	安徽	
	李哲昶	男	湖北	
	汪缉熙	男		
	于熙俊	男	湖南	
	李巽言	男		
	毛坤	男	四川	
1928	徐家璧	男	湖北	专科班免费生9人④
	曾宪文	女		
	刘华锦	男		
	耿靖民	男	湖南	
	陈颂	女		
	陶述先	男	江苏	
	吴鸿志	男		
	李继先	男	浙江	
	周连宽	男	广东	

① 《图书馆界：招考图书馆学免费生》，《中华图书馆协会会报》1937年第12卷第5期。
② 多作沈缙绅。
③ 《会务纪要：图书馆学免费生》，《中华图书馆协会会报》1926年第2卷第3期。
④ 《图书馆界：华中大学文华图书科消息》，《中华图书馆协会会报》1928年第4卷第3期。

续表

录取年	录取学生姓名	性别	籍贯	备注
1929	房兆楹	男	山东	1929年秋入学①
1930②	钱存训	男	江苏	专科班免费生正取5人
	徐亮	男	湖南	
	朱瑛	女	安徽	
	朱用彝	男	河北	
	张葆箴	女	湖北	
	黄连琴	女	湖北	专科班自费生正取1人
	李钟履	男	山东	专科班免费生备取2人
	吕绍虞	男	浙江	
	李絮吟	女	河北	讲习班免费生正取14人
	邢霖霖③	男		
	舒纪维	男	安徽	
	张树鹄	男		
	吴立邦	男		
	喻友信	男		
	沙鸥	女	江苏	
	翁衍相	男		
	骆继驹	男		
	林斯德	男	湖北	
	黄继忠	男		
	邓衍林	男	江西	
	董铸仁	男	四川	
	郭应丰	男	广东	
	谢日齐	男	广东	讲习班自费生正取3人
	罗家鹤	女	浙江	
	辛显敏	男	湖北	

① 《本科消息：新同学》，《文华图书科季刊》1929年第1卷第3期。
② 1930年实际录取专科班学生5人、讲习班学生12人（《中华图书馆协会第六年度报告》，《中华图书馆协会会报》1931年第7卷第1期），但并未记载具体学生姓名。此表录自录取名单（《图书馆界：图书馆学免费新生与基金会之新补助》，《中华图书馆协会会报》1930年第6卷第1期），共25人，与当年实际入学学生有出入。
③ 刊印错误，应为邢云林。

续表

录取年	录取学生姓名	性别	籍贯	备注
1931	于震寰	男	山东	专科班免费生9人①,但《文华图书科季刊》却记载陶善缜为自费生②
	陈鸿飞	男		
	吕绍虞	男	浙江	
	陶善缜	女		
	吴元清	女	湖北	
	童世纲	男		
	陈季杰	男	江苏	
	强佩芬	女	福建	
	赵福来	男	河北	
1933	汪应文	男		专科班学生8人③
	李永安	男		
	戴镏龄	男		
	黄元福	男		
	熊毓文	男		
	李景新	男		
	张鸿书	男		
	彭明江	男		
	蔡国铭	男	云南	讲习班学生10人④
	曹钟瑜	男		
	李尚友	男	山西	
	刘子钦	男		
	程长源	男	浙江	
	袁仲灿	男		
	李仲甲	男	广西	
	余炳元	男	湖北	
	丁潽	男	河北	
	于子强	男	湖南	

① 《图书馆界:图书馆学免费新生》,《中华图书馆协会会报》1931年第7卷第1期。
② 《本校消息:招收一九三三级专科生》,《文华图书科季刊》1931年第3卷第4期。
③ 《中华图书馆协会第十年度会务报告》,《中华图书馆协会会报》1935年第10卷第6期。
④ 《校闻:讲习班毕业同学》,《文华图书馆学专科学校季刊》1934年第6卷第3期。

续表

录取年	录取学生姓名	性别	籍贯	备注
1934	杨漪如	女		专科班学生9人①
	王铭悌	女		
	唐月萱	女		
	蒋元枚	女		
	胡文同	女		
	胡延钧	男		
	顾家杰	男		
	颜泽霍	男		
	李永增	男		
1935	刘济华	男	河北	专科班学生9人②
	张行仪	女		
	黄慕龄	女	广东	
	黄作平	男		
	廖维祜	男	四川	
	彭道襄	女	安徽	
	吴尔中	男	浙江	
	杨承禄	男	湖北	
	杨桂籍	男	辽宁	

① 《中华图书馆协会第十年度会务报告》,《中华图书馆协会会报》1935年第10卷第6期。
② 《图书馆界：招考新生》,《中华图书馆协会会报》1935年第11卷第1期。

续表

录取年	录取学生姓名	性别	籍贯	备注
1936①	蓝乾章	男	四川	专科班学生14人
	程时学	男		
	张遵俭	男	河北	
	王溶	男		
	张桂森	男		
	罗维勋	男		
	陈友潜	女	广东	
	胡宝康	男		
	张正鹄	男	湖南	
	李启寿	男		
	任宗炎	男	江苏	
	姜文锦	男		
	熊飞	男	江西	
	陶维勋	男	湖北	
	韩宗唐	男		河南省教育厅保送讲习班免费生
	胡晋宝	男		江苏省教育厅保送讲习班免费生
	邱亦高	男		湖南省教育厅保送讲习班免费生
	雷甲荣	男		陕西省教育厅保送讲习班免费生

---

① 《图书馆界：文华图书馆专校近讯》，《中华图书馆协会会报》1936年第12卷第2期。

续表

录取年	录取学生姓名	性别	籍贯	备注
1936	张鉴	男		甘肃省教育厅保送讲习班免费生
	章作人	男		安徽省教育厅保送讲习班免费生
	刘銈远	男		湖北省教育厅保送讲习班免费生
	章达夫	男		四川省教育厅保送讲习班免费生
	梁慕秦			讲习班自费生5人
	阙培珍			
	高韵秀			
	艾俊之			
	田清□[①]			

五、上海图书馆协会图书馆学函授学社

1930年2月，陈伯逵在《上海图书馆协会会报》发表《本会图书馆学函授社告全国图书馆界同志及留心永久专门职业者》[②]一文，指出1929年夏上海图书馆协会就有开设暑期图书馆学讲习会之议，并得暨南大学教授张天方和商务印书馆编译所所长王云五之赞成，然一方面沪地缺少师资，另一方面暑期又有不少往各处避暑或考察者，该设想最终未能实现。1929年秋又有改办图书馆学专科学校

---

① 原件此处无法识别为何字，故以"□"代替。
② 陈伯逵：《本会图书馆学函授社告全国图书馆界同志及留心永久专门职业者》，《上海图书馆协会会报》1930年第2期。

之议，然而师资依然不易访求，且考虑到外地对图书馆管理人员的需求较上海更强烈，而陈伯逵等人平时亦忙碌异常，无暇按时授课，加之上海寸土寸金，租借校舍、购办教具及一切设备，非有6万元作开办费、6万元作经常费不可。本想由教育当局主办，图书馆协会从旁辅助，但各地需才更急于昔，其主要原因之一是中央党部宣传部训令海内外各级党部等设图书馆。于是，上海图书馆协会议决设立图书馆学函授学社。鉴于各地所急需之图书馆人才无非主管人员或分类员、编目员等，概括而言，即图书馆行政人员，上海图书馆协会决定先办图书馆行政学系，即"上海图书馆协会附设函授学社图书馆行政学系"。该系以"灌输图书馆行政学识及养成主管图书馆之技能"为宗旨，开设理论、设备、选择、订购、登记、分类、编目、出纳、参考、装订等十组课程，以一年为毕业期限，自报名之日起计算，须将十组修毕，如遇不得已之事可请假，得酌量展期。中学毕业或有同等程度而有志于研究图书馆学者，不分性别、不拘年龄、不论何时，均可报名。学费20元，分两期缴付者每期10元，如一次缴清则需付18元。每门课程均由专家编写讲义，发给学员，不另收取费用。学员修业完毕还须寄交论文一篇，俟该系连同平日成绩审查完毕后，给予中英文对照证书，且学员毕业后得由该系介绍于各图书馆工作。

据该文所附《本社职教员一览表》记载，陈伯逵为社长，宋景祁为副社长，沈文华为干事长，黄警顽为副干事长，程学桢和鲍益清为干事，孙心磐、金敏甫、黄维廉、陈祖怡、胡卓为教授，郑洪年、张凤、蔡元培、马宗荣、杨立诚、陈颂春、顾斗南、张群、王云五、戴志骞、马崇淦、陈独醒、张江白、孔敏中为赞助人。①

1930年4月1日,《申报》刊发上海图书馆协会附设函授学社图书馆行政学系的招生广告,该广告称该函授学社经上海市教育局立案,由上海图书馆协会聘请图书馆学专家组织开办,社址位于上海民立中学图书馆内,社长为陈伯逵,副社长为宋景祁。②1931年的招生广告多称"上海图书馆协会附设图书馆学函授社",1932年3月起则用"上海图书馆学函授学校"之名,课程又增加法规和广告二组,共十二组。③1933年10月,上海图书馆协会曾议决函请国内各图书馆主管机关尽先聘用上海图书馆学函授学校毕业之学员。④

随着学校的发展,上海图书馆学函授学校于1935年迁至小西门内薛家桥白漾1弄76号,并积极扩大业务范围、努力改进教学工作,具体包括以下诸项:在上海市区设毕业同学会总部,各地有毕业生三人者即设分会;"毕业生主办之图书馆事业上需要人员先尽毕业同学会会员聘用";"毕业生得在该校特约之图书馆实习";"实习期满者介绍入各地图书馆协会为会员并代其缴付第一年会费";该校正搜集各国图书馆学书报,备毕业生实习时参考,不另收费;添办学术讲座,每月礼聘著名学者讲演,并印发讲词送至各地毕业同学会分会。⑤1938年的招生广告显示校址位于上海戈登路

---

① 《本社职教员一览表》,《上海图书馆协会会报》1930年第2期。
② 《上海图书馆协会附设函授学社图书馆行政学系招男女学员》,《申报》1930年4月1日第5版。
③ 《上海图书馆学函授学校招男女学员》,《申报》1932年3月15日第4版。
④ 《上海图书馆协会执监会议》,《申报》1933年10月23日第12版。
⑤ 《上海图书馆学函授学校近讯》,《厦门图书馆声》1935年第3卷第3、4合期。

363弄74号,① 1939年4月的招生广告显示校址位于上海戈登路东首新闸路甄庆里36号。② 目前所能见到的关于该校最后的报道是在1941年11月18日，报道称该校特设民众教育建设奖学金额100名，备战后需要，奖学金每名10元，不分性别，凡持高中毕业证书前往登记者，均可享受。③

1938年10月24日刊于《申报》的招生广告显示，上海图书馆学函授学校学费为18元，毕业期限为半年。④ 1939年4月22日刊于《申报》的招生广告显示，上海图书馆学函授学校扩大了招生范围，分正科和预科两类，正科招收高中生，授专门学程12种；预科招收初中生，授基本学程28种。此外，学校还增加中小学生补习业务，指导升学，面授中小学生主要学科9种。⑤

至于该校毕业学生的情况，偶有记载。任家乐、姚乐野称查阅档案后发现，1931年8月入校、1932年8月至12月毕业的学生共14名，其中2人为女性，年龄在21岁至57岁之间，籍贯包括浙江、江苏、江西、广东、四川、安徽、广西、河北等，备注显示毕业后的去向以馆员为多，也有中小学教员。⑥ 1934年，函授学校第四届学生毕业，毕业生有陈影鹤（福建同安）、温克中（广东大

---

① 《上海图书馆学函授学校招十四届男女生》，《申报》1938年10月24日第8版。
② 《上海图书馆学函授学校暨中小学生升级补习馆招男女生》，《申报》1939年4月22日第5版。
③ 《上海图书馆学函授学校设奖学金》，《申报》1941年11月18日第7版。
④ 《上海图书馆学函授学校招十四届男女生》，《申报》1938年10月24日第8版。
⑤ 《上海图书馆学函授学校暨中小学生升级补习馆招男女生》，《申报》1939年4月22日第5版。
⑥ 任家乐、姚乐野：《民国时期图书馆学函授教育研究》，《大学图书馆学报》2016年第1期。

埔）、张育姜（江苏南通）、梅鸿英（江苏上海）。① 1937 年，第九届毕业学生有梁克中（容县）、龚传元（昆山）、李鞠侨（兴化）、林稣昌（龙岩）、李清瑞（安国）、刘洁泉（常德）、胡福尧（上虞）7 人。②

  办学过程中，社长陈伯逵曾采取多种举措以增加收入。1933 年，该校曾兼售《普通本图书馆学讲义十种》（1 元）、《图书馆服务人员应用文书》（0.2 元）、《中外一贯实用图书分类法》（2 元）、《图书馆学季刊（卷 4）》（1.6 元）、《上海图书馆协会会报》（0.5 元）、《中华图书馆协会会报（卷 6）》（0.6 元）。③ 1935 年，为提倡新生活运动，陈伯逵用 80 磅大道林纸精印《新生活运动讲演集》，均为名人之讲词，并增印歌谱及开篇，每册售银 0.25 元，凡图书馆与学校及其他文化教育机关一律赠送，只需函索时附邮票 0.05 元。他还发明了一种案头矿石收音机，收银 6 元。④

  图书馆协会的主要活动形式是一般社会团体所经常采用的形式，但这些活动都是围绕图书馆协会的宗旨开展的，同时又受时局、经费、人员等现实条件的制约，因而必须有所侧重和取舍。图书馆协会的宗旨是"研究图书馆学术，发展图书馆事业，并谋图书馆之协助"，年会的举办和编辑出版活动的开展对于实现这一宗旨至关重要。对于中华图书馆协会来说，由于会员数量较多、散居各地，每年召开年会的难度较大，甚至召开执行委员会（理事会）会议都不太容易，因此日常需要依靠编辑出版活动建立起全国图书

---

① 《上海图书馆学函授学校第四届毕业讯》，《厦门图书馆声》1934 年第 2 卷第 12 期。
② 《各校消息：图书馆学函授校》，《申报》1937 年 2 月 7 日第 23 版。
③ 《上海图书馆学函授学校招男女学员》，《申报》1933 年 5 月 27 日第 2 版。
④ 《上海图书馆学函授学校的新贡献》，《厦门图书馆声》1935 年第 3 卷第 1、2 合期。

界及会员间的信息沟通平台，传播图书馆学知识，调查图书馆界状况，研究改进图书馆事业的办法。所以，在中华图书馆协会的经费支出中，编辑出版活动是一项稳定的大额支出，是最不能削减的开支。待时机成熟，可以举办年会时，正由于集会成本较高，故活动安排比较丰富，如因议案较多设有分组会议和会务会议，同时还安排学术讲演、论文宣读、参观游览等项目，以达到促进图书馆学术研究和加强会员间情感联系的目的。地方图书馆协会则与此相反，因为会员数量较少，所处地理范围相对较小，集会成本较低，所以举办年会更为频繁。但由于地方图书馆协会的经费状况格外困难，且在争取政府补助和社会捐助方面不占优势，故年会活动办得较为简单，不过在条件许可的情况下，也增加了学术讲演一项。开展编辑出版活动对于地方图书馆协会来说更为少见，且难以长期维持。调查事业可大可小，是中华图书馆协会和地方图书馆协会较为常规的一项活动，它对于了解图书馆事业的现状和存在的问题极有价值，更重要的是不需要额外的开销。国际交流主要限于中华图书馆协会和北京（平）图书馆协会、上海图书馆协会，由于这种交流多靠信件，成本相对较低，对于需要出席之国际学术会议，多因经费问题请在海外的会员就便参加；至于外国专家来华之接待，亦多可申请政府之补助。图书馆协会因有图书馆这样的机关会员，故组织图书馆展览活动比较便利，不过这类展览很多直接以图书馆的名义举办，但无疑与图书馆协会的示范作用有极大关系。

图书馆协会十分重视图书馆学专业教育，但由于教育投入较大，图书馆协会难以独力承担，真正以图书馆协会的名义直接参与的专业教育活动并不多，如中华图书馆协会1925年参与合组暑期学校，中华图书馆协会与文华图书科（即后来的文华图专）联合招考图书馆学免费生,以及上海图书馆协会创办图书馆学函授学社。不过,图书馆协会多以讲演、议案、论文、报告等方式表达对于图书馆学专业教育的思考,为图书馆学专业教育指引方向,同时推动政府、学校、社会等建立各个级别的图书馆学专业教育体系,鼓励图书馆学专家积极参与图书馆学专业教育。

图书馆协会围绕着图书馆事业的方方面面提出各种议案,积极为图书馆事业谋求经费,推动图书馆的普遍设立,改善图书馆的行政与业务,推进图书馆事业标准化,促进图书馆之间的互助合作,为民国时期图书馆事业的发展作出了巨大贡献,对民国时期图书馆事业的格局产生了重大影响,同时也促进了民国时期图书馆学的发展。

第五章

民国图书馆学学术团体的贡献

第一节 图书馆协会对图书馆学的影响

一、汇聚和培养了图书馆学研究队伍

1918年底成立的北京图书馆协会发展至1919年6月已有27家图书馆会员,这些图书馆中的一些馆员,尤其是大学图书馆馆员,如清华学校图书馆的袁同礼、戴志骞,北京大学图书馆的李大钊,北京高等师范学校图书馆的李贻燕、程时煃,北京法政专门学校图

书馆的杨昭悊等都是北京最早注意学习和研究图书馆学的学者。1920年,沈祖荣和冯陈祖怡两位曾在美国学习图书馆学的专家加入了北京高等师范学校暑期图书馆讲习会。讲习会上大家一致赞成成立全国图书馆协会的计划,并着手筹备。

在筹备全国图书馆协会的过程中,1922年成立的中华教育改进社图书馆教育委员会成为汇聚中国图书馆学专家、开展图书馆学研究的全国性组织,最初有杜定友、沈祖荣、洪有丰、程时煃、戴志骞、戴罗瑜丽6名委员。1923年中华教育改进社举办年会,图书馆教育组的到会人员有23人:戴志骞、何日章、朱家治、洪有丰、施廷镛、周良熙、刘廷藩、熊景芳、冯陈祖怡、许卓、陆秀、许达聪、王文山、陈宗登、胡庆生、裘开明、韦棣华、张嘉谋、查修、王警宇、戴罗瑜丽、刘昉、陶怀琳,① 其中文华图书科师生有10人。

1924年,戴志骞、章箴、何日章、洪有丰、杜定友、王文山、桂质柏等人发起成立了各地方图书馆协会,其中,上海图书馆协会、江苏图书馆协会和济南图书馆协会都明确将研究图书馆学术写入协会章程。北京图书馆协会虽然没有在章程中体现研究图书馆学术,但成立不久后,在1924年4月20日举行第一次常会时,会员提出每次会议须有图书馆学术讲演之议案,会议议决通过。② 1928年,北京图书馆协会改组为北平图书馆协会,但讲演之风延续了下来。北京(平)图书馆协会是所有图书馆协会当中开办讲演时间最长、次数最多的协会。这与该协会集中了国内较多图书馆学专家,且同国际图书馆学界之间的交流开展得较好有关。经整理,北京(平)图书馆协会曾举办如下讲演。

---

① 《分组会议纪录:第三十 图书馆教育组》,《新教育》1923年第7卷第2、3合期。
② 《本会概略:会议纪录》,《北京图书馆协会会刊》1924年第1期。

北京（平）图书馆协会所举办讲演之总目[①]

序号	讲演人	讲演题目	时间	地点
1924 年				
1	戴志骞	图书分类法几条原则的商榷	第二次常会（1924年5月18日）	北京大学第二院
2	冯陈祖怡	中文目录编制问题	第三次常会（1924年6月22日）	北京师范大学
3	谭新嘉	目录学与版本学之同异	第四次常会	
4	高仁山	教育图书专馆的重要		
5	查修	中国书籍在刻版前的概况		
6	袁同礼	现代图书馆之组织		
7	陈垣	四库全书编纂小史		
8	戴志骞	欧美图书馆概况		
9	熊译元	整理中国旧籍之途径		
10	马尔智（B. Marcu）	西人治理中国学术概略		
11	韦棣华（Miss M. E. Wood）	出席爱丁堡国际图书馆会议之经过		
12	柯劭忞	史学		
1928 年				
13	洪有丰	对于图书馆问题最近之趋向	第一次常会（1928年12月23日）	燕京大学图书馆

[①] 表格中第 25 项来源于《张大可文集·第 10 卷·中国文献学》（商务印书馆，2013 年，第 307 页），第 26 项来源于《北平图书馆协会二次常会》（《中华图书馆协会会报》1936 年第 11 卷第 5 期），其余各项皆来源于《北京（平）图书馆协会会刊》第 1—5 期。

续表

序号	讲演人	讲演题目	时间	地点
1929 年				
14	戴志骞	对于北平图书馆协会之希望	第三次常会（1929年2月24日）	国立北平图书馆（居仁堂）
15	李小缘	图书馆与民众教育	同上	同上
16	聂光甫	赴南京年会参观旅行之感想	同上	同上
17	莱思［斯］米（G. Reismuller）	德国研究中华文化之概况	第四次常会（1929年3月31日）	政治学会图书馆
18	马廉（隅卿）	旧本《三国演义》之板本的调查	第五次常会（1929年5月5日）	孔德学校图书馆
19	刘国钧	中西分类法比较之研究	第七次常会（1929年10月5日）	清华大学工字厅
20	毕力汉（Johnson Brigham）		欢迎茶会（1929年10月26日）	国立北平图书馆第一馆
1930 年				
21	陈独醒	流通图书馆之宣传	第一次常会（聚餐会）（1930年1月5日）	西长安街忠信堂
22	刘国钧	民众图书馆在社会上之功用	第二次常会（1930年3月24日）	市立第一普通图书馆
23	胡适	图书馆采访事务之建议	第三次常会（1930年6月7日）	故宫图书馆

续表

序号	讲演人	讲演题目	时间	地点
1930 年				
24	谢礼士（E. Schierlitz）	德国图书馆发达史	第四次常会（1930年12月21日）	辅仁大学图书馆
1931 年				
25	李文裿	图书馆阅览事务上诸问题	第二次常会（1931年6月14日）	香山慈幼院图书馆
1936 年				
26	黎锦熙	关于索引的方法		

不少图书馆协会设置了调查部、研究部、编辑部等部门，有力地推动了图书馆学研究。图书馆协会还通过年会中的学术讲演、论文宣读，以及设立专门委员会和开展编辑出版活动等创造了良好的图书馆学研究环境，使图书馆协会的很多职员和会员得到了学术锻炼，图书馆协会也成为除图书馆学校之外的图书馆学术中心。

根据韦庆媛《民国时期图书馆学留学生群体的构成及分析》中所列 1949 年以前在国外获得学位或求学的图书馆学留学生名单，除徐燮元在中华图书馆协会成立之前去世，以及只有英文名字未考证出对应的中文姓名者以外，绝大多数都是中华图书馆协会的会员。[1] 范凡在《民国时期图书馆学著作出版与学术传承》中曾根据出版图书馆学著作的数量归纳出 37 人的核心作者群，[2] 其中绝大

---

[1] 韦庆媛：《民国时期图书馆学留学生群体的构成及分析》，《大学图书馆学报》2018 年第 3 期。
[2] 范凡：《民国时期图书馆学著作出版与学术传承》，国家图书馆出版社，2011 年，第 53 页。

数也都是中华图书馆协会的会员。更不用说,图书馆协会所创办的期刊中刊载的论文的主要作者也多为图书馆协会会员。

二、确立了图书馆学的性质与内容

民国时期,有关图书馆学的理论著作或论文的作者大多是图书馆协会会员,甚至多为协会的主要领导者和骨干。这些理论成果借助于图书馆协会所创办的期刊的宣传,在更广阔的范围内被人们讨论、学习和研究,而在相互学习和交流的过程中,又涌现出更多关于图书馆学的理论,如此逐步确立了民国时期图书馆学的性质与内容。

1920年,杨昭悊翻译出版了日本人田中敬的《图书馆学指南》,原作者在书中对图书馆学作了如下界定:一方面,图书馆学狭义的含义即指关于图书馆之建筑及设备、图书之保存及搜集、图书之陈列、目录之编纂、馆员之督率等方面的研究,英美出版界此类书籍多以"图书馆管理法"或"图书馆经济学"为名;另一方面,图书馆学校所授学科总称为图书馆学,其范围要广于上述内容,还包含图书馆史、书史学等。[①] 实际上,狭义概念是从图书馆事业层面来说的,专门指图书馆经营法与管理法;广义概念是从图书馆学科层面来说的,它是随着学科的发展而不断变化的,图书馆学校开设哪些课程,哪些内容便被纳入图书馆学的范畴。无论是广义还是狭义,图书馆学都没有脱离图书馆。

杨昭悊在《图书馆学》中强调图书馆学是一门学科、一种学

---

① 田中敬著,杨昭悊译:《图书馆学指南》,法政学报社,1920年,第1—2页。

问,并在"凡例"中指出:"本书用科学的方法,说明图书馆的原理和应用,所以叫做图书馆学。"① 他还指出:"要使中国图书馆发达,非得先研究图书馆学。研究图书馆学的作用,简单说有两种:(一)可以增进办理图书馆的人能力;(二)可以增进利用图书馆的人知识。"② 他说这两种作用都能够使图书馆事业发达。

杜定友在《图书馆学的内容和方法》中对图书馆学下了一个定义:"图书馆学是人类学问中的一部分。专研究人类学问纪载底产生、保存与应用。"他还说:"凡是成为专门的学科,至少要有两个根本的条件:第一是原理,第二是应用;而应用是根据于原理而来的。图书馆学若是只有目录分类方法、书籍排列方法那种机械的事——在一般人眼光看来,图书馆实只有干这些事——那末当然不值得研究;只能称为技艺,不能称为科学。……要根据种种原理,研究种种方法,去利用图书馆内的书籍和各种设备,使图书馆成为教育化、社会化、科学化。那末,这种事业,方才有研究的价值,有研究的必要。因此,图书馆学方才成为专门的科学。"③

刘国钧认为:"图书馆学便是研究图书馆的组织法、管理法和使用法的学科。所以要明了图书馆学的真性质,就要先知道什么是图书馆。"④ 他给图书馆下的定义是:"图书馆乃是以搜罗人类一切思想与活动之纪载为目的,用最科学、最经济的方法保存它们,整理它们,以便利社会上一切人使用的机关。"⑤ 图书馆的功用体现在教育、道德修养和社会进步等方面。

---

① 杨昭悊编著:《图书馆学》,商务印书馆,1923年,"凡例"第1页。
② 杨昭悊编著:《图书馆学》,商务印书馆,1923年,第6页。
③ 杜定友:《图书馆学的内容和方法》,《教育杂志》1926年第18卷第9期。
④ 刘国钧编:《图书馆学要旨》,中华书局,1934年,第2页。
⑤ 刘国钧编:《图书馆学要旨》,中华书局,1934年,第5页。

杨昭悊翻译出版的《图书馆学指南》包含概论、建筑与设备、目录编纂法、分类、图书馆教育、图书之保存、制本①、图书馆史八章。

1922年成立的中华教育改进社图书馆教育委员会，以研究图书馆学教育问题为宗旨，研究计划分为分组研究和共同研究两种。分组研究初分四组：图书馆行政与管理、征集中国图书、分类编目研究、图书审查，遇必要随时增减。共同研究则针对分组研究之结果，由全体委员讨论决定。②

1923年，东南大学举办的暑期学校所设图书馆学程的内容包括图书馆之由来、图书馆之定义、图书馆之沿革、图书馆之必要、图书馆之效果、图书馆之种类、图书馆之建筑、图书馆之职员、图书馆之用具、图书馆组织法、图书馆管理法、图书馆图书分类法、图书馆图书编目法等。③

杨昭悊在其编著的《图书馆学》中根据美国图书馆学校所开设的课程，运用科学的分析方法，设计了图书馆学的内容体系。该书的篇章基本上是根据这一内容体系设置的，共分八篇。第一篇"总论"，介绍图书馆的定义、图书馆和图书馆学、图书馆学和其他科学的关系、图书馆学的范围和分科、图书馆学的研究法、图书馆的种类、图书馆的历史、图书馆的现状；第二篇"图书馆和教育"，论述图书馆在教育上的地位、图书馆和教育的新思潮、图书馆教育的性质和效力、图书馆和家庭教育、图书馆和学校教育、图书馆和社会教育；第三篇"图书馆经营法"，包括图书馆经费、图书馆建

---

① 类似于装订的意思。
② 《分组会议纪录：第十八　图书馆教育组》，《新教育》1922年第5卷第3期。
③ 《奉天教育厅训令第302号》，《奉天公报》1923年10月27日第4181号。

筑、图书馆设备、图书馆支部；第四篇"图书馆组织法"，包括管理部（组织与职务）、馆员（资格与待遇）、评议会（组织与职权）；第五篇"图书馆管理法"，包括图书的选择、图书的购买、图书的收受、图书的排列、图书的阅览、图书的贷出、图书的整理、图书的保存、图书的装订、图书馆卫生、图书馆统计、巡回图书馆、开架图书馆；第六篇"图书分类"，包括图书分类的意义、图书分类的方法、各种分类法的优劣、新记忆的分类法、中国古书分类法；第七篇"图书目录"，包括图书目录的重要、目录的种类、各种目录的优劣、目录片制造法、目录片记入法；第八篇"促进图书馆教育的机关"，包括图书馆法规、图书馆学校、图书馆讲习会、图书馆协会、图书馆报志、图书馆广告。他认为前两篇属于原理，而后六篇属于应用。广义的图书馆管理法包括分类编目，因为较为繁难，所以另立专篇。

1923年，《新教育》刊登戴志骞的《图书馆学简说》[①]，该文所述内容包括图书馆沿革（即图书馆史）、图书馆趋势、图书馆种类、图书馆学校、图书馆学科。

1926年，杜定友在《图书馆学的内容和方法》（续）中重点考察了若干图书馆学校的课程，将其总结为图书馆概论（含图书馆学通论——图书馆与社会的关系及功用、学校图书馆、组织法、管理法、编目分类法、阅览指导法、利用图书馆方法、图书馆略史）、图书馆原理大纲（含图书馆哲学、图书馆与教育、图书馆与国家、图书馆与社会、图书馆学教育、图书馆服务论、图书馆之种类、图书馆学术语、图书馆论文书目、图书馆历史）、图书馆行政学（含

---

① 戴志骞：《图书馆学简说》，《新教育》1923年第7卷第4期。

组织法、购订法、建筑、设备、管理法、文件保管法、打字法、社会调查、图书馆调查、图书馆广告术、图书馆法令、印刷术、书业学、图书流通法、图书典藏法、学校图书馆管理法、公共图书馆管理法、大学图书馆管理法、商业图书馆管理法、工业图书馆管理法、儿童图书馆管理法、专门图书馆管理法、盲哑图书馆管理法、军营图书馆管理法、医院图书馆管理法、巡回图书馆管理法、乡村图书馆管理法、学会图书馆管理法、通信图书馆管理法、法律图书馆管理法、博物院管理法、艺术馆管理法），图书馆实习，图书选择法，图书分类学，图书目录学，图书参考法，学术研究法。①

刘国钧在《图书馆学要旨》中认为可以依据图书馆成立的要素——图书、人员、设备、方法来对图书馆学进行分科，还可以将图书馆学分为目录、行政和技能三个方面。他认为图书馆是一个活的机关，而图书馆学的内容也是发展变化的。

总的来说，民国时期图书馆学专家普遍认可图书馆学是一门科学，具备原理和应用两方面的知识，同时图书馆学又是与图书馆有密切关系的学科，对图书馆性质和功用的认识也决定了图书馆学应该如何运用原理和应用方法帮助图书馆实现其社会价值。图书馆学的内容范围包括围绕着图书馆（包括图书、人员、设备、方法）的方方面面。虽然图书馆是民国时期图书馆学学者思考图书馆学的出发点，但这并不单纯代表着"图书馆轴心"思想，因为对图书馆的理解才是真正的核心。图书馆保存的是人类的知识、精神和记忆，并且通过科学的整理使其便于人们利用，这才是图书馆的核心，无论它们以图书、信息还是数字的方式存在，本质都是一样的。这种

---

① 杜定友：《图书馆学的内容和方法》（续），《教育杂志》1926年第18卷第10期。

观点至今都不过时。对于当代的图书馆学学者来说，他们需要反思民国时期的图书馆学，继承图书馆学前辈们的智慧，去思考和理解当下和未来的图书馆与图书馆学。

三、完善了图书馆学的学科制度

随着中国高等教育的发展，不少学者围绕着学科制度进行了深入的思考。方文指出，学科制度包含学科制度精神（规范特定学科科学研究的行为准则体系）和学科制度结构（支撑学科发展和完善的基础结构体系）两个层面，而学科制度结构至少包括四类基本范畴：职业化和专业化的研究者及他们赖以栖身的研究机构和学术交流网络、规范的学科培养计划、学术成果的公开流通和社会评价、稳定的基金资助来源。[①] 郑杭生把学科制度分为三个层次：学科深层理念、学科规范体系、学科物质体现，他认为前两者即相当于方文所说的学科制度精神，第三个层次相当于方文所说的学科制度结构。[②] 吴国盛则把学科制度的建设分为内在建设和外在建设两个方面：内在建设即观念层面的范式构建，目的在于形成一种知识传统或思想传统，它主要是建立各种各样的学术标准和学术规则；外在建设即社会建制和社会运作层面的范式构建，目的在于形成一个学术共同体，它包含学者的职业化、固定教席和培养计划的设置、学会组织和学术会议制度的建立、专业期刊的创办等，这些也被称为

[①] 方文：《社会心理学的演化：一种学科制度视角》，《中国社会科学》2001年第6期。
[②] 郑杭生：《当前社会学学科制度建设的问题——在"学科制度建设"研讨会的发言（节选）》，《中国社会科学》2002年第3期。

学科的制度建设。① 因此，吴国盛提出的内在建设与方文的学科制度精神类似，外在建设与方文的学科制度结构类似。总的来说，学者们大体认可在学科偏向"精神"层面的制度化范式之外，还有与各类社会组织、机构密切相关的"物质"层面的制度化范式支撑着学科的发展和完善。

诚如韩水法所指出的，"从历史的观点来看，学科作为一种制度和结构是作为大学制度的一个组成部分而形成和发展起来的"②。不过，尽管学科制度与大学制度有十分紧密的关系，也有不少交叉，但支撑学科发展的制度结构不仅限于大学。费孝通曾在回忆1979年后重建中国社会学的历史时说过这样一段话："一门学科机构上大体要包括五个部门：一个学会，这是个群众性的组织，不仅包括专业人员，还要包括支持这门学科的人。二是专业研究机构，它应当在这门学科中起带头、协调、交流的作用。三是各大学的学系，这是培养这门学科人才的场所，为了实行教学和研究相结合，不仅在大学里要建立专业和学系，而且要设立与之相联系的研究机构。四是图书资料中心，为教学研究工作服务，搜集、储藏、流通学科的研究成果，有关的书籍、报刊及其他资料。五是学科的专门出版机构，包括出版专业刊物、丛书、教材和通俗读物。"③

现代意义的学科是知识生产积累到一定历史阶段的制度化产物。古代图书馆学知识不断积累，到了19世纪，尤其是19世纪中期公共图书馆运动兴起，使图书馆的数量急剧增加，图书馆从业人员也渐成规模，他们因面临新的环境而需要共同研究工作中遇到的

---

① 吴国盛：《学科制度的内在建设》，《中国社会科学》2002年第3期。
② 韩水法：《大学制度与学科发展》，《中国社会科学》2002年第3期。
③ 费孝通：《略谈中国的社会学》，《社会学研究》1994年第1期。

问题,于是在1876年组织成立了美国图书馆协会这一专业团体,还创办了图书馆专业期刊《图书馆杂志》,使图书馆学知识有了生产、传播的平台,拉开了图书馆学知识制度化、规范化的序幕。这一时期也正是美国大学教育持续扩张的时期,越来越多的学科被纳入大学体制。由于此前图书馆学已经开始制度化,专家群体和知识积累已初具规模,而社会又对图书馆人才培养有迫切需求,加之早期有学识和经验的图书馆学专家大多是大学或研究机构附属图书馆馆长,将图书馆学纳入大学教育便具有得天独厚的条件。图书馆协会在规范和指导图书馆学教育的过程中也扮演了十分重要的角色。1883年,杜威在就任哥伦比亚大学图书馆馆长的当天就通过校长向学校董事会提议设立图书馆学院,又在当年美国图书馆协会年会上汇报了这一计划。随后,美国图书馆协会任命卡特等人组成哥伦比亚大学图书馆学院委员会,密切关注该学院进展,并决定美国图书馆协会应采取的相应举措。[①] 1887年,哥伦比亚大学正式设立了图书馆学院。此后,美国建立了多所不同层次的图书馆学院,图书馆学专业教育蓬勃发展。1925年,美国图书馆协会通过了图书馆学教育委员会制定的《图书馆学院最低标准》。该标准将图书馆学院分为四类:(1)初级图书馆学本科生院;(2)高级图书馆学本科生院;(3)图书馆学研究生院;(4)高级图书馆学研究生院。该标准还分别从组织、管理、教学人员、财政状况、图书馆设施与设备、入学要求、学习期限、证书、课程等方面制定了具体规定。1926年,美国图书馆协会图书馆学教育委员会完成了第一次图书

---

① 周亚:《美国图书馆学教育思想研究(1887—1955)》,学林出版社,2018年,第76页。

馆学院认证，认证名单包括前三类的14所图书馆学院。① 1926年，芝加哥大学图书馆学研究生院建立，这是美国第一所高级图书馆学研究生院。学术界普遍沿用美国社会学家华勒斯坦的观点，把具有大学教育、专业期刊和学会视作一门学科完成了学科建制的三大标准。依据这三个标准，图书馆学在19世纪后半期就已经跻身于现代学科之林，比其他很多社会科学的学科都要早。

到1914年沈祖荣赴纽约公共图书馆学校学习图书馆学时，图书馆学作为一门专门学科的观念在美国已经确立，图书馆学的学科体系也日益完善。随着清末民初图书馆学理论在中国的传播，尤其自沈祖荣、戴志骞学成归国之后，图书馆学是一门学科的观念也渐渐被国人接受。杨昭悊于1920年翻译出版了日本人的著作《图书馆学指南》，他还指出1920年暑期北京高等师范学校所举办的图书馆讲习会促使人们更广泛地接受图书馆学。讲习会结束以后，杨昭悊便开始着手编写《图书馆学》一书，待其出版时，蔡元培为其作序，也明确指出西方国家尤其是美国已经产生了系统的图书馆学理论，并建立了许多图书馆学校。可见，西方图书馆学理论与教育已经为中国教育界人士所认识。

北京高等师范学校1920年暑期图书馆讲习会的举办，实际上是1918年成立的北京图书馆协会策划的一项重要工作。袁同礼、李大钊、杨昭悊、戴志骞、程时煃等都是北京图书馆协会的会员。图书馆协会的成立汇聚了图书馆学专家，并催生了不少图书馆学理论成果，还促进了图书馆学教育的开展。与美国不同的是，中国有了学习的榜样和促进学科发展的制度性保障条件，如图书馆学专业

---

① 周亚：《美国图书馆学教育思想研究（1887—1955）》，学林出版社，2018年，第85页。

团体、专业期刊和专业教育的重要性几乎同时为中国学者所关注，且都在20世纪20年代前后发展起来，只不过其发展的先后主要受制于现实条件。北京图书馆协会首先于1918年12月成立。1920年，除北京高等师范学校暑期图书馆讲习会这种短期图书馆学教育形式之外，韦棣华在沈祖荣、胡庆生的协助下，于该年春天在武昌文华大学开办了图书科，图书馆学正式成为大学常规教育的一部分。《浙江公立图书馆年报》虽然是中国图书馆界的第一份期刊，但其定位主要是馆刊，以报道该馆情形为主，尽管其自1919年起在《附录》一栏转载、摘录其他报刊所发表的图书馆学论文和业界消息，但仍不能算作图书馆学界发表和交流学术观点的平台。早期图书馆学论文多见于报纸、教育类报刊，或者大学自办刊物。早在1920年夏天，程时煃在《图书馆教育发展计划案》的第三部分"团体组织"中就提到了组织图书馆杂志。1922年，在中华教育改进社第一届年会上，图书馆教育组通过了戴志骞提出的"请中华教育改进社组织图书馆教育研究委员会案"，并决定该研究委员会的研究结果暂由《新教育》发表。虽然《新教育》不是图书馆学专业期刊，但毕竟使图书馆学研究成果得以汇集。1924年3月，北京图书馆协会成立。8月，《北京图书馆协会会刊》创刊，虽为协会会刊，但除发表该协会会务相关内容外，还刊载学术讲演内容，因而也可算作图书馆学专业期刊。1924年，裘开明在中华教育改进社第三届年会上提出"刊行图书馆学季报案"，经图书馆教育组议决通过，但因种种原因被搁置。中华图书馆协会于1925年创刊的《中华图书馆协会会报》和于1926年创刊的《图书馆学季刊》成为图书馆学界质量较高的专业期刊。1929年，武昌文华图书科创办《文华图书科季刊》，虽然其文章主要是由武昌文华图书科师生撰写的，但实际上面向的是整个图书馆学界。该刊使图书馆学教学与科研得以密切结合，使图书馆学学生的学术能力得到培养和提高。除专业期刊之外，图书馆协会还是图书馆学著作、译作等专业出版物的主要组织者。此外，中华图书馆协会和上海图书馆协会还设有图书馆学图书馆。

民国时期，中国图书馆学教育虽然有高等教育、中等学校教育、业余教育（职业教育）等多种形式，但主要还是集中于短期的讲习或讲演，以及函授学校等业余教育，或者在大学、中学开设相关课程，真正在大学设立院系的只有文华大学图书科、上海国民大学图书馆学系、金陵大学图书馆学系、国立社会教育学院图书博物馆学系、北京大学图书馆学专修科等，而除文华大学图书科于1929年独立为文华图书馆学专科学校，坚持办学多年外，其他大多只短暂存在。因此，图书馆学在中国的大学学科制度中并没有打下稳固的基础。在图书馆学的学科建制过程中，图书馆协会起到了特别重要的作用，它不仅凝聚起全国图书馆学专家团体，通过学术会议、学术出版物、国际学术交流等多种形式推动图书馆学学科的完善，还始终想方设法为图书馆学教育创造条件。因此，民国时期的图书馆协会对于完善中国图书馆学学科制度贡献巨大。

第二节　图书馆协会对图书馆事业的影响

与其他学科不同的是，图书馆学与图书馆事业有着极为密切的关系，图书馆学知识来源于图书馆实践。因此，图书馆协会不仅是学术组织，还承担着类似于行业协会的功能，对图书馆事业起着协调和指导的作用。

一、谋图书馆事业之经费

尽管在 20 世纪 20 年代之前中国现代图书馆体系已初具规模，但距离真正意义上的现代图书馆仍有不小的差距，公共图书馆向读者免费开放阅览和允许借书出馆等功能都还没有实现。此外，图书馆的数量虽然有较大增长，但新增图书馆中大多数为规模较小的通俗图书馆和县级图书馆，相较于中国人口来说，图书馆的数量还远远不够。要发展中国图书馆事业，经费是首先要解决的重大问题，也是图书馆协会最为关切的问题之一。

图书馆界人士早期对政府发展图书馆事业抱有热切期望，然而这种期望很快就被残酷的现实打破了。戴志骞在为 1921 年 7 月出版的美国图书馆协会 1920—1921 年度报告所撰写的《中国的图书馆运动》中指出，中国开展图书馆运动存在两大困难，其一便是认为指望政府为这场运动提供补助是不切实际的幻想。正是在这种社会情形下，当韦棣华向余日章请教发展图书馆事业的方法时，余日章才指出以庚款的一部分发展图书馆事业为最善之法。

1923 年，韦棣华女士参加中华教育改进社第二届年会时，以文华图书科全体师生的名义提出"呈请中华教育改进社转请政府及美国政府以美国将要退还之庚子赔款三分之一作为扩充中国图书馆案"，该议案经讨论修正后一致通过。议案有 9 条理由、3 种办法。理由之一提到中国尚无模范图书馆堪足取法，一旦得此巨款，则可经营若干模范图书馆,划一各种制度标准、管理手续,以为全国公、私、省、县、市、村图书馆之赞助。因此,欲利用此款在中国大城市中陆续建设大图书馆5所,其后9年再于较小城市年增小图书馆1所。这一计划得到图书馆界人士的一致拥护,较早成立的地方图书馆协会和因这一计划的催化而成立的中华图书馆协会对此均给予了大力支持。

1924年,《北京图书馆协会会刊》创刊号上发表论评《为真正提倡教育关心文化者进一言》,该论评特别指出文华图书科在中华教育改进社第二届年会上提出了扩充中国图书馆的议案,并说:"倘于各国庚款项下,均抽出三分之一,作扩充图书馆之用,仿照该案所定计划办理,则上自首都,下至省县,当各有大图书馆一所,小图书馆若干所。"[①] 1924年4月20日,在北京图书馆协会第一次常会上,主席戴志骞报告"韦棣华女士在美运动赔款退还为建设图书馆之用,已有成功之希望"[②]。5月18日第二次常会仍由戴志骞担任主席,其亦报告"美国庚子赔款已经美参、众二院通过,用途尚未指定,但为图书馆用似颇有望"。戴志骞还请书记查修将韦棣华女士促使美国退还庚子赔款以建设中国图书馆一事之经过情形略为报告,"结果通过由书记去函道谢"。因会长戴志骞1924年夏将有全球之游,冯陈祖怡提议,"请其抵美时以北京图书馆协会代表名义与韦棣华女士于运动美国退还庚子赔款一部分为建设中国图书馆事,合作进行",一致通过。[③] 6月22日第三次常会,主席戴志骞报告"美国于庚子赔款将予中国以用途自定之全权,故为中

---

① 《论评:为真正提倡教育关心文化者进一言》,《北京图书馆协会会刊》1924年第1期。
② 《本会概略:会议纪录》,《北京图书馆协会会刊》1924年第1期。
③ 《本会概略:会议纪录》,《北京图书馆协会会刊》1924年第1期。

国图书馆事业前途计，应在本国方面竭力运动"①。其后，"美国于庚子赔款主张用于教育文化，并派孟禄博士来华，当由袁同礼、陈祖怡、查修三君往晤，并投递计划书"②。由此可见，北京图书馆协会对此事颇为热心，并尽其所能予以支持和辅助。

中华图书馆协会成立伊始便将此事放在首位，于1925年6月2日董事会开会时议决此事，并致函中华教育文化基金董事会正式提出申请。后又于12月再次致函该会，请其于开会时提出讨论。然而，中华图书馆协会提出的申请未能通过。不过，中华教育文化基金董事会后来以其他方式给予资金扶持中国图书馆事业，这与韦棣华女士、中华图书馆协会等的努力是分不开的。

中华教育文化基金董事会对中国图书馆事业的最大投入，同时产生的影响最大的就是国立北平图书馆的成立。中华教育文化基金董事会成立后决定在北京办一所规模宏大的图书馆，而教育部所辖京师图书馆虽然馆藏丰富，且多善本，但地址偏僻、馆舍简陋，因此双方决定合力创办国立图书馆。1925年11月，双方签订《教育部、中华教育文化基金董事会合办国立京师图书馆契约》，契约规定由教育部与中华教育文化基金董事会合组国立京师图书馆委员会，主持一切进行事宜，委员会设委员9人，由教育部指派3人，由中华教育文化基金董事会推定3人，并由双方合推3人。第一届委员名单拟定后由教育部呈请任命。委员会设委员长、副委员长、书记各1人，司库2人，执行委员4人。馆址由教育部和中华教育文化基金董事会会定，并由教育部无偿拨为建筑图书馆之用。现教

---

① 《本会概略：会议纪录》，《北京图书馆协会会刊》1924年第1期。
② 《北平图书馆协会会务报告：利用庚款扩充图书馆事业之运动》，《北平图书馆协会会刊》1929年第2期。

育部直辖国立图书馆所有图书设备由教育部完全移交委员会。图书馆之经常费由教育部和中华教育文化基金董事会各认一半。中华教育文化基金董事会独立承担建筑设备费 100 万元，分 4 年向委员会付清。经教育部与中华教育文化基金董事会分别指派，推定范源廉、周诒春、任鸿隽、陈任中、高步瀛、徐鸿宝、胡适、翁文灏、马君武 9 人为第一届委员。该委员会聘定梁启超、李四光为正副馆长，袁同礼为图书部主任，并租定北海公园内之庆霄楼、悦心殿、静憩轩、普安殿一带房屋，拨京师图书馆原有职员之一部着手筹备。1926 年 1 月，教育部难以履行契约，故"原定计划中之图书馆暂由（中华教育文化基金）董事会独力进行，并改名为北京图书馆"，原定临时费及聘定人选依旧，由中华教育文化基金董事会派委员 5 人组成北京图书馆委员会，该委员会为管理机关，北京图书馆于 1926 年 3 月 1 日正式成立。1927 年 6 月，正副馆长辞职，改聘范源廉为馆长、袁同礼为副馆长。① 1928 年 10 月，北京图书馆更名为北平北海图书馆。② 1929 年 6 月底，中华教育文化基金董事会在天津举行第五届年会时，董事蒋梦麟以教育部长资格提议，继续此前教育部与基金董事会合办图书馆之议，重新修订契约，并将位于中海居仁堂之北平图书馆③与北平北海图书馆合并，改称国立北平图书馆。④ 1931 年 6 月 25 日，国立北平图书馆迁入文津街新馆。

  1931 年，中华教育文化基金董事会集会议决款项分配事宜，

---

① 《本馆略史》，《北京图书馆月刊》1928 年第 1 卷第 1 期。
② 《本馆更名启事》，《北平北海图书馆月刊》1928 年第 1 卷第 5 期。
③ 京师图书馆于 1928 年改名为北平图书馆，馆址由原来坐落于方家胡同的国子监南学迁至中海居仁堂。
④ 《馆讯：本馆组织之变更》，《北平北海图书馆月刊》1929 年第 2 卷第 6 期。

其中，国立北平图书馆获得经费14万元、购书费25.75万元（包括美金3.5万元），①中华教育文化基金董事会每年投入国立北平图书馆的经费可见一斑。中华图书馆协会事务所自1927年3月1日迁入北京图书馆后，始终借地办公，工作人员也常由该馆员工兼任。可以说，中华图书馆协会的发展实际上受益于中华教育文化基金董事会的资助。

在教育部因经费困难中止契约后，中华教育文化基金董事会曾鉴于国立京师图书馆自梁启超任馆长后经费仍属无着，梁氏曾先后三次垫付维持费1万余元的情况，决定自1927年7月起至1928年6月止，拨给京师图书馆补助费3万元，暂以1年为限，每月拨付2500元，得以500元归还梁氏垫款。②

李彭元指出："经中华图书馆协会及有关各方的努力争取，从1925年到1949年中华教育文化基金董事会对包括国立北平图书馆、北京大学图书馆、清华大学图书馆、武昌文华图书馆学专科学校和中国科学社明复图书馆等项目的建设提供了资金资助。"③

1931年4月，管理中英庚款董事会成立。中英两国交涉后确定"把全部退还庚款（按：共1118万余磅）设置基金，借充整理建筑铁路和经营其他生产事业，再以利息所得兴办教育文化事业"。至于息金支配教育文化事业的标准未曾提及，后来经中央政治会议决定，将教育文化事业分为五类，其中甲类建设中央图书馆、中央博

---

① 《图书馆界：教育文化基金会与图书馆事业》，《中华图书馆协会会报》1931年第7卷第1期。
② 《中华教育文化基金董事会补助京师图书馆》，《中华图书馆协会会报》1927年第2卷第6期。
③ 李彭元：《中华图书馆协会史稿》，国家图书馆出版社，2018年，第155页。

物馆，并保存国有文化史迹古物等，每年支配息金25％。① 之所以将中央图书馆列入甲类，是因为1928年全国教育会议议决通过筹设国立中央图书馆的议案，该议案的原提案人之一就是上海图书馆协会。1928年5月15日至28日，由南京政府大学院召集的第一次全国教育会议于南京中央大学举行。上海图书馆协会委员长王云五提交有关图书馆的议案若干，其中就有"请大学院从速设立中央图书馆并以该馆负指导全国图书馆之责任案"，并且对于资金、建筑、藏书、组织等均设计了详细方案。② 此外，南京特别市教育局、安徽省教育厅厅长韩安皆有请设立国立中央图书馆的提案。于是将以上三案合并为一案交高等教育组审查，最终整理出办法五条，议决通过。该会闭幕宣言中亦言："我们希望在最短期间，首都的中央图书馆，得开始筹备。"③

1933年，中华图书馆协会举办第二届年会，陈独醒提交"向各国庚款中力争图书馆补助费案"，山东省立图书馆亦有"庚子退还赔款应提出一部分分配与各省图书馆为建设发展之用"的提案，两案经大会合并为"向中英庚款董事会请速拨款建设中央图书馆并请中美庚款董事会补助各省图书馆经费案"，议决通过。④ 执行委员会于年会后根据原案并引两会分配款项议案及原则，向管理中英庚款董事会、中华教育文化基金董事会致函力请。1933年12月31日

---

① 《朱家骅关于中英庚款董事会成立经过及其与中国教育文化事业关系的报告》，载中国第二历史档案馆编《中华民国史档案资料汇编：第五辑第二编教育（一）》，江苏古籍出版社，1997年，第273—274页。
② 《全国教育会议：王云五之提案》，《申报》1928年5月9日第12版。
③ 《筹设国立中央图书馆之决议》，《中华图书馆协会会报》1928年第3卷第6期。
④ 中华图书馆协会执行委员会编纂：《中华图书馆协会第二次年会报告》，中华图书馆协会事务所，1933年，第47—48页。

刊行的《中华图书馆协会会报》第9卷第3期称，已得管理中英庚款董事会来函，允届时提付审议，而中华教育文化基金董事会则尚未见复。① 管理中英庚款董事会后来决定拨付150万元作为中央图书馆建筑费，分年拨付，但直到抗战军兴，该馆馆舍尚未开工。中央图书馆到底获得多少来自管理中英庚款董事会的资金，以及建筑重庆分馆的资金是否来自管理中英庚款董事会，《国立中央图书馆概况》中未曾明确提及。

1936年，中华图书馆协会第三届年会上关于经费的议决案是"本会应设法请求各庚款委员会拨款补助各省市县公私立图书馆事业案"。

1938年6月，中华图书馆协会为协助西南各省积极发展文化，以利抗战建国，致函管理中英庚款董事会，请其仿照发展西北文化的办法，筹拨巨款在西南各省积极推进文化发展。② 7月2日，管理中英庚款董事会在香港举行年会时，议决补助四川大学理学院图书等设备费6万元、昆明图书馆建筑费5万元、贵阳科学馆（内中附设图书部）建筑费7万元。该会自抗战以来，还曾补助中央图书馆出版品国际交换处经费9000元、国立编译馆特种图书费4000元。③

获知管理中英庚款董事会将于1939年5月杪在香港举行董事会年会，中华图书馆协会特又于1939年3月21日致函该会，建议

---

① 《英美庚款》，《中华图书馆协会会报》1933年第9卷第3期。
② 《本会致函管理中英庚款董事会请在成都筹设大规模之图书馆一所》，《中华图书馆协会会报》1939年第13卷第6期。
③ 《管理中英庚款董事会本年度对于图书馆事业之补助》，《中华图书馆协会会报》1938年第13卷第2期。

请其再筹拨巨款在成都筹设大规模图书馆一所，以推广西南文化。①同日，中华图书馆协会理事长袁同礼为筹建成都图书馆事致函四川省教育厅厅长郭有守，请其拟具设置省立图书馆的详细计划，正式向管理中英庚款董事会申请补助。② 10 月 21 日，管理中英庚款董事会正式函复中华图书馆协会，允予补助成都图书馆图书费 3 万元。③

1939 年，尽管管理中英庚款董事会因战事收入锐减，但总计补助图书馆事业项目仍有文华图专建筑设备费 5500 元、四川省立图书馆（即前称成都图书馆）图书费 3 万元、国立西南联大及国立北平图书馆编纂中日战史购书及出版费 1 万元、教育部出版品国际交换处 12000 元。④ 同年，中华教育文化基金董事会补助图书馆事业经费者亦有数起：文华图专维持费 15000 元、中华医学会医学图书杂志费 5000 元、国立中央大学医学院图书杂志等费 8000 美金、华西协和大学医学院医科书籍杂志费 3000 美金、金陵大学理科图书等费 1000 美金。⑤

除积极谋求庚子赔款以补助图书馆事业之外，图书馆协会诸会员（包括地方图书馆协会）还利用一切机会在各类教育会议和中华

---

① 《本会致函管理中英庚款董事会请在成都筹设大规模之图书馆一所》，《中华图书馆协会会报》1939 年第 13 卷第 6 期。
② 《本会袁理事长为筹建成都图书馆事致四川教育厅郭厅长函》，《中华图书馆协会会报》1939 年第 13 卷第 6 期。
③ 《管理中英庚款董事会复函本会准予补助成都图书馆购书费三万元》，《中华图书馆协会会报》1939 年第 14 卷第 2、3 合期。
④ 《管理中英庚款董事会本年度对于图书馆事业之补助》，《中华图书馆协会会报》1939 年第 14 卷第 2、3 合期。
⑤ 《中华教育文化基金董事会本年度对于图书馆事业之补助》，《中华图书馆协会会报》1939 年第 14 卷第 2、3 合期。

图书馆协会年会上频频提出种种议案，呼吁政府保障图书馆经费。

1925年8月20日上午，中华教育改进社第四届年会图书馆教育组举行第一次会议，讨论四项议案，通过两项，其一便是"规定学校图书馆购书经费案"，议决函请教育部速规定经费，国内学校均须以常年费的5%作为图书费，以便购买书籍。①

1928年3月18日，上海图书馆协会举办会员大会，通过议案十项，其中包括呈请大学院通令学生图书费不得挪移他用，应以学校经费的5%充各该学校图书馆经费，并速编提案由委员长王云五带至5月全国教育会议。②后修正为"请大学院确定学校图书馆经费案"，具体办法如下：（1）学校图书馆经费至少须占学校经费的5%；（2）学校图书馆经费独立，学生图书费及学校指定款，负图书馆责者有自由支配之权。③王云五以个人名义在会上提交了"请大学院通令全国各学校均须设置图书馆并于每年全校经常费中提出5%以上为购书费案"，办法如下：（1）全国国立、省立、市立、地方立之大中小学校每年均须以全校经费5%以上为购书费，不得移作他用，馆员薪水须另行开支，不得就此款支付。（2）全国私立大中小各学校一律依照前条规定，违者取消其立案。（3）所购图书，应与学生程度相当，勿徒供装饰之用。（4）所有图书，应依新式分类与索引法，以便参考。④

1929年，中华图书馆协会第一届年会将上海图书馆协会、暨南大学图书馆、山西公立图书馆、沈祖荣、李小缘等提交的十项提

---

① 《中华教育改进社第四次年会图书馆教育组议决案》，《中华图书馆协会会报》1925年第1卷第3期。
② 《上海图书馆协会昨开会员大会》，《申报》1928年3月19日第7版。
③ 《全国教育会议提案：上海图书馆协会提案》，《申报》1928年5月8日第11版。
④ 《全国教育会议：王云五之提案》，《申报》1928年5月9日第12版。

案合并为"呈请教育部通令各大学区各省教育厅各特别市应于每年经常费中规定百分之二十为办理图书馆事业费并通令全国各学校于每年经常费中规定百分之二十为购书费案",议决通过。① 5月24日,教育部长蒋梦麟批复:查社会教育经费应暂定为全部教育经费的10%—20%,曾经大学院呈奉国民政府核准,并通令遵办在案。唯社会教育范围甚广,而图书馆系社会教育之一,自难以社会教育经费的全部专办此一种事业。故经费比例拟暂缓划定以留伸缩余地,至各级学校购书费一节,应予饬令特别注意,酌量规定。北平图书馆协会还提出"请国民政府斟酌各地情形征收图书馆附捐分拨公立市立及县立图书馆案",但议决保留。中华图书馆协会第一届年会还通过了"呈请教育部令各书坊凡有图书馆正式函件及图章一律优待出售案"。

1933年,中华图书馆协会第二届年会分组讨论会增加"图书馆经费组"和"民众教育组"。经费组将浙江省立图书馆、建瓯县公立图书馆、吕绍虞、桂质柏、孙心磐、陈东原等提交的十项提案合并为"拟定各级图书馆经费标准请教育部列入图书馆规程案",议决由中华图书馆协会执行委员会聘请委员制定经费标准,再呈请教育部列入《图书馆规程》。此外,该会还通过合并案"呈请教育部规定补助私立图书馆临时及经常费案"(陈独醒、陈东原),以及"请中央拨棉麦借款美金一百万扩充全国图书馆事业案"(陈东原)。会后中华图书馆协会组织成立图书馆经费标准委员会,以柳诒徵为主席,陈东原为书记。中华图书馆协会曾就陈东原提出的棉麦借款一案致电中央政治会议行政院及教育部,申请复推会员陈东原、洪

---

① 中华图书馆协会执行委员会编纂:《中华图书馆协会第一次年会报告》,中华图书馆协会事务所,1929年,第103—109页。

有丰、柳诒徵三人为代表至南京与行政院及教育部面洽，后接行政院秘书处第3173号复函，谓已移交全国经济委员会核办。① 呈教育部之相关议案也经执行委员会汇总呈送教育部核准施行。

1934年1月11日至12日，教育部在南京召开民众教育委员会会议，由教育部提交议案九件，其中第七案为"改进及充实全国图书馆案"，大体系就中华图书馆协会第二届年会议决案改编而成，会前议案曾寄请各委员先行研究，以便到会讨论，同时送除委员外之其他专家及距南京较近之各省市教育厅局，请其充分发表意见。该案共有六项，第一项即为"图书馆经费及其设备"，下列七条内容：（1）规定省市县图书馆经费应占各该省市县社会教育经费之成数；（2）规定各级图书馆等级及其经费标准；（3）规定图书馆经常费之支配标准（比照民众教育馆规程规定经常费之支配标准）；（4）规定各级学校图书馆最低应占全校经费之成数；（5）规定各级学校图书馆设备之最低标准；（6）学校图书馆经费应由学校、教职员、学生三方面共同负担；（7）补助私立图书馆。中华图书馆协会图书馆经费标准委员会以民教委员开会期迫，不及征求全体意见，乃由主席柳诒徵、书记陈东原临时就第一项提出意见草案——《对于图书馆经费案之意见草案》，并发表于《中华图书馆协会会报》。② 同时，中华图书馆协会执行委员刘国钧、洪有丰、蒋复璁三位亦对该案逐项表示意见。③ 仅从第一条内容来看，经费标准委员会认为应根据不同地区社会教育经费占全部教育经费的比重分别制定，最

---

① 《图书馆界：请拨棉麦借款》，《中华图书馆协会会报》1933年第9卷第2期。
② 中华图书馆协会图书馆经费标准委员会：《对于图书馆经费案之意见草案》，《中华图书馆协会会报》1934年第9卷第4期。
③ 《图书馆界：教部民教委会议》，《中华图书馆协会会报》1934年第9卷第4期。

高不超过 40%，而三位执行委员的意见是图书馆经费应占社会教育经费的一半。

1939 年 7 月 22 日，教育部第 17055 号训令颁布《修正图书馆规程》，其中第 26 条对图书馆经常费的分配标准作出规定：薪工不得高于 50%，事业费及图书馆购置费不得低于 40%，办公费占 10%。① 1941 年，教育部公布《普及全国图书馆教育暂行办法》，其中第 12 条规定：图书馆经常费，省市立者每年不得少于 3 万元，县市立者每年不得少于 3 万元，乡（镇）书报阅览室每年不得少于 500 元，其分配标准应依照《修正图书馆规程》第 26 条办理。② 1943 年，教育部修正《普及全国图书（馆）教育办法》，其中第 10 条规定：图书馆经常费，省市立者每年不得少于 5 万元，县市立者每年不得少于 15000 元，乡镇书报阅览室每年不得少于 2000 元，其分配标准应依照《图书馆规程》第 26 条办理。③

除想方设法"开源"之外，图书馆协会还积极谋求如何为图书馆事业"节流"。对于图书馆来说，购买馆藏是一项重要开支。因此，图书馆协会相关提案有两类：一类提倡以各种方式免费获得馆藏或低价购买，另一类则是在图书馆业务费用上想办法节省支出。

早在 1916 年 2 月，京师图书馆就呈请教育部规定全国出版图书在内务部立案者应以一部交国立图书馆庋藏，从而建立了中国的呈缴本制度。1922 年中华教育改进社第一届年会上，图书馆教育组通过议决案"凡著作家出版书籍欲巩固版权须经部审查备案注册

---

① 《修正图书馆规程》，《浙江省政府公报》1939 年第 3179 期。
② 《图书馆界：教部通令〈普及全国图书馆教育暂行办法〉》，《中华图书馆协会会报》1941 年第 15 卷第 3、4 合期。
③ 《图书馆界：教部修正〈普及全国图书（馆）教育办法〉》，《中华图书馆协会会报》1943 年第 18 卷第 2 期。

者宜将其出版之书籍尽两部义务一存教育部备案一存国立图书馆以供众览案"。①

1927年12月20日,国民政府大学院公布《新出图书呈缴条例》,规定图书新出时,其出版者须自发行之日起两个月内将该项图书三份呈送大学院。②1929年,中华图书馆协会第一届年会通过北平图书馆协会"请励行出版法案",指出虽前北平政府内务部及教育部均有送部存案之规定,但行之不多,无甚效果,而送至官厅,并不公诸民众,亦非善法,故建议将新刊出版物六份呈送教育部,由教育部按区域分配,指定全国大图书馆六处分别庋藏。③1930年3月28日,教育部公布《新出图书呈缴规程》,要求图书新出时,其出版者须自发行之日起两个月内将该项图书四份呈送出版者所在地之省教育厅或特别市教育局。各省教育厅及各特别市教育局收到出版者所缴图书后,除留存一份外,应将其余三份转送教育部。经教育部核收后,发交教育部图书馆、中央教育馆、中央图书馆各一份,分别保存(中央教育馆及中央图书馆未成立前,暂由教育部图书馆代为保存)。④

1929年中华图书馆协会第一届年会上,李小缘提出"呈请教育部集中全国及国际交换图书事业案",该案经大会议决修正通过,其理由是缺乏交换中心组织,而由私人互相交换,殊不经济,图书馆收藏亦因之减少。北平图书馆协会则提出"请国立中央研究院咨

---

① 《中华教育改进社第一次年会图书馆教育组议决案汇录》,《教育丛刊》1923年第3卷第6期。
② 《新出图书呈缴条例》,《大学院公报》1928年第1卷第1期。
③ 中华图书馆协会执行委员会编纂:《中华图书馆协会第一次年会报告》,中华图书馆协会事务所,1929年,第102—103页。
④ 《新出图书呈缴规程》,《教育部公报》1930年第2卷第14期。

交通部对于国外寄赠国内学术团体之出版品由该院代为转寄者一律免纳邮费并请该院援各国先例代国内学术团体寄运出版品于国外案",大会议决由中华图书馆协会函请国立中央研究院转咨交通部办理。于震寰提出"请建议国民政府减轻图书馆寄书邮费案",认为凡图书馆寄出或寄往图书馆之书籍,须订定减费办法,并称美国已由国会议决施行,我国亦应仿照办理,大会议决通过,由中华图书馆协会呈请交通部核准施行。南开大学图书馆和涂贤提交的两案被合并为"国内各书店新出版之书籍杂志目录应随时分送各图书馆且于图书馆购书应特予折扣案",涂贤又有"呈请教育部令各教育机关关于教育书报及其他刊物一律廉价出售以广阅览案"。

二、推动图书馆的普遍设立

图书馆的普遍设立是发展图书馆事业的基础。中华教育改进社早在1922年举办第一届年会时,即通过以下三项议案:"呈请教育部推广学校图书馆案""拟呈请教育部通咨各省长转饬各教育厅长除省会内必须建设省立图书馆外凡所属之重要商埠(如上海汉口等处)亦必有图书馆之建设案""拟呈请教育部会同财政部筹拨相当款项建设京师图书馆案",这三项议案分别提及学校图书馆、公共图书馆和国立图书馆的建设和普及。

1928年,全国教育会议通过了上海图书馆协会委员长王云五等人提交的筹设国立中央图书馆的议案,不过迟迟未见有所行动。1929年,中华图书馆协会在南京召开第一届年会,议决通过"由本会呈请教育部从速筹办中央图书馆案""呈请国民政府通令全国各机关应设立法参考图书馆案""呈请教育部通令各省市县广设民众图书馆案""呈请教育部通令全国各教育行政机关励行设立公共图书馆案""广设实业图书馆案""设立乡村图书馆以为乡村社会之中心案""应请全国社团及行政机关设立专科图书馆案""呈请政府将庙宇改设通俗图书馆案""呈请教育部对于捐助图书馆书籍或经费者及私人创办之图书馆应予褒奖案""请中华图书馆协会倡设一完美之中等学校图书馆于首都以为全国中等学校之模范案""请教育部通令各大学区各省教育厅训令各小学校设立儿童图书馆遇必要时得联合数校共同组织案""军营内应设立军人图书馆"等。

1933年中华图书馆协会第二届年会上，图书馆行政组议决通过"通函各县市应设立儿童图书馆并规定各图书馆附设儿童阅览室案"；对于"监狱附设小图书馆案"，议决由中华图书馆协会函请司法行政部令各监狱遵照办理。民众教育组议决通过"呈请教育部通令各省市县在乡村区域从速广设民众图书馆案"和"建议中央通令各省于各宗祠内附设民众图书馆案"，两案均由中华图书馆协会呈请教育部采纳施行。

1936年，中华图书馆协会第三届年会所通过的议案中有"请本会建议教育部就法规中明定各省市至少应设一所省立图书馆不得随意改组并分函各省市政府与以保障助其发展案""呈请教育部令各省市县及公立小学及未经设儿童图书馆者应从速设立或附设儿童图书馆案""呈请教育部令各县内设立县图书馆及乡村图书馆案""函司法行政部设立监狱图书馆并以之为中心实施监犯教育案"。

三、改善图书馆业务水平

图书馆行政大体包括馆舍、组织、人员、经费、章程制度等，图书馆业务则包括藏书建设、分类编目、流通阅览、宣传推广等。不同性质的图书馆，其行政与业务有所不同。图书馆协会以发展图书馆事业为宗旨，因此对于图书馆行政与业务方面的事务负有指导之责，并力图改进。

关于图书馆部门设置，中华图书馆协会第一届年会通过"图书馆内添设历史博物部案""请各图书馆设立流通借书部以求普及案""各省官书局应由各省省立图书馆接管并在各该馆内附设印行所案"，第二届年会通过"请本会建议各省市县公共图书馆附设流动图书部案"，第三届年会通过"函请中国全国各地公私立图书馆增设舆图部案"。

关于图书馆人员设置，中华图书馆协会第一届年会通过"由本会呈请教育部通令各省大学及教育厅聘请图书馆专家指导各该省图书馆一切进行事宜案""图书馆协会得请全国图书馆对于雇①用职员应聘有图书馆学识及宏富经验者至于职员之位置务须有确实保障并须予以优良待遇案""图书馆应多用女职员案"，第二届年会通过"国内各馆馆员得互相交换以资观摩案""请协会呈请教育部通令各省市县教育行政机关应聘请图书馆专家指导各中小学图书馆一切进行事宜案"，第三届年会通过"请教育部保障图书馆服务人员并令饬订颁待遇标准案""各图书馆主要职员应援用专门技术人员案""请确定图书馆经费与职员人数之比例案""请各图书馆应设阅读指导员以增进读者效率案"。

关于图书馆资源建设，中华图书馆协会第一届年会通过"呈请国民政府防止古籍流出国境并明令全国各海关禁止出口案""请教

---

① 原稿为"顾"，疑排印错误。

育部对于假借图书馆及文化事业名义实行文化侵略之外人予以注意以防盗买文物案""请协会通告全国各大图书馆搜集有清一代官书及满蒙回藏文字书籍案""请各大图书馆搜集金石拓片遇必要时设立金石部以资保存案""各省市县图书馆应尽力收藏乡贤著作案""各图书馆应广置佛书以宣扬东方文化案""各图书馆均须注重搜集关于实业军事及革命史实之书籍案""请拨中华教育文化基金影印四库全书各省区指定一图书馆陈列以广流传而维国粹案""请协会通告全国各图书馆注重自然科学书籍案""请各公共图书馆充分购置平民常识图书并以相当宣传简便方法俾资普及阅览案""图书馆购置图书宜加选择以正人心案",第二届年会通过"建议当局传钞及影印孤本秘籍以广流传案""建议教育部此次选印四库全书应以发扬文化为原则在书店赠本内提出若干部分赠各省市立重要图书馆暨国立各大学图书馆案""由本会通知全国公私立图书馆尽量搜罗方志舆图以保文献案"。

关于促进藏书流通,中华图书馆协会第一届年会通过"学校图书馆应酌量公开以便民众案",第二届年会通过"酌量公开学校图书馆俾学校图书馆与社会合成一气补助成人的教育案",第三届年会通过"呈请教育部通令全国各教育机关民众教育馆及图书馆增设流通图书馆及巡回书车案""函请各公私立图书馆及藏书家尽量公开所藏图书以广阅览借便研究案"。

关于图书馆宣传和服务,中华图书馆协会第一届年会通过"请各图书馆编辑周年报告案""呈请教育部规定每年图书馆运动周日期通令各大学区各省教育厅同时举行以推广图书事业案",第二届年会通过"图书馆应扩大宣传方法借谋事业之发展案",第三届年会通过"县市图书馆举办推广事业以期发展城市与乡村民众教育案""由协会函请各省市教育当局令各民众图书馆于其经费内抽出百分之五专在附近茶园中办理借书处以资推广民众教育案""请协会规定全国读书运动周日期以资宣传而鼓励读书风气案"。

图书馆在分类、编目、索引、装订、上架等环节中对不同类型的文献提出新的要求,因此图书馆协会代表图书馆界与相关行业进行沟通协调,以利于图书馆工作的进行。中华图书馆协会第一届年会上提出"出版物须分洋装平装两种装钉发行案""通知书业于新出版图书统一标页数法及附加索引案""函出版界以后发行翻译书请以原文附载原本作者书名版次年代发行所等项案""请中华图书馆协会劝各报馆宽留夹缝以便装钉案""请中华图书馆协会规定杂志形式大小劝出版机关一律采用以便储藏案""呈请教育部通令各出版处以后出版图书要加印国语罗马字书名及国语罗马字著者姓氏案""请励行出版法案""书店不应号称图书馆案",第三届年会通过"图书馆向各书局函购书志往往发生脱缺情事请通函各书局及邮政当局注意寄递案""请函交通部邮务司转知各地邮局关于无法投递之刊物于一定时日后移赠当地图书馆案""由本会函请各出版界对于刊物图书应刊印书名页(或版权页)目次及索引案""请本会代向各报馆交涉每次另印质料优良之报纸若干份并于每月秒汇寄各图书馆案"。

除上述议案外,图书馆协会还担负指导各图书馆业务之责。1928年,上海市教育局为整顿改善各民众图书馆起见,请上海图书馆协会派员指导。2月10日,该协会推选上海总商会图书馆主任孙心磐,会同上海市教育局职员参观第三、第五民众图书馆,孙心磐作书面建议数则交上海市教育局酌办。[①] 1928年5月,福建鼓浪

---

① 《业务报告:市教育局:(十八)整顿各民众图书馆》,《申报》1928年3月22日《上海特别市市政周刊》第22期。

屿中山图书馆特派代表吴铮君来沪,向上海图书馆协会商请遴派富有经验者前往规划。上海图书馆协会选派程葆成前往办理,且称"上海图书馆协会近来应各地图书馆之请为之规划一切或代为物色专家前往指导等事,早已数见不鲜"①。

四、推进图书馆事业标准化

图书馆事业标准化是提高图书馆工作效率、促进图书馆开展合作的基础。美国图书馆协会在图书馆事业标准化方面取得了突出的成绩,这也是美国图书馆事业飞速发展的一个重要原因。

术语标准化是标准化的基础,而图书馆协会是组织这项工作的最佳机构。早在1920年,杨昭悊就在《我对于图书馆讲习会的意见(续)》中提出,图书馆协会要设立一个译书会,先译入门的书籍和辞典,然后再译专门的书,供有志于这项学问的人参考研究。②1929年,中华图书馆协会第一届年会通过"订定中国图书馆学术语案"和"编制中华人名大字典案"。这些都有助于推进图书馆工作的标准化。

1929年,中华图书馆协会第一届年会将李小缘提交的"规定全国各省立各县立图书馆标准法令案"、孙心磐提交的"请教育部颁布设立图书馆标准案"、欧阳祖经提交的"省县市立图书馆设立标准案"、朱金青提交的"建议教育行政当局请规定发展县图书馆步骤案"等四案合并为"请教育部颁布设立图书馆标准法令案",其主要理由是各地兴办图书馆者多非图书馆学专家,且各自为政,

---

① 《上海图书馆协会派员往闽指导》,《申报》1928年5月3日第11版。
② 杨昭悊:《我对于图书馆讲习会的意见(续)》,《晨报》1920年8月19日第7版。

甚不经济，故应聚集全国图书馆学专家共同进行研究，可针对不同类型的图书馆分别制定标准，涵盖馆舍、组织、经费、设备、书籍、技术方法等内容，使有心提倡者有所遵循。[①] 不过这一提案过于庞大，未能得到落实。

1936 年 6 月 22 日，教育部社会教育司鉴于各县市立图书馆或民众教育馆阅览部购置图书漫无标准，工作活动多未规定，深感有厘定图书设备及工作标准之必要，爰拟定改进县市图书馆行政要点七则，致函中华图书馆协会请提交给将于青岛召开之第三届年会，商定具体办法，于闭会后详复。中华图书馆协会接函后，分函各地图书馆之于县市图书馆有经验者，请其详加研讨，拟具方案于年会前寄交中华图书馆协会，以便年会时讨论。除书面意见外，会上针对"改进各县市图书馆行政要点案"临时发言者颇多，历三小时始毕，以为仍有再慎重研究的必要，又于会后成立特别委员会，一再研究讨论具体办法，始告完成，于 9 月 14 日去函具复社会教育司。

改进县市图书馆行政要点

（一）县立图书馆至少限度应备图书标准

1. 县立图书馆购书费应占图书馆经费百分之三十至四十。

2. 图书分量的标准：(1) 地方文献百分之五；(2) 生产教育（应用科学等）百分之十五；(3) 历史地理（国际关系、民族英雄）百分之十；(4) 公民教育百分之四；(5) 报纸百分之五；(6) 杂志百分之十；(7) 自然科学百分之十；(8) 卫生百分之四；(9) 文艺百分之八；(10) 社会科学百分之十；(11) 儿童读物百分之四；(12) 其他百分之

[①] 中华图书馆协会执行委员会编纂：《中华图书馆协会第一次年会报告》，中华图书馆协会事务所，1929 年，第 98—101 页。

十五。

3.图书内容的标准:(1)文字要深浅适当;(2)内容要充满实际;(3)条理要简洁清晰;(4)思想要趋向振作;(5)版本要新近正确;(6)定价要低廉适当。

(二)县立民众教育馆阅览部应购图书标准

1.如有县立图书馆,则民众教育馆阅览部应备图书标准如后,并应与县立图书馆合作,以免重复。

(1)购书经费应占民众教育馆经费百分之十。

(2)书籍分配方法:甲,报纸杂志百分之三十;乙,通俗读品百分之五十;丙,其他百分之二十。

2.如无县立图书馆,其图书标准得适用第(一)项办法。

(三)县立图书馆工作标准

1.内部工作:(1)采购;(2)登记;(3)分类编目;(4)典藏;(5)阅览(图书陈列);(6)保存地方文献。

2.其他活动:(1)举办流通书库及巡回书库;(2)辅助地方教育与社会事业;(3)推进全县图书馆事业(如乡区图书馆及学校图书馆);(4)推进识字运动(铲除文盲);(5)指导读书(尤其关于职业指导之书籍);(6)广播及演讲。

(四)县立图书馆全县巡回图书办法

1.组织:(1)划全县为若干区;(2)用管理员若干人(由小学教员或乡镇长兼任之)。

2.地址:(1)乡公所或区公所;(2)乡村小学及私塾;(3)乡村茶园;(4)祠堂及庙宇;(5)集市及其他公共场所。

3.设备:(1)巡回书担;(2)巡回书车;(3)巡回书箱。

4.办法:(1)规定路线;(2)每箱备目录及巡回表。

5.内容:(1)民众读物;(2)幼童读物。

6.数量：百册至五百册。

7.时间：二星期至一个月。

8.统计及报告。

（五）各县木刻古版保存办法

1.由县立图书馆集中保管（私家不能保藏之版本应归公家保管）。

2.调查。

3.征购。

4.登记。

5.保存（通风、插架、庋藏、修补、防水、火、蚀、湿设备）。

6.印刷流通。

7.制止流出海外。

（六）县立图书馆或民众教育馆阅览部分类编目标准

1.分类

（1）分类法当具原则：甲，适合现有或拟购图书之性质；乙，类目丰富而有伸缩性；丙，类码简明；丁，有适当索引。

（2）提出采用之分类法：甲，刘国钧"中国图书分类法"；乙，王云五"中外图书统一分类法"；丙，杜定友"杜氏分类法"。

2.编目

（1）目录种类：甲，著者目录；乙，书名目录；丙，分类目录；丁，书架目录。

（2）目录编制：采用刘国钧《中国图书编目条例》，或采用国立北平图书馆印就之卡片。

（3）目录形式：甲，卡片式；乙，必要时可印书本式专类目录。

（七）省立图书馆辅导及推进全省图书馆教育工作办法

1.省立图书馆应按时调查全省各县图书馆状况，并遣派专员指导，借谋改进。

2.编制全省图书联合目录，以便各图书馆间互借并采访之用。

3.省立图书馆应促成全省图书馆间图书互借，其详细办法由各该省立图书馆拟定之。

4.省立图书馆应负训练各县立图书馆馆员之责，并视实际情形得设训练班或函授部。

5.协助各县立图书馆馆员赴各大图书馆参观及实习。

6.省立图书馆应设专部以备各县图书馆之问讯（如建筑设备、采购及指导民众阅读等问题）。

7.县立图书馆用品及书籍等，如有特别情形时，可请求省立图书馆代为购置。

8.各省省立图书馆应组织全省图书馆委员会及图书馆协会，以辅导其全省图书馆教育工作。①

分类编目和索引检字是图书馆新技术的核心，也是图书馆标准化工作的主体。中华图书馆协会第一届年会通过了"由协会编制标准分类法案""由协会编订中文编目条例案""组织标题编纂委员会案"，还通过了"设立汉字排检法研究委员会案"，议决组织检字委员会办理，同时年会分组会议临时议决对于各种检字法，以研究试验及鼓励发明的态度为原则，暂不规定采用某一种方法，以及请各检字法发明者或出版机关将新检字法印刷品寄交各图书馆研究试用，并将经验报告给委员会；第二届年会通过了"审定杜威十进分类法关于中国历史地理语言文学金石字画等项之分类细目案"，议决由中华图书馆协会组织成立审定杜威分类法关于中国细目委员

---

① 《图书馆界：教部社教司提交年会议案议决具覆》，《中华图书馆协会会报》1936年第12卷第2期。

会，聘桂质柏为该委员会主席，陈宗登为书记，查修、曾宪三、裘开明、蒋复璁、刘国钧为委员，由该委员会审定草案，再正式向美国杜威十进分类法编纂委员会申请于第14版时将其列入，还通过了"请协会根据上次会议从速规定分类编目标题及排字法标准案"；第三届年会通过了"各省立图书馆划一图书分类法案""本会应从速编定图书分类法俾全国图书馆的图书分类有一定标准案""规定统一索引检字法案""提议函请各地图书馆采用音韵编目索引法以济闻名未见或忘记字形写法者之穷案"。

联合目录的编制也是促进图书馆标准化的重要内容。中华图书馆协会第一届年会通过了"请本会编制全国地志目录案"，第二届年会通过了"请全国各图书馆于卡片目录外应酌量情形增编书本目录以便编制联合目录案"，第三届年会通过了"为增进各图书馆购书效率及便利阅览起见拟请协会编制全国图书馆联合目录并通知各馆推广馆际互借案""呈请教育部筹拨经费刊印全国图书馆联合目录案""发刊全国出版物编目汇刊案""应编全国图书馆善本联合书目案""请教育部明令各大书店每年编制出版联合目录案""请协会负责印行全国图书馆藏书簿式联合目录案"。

民国时期，图书馆协会在推进中国图书馆事业标准化方面作出了不懈的努力，但实际成效并不显著，这与中国图书馆事业管理体系比较复杂、各图书馆情形差异较大、人际关系难以处理不无关系。

五、促进图书馆互助合作

民国时期，各图书馆都面临着严峻的经费问题，尤其是县市级公共图书馆和民众教育馆等用于购书的经费很难得到保障，学校图书馆的购书经费又时常被学校其他费用挤占。与此同时，各图书馆长期以来各自为政。因此，资源的重复浪费可以想见。图书馆协会产生的根本原因是现代图书馆的发展要求更加科学有效地管理图书馆，提高其效能。

早在1918年北京图书馆协会成立时，其章程附则中就约定了各图书馆互借图书和互换出版物，方式大体由该协会会员各馆之间自行交涉。1924年，上海图书馆协会成立时，其章程中列有"实习图书之互借与交换制度"。此后将图书互借与交换明确列入协会章程的有太原图书馆协会、山东图书馆协会、浙江第二学区图书馆协会、安徽图书馆协会、浙江第一学区图书馆协会、浙江省图书馆协会，且这些图书馆协会大多另订有互借和交换制度。

1925年2月21日，上海图书馆协会在圣约翰大学图书馆举行该年第一次大会，该校图书馆馆长海斯女士在演说中提议各图书馆互相交换重复的书籍、杂志。[①] 1929年4月28日，上海图书馆协会假交通大学图书馆举行该年度第二次会员大会，所讨论议案中有"各图书馆重复杂志互相交换以补所缺案"，经议决由上海图书馆协会制表寄本外埠各图书馆，请其填明各该馆缺少的杂志及重复的杂志，并寄交上海图书馆协会，由协会汇集后，将有余补不足，设法交换之。第一次在5月内举行，以后每半年举行一次。[②] 的确，以图书馆协会作为平台进行资源协调，相较于图书馆之间点对点的方式更加有效，只是是否落实到位、效果如何未见报道。

1926年11月，南京图书馆协会假东南大学孟芳图书馆举行第

---

① 《上海图书馆协会大会纪》，《申报》1925年2月22日第11版。
② 《上海图书馆协会会员大会纪》，《申报》1929年5月1日第11版。

十四次常会，会上洪有丰提议各图书馆间交换复本杂志，议决先由编制复本杂志目录入手，限下次开会前集齐，油印分发，以便商换。洪有丰又提出图书馆间互借图书的问题，经陈长伟建议，由南京图书馆协会致函各机关会员征求意见，各机关会员均赞同此意，即推举代表会商互借规程，经主席表决，多数通过。①

1929年1月，中华图书馆协会召开第一届年会，将曹祖彬提出的"各图书馆交换复本杂志案"、工商储蓄会图书馆提出的"出版物之交换及藏书之介绍案"和南开大学图书馆提出的"各馆之复本书籍杂志等应互相交换案"三案合并为"各图书馆交换复本案"，议决由协会函请各馆将所有复本编列清单，互相通达，即可以有易无。此外，还将李继先、曹祖彬的原案合并为"各图书馆互借书籍法案"，议决由协会妥定标准条例，以备各图书馆采酌实行。②

1929年，太原图书馆协会成立后积极运行，订有太原各图书馆互借图书暂行规则九条，核心内容大体如下：各图书馆互借图书时，除具函盖章外，并须由各该馆主任签名负责；各图书馆贵重图书互借办法，由各图书馆另定；各图书馆所借图书，遇有损坏或遗失时，借阅图书者须照原价赔偿；出借图书之图书馆，借出图书认为有收回必要时，得随时收回，借阅图书者不得托故抗还；规则仅限于协会之各图书馆适用。③

1930年3月15日，南京图书馆协会举行第六年度第四次会议，所讨论事项中有"各图书馆应互换书目以备互借图书案"，议决照

---

① 《南京图书馆协会常会纪》，《新闻报》1926年11月26日第4版。
② 中华图书馆协会执行委员会编纂：《中华图书馆协会第一次年会报告》，中华图书馆协会事务所，1929年，第85—88页。
③ 《图书馆界：太原各馆互借图书规则》，《中华图书馆协会会报》1929年第5卷第1、2合期。

章办理。①

1932年，安徽省立图书馆馆刊《学风》第2卷第8期刊登消息称，安徽图书馆协会鉴于"图书馆事业首赖书籍之流通，图书馆学之研究尤重书籍之参考"②，而该省各图书馆书籍多供不应求，又该会会员也时感材料搜集的困难，于是特定图书互借办法，使全省已加入该会各图书馆之图书互相沟通，便利阅者，且该会会员各自有借书证一张，可至各图书馆借书。《学风》第2卷第10期又刊有《图书馆事业推进计划》，该计划称该年度中华图书馆协会在北平的执行委员召开第一次执行委员会，并分向各地执委征求意见，共得议案八项，认为其中增加图书馆馆员学识、交换各图书馆复本图书、编印各图书馆工作报告三项，关系图书馆界的实际利益更为宏巨。安徽图书馆协会援此拟定相应办法，在交换复本图书项下，提出该省各图书馆如有复本书籍或杂志等拟向他馆交换者，先将复本书籍或杂志编成目录分送各图书馆，以备欲交换者检查。如因经费困难，不能编印复本书目，可抄寄安徽图书馆协会，在《学风》杂志《安徽图书馆协会消息》栏目陆续发表，以便欲交换者检索。各馆如不愿直接办理，亦可函请安徽图书馆协会代为办理。③

为了推动各图书馆之间的图书互借与交换活动，《图书馆学季刊》和《文华图书馆学专科学校季刊》发表了相关理论研究成果。1934年，《图书馆学季刊》在《时论撮要》栏目中列入《图书馆书籍互借的一种法规》④（原论文为英文）。1935年，该刊又发表李继

---

① 《南京协会第四次会议》，《中华图书馆协会会报》1930年第5卷第5期。
② 《安徽图书馆协会消息：图书互借法现正起草》，《学风》1932年第2卷第8期。
③ 《安徽图书馆协会消息：图书馆事业推进计划》，《学风》1932年第2卷第10期。
④ 《时论撮要：图书馆书籍互借的一种法规》，《图书馆学季刊》1934年第8卷第4期。

先所译《大学图书馆适用之图书馆互借规则》①。1936 年，《文华图书馆学专科学校季刊》发表了顾家杰有关图书馆互借的系列论文 4 篇：《英美图书馆互借概况》②《图书馆互借之意义略史及其方法》③《各国图书馆互借概况》④《各种图书馆互借概况》⑤。其中，《各国图书馆互借概况》的第一部分就是"中国"，对中国图书馆界开展互借活动的历史和现状进行了梳理，虽忽略了 1918 年北京图书馆协会在章程附则中所作出的各图书馆互借图书的约定实为图书馆开展互借活动之肇端，但也提供了不少珍贵史料。

  无论是图书互借还是复本交换，都对馆藏目录提出了要求，而联合目录的编制为此大大提供了便利，很好地促进了地区图书馆之间实现资源共享和互补。因此，可以说图书馆服务推动了图书馆技术的发展。1930 年，《中华图书馆协会第五年度报告》中提及年会议案的推行结果时曾说："馆际借贷制（Inter-Library Loan）亦应需要而起，如北平及太原图书馆协会各馆，皆有此项规定，即其征也。北平各馆更行之已久，且有期刊、丛书联合目录及西文图书总联合目录，陆续编制出版。"⑥ 联合目录的编制工程浩大，且对人员的专业素质有较高要求，并非小型图书馆所能承担。不过，即便各馆将自己编印的馆藏目录相互交换，实际上也能在一定程度上发挥

---

① N. O. Ireland 著，李继先译：《大学图书馆适用之图书馆互借规则》，《图书馆学季刊》1935 年第 9 卷第 2 期。
② 顾家杰：《英美图书馆互借概况》，《文华图书馆学专科学校季刊》1936 年第 8 卷第 1 期。
③ 顾家杰：《图书馆互借之意义略史及其方法》，《文华图书馆学专科学校季刊》1936 年第 8 卷第 2 期。
④ 顾家杰：《各国图书馆互借概况》，《文华图书馆学专科学校季刊》1936 年第 8 卷第 3 期。
⑤ 顾家杰：《各种图书馆互借概况》，《文华图书馆学专科学校季刊》1936 年第 8 卷第 4 期。
⑥ 《中华图书馆协会第五年度报告》，《中华图书馆协会会报》1930 年第 6 卷第 1 期。

效用。

虽然中国图书馆的历史十分悠久，但是现代图书馆对于中国来说是一门新兴事业。图书馆专业人才的培养难以满足旺盛的需求，因此对于大多数图书馆从业人员来说，在"做"中"学"就显得格外重要，而参观和考察其他图书馆，尤其是创办较为先进的图书馆，是快速上手的好方法。同时，多了解其他图书馆的运行状况，相互交流、切磋研讨，也有助于促进各馆业务的改良。

1924年，北京图书馆协会召开成立大会时便议决每月召开常会一次，于各图书馆轮流开会。上海图书馆协会也多在各会员图书馆之间轮流召开委员会或会员大会。一般来说，每次开会由接待之图书馆负责组织和招待事宜，同时会员也可借机参观该馆。例如，1926年5月16日下午2时，上海图书馆协会假徐家汇徐汇公学图书馆举行第二届第三次会员常会，会后即"由徐宗泽君伴行参观藏书楼、天文台、博物室而散"[①]。6月14日，上海图书馆协会假东方图书馆召开第二届第四次会员研究会议，该馆馆长王云五及潘圣一殷勤招待，将众人导入图书阅览室稍憩。王云五讲演完毕后分赠各列席者《四角号码检字法》一册，并款以茶点，导引参观书库。[②]又如，1931年6月14日，北平图书馆协会在香山慈幼院举行常会，熊希龄等亲自招待，并于午间宴请全体会员及来宾。该院总务主任方朝桓、教育图书馆馆长贺秉钧、主任胡元璋，第二院图书馆主任余述云负责招待工作，非常殷勤。席间畅谈图书馆事业进展的现状及香山慈幼院的概况。下午1时，"全体参观慈幼院教育图书馆，由馆长、主任领导，阅览室、藏书楼等，均一一参观，并由该馆馆

---

① 《上海图书馆协会开会纪》，《申报》1926年5月18日第7版。
② 《上海图书馆协会开会纪》，《申报》1926年6月16日第7版。

长、主任说明一切"。①

图书馆协会会员还可经由图书馆协会介绍至其他图书馆参观考察。例如，1925年10月20日刊行的《中华图书馆协会会报》曾提及，江西省立图书馆馆长杨立诚月间来京参观各图书馆时，即由中华图书馆协会分别介绍。杨立诚调查之后拟作报告，并有发展南昌图书馆之计划。②

浙江第二学区图书馆协会曾于1933年组织京沪路参观团，定于4月11日起出发参观，所有参观计划已由浙江省立图书馆代拟，计参观上海之市立民众教育馆、市立图书馆、申报流通图书馆，无锡之县立民众教育馆、县立图书馆、江苏省立教育学院、江阴巷实验区、黄巷实验区，镇江之省立民众教育馆、省立图书馆，南京之省立南京民众教育馆、南京市立民众教育馆、汤山农民教育馆、中央大学图书馆、金陵大学图书馆等15处。③

上海图书馆协会的章程中还提及"选择图书及购订图书之合作"，如果能够真正落实，无疑可以大大节省图书馆经费，提高图书馆的工作效率。

---

① 《北平图书馆协会昨在香山举行常会》，《益世报（天津）》1931年6月15日第2版。
② 《会务纪要：杨立诚先生来京参观》，《中华图书馆协会会报》1925年第1卷第3期。
③ 《图书文化消息：浙江第二学区图书馆协会组织京沪路参观团》，《浙江省立图书馆馆刊》1933年第2卷第2期。

第六章

民国图书馆学学术团体的发展历程、特点与使命

　　民国图书馆学学术团体诞生于中国近代图书馆事业发展和图书馆学建立的过程中,它的发展受中国近代图书馆事业和图书馆学的影响,同时又对中国近代图书馆事业、图书馆职业及图书馆学产生了巨大的影响。研究民国时期图书馆学学术团体的发展历程,有利于把握图书馆事业、图书馆学和图书馆学学术团体的发展特点和规律,对于今天的图书馆事业、图书馆学和图书馆学学术团体的发展具有一定的借鉴意义。

第一节　图书馆学学术团体的发展历程

民国图书馆学学术团体的产生是一个从自发到自觉的过程。1918年成立北京图书馆协会的内在原因是北京的新式图书馆数量达到一定程度后产生了相互联合的需求，加之其他社会团体起了示范作用，这完全是图书馆事业发展推动下的结果。但后来随着有西方图书馆学教育背景的图书馆学专家群体的不断加入，他们认识到美国图书馆协会之于美国图书馆运动和图书馆事业发展的重大作用，在1920年提出了成立全国图书馆协会的计划，并着手筹划。此后，图书馆学学术团体的壮大发展就是一种人为的自觉，但仍然受到图书馆事业发展的客观条件的制约，即中国幅员辽阔，虽然少数城市的图书馆事业较为发达，但其他很多地区的图书馆事业仍比较落后。因此，在成立全国图书馆协会的计划受挫后，图书馆学专家便采取了一种先在各地成立地方图书馆协会，待时机成熟再联合成立全国图书馆协会的分步策略。

1922年，中华教育改进社召开第一届年会，图书馆教育组将全国的几位图书馆学专家汇集在一起，戴志骞在会上借机提出成立图书馆教育研究委员会。1923年，中华教育改进社召开第二届年会，戴志骞继而提出组织地方图书馆协会，将成立全国图书馆协会的计划向前推进。1923年中华教育改进社第二届年会还通过了另一项重要议案，即韦棣华女士提出的"呈请中华教育改进社转请政府及美国政府以美国将要退还之庚子赔款三分之一作为扩充中国图书馆案"，韦棣华女士为此展开了一场推动美国退还庚款的运动，这场运动也得到了中国图书馆界和教育界的大力支持。为了使这笔款项能够用于中国图书馆事业，韦棣华女士力邀美国图书馆协会派遣图书馆学专家来华考察图书馆事业，并借机掀起了一场全国性的图书馆运动。中华图书馆协会的诞生就是这场图书馆运动的重大成果之一，而此前成立的若干地方图书馆协会为中华图书馆协会的成立奠定了基础。1924年地方图书馆协会的集中成立，既与中华教育改进社有直接关系，因其掌握全国各省市教育行政机关和教育会等沟通联络渠道，而且教育界很多机关和个人都是其会员，能够在全国范围内传达和推进这一议案的施行，也离不开文华图书科所培育的人才陆续服务于各图书馆，而使各地有人负责牵头组织地方图书馆协会，还离不开北京图书馆协会所起到的模范带头作用和发函敦促之力。受北京图书馆协会的影响，早期成立的地方图书馆协会基本上都是市级图书馆协会，图书馆协会的覆盖面在一市范围之内，其中浙江省会图书馆协会中的"浙江省会"实际所指乃杭州市，故后来改名为杭州图书馆协会。

  1925年中华图书馆协会的成立标志着唯一代表中国图书馆界的专业团体的出现，从此中国图书馆事业发展有了领导机构。自它成立后，尤其是1929年第一届年会召开以后，大批地方图书馆协会陆续成立，且各地方图书馆协会都是中华图书馆协会的机关会员。此时，地方图书馆协会的类型更加多样，既有市级图书馆协会，也有省级、学区级图书馆协会。不过，很多省级图书馆协会虽名称为省，但实际范围仍限于省会地区，做不到覆盖全省范围。

第二节　图书馆学学术团体的发展特点

民国时期的图书馆协会虽然有30余个,但它们的宗旨、组织、活动体现出明显的共性特征。差别主要体现在中华图书馆协会作为全国性图书馆协会,会员数量最多,且汇聚了全国图书馆界的专家,经费来源上得到政府的补助较多,活动更为丰富,对图书馆事业的影响也最大;地方图书馆协会由于各自地区的经济状况不同、教育行政主管机关人员对图书馆事业的重视程度不同、来自地方政府的补助和支持力度不同、图书馆事业的发达程度不同、本地区图书馆学专家的数量不同等,而在组织和活动上有所差别。北京图书馆协会和上海图书馆协会是发展最为成熟的地方图书馆协会,浙江省成立的图书馆协会数量最多且有层级关系。地方图书馆协会的发展状况与当地图书馆事业的发展状况成正相关关系。

民国时期的图书馆协会始终秉持着"研究图书馆学术,发展图书馆事业,并谋图书馆之协助"的宗旨,发展图书馆事业是最终目标,而这一目标的实现离不开图书馆学研究和图书馆界的互助合作。图书馆协会的会员包括图书馆、图书馆员、图书馆学专业教育机构,而它们实际上都因图书馆的存在而存在,它们和图书馆协会的发展都建立在图书馆事业发展的基础之上,也受到图书馆事业发展的种种制约和影响。但图书馆协会同样可以对图书馆事业起到引导和推动作用,前提是图书馆协会在对图书馆相关事业进行实际调查的基础之上,摸清图书馆事业中存在的问题,并针对性地开展图书馆学术研究。既重视学习和总结国外图书馆学和图书馆事业的先进经验,也尊重中国图书馆事业的独特特点,建立"中国的图书馆学",方可真正推动中国图书馆事业走向繁荣。这对于今天中国图书馆界学术团体的发展来说仍然具有借鉴意义。

民国时期的图书馆协会是在政治动荡、经济窘迫的环境下发展起来的,图书馆协会对于民国时期图书馆数量的增加、图书馆管理和业务水平的提高、图书馆的标准化建设,以及馆际合作的推进、图书馆学术的发展、图书馆学专业教育的推动均发挥了极为重要的作用。民国时期的图书馆协会在发展过程中的一些观念和举措至今仍有重要的启发价值。首先,图书馆协会认识到图书馆事业的发展离不开政府和人民的支持。一方面,积极向图书馆主管部门以及其他相关的各行各业请求普遍设立图书馆,推动儿童图书馆、中小学图书馆、监狱图书馆、政府各机关图书馆、社会团体图书馆等各类图书馆的建立,同时为这些图书馆的发展提出各种具体可行的建议,以期影响政府相关政策的制定。另一方面,注意开展面向社会大众的图书馆宣传活动,举办相关文献展览,开展读书运动,以增加普通民众对于图书馆事业的了解,争取普通民众对于发展图书馆事业的支持。其次,图书馆协会立足本国图书馆事业的现实状况,重视调查活动的开展。民国时期的图书馆学专家们虽然积极学习西方图书馆学理论和方法,但始终思考的是如何使其更好地服务于中国的图书馆事业。了解中国图书馆事业的悠久历史并认真调查现实问题,图书馆协会在开展工作时才不会迷失方向,在学习西方图书馆学以及开展国际交流的过程中才更有针对性。

第三节　图书馆学学术团体的使命

图书馆协会的基础功能就是一种联合机制，至于联合带来的益处则是不断发展的。1918年北京图书馆协会成立时，大抵是通过联合开展馆际互借等更经济的方式提供图书馆服务的。1876年，杜威为新成立的美国图书馆协会所拟的口号是"以至善之读物，供大多数人之利用，费极微之代价"[①]。不过，随着图书馆协会的发展，以及图书馆学和图书馆事业的发展，图书馆学学者对图书馆协会的认识会逐步加深，图书馆协会的功用也会不断拓展。

1920年暑假，程时煃在北京高等师范学校暑期图书馆讲习会上提出组织全国图书馆协会时，是将其作为《图书馆教育发展计划案》中的一条举措提出的，实际上这个计划案囊括了有助于图书馆事业发展的各种举措，具体包括各个层级的图书馆学专业教育，学校与图书馆的联络，普遍建立各种类型的图书馆，规定图书馆员的待遇，图书馆专业人员出国留学，图书馆专业期刊，图书馆展览会、讲演会、读书会等。杨昭悊提出了设立译书会和保存古籍两件

---

① 转引自王振鹄编著《图书选择法》，台湾学生书局，1987年，第11页。原文为"The best reading for the largest number at the least cost"。关于这个口号，戴志骞在为杨昭悊所编著的《图书馆学》一书所作的序文中将其翻译为："集最有用之书籍，施以最合经济之方法，以供给大众之应用。"（杨昭悊编著：《图书馆学》，商务印书馆，1923年，"序"第3页）

图书馆协会需要办理的事情。戴志骞则提出三点建议：（1）协会可做普及教育的总机关；（2）译书统一会可由协会办理；（3）可与各国协会联络，并可加入国际联盟国图书馆会。冯陈祖怡希望协会成立后可使图书馆各事自易解决，同时提出图书馆事业的发展需要注意多设立图书馆、图书馆的组织要以国情为标准、要设法培养一般人看书的兴趣这三点。

随着图书馆学作为一门学问在20世纪20年代初得到认可，以及图书馆事业的发展，自1924年起，上海图书馆协会、江苏图书馆协会就把图书馆学术和图书馆事业纳入了图书馆协会的宗旨。至1925年中华图书馆协会成立，其宗旨便成为一种标准，后来成立的地方图书馆协会在宗旨上大体与之保持一致。至于为什么要成立图书馆协会，以及对图书馆协会寄予怎样的期望，各图书馆协会的"成立缘起"或"成立宣言"中都有所阐述。

《北京图书馆协会原起》追溯了戴志骞在中华教育改进社第二届年会上提出的"组织各地方图书馆协会案"的理由和办法，以及因之成立北京图书馆协会的过程。其理由主要有三点：一是研究适中管理法；二是节省图书馆经费；三是促进图书馆学问。[1] 第一点的提出，针对的问题是某地的各图书馆之间毫无联络，各自的管理方法和手续又不一致，对于读者及图书馆管理者来说颇有阻碍。因此，希望借助于图书馆协会使各图书馆互相沟通，并研究出一个最适宜的管理方法和手续普遍应用于各图书馆。这实际上就是"标准化"问题。第二点的提出，针对的问题是图书馆缺乏经费，如某地各图书馆在购书上进行分工合作，则既可节省每馆购书经费，又使

---

[1] 《本会概略：北京图书馆协会原起》，《北京图书馆协会会刊》1924年第1期。

该地各类书籍齐备。这实际上就是"馆际合作"与"资源共建共享"问题。欲"资源共建",则必须以"资源共享"为目标,因此欲节省各馆购书经费,则必须以实现馆际互借为前提。这两点实际上都是为了更加科学有效地提高图书馆的管理水平。第三点的提出,针对的问题是图书馆管理事业正在萌芽,诸多事务皆须开创,因而需要图书馆员借助于组织互相研究。此"图书馆学问"乃解决图书馆实际工作中的问题的学问。因而,总的来说,图书馆协会建立的根本目的还是发展图书馆事业,在这个过程中最关键的就是标准化、馆际合作和共同研究三项。

济南图书馆协会在《简章》的开头撰有《缘起》,其中提到图书馆事业近来呈现专门职业化的趋势,图书馆事业的作用体现在"启迪民智、愉慰精神、关系于地方文化发展"三个方面。济南一地虽有图书馆教育实施场所20余个,但它们各自为政,故"少智识交换之机会,缺情感联络之组织","协助互益之效竟不克获",鉴于此成立济南图书馆协会。[①]

1925年4月12日,在北京中央公园召开中华图书馆协会发起人大会,《中华图书馆协会缘起》于此前一日公布。该文首述中国图书馆的悠久历史可追溯至"周官外史,掌三皇五帝之书",并称图书馆"弘敷文化、普及教育"的功用中国人早已知晓,而并非来自西方学说。"后世怠于讲求,浸失本义",造成不能普及民众的问题;"世传难久"加之国家动乱,造成散佚居多的问题;"历代帝君,虚饰右文之典",造成文教之衰的问题。直到"取法欧美",方"颇有设施",但各馆各自为政,商榷莫由,因而"集全国图书馆及

[①] 《各市图书馆协会章程汇录:济南图书馆协会》,《中华图书馆协会会报》1926年第1卷第5期。

斯学专家为中华图书馆协会",其主要目的就是"集思广益"。①

在1925年6月2日举行中华图书馆协会成立仪式前夕,中华图书馆协会又发表成立宣言。该宣言开篇指明图书馆的任务除收藏之外,还有"弘教育,敷文化,与夫指导社会之责"。因而,图书馆管理与图书馆学术"大有关乎民族之盛衰"的意义。当下图书馆的数量已不是主要问题,但图书馆的设备与组织、利用与宣传,以及图书馆事业的宏观调控与经费调剂等,皆须应用专学进行研究。中华图书馆协会的设立,其用意是"将并群力,庶收远效"。②

此后成立的太原图书馆协会、福建图书馆协会、山东图书馆协会、浙江第二学区图书馆协会、瑞安图书馆协会、无锡图书馆协会、安徽图书馆协会、浙江第一学区图书馆协会、江西图书馆协会、四川图书馆协会、浙江省图书馆协会均发表了成立缘起或成立宣言,其中不少提到全国多处成立图书馆协会,可见图书馆协会的成立对彼此来说有极强的相互促进作用,而这除了因为中华图书馆协会曾函促各地成立图书馆协会外,还得益于其所办《中华图书馆协会会报》和《图书馆学季刊》对各地方图书馆协会消息的报道和宣传。

综合来看,这些成立缘起或宣言的内容不外乎以下三个方面:第一,图书馆的重要价值。从宏观的方面来说,不外乎提及图书馆开启民智、传承民族文化、促进学校教育与社会教育、助力学术研究的功能,其重要性关乎国家与民族的前途。从微观的方面来说,国家建设的方方面面也需要图书馆提供支持。第二,现有图书馆创办过程中存在的问题。太原图书馆协会曾谈及图书馆事业发展所遇

---

① 《中华图书馆协会之筹备》,《晨报》1925年4月11日第6版。
② 《中华图书馆协会之宣言》,《新闻报》1925年5月30日第3版。

种种困难："山西交通不便，风气闭塞，图书馆之创设，既落人后，而率易设置，敷衍门面，待遇菲薄，人才迁就，致进步困难，成绩不著，因而在社会效用低落。……又以素无联络，各自为政，不相协谋，攻错无由，观摩乏术。"① 山东图书馆协会则提及专门研究图书馆学与图书馆管理法的必要性："深以吾国学术文字发展之方向，与欧美各国，情形特殊。其于图书馆学之原则原理，虽不无从同，而图书馆之编目庋藏，及一切管理方法，自难一一相仿。如何而能中外适合，斟酌尽善；事大任重，断非一手一足之烈，所能达到。"② 浙江第二学区图书馆协会称："惟吾国藏书事业虽已久远，而图书馆事业，则尚在萌芽，故管理人员，理论与技术两俱缺乏，致进步困难，成绩不著。"③ 无锡图书馆协会所言与济南图书馆协会相似，指出各图书馆之间"各自为政，少智识交换之机会，缺情感联络之组织，以故协助互益之效，不克收获"④。第三，期望图书馆协会能起到的作用以及要开展的工作。大多数图书馆协会均在成立缘起或宣言中提到了"群策群力""集思广益""相互联络""通力合作"等语，如《浙江第二学区图书馆协会宣言》称"此非谋各图书馆之联络，共图改进不为功"⑤，《浙江省图书馆协会宣言》亦称"要非广益集思相互合作不能奏效，此图书馆协会组设之所由尚

---

① 《图书馆界：太原图书馆协会成立经过》，《中华图书馆协会会报》1929年第4卷第6期。
② 《山东图书馆协会成立经过》，《山东省立图书馆季刊》1930年第1卷第1期。
③ 《图书馆界：浙江第二学区图书馆协会之成立》，《中华图书馆协会会报》1930年第6卷第3期。
④ 《图书馆界：无锡图书馆协会成立》，《中华图书馆协会会报》1931年第6卷第4期。
⑤ 《图书馆界：浙江第二学区图书馆协会之成立》，《中华图书馆协会会报》1930年第6卷第3期。

矣"①。至于具体事务，太原图书馆协会有言："是应首谋图书馆之联络，共图改进，商榷馆政之改良，研究图书馆学之原理，应用专学，积极办理，使图书馆名声日高，效用日大，再求经费之增加、待遇之改良，使人专于其职，进行无阻，实为改进山西图书馆之良法也。"② 可见，联络的目的在于共同商讨改良图书馆的方法，共同研究图书馆学以图应用，提高图书馆的效用和社会影响力，以此解决图书馆的经费问题、人才问题，打破恶性循环而进入良性循环。福建图书馆协会则提出广征会员、介绍该会会员加入中华图书馆协会、预备为中华图书馆协会年会提出议案和推动该省各县筹办图书馆四项主要工作。③ 瑞安图书馆协会在《缘起》中指出："在正轨上谋图书馆事业之发展，其途有二：从事图书馆学之研究，一也；联络图书馆界办事人员及研究人员之感情，二也。前者所以求事业之改良，而免入歧路；后者所以求力量之雄厚与集中也。图书馆专科学校负第一途之使命，而不负第二途之使命……图书馆协会则负第一途之一部分使命，而负第二途之完全使命者也。"该协会所从事的工作有两项："一方面从事图书馆学之研究，与图书馆之提倡；一方面设立图书部，对于新旧图籍，尽保管与征集之职责，以辅助本邑公私图书馆之不足。"④ 安徽图书馆协会拟办事项包括以下诸项：第一，讨论及研究图书馆之学识与方法；第二，实行各图书馆之交换与互借；第三，扩充推进本省图书馆事业；第四，发扬本省

---

① 《浙江省图书馆协会宣言》，《浙江省图书馆协会会刊》1936年第1期。
② 《图书馆界：太原图书馆协会成立经过》，《中华图书馆协会会报》1929年第4卷第6期。
③ 侯鸿鉴：《本会成立宣言》，《福建图书馆协会会报》1930年第1期。
④ 《图书馆界：瑞安图书馆协会成立》，《中华图书馆协会会报》1930年第6卷第1期。

之学术文化；第五，谋与国内外图书馆协会之联络。① 浙江第一学区图书馆协会提出三个目标：一曰互策业务之改善，以增阅览之效率。具体来说，包括图书馆房屋器物之设备、分类编目之方法、保管出纳之手续、阅览出借之规则，乃至巡回之方式、阅览之指导等，而有协会之组织，方可因讨论而益善，借互勉为共进。即如旧书之访求、版片之调查、物品之代办，亦可从此互相委托，以利其业务之进展。二曰从事学术之研究，以尽服务之效能。欲实现上述改善诸事，办理图书馆者，于图书馆学自应有相当之智识，即如各学科之常识、目录学之大意、出版界之状况，亦皆应有切实之素养。既有此会，则可相互介绍良书、研究讨论，既有益于服务，又有助于事业。三曰尽力提倡读书，以期实现学术救国之效。② 江西图书馆协会期望"以读书识字为号召，而减少国内之文盲，以救济失学为要图，而激励青年之志气，以专门研究为至善，而造就真实之人才，必如此方见图书馆教育之伟大"③。浙江省图书馆协会指出，图书馆"将如何改进其实质，扩充其数量，增加其效率，发挥其使命，诚为我图书馆界同人所宜协力以赴者"。该协会成立之期望有三：一曰力谋合作以促事业之改进；二曰共同效力以增社会之重视；三曰广导求知以增进图书馆之效率。④

还有不少地方图书馆协会在成立缘起或宣言中都提到本地区历史上文化之成就或藏书之宏富，成立图书馆协会推动图书馆事业的

---

① 《安徽图书馆协会成立宣言》，《学风》1931年第1卷第9期。
② 《特载：浙江省第一学区图书馆协会宣言》，《浙江省立图书馆月刊》1932年第1卷第3期。
③ 《图书馆界：江西图书馆协会开成立大会》，《中华图书馆协会会报》1932年第8卷第3期。
④ 《浙江省图书馆协会宣言》，《浙江省图书馆协会会刊》1936年第1期。

发展，其中一个非常重要的目的就是弘扬地方文化与教育，这是地方图书馆协会的一大重要特色，也体现出图书馆人的一种文化自觉与担当。

从这些图书馆协会的成立缘起或宣言中可以看出，图书馆协会的成立是由于图书馆界人士意识到成立图书馆联合组织，发挥群策群力、集思广益之效是图谋图书馆事业发展的重要手段。具体来说，图书馆协会一方面要发挥集体的智慧共同研究图书馆学术，另一方面要加强彼此的联络和情谊，在图书馆事业发展的方方面面展开合作，达成图书馆效益的最大化。这与"研究图书馆学术，发展图书馆事业，并谋图书馆之协助"的宗旨是一致的，而最终的目标则是推动图书馆事业的发展，更好地实现图书馆的社会价值，也就是推动知识的普及与学术的进步，以及保护、传承、弘扬民族精神与文化。

民国图书馆学学术团体自诞生之日起便与图书馆事业休戚相关，其会员主要分为团体会员和个人会员两类，个人会员亦大多服务于图书馆。只有图书馆数量增多、规模扩大，团体会员和个人会员的数量才会相应增加。因此，图书馆学学术团体的发展建立在图书馆事业发展的基础之上，也受到图书馆事业发展的种种制约和影响。民国时期的图书馆事业饱受经费的困扰和战争的摧残，图书馆学学术团体亦面临同样的困境。虽然已成立的图书馆学学术团体总数有 30 余个，但真正长期活跃的图书馆协会除了中华图书馆协会外，只有位于北京、上海、浙江、江苏等地的少数几个地方图书馆协会，且生命力强的几个图书馆协会大都得益于有实力较强的图书馆作为依托。然而，在这样困难的环境下，图书馆学学术团体首先考虑的却是想方设法为图书馆事业的发展和图书馆学专业教育谋求经费。

民国图书馆学学术团体在发展过程中产生的一些观念和采取的一些举措至今仍有重要的启发意义和借鉴价值。首先，图书馆学学术团体要充分认识到图书馆事业的发展离不开政府和人民的支持。一方面，积极向图书馆主管部门以及其他相关的各行各业请求普遍设立图书馆，推动儿童图书馆、中小学图书馆、监狱图书馆、政府各机关图书馆、社会团体图书馆等各类图书馆的建立，同时为这些图书馆的发展提出各种具体可行的建议，以期影响政府相关政策的制定；另一方面，注意开展面向社会大众的图书馆宣传活动，比如举办相关文献展览，开展读书运动，以增加普通民众对于图书馆事业的了解，争取获得他们对于发展图书馆事业的支持。其次，图书馆学学术团体应该立足本国图书馆事业的现实状况，重视调查活动的开展。民国时期的图书馆学专家们虽然积极学习西方图书馆学理论和方法，但始终思考的是如何使其更好地服务于中国的图书馆事业。只有了解中国图书馆事业的悠久历史并认真调查现实问题，在开展工作时才不会迷失方向，在学习西方图书馆学以及开展国际交流的过程中才更有针对性。最后，图书馆学学术团体必须促成图书馆功能的实现。正如杜定友在上海图书馆协会创办的《图书馆》创刊号上介绍发刊旨趣时所说的，上海图书馆协会的目的在于促成真正图书馆的实现。总的来说，民国时期的图书馆学学者基于中国近代图书馆事业的特点，认为图书馆既有服务于学术界的职能，又有服务于普通大众的职能。图书馆学学术团体需要思考这一本原问题是否同样适用于当代图书馆。如果不是，那么当代图书馆的性质和功能又是什么？只有弄清楚这一点，图书馆学学术团体的发展才能找到正确的方向。

主要参考文献

艾德敷著,刘天路译.燕京大学.珠海:珠海出版社,2005.

昂温G、昂温PS著,陈生铮译.外国出版史.北京:中国书籍出版社,1988.

鲍威尔著,邢建榕、薛明扬、徐跃译.鲍威尔对华回忆录.上海:知识出版社,1994.

北京大学图书馆学系编.中国图书馆事业史参考资料.北京:北京大学图书馆学系,1960.

北京高等师范学校编.北京高等师范学校十周纪念录.北京:北京高等师范学校,1918.

北京图书馆编.北京图书馆藏珍本年谱丛刊:第198册.北京:北京图书馆出版社,1999.

北京图书馆业务研究委员会编.北京图书馆馆史资料汇编:1909—1949.北京:书目文献出版社,1992.

北平市图书馆协会编.北平市图书馆协会会员录.北平:北平市图书馆协会,1947.

陈传夫主编.图书馆学研究进展.武汉:武汉大学出版社,2010.

陈进主编.思源籍府 书香致远:上海交通大学图书馆馆史:

1896—2012.上海:上海交通大学出版社,2013.

陈明辉.中华全国体育协进会研究:1924—1949.武汉:武汉大学出版社,2019.

陈学恂主编.中国近代教育史教学参考资料:中册.北京:人民教育出版社,1987.

陈永志.灵魂溶于文学的一群:论浅草社、沉钟社.上海:华东师范大学出版社,1995.

程焕文.中国图书馆学教育之父:沈祖荣评传.台北:学生书局,1997.

重庆市文化局编.重庆文化艺术志.重庆:西南师范大学出版社,2000.

杜定友.图书馆学概论.上海:商务印书馆,1927.

杜定友著,广东省立中山图书馆、中山大学图书馆编.杜定友文集:第18册.广州:广东教育出版社,2012.

范并思等编著.20世纪西方与中国的图书馆学:基于德尔斐法测评的理论史纲.北京:北京图书馆出版社,2004.

范凡.民国时期图书馆学著作出版与学术传承.北京:国家图书馆出版社,2011.

范铁权.近代中国科学社团研究.北京:人民出版社,2011.

冯陈祖怡编.上海各图书馆概览.上海:中国国际图书馆,1934.

高平叔、王世儒编注.蔡元培书信集:上.杭州:浙江教育出版社,2000.

辜军等主编.民国时期图书馆学三种期刊分类索引.北京:国家图书馆出版社,2013.

顾长声.从马礼逊到司徒雷登:来华新教传教士评传.上海:上海书店出版社,2005.

关保英主编.陕甘宁边区行政组织法典汇编.济南:山东人民出版社,2016.

郭元觉辑校.中华民国民法总则.上海:会文堂新记书局,1937.

国立北京大学编.国立北京大学廿周年纪念册.北京：国立北京大学,1918.

国立清华大学编.国立清华大学廿周年纪念刊.北京：国立清华大学,1931.

何炳松.历史研究法；历史教授法.上海：上海古籍出版社，2012.

胡适著，中国社会科学院近代史研究所中华民国史研究室编.胡适的日记.北京：中华书局，1985.

华勒斯坦等著，刘锋译.开放社会科学：重建社会科学报告书.北京：生活·读书·新知三联书店，1997.

黄炎培.新大陆之教育：上编.上海：商务印书馆，1917.

霍瑞娟.国家文化治理环境下中国图书馆学会发展研究.北京：社会科学文献出版社，2018.

霍瑞娟.中华图书馆协会研究.北京：国家图书馆出版社，2018.

江苏教育总会.江苏教育总会文牍四编：丙.上海：中国图书公司，1909.

金敏甫编.中国现代图书馆概况.广州：广州图书馆协会，1929.

井荣娟.中华图书馆协会研究.长春：东北师范大学，2012.

来新夏等.中国近代图书事业史.上海：上海人民出版社，2000.

来新夏主编.清代目录提要.济南：齐鲁书社，1997.

李大钊著，朱文通等整理编辑.李大钊全集：第三卷.石家庄：河北教育出版社，1999.

李和邦主编.河南省图书馆志略.北京：中国致公出版社，2001.

李克欣主编.中国留学生在上海.上海：东方出版中心，2013.

李彭元.中华图书馆协会史稿.北京：国家图书馆出版社，2018.

李文裿编.北平学术机关指南.北平：北平图书馆协会，1933.

李希泌、张椒华.中国古代藏书与近代图书馆史料：春秋至五四前后.北京：中华书局，1982.

李小缘.金陵大学图书馆概况.南京：金陵大学图书馆，1929.

李艳莉.崇高与平凡：民国时期大学教师日常生活研究：1912—

1937.福州：福建教育出版社，2017.

李致忠.昌平集.上海：上海古籍出版社，2012.

李钟履编.北平协和医学院图书馆馆况实录.北平：中华图书馆协会，1933.

李钟履编.图书馆学论文索引.北京：商务印书馆，1959.

梁建洲、廖洛纲、梁鱣如编.毛坤图书馆学档案学文选.成都：四川大学出版社，2000.

刘德城、刘煦赞撰，福建省文史研究馆编.福建图书馆事业志.北京：方志出版社，2006.

刘国钧编.图书馆学要旨.上海：中华书局，1934.

吕绍虞编著.中国图书馆大事记.杭州：浙江省立图书馆，1941.

吕绍虞.最近之上海图书馆.上海：中国图书服务社，1938.

马敏、黄晓玫、汪文汉主编.华中师范大学校史：1903—2013.武汉：华中师范大学出版社，2013.

孟国祥.烽火薪传：抗战时期文化机构大迁移.北京：商务印书馆，2015.

孟国祥.南京文化的劫难：1937—1945.南京：南京出版社，2017.

南京图书馆编.图书馆学论文索引：1949.10—1980.12.北京：书目文献出版社，1983.

南京图书馆编.图书馆学论文索引：1981—1982.南京：江苏省图书馆学会，1983.

申报年鉴社编.第三次申报年鉴.上海：申报馆特种发行部，1935.

申报年鉴社编.第四次申报年鉴.上海：申报馆售书科，1936.

斯格特著，黄洋等译.组织理论：理性、自然和开放系统.北京：华夏出版社，2001.

四川省中心图书馆委员会编印.中华图书馆协会会报总索引：1925—1937.成都：四川省中心图书馆委员会，1981.

宋建成.中华图书馆协会.台北：育英社文化事业有限公司，1980.

宋景祁等编.中国图书馆名人录.上海：上海图书馆协会，1930.

孙广勇.社会转型中的中国近代教育会研究.武汉：华中师范大学出版社，2007.

唐碧译述.调查日本社会教育纪要.北京：通俗教育研究会，1916.

田中敬著，杨昭悊译.图书馆学指南.北京：法政学报社，1920.

王阿陶.中华图书馆协会研究：1925—1949.成都：四川大学，2012.

王细荣.大世界里的丰碑：湛恩纪念图书馆的前世今生.上海：上海交通大学出版社，2014.

王余光主编，范凡等选辑.清末民国图书馆史料汇编：第2、3册.北京：国家图书馆出版社，2014.

王振鹄编著.图书选择法.台北：台湾学生书局，1987.

王治心.中国基督教史纲.上海：青年协会书局，1940.

王智主编.燕赵百年.石家庄：河北人民出版社，2001.

王子舟.杜定友和中国图书馆学.北京：北京图书馆出版社，2002.

王子舟.图书馆学基础教程.武汉：武汉大学出版社，2003.

韦庆媛、邓景康.清华大学图书馆百年图史.北京：清华大学出版社，2013.

韦庆媛、邓景康主编.戴志骞文集：上.北京：国家图书馆出版社，2016.

伪满洲国图书馆协会编.伪满洲国图书馆协会概要.长春：伪满洲国图书馆协会，1940.

魏文享.中间组织：近代工商同业公会研究：1918—1949.武汉：华中师范大学出版社，2007.

吴稌年.图书馆活动高潮与学术转型：古近代.北京：兵器工业出版社，2005.

吴晞.从藏书楼到图书馆.北京：书目文献出版社，1996.

武汉大学图书馆学系图书馆学教研室编.中国图书馆事业史：初稿.武汉：武汉大学图书馆学系，1962.

夏洪川主编.黑龙江公共图书馆.哈尔滨：黑龙江文物管理委员会史志

办公室,1989.

谢长法.借鉴与融合：留美学生抗战前教育活动研究.石家庄：河北教育出版社,2001.

谢灼华主编.中国图书和图书馆史.武汉：武汉大学出版社,1987.

谢灼华主编.中国图书史与中国图书馆史.武汉：湖北省高等学校图书馆工作委员会,武汉大学图书情报学院,1985.

徐仲迪等译,赵叔愚校阅.美国退还庚子赔款余额经过情形.上海：商务印书馆,1925.

杨昭悊编著.图书馆学.上海：商务印书馆,1923.

于良芝.图书馆学导论.北京：科学出版社,2003.

袁访赉.余日章传.上海：青年协会书局,1948.

张大可.张大可文集：第十卷 中国文献学.北京：商务印书馆,2013.

张敏.民国时期图书馆学期刊研究.苏州：苏州大学,2015.

张人凤编.张元济与中国近现代图书馆事业.上海：上海科学技术文献出版社,2014.

郑锦怀.中国现代图书馆先驱戴志骞研究.青岛：中国海洋大学出版社,2017.

中国第二历史档案馆编.中华民国史档案资料汇编：第五辑第二编：教育（一）.南京：江苏古籍出版社,1997.

中国李大钊研究会编注.李大钊文集：第5册.北京：人民出版社,1999.

中国图书馆学会主编,《建筑创作》杂志社编.百年文萃：空谷余音.北京：中国城市出版社,2005.

中华教育改进社编.中华教育改进社第三次社务报告.北京：中华教育改进社,1924.

中华教育改进社编.中华教育改进社社务报告：1922年2月—6月.北京：中华教育改进社,1922.

中华教育改进社编.中华教育改进社同社录.北京：中华教育改进

社,1922.

中华图书馆协会编印.图书馆学季刊总索引:第1号第1—10卷.北平:中华图书馆协会,1937.

中华图书馆协会执行委员会编纂.中华图书馆协会第二次年会报告.北平:中华图书馆协会事务所,1933.

中华图书馆协会执行委员会编纂.中华图书馆协会第一次年会报告.北平:中华图书馆协会事务所,1929.

中华图书馆协会执行委员会编纂.中华图书馆协会概况.北平:中华图书馆协会事务所,1933.

周邦道.近代教育先进传略:初集.台北:中国文化大学出版部,1981.

周亚.美国图书馆学教育思想研究:1887—1955.上海:学林出版社,2018.

朱国云.组织理论:历史与流派.南京:南京大学出版社,1997.

朱有瓛、高时良主编.中国近代学制史料:第四辑.上海:华东师范大学出版社,1993.

朱有瓛、戚名琇、钱曼倩等编.中国近代教育史资料汇编:教育行政机构及教育团体.上海:上海教育出版社,1993.

朱泽甫编著.陶行知年谱.合肥:安徽教育出版社,1985.

Harrison K C. First Steps in Librarianship: A Student's Guide. Second Edition. Liverpool, London and Prescot: Grafton Publishing Co., 1960.

Shera J H. Introduction to Library Science: Basic Elements of Library Service. Littleton, Colo. : Libraries Unlimited Inc. , 1976.

Tai T C. Library Movement in China. Peking: Chinese National Association for the Advancement of Education, 1923.

Thomison D. A History of the American Library Association: 1876—1972. Chicago: American Library Association, 1978.

索　引

【人　名】

B

鲍士伟 41，138，151—157，160，162，164，166，169，171，172，174—176，181，232，255，332，358，370，381，400，401，403，428

C

陈训慈 188，192，193，197，224，226，242，266，267，269，287，288，297，298，306，308，329，343—346，366，383

程时煃 75，82，97，99，102—104，107—109，111—114，124，125，185，187，217，273，274，290，302，356，412，447，448，460，461，498

D

戴志骞 9，33，34，37，40—42，46，82—84，87，94—99，102，103，106，108，109，111，113—117，119，122—129，137，140，158，159，165，169，170，176，177，179，180，215，237，240，241，250，255，259，262，264—268，273，274，277，303，305，335，337，338，350，357，409，411，412，429，442，447—450，455，460，461，463，464，494，499

杜定友 1，45，72，121—124，134—137，153，154，156，157，159，162—169，173，175—179，203，204，213，235，237，240—243，245，

248，256，264—269，278—
283，290，295，302，320，
329，330，334，336，338，
342，357，358，361，367，
377，380，389，399，411—
413，418，426，448，453，
455，484，506

F

冯陈祖怡106，107，111，123，
125，128，129，165，172，
179，237，240，265，267，
268，270，271，273—277，
280，290，304，338，339，
342，384，448，449，464，
499

G

桂质柏99，100，137，165，172，
187，214，215，242，267，
268，271，306，402，409，
448，472，486

H

何日章125，132，159，162，
165，167，169，174，175，
177，179，202，203，238，
241，242，264，267，268，
276，277，338，342，344，
387，396，448

洪有丰37，44，73，119—125，
134，136，137，140，154，
156，164，165，169，171，
173，174，177，183，213，
224，233，235，236，240—
243，263—265，267，268，
274—277，305，329，334，
346，350，357，407，411，
412，425—427，448，449，
472，473，488

侯鸿鉴185—187，241，267，
269，345，356，396，421

胡庆生60，100，125，140，
157，172，177，215，235，
237，240，241，255，264，
265，267，268，271，338，
409，418，425，431，448，
461

黄维廉32，135，136，154，
155，164，167，237，242，
279，281—283，321，331，
441

黄炎培 63—66，69—72，118，153，290，357，368，376

J

蒋复璁 166，167，172，179，183，233，238，240—243，247，266—268，270，271，273—275，277，297，299，311，329，346，408，419，473，486

L

李大钊 82—88，90，92—94，98，99，102，104，108，272—274，447，460

李小缘 170，173，174，192，235，236，238—241，243，264，265，267，268，303，317，334，335，343，346，364，390，398，407，418，426，450，471，475，481

李燕亭 132，162，167，170，173，235，238，240，241，267，268，271，297

梁启超 57，70，169，171，172，174，237，240，262—264，266，267，269，289，303，309，357，360，415，466，467

刘国钧 173，200—203，235，236，239—243，264—268，275，277，304—306，334—336，340，343，346，359，401，411，426，427，429，450，453，456，473，484，486

柳诒徵 241—243，265—269，335，336，343，344，346，396，397，472，473

M

毛坤 195，226，240，241，265—268，297，318，338，343，344，374，375，377，433，435

Q

裘开明 99，100，125，215，241，242，266—268，276，277，349，402，403，409，410，448，461，486

S

沈祖荣 24，25，27，28，32，45，46，51，60，67—76，78，82，97，100—106，108，109，111，118，120—124，138，140，146，149，156，157，163，165，169，171，173，174，177，214，215，226，235，237，238，240，241，243，256，263—265，267，268，270，299，300，305，308，338，343，344，350，357，369，370，376，377，399，409—411，415，417，418，420，422，423，448，460，461，471

施廷镛 125，134，136，235，236，238，240—243，275—277，306，411，427，448

孙心磐 44，122，134—136，153—155，164，166，167，170，172，237，242，244，248，266—269，271，278—282，330，357，380，391，411，441，472，480，481

T

陶行知 118—120，146，148，152，153，169，171，174，215，263，264，267—270，336，357，425

W

王重民 241，273，362，363，396，397

王文山 107，125，132，133，137，159，165，172，235，237，238，240，241，266—268，271，299，305，339，346，448

王云五 238，241，264，267—269，279，280，282，283，290，303，357，427，440，441，442，468，471，476，484，491

韦棣华 30，32，33，60，67—69，74，99，100，125，138—140，144—155，166，168，170—172，174，177，178，214，215，237，240，263，270，399，402，403，

409, 412, 420, 428, 448, 449, 461, 463—465, 495

X

徐鸿宝 165, 172, 232, 233, 235, 238, 240—243, 270, 273, 274, 277, 396, 397, 466

徐家麟 183, 224, 234, 240, 241, 267, 268, 274, 277

Y

严文郁 182, 183, 204—206, 224, 226, 234, 242, 265, 267, 268, 272, 274—277, 306, 342—344, 394, 406, 408, 424

杨昭悊 1, 48, 82, 92, 103, 107—112, 116, 193, 237, 240, 250, 267, 268, 418, 448, 452—454, 460, 481, 498

袁同礼 41, 82—88, 90, 91, 93, 95, 157, 163—165, 167—171, 173, 174, 177, 179, 183, 195, 233, 235, 236, 239—244, 247, 262—268, 272—277, 289, 303, 309, 331, 335, 339, 340, 342, 344, 374, 395, 404, 405, 407, 411, 413, 426, 433, 447, 449, 460, 465, 466, 470

Z

查修 94—96, 98—100, 104, 108, 109, 125, 128, 129, 172, 215, 232, 233, 237, 238, 240—243, 267, 268, 270, 271, 273, 274, 277, 279, 280, 283, 424, 448, 449, 464, 465, 486

章箴 129, 131, 165, 170, 172, 182, 235, 238, 240, 241, 271, 284—286, 288, 448

【文献名】

C

《筹建京师图书馆折》 13

G

《国立北京大学廿周年纪念册》 46

J

《教育部行政纪要第二辑（民国五年至七年）》 17，19，24，26，27，81，369

《教育部行政纪要（民国元年四月至四年十二月）》 17，19，23，26，369

《教育会章程》 12，62，77

《京师及各省图书馆通行章程》 10，13，14，17，51

M

《美国的公共图书馆运动（1853—1893）》 41

《美国公共图书馆：历史、现状与管理（特别报告）》 8

《美国图书馆协会史：1876—1972》 7

《民国时期图书馆学留学生群体的构成及分析》 451

S

《上海各图书馆概览》 385

《书目举要补正》 270

《四角号码检字法》 491

T

《通俗图书馆规程》 10，17

《图书馆管理法》 54—56，58，82

《图书馆规程》 10，17，472，474

《图书馆教育》 50—52，55，56，78

《图书馆小识》 52，78，90

《图书馆学》 1，48，92，104，113，116，452，454，460

《图书馆学引论》 1，9

《图书馆学指南》 107，452，454，460

X

《新出图书呈缴条例》 475
《新大陆之教育》 66
《修正图书馆规程》 474

Z

《中国图书编目条例》 484
《中国图书馆发展史：自清末至抗战胜利》 182，205，226
《中华图书馆协会》 91，183，188，337
《中华图书馆协会第二次年会报告》 340，363
《中华图书馆协会第二次年会指南》 339
《中华图书馆协会第一次年会报告》 184，337，363，395
《中华图书馆协会概况》 179，194，258，363，395

【专有名词】

B

巴拿马博览会 74
版片调查委员会 240—243，396，397
北京图书馆协会 80，81，86—99，102，111，112，114，116，127，128，130—134，137，152，157—163，165，170—172，175—180，182，183，206，211，212，215，217，219，223，227—230，232，250—252，259，261，262，270，272—276，280，284，291，292，316，317，324，332，351，353，354，381，400，401，412，447，448，460，461，464，465，487，490，491，494—496，498，499
北平图书馆协会 179，182，183，206，207，219，223，227，231—233，251，260，273，277，331，340，353，355，361，364，367，381，382，398，411，418，448，450，

472，475，491

编目委员会 173，234，235，238，239，241，242

编纂委员会 241，485，486

C

呈缴本制度 22，474

重庆图书馆协会 204，205，208，222

出版委员会 173，232，234，235，239，242，359

D

地方图书馆协会 2，5，6，80，81，114，115，117，121，124—129，132，134，137，138，157，158，161，178，180，210，213，217，221，227，229，243，258，259，261，262，270—273，277，281，289，291—293，296，301，313，316—322，324，326—329，331，335，345，349，359，370，379，382，400，414，418，445，448，

464，470，494—496，499，501，504，505

杜威十进分类法 34，54，485，486

F

分类委员会 173，234，235，240，242

福建图书馆协会 185，186，207，216，221，223，230，231，251，253，262，269，289，290，292，293，302，351—353，356，382，501，503

G

公共藏书楼 13

公共图书馆 8，11—14，17—21，28，31，56，58，59，68，74，76，81，88，101，102，105，110，140，143，145，149，214，235，243，244，280，338，373，380，388，418，456，458，460，463，476，478，479，487

广东省图书馆协会 203，204，

208，222，322

广州图书馆协会 157，180，181，207，213，217，222，223，228—230，251，253，261，271，291，317，322，352，361，367，369，400

H

杭州图书馆协会 156，182，192，206，207，284—286，322，495

J

基督教青年会 61，62，67，68，83

济南图书馆协会 137，157，187，207，214，217，218，223，229，230，251，289，291，292，316，317，322，400—402，448，500，502

检字委员会 241，485

建筑委员会 232，241

江苏图书馆协会 136，137，177，207，213，218，228，251，252，291，316，317，400，448，499

江西图书馆协会 193，208，223，228—231，292，501，504

K

开封图书馆协会 132，157，159—162，175，180，207，212，217，223，228—230，291，292，316，317，400

L

兰州市图书馆协会 200，202，203，208，222

M

美国图书馆协会 4，5，7，9，10，31，58，59，65—69，74，78，79，87，89，95，97，113—115，117，122，124，138，149—156，160，162，174，177，214，215，255，263，314，378，399—408，428，459，463，481，494，495，498

N

南京图书馆协会 134，156，177，207，212，218，223，229，230，251，252，291，316，317，334，336，400，401，487，488

南阳图书馆协会 131，132，207，400

R

日本图书馆协会 52，78，91

瑞安图书馆协会 189，197，207，221，223，227—229，231，253，284，286，292，301，302，322，501，503

S

山东图书馆协会 187，207，216，221，223，228，230，251，252，292，322，487，501，502

上海图书馆协会 134，135，137，138，152，153，155，156，160—164，166，167，171，175，177—180，207，213，218，223，227—230，244，248，249，251，252，260，262，269，270，278—281，290，291，293，296，302，316，317，320，330，331，333，334，351，356—358，361，367，369，379—381，385，387，388，391，400，401，411，414，418，424，440—442，445，446，448，462，468，471，476，480，481，487，491，492，496，499，506

四川图书馆协会 194—196，208，319，320，501

宋元善本书调查委员会 242，396

苏州图书馆协会 181，182，207，217，223，229，230，251，291，317，400，401

索引委员会 173，234，235，241，242

T

太原图书馆协会 184，207，216，

221，223，228，254，289，292，328，351，414，487，488，490，501，503

天津图书馆协会 132，133，137，159，160，177，207，212，223，228—230，251，253，291，316，317，400，401

通俗图书馆 15—17，19—21，25—28，52，81，105，110，122，130，131，137，291，337，338，369，385，463

图书馆讲习班 74，291

图书馆教育委员会 124，127，156，173，234，235，240，242，418，425，426

图书馆运动 10，58—60，67—69，76，115，138，149，214，215，256，463，479，495

团体会员 206，251—253，259—262，296，297，323，328，505

W

伪满洲国图书馆协会 198，199，208，243，352，361，368

文华公书林 31，32，45，46，60，68，74，84，145，415

无锡图书馆协会 189，207，216，221，223，228，230，251，253，261，292，328，329，351，352，501，502

武汉图书馆协会 183，184，207

Y

延安图书馆协会 200，208

Z

浙江第二学区图书馆协会 188，191，192，207，216，221，228，231，251—253，261，262，284，286，287，292，296，322，327，352，353，361，368，487，492，501，502

浙江第一学区图书馆协会 191，192，207，222，228，229，231，251，261，285，287，288，296，322，329，352，361，368，487，501，504

浙江省会图书馆协会 130，131，182，206，207，212，217，

228—230，251，253，284—286，291，292，317，322，400，401，495

浙江省图书馆协会 196，197，208，222，223，251，252，261，262，285，288，296，322，351，352，361，368，487，501，504

中华教育改进社 114，117—134，137，139—144，146—149，151，153—159，165，174，177，211，248，250，251，263，269，270，273，326，332，349，369，370，401—403，412，431，448，461，463，464，471，474，476，494，495，499

中华图书馆协会 2，5，6，114，138，158，160，163—165，167—180，182，184，185，187，191，194，195，198，207，215—218，220，222，224，225，229—231，234—236，239，243—249，251—256，258，262—272，277，280，288，289，291—300，303—309，313，314，316—321，323，324，327，331，335，336，338—342，344—349，351，353—355，358—364，370—379，382，383，385—387，390，391，394，395，398—407，409—411，414，415，418—431，433，435，444，445，451，452，461，462，464，465，467—473，475—482，485，486，488，489，492，495，496，499—501，503，505

专门委员会 173，183，219，231—233，235，236，239，396，418，451

组织大纲 122，123，170，171，224，225

后　记

本书作为《中国图书馆学史》的第八卷，研究的对象是民国图书馆学学术团体，它是在我的博士学位论文《民国时期图书馆协会研究》的基础上打磨完善而成的。在图书即将付梓之际，想起四年前的夏天写下博士学位论文"致谢"部分时的情景，内心开始波涛汹涌。

我对学术研究的热爱始于2002—2005年在北京大学信息管理系攻读硕士研究生期间，导师王余光教授是我的学术引路人。王老师对学生从来都是"散养"的，不过多干涉我们具体的研究过程，而是为我们提供很多的研究机会和优秀的选题。正是在王老师的引领下，我在科研过程中体验到了无与伦比的快乐，尤其是对历史研究产生了浓厚的兴趣。尽管我硕士毕业后去出版社做了编辑，但这颗早已埋下的学术种子因为生了根，最终还是要破土发芽。2015年，我通过了北京大学博士入学考试，进入北京大学信息管理系，再次跟随王余光老师攻读博士学位，并辞去了出版社的工作，全身心投入博士期间的学习中。尽管当时已经人到中年，是一个5岁孩子的妈妈了，但我再次感受到青春的脉动，以及从以往的所有工作中都无法获得的充实、喜悦和满满的成就感。

学科史研究对于一个学科来说意义重大。我是1998年考入武汉大学图书情报学院攻读图书馆学专业的，对图书馆学这个学科很有感情，而我又非常幸运地加入了王余光老师主持的国家社会科学基金重大项目"中国图书馆学史"课题组，从而有机会通过探究图书馆学史来深度理解图书馆学这个学科。最初，考虑到学术团体和学术期刊是学科建制的重要组成部分，是一门学科成熟的重要标志，王老师安排我在博士期间集中研究这两个领域。后来，经过调研发现，图书馆学界在学术期刊领域已有较为成熟的研究成果，经过取舍后我便确定以《民国时期图书馆协会研究》为博士学位论文的题目进行研究，并于2020年顺利通过答辩。当时图书馆学界还没有全面系统研究民国时期图书馆学学术团体的学位论文和专著，不过对于中华图书馆协会的研究较为充分，专著、学术论文和学位论文的数量相当可观，但这些研究成果在内容和观点上的重复度非常高；对于地方图书馆协会的研究成果则较少，且缺乏足够的史料支撑。因此，我的博士论文以挖掘地方图书馆协会的史实为主，以"图书馆协会"这种图书馆学学术团体的角度为切入点，对民国时期的图书馆协会进行系统研究，这样既能关注到各个图书馆协会自身的发展历史，又能对它们之间的关系，以及它们作为一个整体与外部环境的关系进行考察，从而揭示出民国时期图书馆协会产生与发展的内在规律。

  将独立的博士学位论文改成丛书中的一卷，需要做非常多的工作。一方面，要根据丛书体例对原有内容进行调整，包括统一章节格式、脚注格式等，同时还要删去博士学位论文中特有的内容，如研究综述、研究方法及每个章节的小结。另一方面，要对博士学位论文进行查缺补漏、更新完善，以进一步提高学术品质。总的来说，本书相较于博士学位论文主要有以下几点改进之处。第一，在篇章结构方面进行了优化。将论文第五章"图书馆协会的活动与影响"拆为本书的第四章"民国图书馆学学术团体的主要活动"和第五章"民国图书馆学学术团体的贡献"；新增了第六章"民国图书馆学学术团体的发展历程、特点与使命"，对民国图书馆学学术团体的发展规律进行总结和提炼；将论文的最后一章"对图书馆协会的认识"的相关内容和核心思想归入本书第六章的末尾，作为结语。第二，补充最新研究成果。博士毕业后，在完成储朝晖老师主编的"中国现代教育社团史"中《中华图书馆协会史》一书的写作任务的过程中，我发现了新的史料，并进行了更深入的思考，相关史料和研究成果被吸纳进本书。第三，完善表述。在本书出版前的审读和编校过程中，专家和编辑提出了不少中肯的意见，其中包括人名不统一、因笔误等出现疏漏、个别表述过于主观等情况，我在审读书稿的过程中也发现了不少问题，都一一予以修改完善。

目前已出版的研究民国时期图书馆学学术团体的部分专著，在探讨图书馆社团的管理与运行时仅以中华图书馆协会为例，对地方图书馆协会的研究所着笔墨有限，并未贯穿全书，使得研究论述不够全面充分。与之相比，本书在各个章节都将地方图书馆协会和中华图书馆协会作为图书馆学学术团体这一整体来介绍，并分别对其宗旨、组织和选举制度、会员情况、经费情况、活动开展情况，以及中华图书馆协会与地方图书馆协会之间的关系进行揭示，分析异同，探究规律。我相信本书的出版能够与已出版的相关专著从不同侧面相互印证，丰富学界对于图书馆学学术团体的认识。

当然，由于博士毕业后工作较为繁忙，且工作内容偏离了"图书馆学史"的范畴，我只能利用业余时间完成这项工作，时间、精力有限，书中错漏之处在所难免，还请学界专家批评指正。

王　玮
2024 年 3 月 25 日于北京